U0689653

War and Peace
in the
Song Dynasty

兩宋烽烟録

第一卷

十世纪后期
宋辽和战实录

顾宏义

——著——

中华书局

图书在版编目（CIP）数据

两宋烽烟录：第一卷，十世纪后期宋辽和战实录/顾宏义著.
—北京：中华书局，2025.5（2025.7 重印）. —ISBN 978-7-101
-16722-1

Ⅰ. K240. 9

中国国家版本馆 CIP 数据核字第 2024PR0020 号

书　　名	两宋烽烟录：第一卷　十世纪后期宋辽和战实录	
著　　者	顾宏义	
责任编辑	李洪超　李世文	
装帧设计	刘　丽	
责任印制	陈丽娜	
出版发行	中华书局	
	（北京市丰台区太平桥西里 38 号　100073）	
	http://www.zhbc.com.cn	
	E-mail：zhbc@zhbc.com.cn	
印　　刷	天津裕同印刷有限公司	
版　　次	2025 年 5 月第 1 版	
	2025 年 7 月第 2 次印刷	
规　　格	开本/920×1250 毫米　1/32	
	印张 15⅝　插页 8　字数 350 千字	
印　　数	5001-8000 册	
国际书号	ISBN 978-7-101-16722-1	
定　　价	98.00 元	

射骑图

旧传为五代李赞华（即耶律倍，辽太祖耶律阿保机长子，后投奔后唐）绘，台北故宫博物院藏。

辽祖陵（石房子）

辽太祖耶律阿保机及述律后之陵寝，位于今内蒙古自治区巴林左旗。

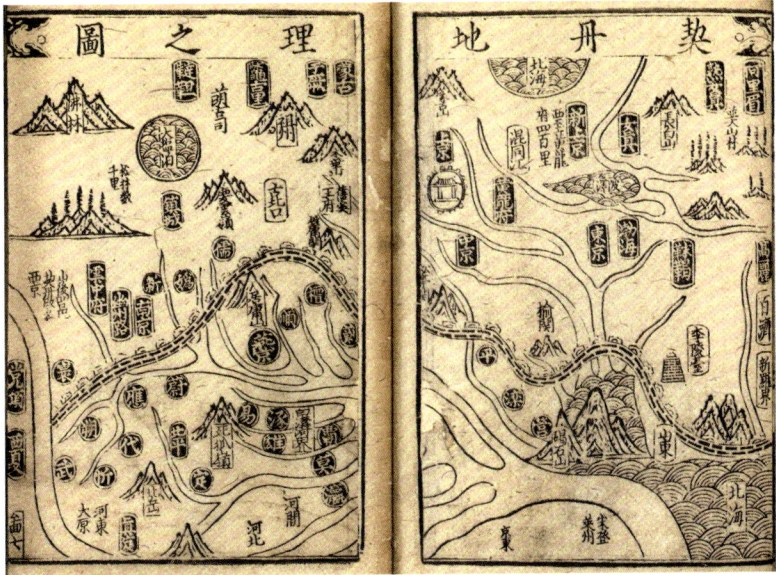

契丹地理之图

采自宋叶隆礼《契丹国志》，中国国家图书馆藏元刻本（转引自《北京古地图集》，测绘出版社2010年版）。

陈桥驿系马槐

　　宋初，陈桥驿改作"班荆馆"，规模宏大，成为接待契丹国使、过往官员和举行国宴的场所。宋徽宗时，班荆馆又改为"显烈观"，以"显扬祖烈"，成为宋朝皇室及朝廷官员经常活动的场所。北宋末，显烈观毁于金人铁蹄，仅留下一棵老槐树。民间有"赵匡胤拴马时是将军，解马时就是皇帝了"的传说，据说赵匡胤宿营陈桥驿时，将坐骑系于这棵槐树上，故称"系马槐"。该树高丈余，枝叶繁茂，历尽沧桑，成为陈桥兵变的唯一历史见证。

宋太祖赵匡胤坐像

宋佚名绘，台北故宫博物院藏。

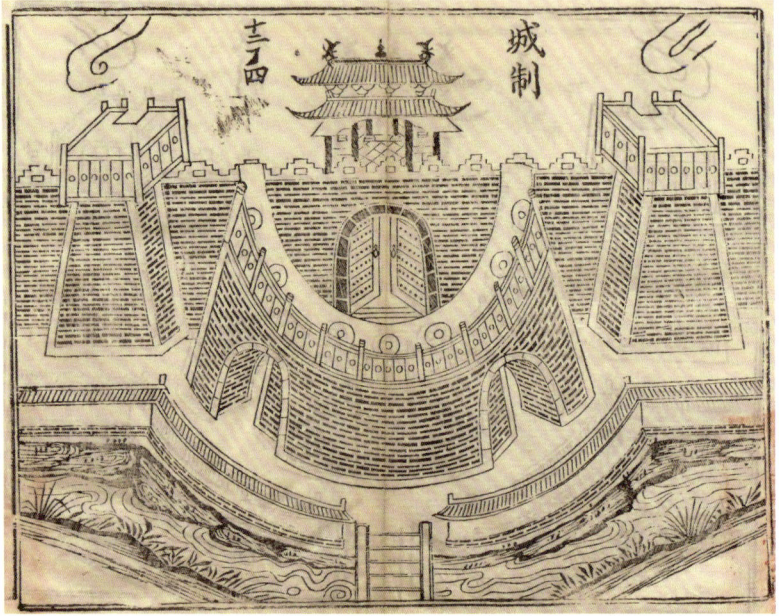

宋代城池图

采自宋曾公亮、丁度等《武经总要》前集卷十二，日本内阁文库藏明弘治十七年
（1504）刻本。

定州料敌塔

　　即开元寺塔，位于河北定州开元寺内，始建于宋真宗咸平四年（1001），落成于宋仁宗至和二年（1055）。登之可瞭望契丹，侦伺敌情。

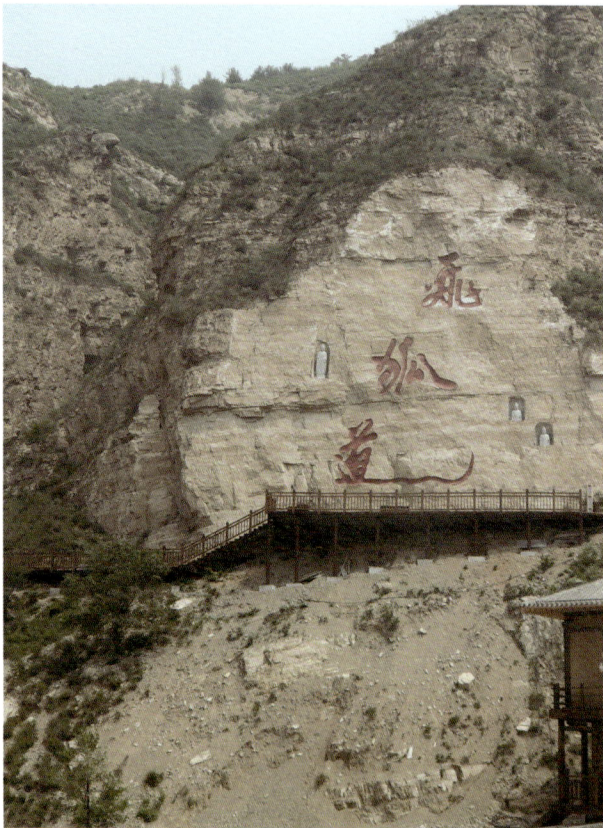

飞狐道

　　飞狐道为飞狐县（今河北涞源）与蔚县之间的一条峡谷古道，附近地势极为险峻，既是军事要地，又是交通要冲。北宋《舆地广记》云："一线微通，迤逦蜿蜒，百有余里。"

宋雄州地道

　　宋辽边关地道，由今河北雄县自西向东延伸，经霸州直到永清境内，全长六十余公里。相传为宋名将杨延朗（延昭）镇守此地时修建。

景德四图 · 契丹使朝聘

宋佚名绘，台北故宫博物院藏，表现澶渊之盟后的景德二年（1005）冬，契丹遣使携带礼物贺承天节（宋真宗生日）的场景。

景德四图·北寨宴射

　　宋佚名绘，台北故宫博物院藏，表现澶渊之盟订立后，宋真宗来到澶州北寨抚慰
将士的场景。

宋真宗陵前石翁仲

宋真宗赵恒与其皇后合葬之永定陵，位于今河南巩义蔡庄村北约一公里310国道旁。

目　录

楔　子

黄沙风卷半空抛，云重阴山雪满郊。

探水人回移帐就，射雕箭落著弓抄。

鸟逢霜果饥还啄，马渡冰河渴自跑。

占得高原肥草地，夜深生火折林梢。

——辽·赵延寿《失题诗》

古人有云：天下大势，合久必分，分久必合。自大唐天宝末年安史之乱以后，天下惶惶，政局紊乱，藩镇角立，朝秦暮楚，干戈不息，遍地狼烟，生生地将一个曾经疆域万里、威震四海的大唐帝国给土崩瓦解了。进入诸侯割据的五代十国时期，这四分五裂的世界更透出那极乱景象：靠镇压黄巢农民军发家的朱全忠，凭借大刀长枪、烈马悍卒，建立了后梁王朝，最终却死于儿子朱友珪之手；而朱友珪还未将皇帝宝座坐热，又被自己兄弟后梁末帝朱瑱所诛杀。后唐庄宗李存勖同样凭借麾下的大刀长枪、烈马悍卒，夹黄河上下十年恶战，方从后梁末帝那里夺得江山；但不过数年，顽劣不驯的后唐庄宗死于兵变者的乱箭之下，后唐明宗李嗣源于兵乱中称帝；其后，后唐明宗处死反乱的皇太子李从荣，将皇位传给次子李从厚，但随即又被养子李从珂（后唐末帝）所夺。后唐明宗女婿、河东节度使石敬瑭为对抗后唐末帝，以尊契丹皇帝耶律德光（辽太宗）为父、割让燕云十六州的惨重代价，向北方强国契丹借兵灭亡了后唐政权，当上"儿皇帝"，是为晋高祖。但继位的后晋出帝石重贵随之与契丹交恶，于是辽太宗亲率铁骑，与后晋军连年血战，终于消灭了后晋军主力，后晋灭亡。此真所谓"秦失其鹿，天下逐之"。现在，作为"中原逐鹿"的胜利者，辽太宗统领契丹大军，浩浩荡荡地闯进了向往已久的中原王朝之国都汴京开封城（今属河南），但他作为中原皇帝的生涯却是意外的短暂，几乎是刚开始就结束了。

947年（辽大同元年，后汉天福十二年）正月一日元旦清晨，在开封城北野外的契丹大营外一座小土山上，身披铠甲、穿戴着貂皮衣帽的辽太宗，驻马独立，眺望相距并不太远，但是甚为高坚的开封城头，想到已经实现父皇夺取中原的遗愿，自是感慨不已。

作为中国北方古老民族之一的契丹人，许多世纪以来，一直在潢水、土河（今内蒙古赤峰境内的西拉木伦河、老哈河）一带过着游牧渔猎的生活。"契丹"的本意为镔铁，取来作为部族名称，以表示坚固的意思。唐代后期，随着唐朝、突厥与回鹘等势力趋于衰微，契丹族得以迅速发展。907年，契丹部落军事首领夷离堇耶律阿保机自立为可汗。是年正是朱全忠废唐、自立为后梁皇帝之岁。916年，阿保机建契丹国，自称天皇帝，是为辽太祖。

耶律阿保机在称可汗之前，为拓展契丹部族的活动空间，并为掠取中原财富，已屡屡率军南下长城一线，但在与割据河东（今山西）的李克用（唐晋王）及李存勖（后唐庄宗）作战中，并未占到多少便宜。后唐明宗李嗣源即位后，为使疮痍满目的中原地区得以休养生息，曾遣使臣去契丹结好。针对后唐提出"欢好"要求，阿保机开出的交换条件，据《旧五代史·契丹传》记载是"我要幽州（今北京），令汉儿把捉，更不复侵入汉界"。而据《资治通鉴》记载，辽太祖提出："若与我大河（即黄河）之北，吾不复南侵矣。"又说："河北恐难得，得镇（今河北正定）、定（今属河北）、幽州亦可也。"就是说，辽太祖的要求是占据整个河北地区，与中原政权以黄河为界，至少也要将河北战略重镇幽州割让给契丹。这自然不会得到后唐的响应，于是辽太祖再次出兵对后唐大打出手，但依然未能如愿。眼见南下掠取汉地不易，阿保机便将兵锋转向东方，攻打以粟末靺鞨为主体建立的渤海国，于拓展疆土的同时消除日后南下中原的后顾之忧。926年（辽天显元年）正月，阿保机亲率大军攻围渤海都城忽汗城（今黑龙江宁安西南东京城），渤海王兵败出降。阿保机"得地五千里，兵数十万"，实力更为雄厚，并因渤海故地在契丹之东，故改名东丹国，留长子耶律倍镇守，号人皇王。

阿保机在班师西归途中病死，其皇后述律氏"称制"总摄军国重事，一年半之后，其次子耶律德光继位，是为辽太宗，尊其母述律后为应天皇太后。

辽太宗是在述律太后的支持下，从其兄皇太子耶律倍手中夺得帝位，所以他继位以后，为稳固统治，渴望南下中原，建立不世殊勋，以提高在契丹部族内的声望。但他的这一企图遭到了述律太后的激烈反对。述律太后认为："吾有西楼羊马之富，其乐不可胜穷也，何必劳师远出以乘危徼利乎？吾闻晋王用兵天下莫敌，脱有危败，悔之何及！"但至934年，后唐陷入内乱。李从珂发动兵变，自立为帝，久怀异心的后唐河东节度使石敬瑭、幽州节度使赵德钧都想乘乱篡夺帝位，所以分别遣使者来契丹求援借兵。石敬瑭开出的条件是：事成之日，称臣于契丹，以父礼事奉辽太宗，并割卢龙一道及雁门以北诸州郡给契丹，每年贡帛三十万匹。辽太宗看中石敬瑭的"优厚"回报，答应"倾国赴援"。为避免述律太后的反对，辽太宗借神道设教，利用契丹人信萨满、敬天神的风俗，迫使述律太后同意出兵。此一颇具戏剧性的经过，见载于《契丹国志》卷二中：

> 契丹主德光尝昼寝，梦一神人，花冠，美姿容，辐辂（随从仪卫）甚盛，忽自天而下，衣白衣，佩金带，执骨朵（一种古兵器），有异兽十二随其后，内一黑色兔入德光怀而失之。神人语德光曰："石郎（石敬瑭）使人唤汝，汝须去。"觉，告其母，忽之不以为异。后复梦，即前神人也，衣冠仪貌，宛然如故，曰："石郎已使人来唤汝。"既觉而惊，复以告母。母曰："可命筮（占卜）之。"乃召胡巫筮，言："太祖从西楼来，言中国将立天王，要你为助，你须去。"未浃旬（未过十日），唐石敬瑭反

宋画《却坐图》(台北故宫博物院藏)中手持骨朵的
武士

于河东，为后唐张敬达所败，亟遣赵莹持表重赂，许割燕、云，
求兵为援。契丹帝曰："我非为石郎兴师，乃奉天帝敕使也。"率
兵十万，直抵太原，唐师遂衄，立石敬瑭为晋帝。

通过装神弄鬼而如愿以偿的辽太宗亲率五万骑兵，号称十万，
入雁门（今山西代县）赴援，一战全歼围攻太原城（今山西太原西南）
的后唐军主力。不久，后唐前方统军将帅杨光远与赵德钧、赵延寿

父子等纷纷投降。后唐末帝李从珂兵败自焚，后唐亡。石敬瑭建立后晋，当上"儿皇帝"以后，随即派遣使臣奉表正式割让燕云十六州给契丹。这燕云十六州辖地以今北京市、山西大同市为中心，东起河北遵化，北逾长城，西至山西神池，南至河北河间一带，实为中原地区的北大门，战略地位重要。这一地区被契丹所占，使整个华北平原门户洞开，无险可守，给当时乃至后来的宋王朝北部边防留下了巨大隐患；而契丹却不仅扩大了疆域，使其势力得以伸入早就欲染指的华北平原，并且可以此地作为南下中原的据点，从而在战略上处于十分有利的地位。辽朝得到燕云十六州以后，即将幽州升为南京析津府，也称燕京，后来又升云州（今山西大同）为西京大同府。

　　942年（后晋天福七年，辽会同五年）五月，石敬瑭去世，即位的后晋出帝对契丹的态度，却与石敬瑭颇有不同，上表契丹皇帝时，只是自称"孙皇帝"而不再称臣，因而与契丹人闹翻。辽太宗认为后晋君臣忘恩负义，大怒。此时，已归降契丹任卢龙节度使的赵延寿心底还存有借用契丹兵马、取代后晋而自为"中原主"的念头，所以极力劝说辽太宗发兵征讨后晋。辽太宗看穿了赵延寿的心思，也就顺水推舟，点集了五万兵马，交给赵延寿统领去经营中原地区，并许诺道："若得之，即当立汝为帝。"赵延寿感恩戴德，统兵南下与后晋军死战。此后，辽太宗也一再以燕京为基地，屡屡御驾亲征，南下河北平原与晋军恶战，但互有胜负，并未能取得决定性的胜利。虽然疲于奔命的后晋境内是千里狼烟，百姓不死于干戈即被兵匪掳掠，或者四出逃亡，十室九空，千里荒芜，但契丹也是损兵折将，损失惨重，史称"边民涂地，人畜多死，国人（指契丹人）厌苦之"。于是向来反对用兵中原的述律太后再次出面，对辽太宗问道："使汉人为胡地之主，可乎？"辽太宗答："不可。"述律太后再问：

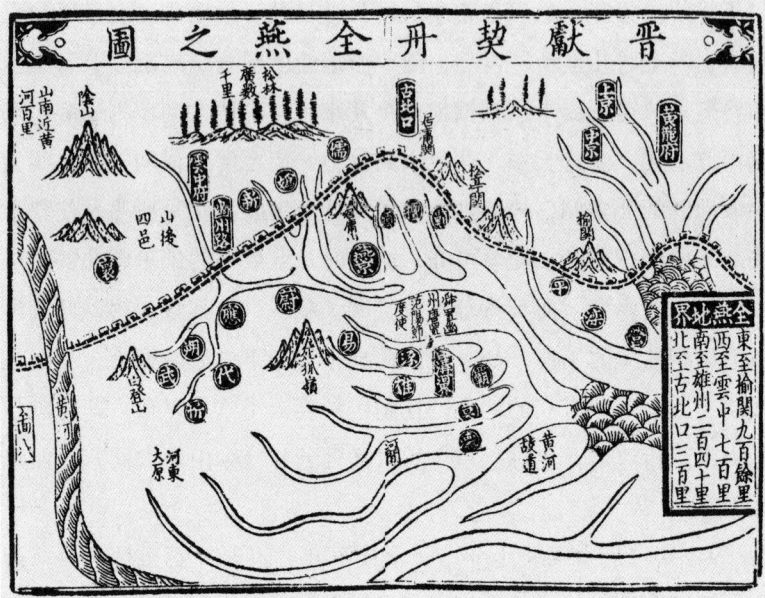

晋献契丹全燕之图（采自中国国家图书馆藏《契丹国志》元刻本，"中华再造善本"影印版）

"然则汝何故欲为汉人之帝？"辽太宗未作正面回答："石氏负恩，不可容也。"述律太后便劝说道："汝今虽得汉地，不能居也。万一蹉跌，悔所不及。"又对群臣说道："汉儿何得一饷眠？自古只闻汉人和番，不闻番人和汉。汉儿果然能回心转意，我亦何惜与之和好！"辽太宗不敢当面拒绝太后之意，但在暗地里发狠话吓退后晋的求和使臣，即要晋帝派遣当国大臣出使契丹，并"割镇、定两道隶我，则可和"。由于河北镇州、定州地区作为后晋都城开封的北边屏障，一旦割让，将无法立国，所以不可能拱手相让，于是晋廷发兵迎战，战事日趋惨烈。

　　946年（辽会同九年，后晋开运三年）八月，辽太宗再次统领大军亲征，与后晋军主力夹滹沱河对阵。晋军主帅杜重威惧敌不战，契丹分兵合围，断其粮道，晋军粮尽援绝，陷入绝境。十一月，心怀贰心的杜重威遣心腹到契丹大营，向辽太宗邀求重赏。辽太宗为能尽快结束早已打得筋疲力尽的恶战，便同样作出郑重许诺，对杜重威说道："赵延寿威望素浅，恐不能为中国（指中原）之帝，汝果能归降，我当以汝为之。"杜重威一听，果然大开营门，率二十万晋军不战出降。辽太宗本意只是以傀儡皇帝为饵，来诱使杜重威投降，但因为此时后晋尚未灭亡，也就把那戏份做足：将象征天子的黄袍披在杜重威身上，以向归降的晋军将士示意杜重威当为"中原主"；却同时又让赵延寿也穿上黄袍进入晋军大营，说："彼等皆汝之物也。"并指着赵延寿对晋人宣示道："此为汝之主也。"当然，目的一旦达到，郑重许下的承诺是否要实现，对一代枭雄辽太宗而言，显然不是问题。随着杜重威率领全军投降，后晋出帝眼见大势已去，也只得奉表迎降。经过多年血战，辽太宗最终灭掉了这个由自己一手扶持起来的后晋政权，但此时他所憧憬的只是自己登上中原皇帝的宝座，成为天下"共主"。至于他曾经先后许诺立赵延寿、杜重威为"中原主"的话头自然不会再提起，赵、杜二人当然也没有那个胆子当面向契丹皇帝讨要。

新年伊始，除旧布新，已归附契丹的原后晋百官，不约而同来到开封城门之北，朝着城内皇宫方向罗拜，以为遥辞旧君后晋出帝之礼，然后换上白衣纱帽，来到契丹大营外，俯伏在路边向新君请罪，并迎接新君主入城。按照传统礼制，亡国之君要行"牵羊礼"，即要素服背缚，手牵着一头羊，跪伏在城门外迎接胜利者入城。据《资治通鉴》载，当时"有司又欲使帝衔璧牵羊，大臣舆櫬迎于郊外，先具仪注白契丹主"。或许是契丹旧俗中并没有如此礼仪做法，也或许是面对曾自称"孙皇帝"的后晋出帝终究有些难以为情，所以辽太宗就以"天无二日，岂有两天子相见于道路耶"为托词，拒绝与

"藁索牵羊"跪伏在城北封丘门外迎接胜利者的后晋出帝及其母李太后见面，而命人将后晋出帝等人关入城外封禅寺内。辽太宗又遣使宣慰后晋百官道："其主负恩，其臣何罪！"传命将他们全部官复原职，然后率领契丹人马向开封城进发。

当全副武装的契丹铁骑初进入开封城，聚集在街道上看热闹的市民惊呼逃散。登上城楼观看的辽太宗，遂遣通事（翻译）抚谕市民说："我亦人也，汝曹勿惧，会当使汝曹苏息。"在宣示百姓从此将罢兵安民、不事征伐之余，辽太宗也不忘收买中原人心，宣称"我本无心南来，汉兵引我至此耳"，以转移民众的不满。随后，辽太宗骑马直至明德门前，下马礼拜天地四方，然后进入皇宫。留在皇宫内的后晋嫔妃纷纷礼拜迎接，辽太宗一概不理，在宫中各处转了一圈，见时已傍晚，担心城中人情动荡，易生不测，就任命枢密副使刘敏权知开封府事，处置城内诸事务；命令契丹军兵严密守护诸城门和宫门，日夜不得稍息，然后径直出城回到城北的契丹大营歇息。

七日，辽太宗再次从城北的大营入城，径直来到皇宫之前，依照草原风俗，在宫门口杀死一只狗，将羊皮挂在树立于庭院之中的长木杆上，以为"厌胜法"（辟邪镇恶的巫术之一），然后进入宫中，坐在崇元殿上召见文武百官，原后晋高官亦随同拜见。辽太宗对群臣宣布："自今不修甲兵，不市战马，轻赋省役，天下太平矣。"并颁布新朝新政：将汴京开封府降为汴州；任命随从自己南下的汉臣张砺为平章事（宰相），随后又任命后晋降臣李崧为枢密使（负责军机的大臣）、冯道为太傅，任职于枢密院，以备顾问。九日，辽太宗又改穿汉人的衣冠服饰召见百官，诏令"晋文武群官，一切如故；朝廷制度，并用汉礼"；随后任命一批汉人官员主持汉地行政事务，分遣使者至各地州军招抚原后晋官吏。原本处于观望之中的后晋藩镇于是争相上表归附，纷纷来到开封城中觐见新天子。

习惯于草原游牧生活的辽太宗，对治理中原并没有成熟的策略，而且也闹不清楚汉人是否愿意接受自己成为"中原主"，于是试探着说要仿效当年册立石敬瑭为"儿皇帝"的做法，再次策立一君王以主持中原大局："吾国广大，方圆数万里，有君长二十七人；今中国（中原）之俗异于吾国，吾欲择一人君之，如何？"那些后晋降臣已是看穿了契丹皇帝的心意，纷纷声称"天无二日，夷、夏之心，皆愿推戴皇帝"。早就想着成为"夷夏共主"的辽太宗愉快地接受了汉臣们的劝进，遂于二月一日再次大会番、汉众臣百官，正式举行盛大的中原皇帝加冕仪式：辽太宗穿戴传统的汉人天子冠服，头戴通天冠，身披绛纱袍，登上正殿，在殿廷内设置乐器、仪卫，入宫朝贺的汉官都身穿"华服"，分文、武站立左右两边，而契丹人皆"胡服，立于文武班中间"；建立国号称"大辽"，改年号曰大同；升镇州为中京，以灭晋功臣赵延寿为中京留守，打算久居中原。为防止各地汉人与自己为敌，辽太宗还特地下诏"自今节度使、刺史毋得置牙兵、市战马"。

但各地事态的迅速变化与发展，却完全偏离了辽太宗的预设，并日趋恶化，辽太宗的中原皇帝之梦，也随之演变成了一场噩梦。

从唐、宋之际的历史进程来看，此时可说是契丹占有中原、进而一统天下的最佳时机。长期政治紊乱、军阀林立、战火遍地而又四分五裂的中原诸方势力，根本无力抗衡大举南下的契丹骑兵。因此，辽太宗取得了十分理想的开局，如愿进入了汴京城，成了"夷夏共主"。但是，契丹传统习俗，不可能在一朝一夕中得以根本改变。辽太宗穿戴着汉人衣冠上朝，宣布遵用"汉制"，说明其有积极吸收汉文化的意愿，而且此举对后世辽朝诸帝以及契丹贵族、官吏，甚至整个契丹社会的汉化倾向都有着颇为深刻的影响。如辽朝此后形成了独特的"一国两制",以北面官管理契丹等草原游牧部族,以南面官治理汉人、渤海人等居住的农耕地区,"因其俗而治";后世辽朝皇帝和南面官身穿汉服、皇后和北面官都穿"胡服"的礼仪制度,即初步形成于此时。不过,汉服包裹下的辽太宗,其骨子里依然只是一个契丹可汗,在思想观念上,在制度建设上,他并没有真正根据汉人的习俗、农耕社会的特点,对自己的统治方式作出适当调整。于是,要与中原百姓共享"天下太平"之言犹且在耳,辽太宗已强力推行传统的草原统治政策,即使用野蛮的掠夺政策来抢夺久经战火洗劫的民众财物,从而大失民心,激起中原百姓的剧烈反抗。结果,贪婪的辽太宗就此丧失了大好时机,输掉了欲为中原天子之宏图,不得不在"我不知中国(中原)之人难制如此"的浩叹声中,率兵自汴京城凄惶北撤,病死于回家途中,年仅四十六岁。

壮志未酬的辽太宗或许未曾料想到,其欲成为中原皇帝、成为"夷夏共主"之举虽然终归于南柯一梦,但此举却对契丹、对中原南北两国的政治皆影响深远:契丹内部各种矛盾,因辽太宗猝死而陡然被激发出来,篡位夺权的阴谋层出不绝,社会急剧动荡,使得继位者忙于抚定内部,一时无暇南下;同时,继位者也从辽太宗治理中原失败中汲取了教训,更多、更广泛地吸收汉文化,坚持力行"因俗而治"政策,大大稳固了其在燕、云等汉人地区的统治。对于南方中原诸政治势力而言,也因契丹进入汴京开封的刺激,加快了各权力集团的分化组合,为此后宋朝平定诸割据势力奠定了基础。辽太宗进出汴京城之举,从一定意义上也可以说是形成此后宋、辽两朝南北对峙局面的一大转捩点。此处还必须加以提及的是,辽太宗短暂进出开封城,同样也成为一些历史人物之人生进程的转捩点,如作为"千古风流人物"之一的宋太祖赵匡胤,就是在风云诡谲、狼烟四起的这一年里,离家别妻,闯荡江湖,欲通过一刀一枪之军功来博取功名，从而成为他日后登上"九五之尊"的起点。

————————————

简　释：

【西楼】故址在今内蒙古巴林左旗。宋欧阳修《新五代史·四夷附录》曰：耶律阿保机"以其所居为上京，起楼其间，号西楼。又于其东千里起东楼，北三百里起北楼，南木叶山（位于今内蒙古西拉木伦河与老哈河合流处）起南楼，往来射猎四楼之间"。《契丹国志·官室制度》更明确曰："在上京者曰西楼，木叶山曰南楼，龙化州（位于今内蒙古奈曼旗东北）曰东楼，唐州曰北楼。"傅乐焕《辽代四时捺钵考五篇》认为辽无唐州，此处应是庆州（位于今内蒙古巴林左旗西北）之误。或认为西楼故址在今内蒙古巴林左旗西南石房子村，耶律阿保机秋季狩猎多于此地举行，后建城，置祖州。又，《新五代史》云"往来射猎四楼之间"，乃指契丹四时捺钵制度。宋人庞元英《文昌杂录》曰："北人称住坐处曰捺钵。契丹主四时皆有捺钵，初不晓其义。近者北国中书舍人王师儒来聘，余充接伴使，问之，答云：'是契丹语，犹言行在也。'"《辽史·菅卫志》曰："（辽主）秋冬违寒，春夏避暑，随水草，就畋渔，岁以为常。四时各有行在之所，谓之捺钵。"

【燕云十六州】又名幽蓟十六州，即幽州（今北京）、蓟州（今属天津）、瀛州（今河北河间）、莫州（今河北任丘北）、涿州（今属河北）、檀州（今北京密云）、顺州（今北京顺义）、新州（今河北涿鹿）、妫州（今河北怀来东南）、儒州（今北京延庆）、武州（今河北宣化）、云州（今山西大同）、应州（今山西应县）、寰州（今山西朔州东北）、朔州（今属山西）、蔚州（今河北蔚县西南）。幽、蓟、瀛、莫、涿、檀、顺七州位于太行山北支之东南，称"山前"，其余九州在山之西北，称"山后"。入辽后，新州改名奉圣州，妫州改名可汗州，武州改名归化州。

【后晋出帝】名重贵，石敬瑭侄子、养子，继石敬瑭为帝，在位四年。

后晋灭亡后，其被辽太宗废为负义侯，迁往黄龙府（今吉林农安），后又被迁居辽阳（今属辽宁）、建州（今辽宁朝阳西南），一路颠沛，受尽苦楚，随从妃子甚至亲生女儿也先后被辽将强索去。最后定居建州城外，耕作过活。约病卒于974年。

第一章

城头大王旗（947—959）

旧山虽在不关身，且向长安过暮春。

一树梨花一溪月，不知今夜属何人？

——唐末·无名氏《杂诗》

一 予取予夺（947-948）

当契丹骑兵入主汴京城以后，原后晋官吏面对新主，心态各异：部分不愿臣事契丹的州郡长吏，或闭关自守，或南投南唐，或西奔西蜀，但大部分地方州郡官员和在开封城内的官吏，纷纷奉表归附。不过除了少数死心塌地追随契丹者以外，大部分官员其实持观望态度，尤其是地方州军长吏，更是密切注视盘踞河东的强藩刘知远的去就，来决定自己的归向。辽太宗在兵灭后晋之后，曾多次对后晋降臣谈起："中国（中原）事，我皆知之；吾国事，汝曹不知也。"从他对待后晋河东节度使刘知远的态度来看，可知这并不是一句装饰门面的虚妄之语。

刘知远为石敬瑭的心腹大将，爵封北平王，镇守北都太原，独当一面。后晋出帝继位以后，对前朝重臣刘知远十分忌惮，虽然任命刘知远为北面行营都统，统辖北边军马，但实际上，河东以外的北边诸军行动直属汴京，完全不告知刘知远，更不要说让刘知远调遣指挥了。对此，刘知远也心知肚明，韬晦自守。

当后晋出帝与契丹交恶、大打出手时，刘知远深知后晋军难以取胜，如此行事实属自取危亡之道，却从未尝上奏论谏，也不遣兵入援、夹击辽军，反而乘机扩展自己势力，借口为防范契丹兵马入侵河东，大肆招募士卒，使麾下步骑战士多达五万余人，成为后晋诸镇节度使中军力最强者。辽太宗对此中隐衷也十分明了，所以与后晋主力在河北血战时，对河东方向并未过多防备。一直按兵不动、坐山观虎斗的刘知远获知辽太宗已进入汴京城，即刻分遣兵马守备河东四边关隘，以阻止契丹势力的侵入。当时，辽太宗下诏书让包括刘知远在内的各地原后晋藩镇来汴京觐见新天子。正在观望中的刘知远为了能就近观察一下辽太宗行事如何，能否坐稳汴京龙椅，就派帐下亲校王峻南下，向辽太宗进献了三份表章：

其第一表，恭贺辽太宗进入汴京；

第二表解说自己不能前来朝觐的原因，因为"太原地区夷人、汉人杂居，戍守将士云聚，情况复杂，未敢擅自离开职守"；

第三表的内容是向辽太宗讨价还价：太原入贡辽太宗的所有贡品，因为有一支契丹兵马自河北西行来至太原城南的南川屯驻，正处于太原南下汴京的通道上，太原城中军民为此颇感忧惧，故欲待辽太宗招回此军，道路始通，即可入贡。

对于刘知远虚贺自己称帝于汴京、实则要辽军自河东主动撤兵的伎俩，辽太宗也是心知肚明，不过因时机未到，表面上依从刘知远的建议，将偏师撤出河东，实质是为了避免被刘知远一口吃掉。同时，辽太宗亦同样用虚的一手来笼络刘知远：赐予手诏褒美刘知远的归附，在刘知远的姓名之前加一"儿"字，并赐予木拐。按照草原风俗，只有德高望重的贵族重臣才能得到可汗所赐予的木拐，不论官庶军民，只要望见持木拐者经过，都需要避开让道。而辽太宗在刘知远的姓名前特加一"儿"字，则是在用石敬瑭之先例，含有向刘知远示意自己正在考虑让刘知远成为下一个"儿皇帝"。当然，从辽太宗对付赵延寿、杜重威的手腕上看，这仍然属于玩虚的。

又过了几天，刘知远获知各地藩镇纷纷前往汴京城朝见辽太宗，迫于压力，只得再遣北都副留守白文珂携带贵重的礼物和名马，前往汴京贡献给辽太宗。辽太宗对刘知远的这种小伎俩自然大为不满，就让白文珂带话给刘知远道："汝不侍奉南朝（指后晋），又不归附北朝，其意欲何所待耶？"此时，出使汴京的王峻回转太原，告诉刘知远道："契丹贪残失人心，必不能久有中国。"但是刘知远虽已存据有中原之心，却迫于河东地处一隅，兵马不足，无力硬抗契丹全军，所以也不敢强拒辽太宗，至此听了王峻的进言以后，更是与契丹人虚与委蛇，等待时机。刘知远对那些急切劝说自己"举兵进取"的部下解释其中利害道：

> 用兵有缓有急，当随时制宜。今契丹新降晋兵十万，虎据京邑（指汴京），未有他变，岂可轻动哉！且观其所利（求取之利益）止于货财，货财既足，必将北去。况冰雪已消，势难久留。宜待其去，然后取之，可以万全。(《资治通鉴》卷二百八十六)

果然，只想掠取中原"货财"的辽太宗君臣，终于被中原军民赶出了汴京城，向刘知远提供了攫取天下的"万全"良机。

　　对于中原军民纷纷抵抗契丹的行动，宋代之后颇有人从"夷夏大防"上进行分析。其实不然，五代时期人们对"华夷之辨"并不强烈，对非汉族统治者也大体能接受，如后唐、后晋、后汉皇族皆为沙陀人，当时大将重臣亦多有夷狄血统的，而中原汉人士大夫也往往北逃，出仕于契丹。这与宋代理学盛行以后，人们严格"华夷之防"者大有不同。辽太宗也并未认为由于自己为契丹人、从而不为汉人所接受，是此次南下中原失败的原因。

　　辽太宗曾在北撤途中反省说："我此行有三失：纵兵掳掠粮草，一失也；括民私财，二失也；不早遣诸节度使还镇，三失也。"对于其所言的前两条失策，是指其不该在汉人居住地区强行实施落后的草原掳掠行为，而第三个失策是说不该不任用后晋降将、降臣去维持原有的统治秩序。辽太宗所说的"三失"确实是契丹势力被迫退出中原的重要原因，但辽太宗还是回避了造成此"三失"的深层因素，即来自北方草原的契丹皇帝对中原人所怀的深刻忌疑。虽然在得到燕云地区以后，辽太宗已逐渐接受汉官，推行汉制，"因俗而治"，但是因为自己一手扶植起来的后晋傀儡政权，最终却成为自己的仇敌，经血战连年方取胜之，所以其对中原官民深怀猜忌之心，而由此施行严酷的防范、制裁和掳掠政策，先后激怒了原后晋军士、官吏以及中原百姓，而军心、士心和民心一起丧失的结果，自然只有在一片喊杀声中狼狈逃归了。

当初后晋主帅杜重威率领全军不战而降，辽太宗却下令将后晋将士的兵器铠甲、战马全部收缴，将兵甲存贮在恒州（今河北正定），而将战马驱"数万归其国"；并为避免日后那人数众多的降军士卒叛变，准备指挥契丹铁骑把他们全部驱赶入黄河中淹死。但有谋臣劝阻说："晋兵在它所者尚多，彼闻降者尽死，必皆拒命。不若且抚之，徐思其策。"辽太宗一听有理，遂命令杜重威率后晋降兵屯驻汴京城外陈桥（今河南封丘东南），并命令契丹军兵看管，严加防范。当时正值岁末时节，大雪严寒，辽太宗对此不问不顾。于是"将官无所给，士卒冻馁"，饥寒交迫，相聚泣下，大骂杜重威害了众人，对辽太宗也生出离心。深知其中利害的辽太宗，再次打算诛尽后晋降兵。此时已被封为燕王的灭晋功臣赵延寿，对于成为契丹庇护下的"中原主"一直抱有企图，为能获得中原军民之心，便竭力劝阻辽太宗此一举措。赵延寿故意问辽帝道："皇帝亲冒矢石，以取晋国，欲自有之乎？将为他人取之乎？"辽太宗果然勃然变色道："朕举国南征，五年不解甲，仅能得之，岂为他人乎！"赵延寿再问道："晋国南有唐，西有蜀，常为仇敌，皇帝亦知之乎？"辽太宗答："知之。"赵延寿于是解释说："晋国东自沂（今山东临沂）、密（今山东

契丹人引马图（内蒙古敖汉旗白塔子墓葬壁画摹本，内蒙古博物院藏）

诸城），西及秦（今甘肃天水）、凤（今陕西凤县），延袤数千里，边于吴、蜀（与南唐、蜀两国交界），常以兵戍之。南方暑湿，上国（此指契丹）之人不能居也。它日车驾北归，以晋国如此之大，无兵守之，吴、蜀必相与乘虚入寇，如此，岂非为他人取之乎?"辽太宗悚然而问道："我不知也，然则奈何?"赵延寿这才说出自己想法："陈桥降卒，可分以戍南边，则吴、蜀不能为患矣。"辽太宗闻言立刻拒绝道："吾昔在上党失于断割，悉以唐兵授晋，既而返为寇仇，北向与吾战，辛勤累年，仅能胜之。今幸入吾手，不因此时悉除之，岂可复留以为后患乎?"赵延寿便说："向留晋兵于河南，不质（人质）其妻子，故有此忧。今若悉徙其家于恒、定（今河北定州）、云（今山西大同）、朔（今属山西）之间，每岁分番使戍南边，何忧其为变哉！此上策也。"辽太宗听后，大声称善，遂命赵延寿负责此事。于是屯留在陈桥的后晋降兵始分归各自军营，但其心已生异志。

辽太宗在进入汴京城之初，契丹将校恣意妄为，肆行杀戮，一时间城中居民大为惊恐。为此，遇事忠直敢言、为辽太宗所礼重的汉人宰相张砺进谏道："今大辽始得中国（中原），宜以中国人（汉人）治之，不可专用国人（契丹人）及左右近习。苟政令乖失，则人心不服，虽得之，亦将失之。"颇不信任中原人的辽太宗不听从其建议，但时局的发展，证明了张砺的见高识远。

当时，赵延寿为减少契丹兵卒抢掠民间财物行为，就向辽太宗请求给契丹将士发放粮饷，不料辽太宗截口拒绝道："吾国无此法。"原来契丹行军作战时，并不携带辎重粮草，而是派出将士分番四处剽掠，称之"打草谷"。此时，契丹军马四出掳掠杀戮，"丁壮毙于锋刃，老弱委弃于沟壑"，以汴京为中心的方圆数百里间，财物殆尽，民众纷纷逃散。而在城中广受四方贿赂、纵酒作乐的辽太宗，却又要求判三司（主管国家财政的官员）刘昫迅速筹集钱款，用来犒劳随从其南下灭晋的契丹将士。但此时京城内外府库空竭，无计可施的刘昫只得请求辽太宗同意"括借"汴京城内士民的钱帛，自将相以下皆不能免；又分遣使者数十人到诸州府，以严刑、诛杀相逼"括借"钱财，于是千里骚动，民不聊生。但四处搜括来的钱物并未颁赐给立功将士，而是藏入内库，准备全部运归北方，而契丹将士四出抢掠如故。这样一来，京城内外官民都十分愤恨，只思早日驱逐契丹。而各地百姓不堪凌辱，已纷纷揭竿而起，多者数万人，少者不下百千，攻杀辽太宗派往各州县的官吏士卒。

二月初，辽太宗在汴京城中宣布建国号大辽的消息传到太原，河东帅府将士纷纷向刘知远劝进，请刘知远即刻称"尊号"以号令四方。刘知远虽深知各地形势的变化对辽太宗已日趋不利，但仍不敢贸然行事。为了解人心向背，刘知远命令心腹将领史弘肇集合诸军，声称后晋出帝一行被契丹押向北国，途经河北，自己欲约定是日兵出太行山，营救于半途。在刘知远心腹的鼓动下，众将士纷纷表示："今契丹陷京城，执天子，天下无主。主天下者，非我王而谁！宜先正位号，然后出师。"并争呼"万岁"。刘知远知军心可用，但仍心有疑虑，遂令人喝止："虏势尚强，吾军威未振，当且建功业。士卒何知！"于是河东各地官员三番数

后汉高祖刘知远像（中国国家博物馆藏）

次上表章劝说刘知远称帝，打造声势，而亲信将领郭威和杨邠也纷纷表态，道："今远近之心，不谋而同，此天意也。大王不乘此际取之，谦让不居，恐人心且移，移则反受其咎矣。"正好此时传来消息说陕州（今河南三门峡）守将王晏、赵晖、侯章等杀死暴虐的契丹节度使、监军等，刘知远由此意决，于十七日在太原城自立为皇帝，国号汉，史称后汉，是为后汉高祖。

后汉高祖为笼络后晋旧臣，声称不忍更改后晋旧制，但又厌恶后晋出帝的年号"开运"，于是决定沿用后晋太祖石敬瑭的年号"天福"，称是年为天福十二年（947年）。次日十八日，后汉高祖下诏诸州曰：

> 诸道为契丹括率（搜括）钱帛者，皆罢之。其晋臣被迫胁为使者勿问，令诣行在（天子临时驻跸之所）。自余契丹（人），所在诛之。(《资治通鉴》卷二百八十六)

又过了两日，后汉高祖才以东至河北迎接后晋出帝为名，率兵东出，但刚走到离太原城不远的寿阳县（今属山西），获知后晋出帝一行早已经过河北远去。本就无救援之意且又不想与契丹军正面作战的后汉高祖，眼见作秀之目的已经达到，遂顺势留下一支兵马戍守地势险要的承天军（今山西平定东），以备契丹军从河北翻越太行山西上攻击自己，然后浩浩荡荡还至太原城，一边忙着建国之初种种政事军务的处置，一边又紧张地窥视着南边汴京城中的动静，以谋划下一步的去就。

辽太宗一直颇为担忧地观察刘知远的动向，赶紧亡羊补牢，派遣耿崇美为昭义节度使镇守潞州（今山西长治），高唐英为彰德节度使守护相州（今河南安阳），崔延勋为河阳节度使戍守孟州（今属河南），控扼要津，以防范河东军马南下汴京。但随着后汉立国，各地州府守臣以及起兵抗辽者或明或暗地与太原刘知远交通，辽太宗在中原的统治日渐陷入绝境：

磁州刺史李穀表面归附契丹，却又秘密上表交通太原，暗中联络釜阳（今河北磁县）义军首领梁晖。梁晖乘高唐英还未至相州，相州城中积聚兵器、却无守备之机，于二十三日夜袭相州城，杀死契丹士兵数百人，契丹守将突围而走。梁晖据城，自称相州留后，上表太原奏捷。

晋州（今山西临汾）节度副使骆从朗囚禁后汉派来招抚的使者张晏洪等，晋州大将药可俦为此袭杀骆从朗，并杀死辽太宗派来晋州搜括钱帛的右谏议大夫赵熙，推举张晏洪权晋州留后，二十六日遣使者奏闻后汉高祖。

此时占据陕州的赵晖等人诛杀了辽太宗遣来招降的使者，并击退契丹将领高谟翰的进攻，然后遣人持表章归附太原。由于陕州据有黄河、潼关之险，为河东南入洛阳、汴京的咽喉要道，故后汉高祖闻报大喜道:"此咽喉之地归我,天下不足定也。"于二十七日特下诏书任命赵晖为保义节度使,侯章为镇国节度使、保义军马步都指挥使,王晏为绛州防御使、保义军马步副都指挥使,以赏其功。

同日,留守潞州的官员王守恩、高防率领将士杀死节度副使赵行遷和契丹使者,王守恩自任权知潞州留守,举州归附太原。

二十九日,丹州(今陕西宜川)将官高彦珣杀死契丹所署任的刺史,自领州事,随即亦遣使太原归附。

当时镇守河北重镇澶州(今河南濮阳)的契丹将领镇宁节度使耶律郎五性情残暴好杀,州民甚为苦楚,于是义军首领王琼率众千人夜袭澶州南城,自黄河浮桥上袭攻北城,纵兵大掠,耶律郎五困守牙城(唐代藩镇主帅所居之城,即内城)。因为澶州地居南北交通要津,辽太宗得知澶州城已被义军占领大部,甚为担忧,赶忙一面派遣归降契丹,并被自己扣留于汴京的原后晋大将天平节度使李守贞、天雄节度使杜重威回去镇抚,一面又遣精兵增援耶律郎五。兵单力薄的王琼无力抵御,遂退屯郊外,遣其弟王超奉表去太原求援。但后汉高祖还是无意出兵与契丹军马直接交战,便厚赐王超财物,然后遣还。未能获得援助的王琼只得整兵再战,兵败被杀。

虽然契丹重夺澶州要地,但此时汴京东面诸州义军大起,连占宋州(今河南商丘)、亳州(今属安徽)、密州(今山东诸城)等地。获知澶州遭到攻击以后就已无久留中原之意的辽太宗,不禁对左右亲信感叹说:"我不知中国(中原)之人难制如此。"随即派契丹兵马护送仍被扣留在汴京的诸州节度使安审琦、符彦卿等归镇,为自己北归做准备。但这些节度使归镇以后,即闭关自守,脱离契丹的控制,静观局势的发展以决定自己的去就。

三月一日,虽然局势已日益恶化,但辽太宗还是身穿赭黄袍,在汴京宫城中的崇元殿举行了隆重的百官入阁朝见大礼,以激励渐趋低落的士气。不过，从四方传来的不利军情却并未有改观，八日，辽太宗下达即刻撤军的命令，宣称："天时向热，吾难久留，欲暂至上国省视太后，当留亲信一人为节度使，于此镇守。"当时朝中百官纷纷上言，建议可迎请述律太后来中原，即刻被辽太宗所否决。辽太宗打算将原后晋百官全部带去契丹，以避免自己北还以后，他们又归附后汉与自己作对。但那些官员并不愿北去，便以"举国北迁，恐摇动人心"为由劝谏，辽太宗虽已无留中原之意，却也不想就这样轻易丢失百战夺来的疆土，故接受建议，命有职事的官员随从自己北行，其他官吏暂留汴京；并下命改汴州为宣武军，以述律太后之侄、自己妻舅小汉为节度使，并为他取汉名曰萧翰，承担镇抚中原的重任。

十七日晨，辽太宗率契丹卫兵离开汴京城北去，原后晋文武官员数千人、诸军吏卒数千人以及皇宫内宫女、宦官数百人皆随从而行；汴京城内府库的钱财宝物也全部运送北国，留下的仅有乐器、仪仗等物品而已。

当晚，辽太宗宿营于赤冈（今河南开封东北），见附近村落中百姓皆已逃往，空无一人，就命官府颁发榜文数百份，所在招抚百姓，但仍未下令禁止契丹士兵的剽掠行为。

二十一日，辽太宗自白马（今河南滑县）渡口北渡黄河。自感已远离危地的辽太宗，南望那大令自己心伤的河南大地，对跟随身边的宣徽使高勋感慨道："吾在上国，以射猎为乐，至此令人郁悒。今日得归，死无恨矣。"

四月初，辽太宗来到相州城外，亲自指挥诸军攻破城池，将城中男子全数杀死以泄愤，并驱逐妇女随同其北去，只留下高唐英镇守相州。高唐英检阅城中，发现刀刃之下，仅遗留男女百姓七百余人，而掩埋的尸骸达十余万具。

辽太宗一路北行，看见所过城镇皆成为废墟，就对蕃、汉群臣道："致使中国（中原）如此，皆燕王（指赵延寿）之罪也。"回头看见张砺，又说："汝亦有力焉。"辽太宗虽然将民众遭受苦难的罪责推诿给臣下，但亦反省自己丢失中原的原因有"三失"。固然"三失"之说仍有避重就轻之嫌，但能如此反省自己的过失，在中国古代历代历朝君王中却也颇为少见。如此自怨自艾、郁郁寡欢的辽太宗行军至临城（今属河北）终于病倒，待支撑着抵达栾城（今属河北），高烧连日，靠吃冰块以及将冰块放置在胸腹、手足上退烧，但病情却逐渐恶化。二十三日，辽太宗病死于栾城之北的杀胡林。因天气已趋炎热，为能保存遗体归葬故土，辽太宗的随从遂依据契丹传统风俗，剖开其遗体腹部，将数斗盐放入其内，安置于车中，载之北去。由于当时民间将经过加工的大块干肉称之为"羓"，所以中原人故意将经过防腐处理的辽太宗尸体称作"帝羓"，以为调侃。

辽太宗死于北归途中，使得镇守中原的辽军将士军心动摇，纷纷擅自北还。后汉兵马遂乘机自河东挥师南下，进入汴京，先前归附契丹的州县随即争先恐后地转向效忠后汉，辽太宗统治中原的宏图终成镜花水月。

在辽太宗忙于北撤期间，已在太原称帝的后汉高祖也没一刻闲着：

首先遣大将史弘肇攻拔代州（今山西代县），堵住河东的北大门，以防自己南向争夺天下时，契丹军马自北攻袭太原。其次不停招徕各地抗击契丹人的藩镇与义军，在给辽太宗制造麻烦的同时壮大自己力量。

三月中，辽太宗已撤离汴京的确切消息传来，心中大定的后汉高祖遂决意南下汴京，任命其弟刘崇为太原尹，镇守河东。四月初，册立夫人李氏为皇后；任命从弟刘信领义成军节度使、充侍卫马军都指挥使，心腹将吏史弘肇领忠武军节度使、充侍卫步军指挥使，杨邠权枢密使，郭威权副枢密使，王章权三司使，又拜河东节度判官苏逢吉、观察判官苏禹珪为中书侍郎、同平章事，即拜宰相。于是后汉朝廷的模样大体确立。

不数日，后汉高祖确知辽太宗已渡过黄河归至河北，认为出兵中原的时机已到，便遣史弘肇率军南下，增援遭到契丹兵马围攻的潞州城，再分遣兵马守护代州一线，命缘河巡检使阎万进统军自岚州（今山西岚县）、宪州（今山西静乐）一带北出，以分契丹兵势。因辽太宗北撤，契丹将士士气低落，军无斗志，故潞州城下契丹军与后汉兵马小有接战，即溃败退散。

此时，为契丹押送物资、兵器去北国的宁国都虞候武行德等将士千余人，因不愿远去乡里为"异域之鬼"，密议"虏势不能久留中原，不若共逐其党，坚守河阳（今河南孟州），以待有天命所归者而臣事之"。武行德随即率部占取河阳，向太原称臣求援。因河阳地处河东南下洛阳、汴京的要道，后汉高祖若能得到河阳，意味着其进军河南已无险阻，故而迅即授任武行德为河阳节度使，出兵增援。

五月初，辽太宗的死讯及辽军主力已自河北北归的消息先后传入太原城，后汉高祖随即召集文武群臣商议进取方略。诸将皆请出师井陉（今属河北），攻取镇州（今河北正定）、魏州（今河北大名），先平定河北地区，则河南将拱手自服；而后汉高祖此时还是不欲与契丹直接对阵，但是亦不想在臣下面前示弱，所以提出欲走捷径自晋东南经上党（今山西长治）向东南翻越太行山，经河阳直赴洛阳。此时，副枢密使郭威独出献策道：

　　　　虏主虽死，党众犹盛，各据坚城。我出河北，兵少路迂，

旁无应援，如群虏合势共击我军，进则遮前，退则邀后，粮饷
路绝，此危道也。上党山路险涩，粟少民残，无以供亿，亦不
可由（取道）。近者陕、晋二镇相继款附，引兵从之，万无一
失，不出两旬，洛、汴定矣。(《资治通鉴》卷二百八十七）

后汉高祖一听便赞同道："卿言是也。"但宰相苏逢吉等迎合天子之
意道："史弘肇大军已屯上党，群虏继遁，不若出天井（关隘在今山
西晋城南），抵孟津（黄河古渡口，在今河南孟津东北、孟州西南之
处）为便。"不过后汉高祖心中实是赞同郭威之策，现见宰相诸人持
反对意见，遂使出了古代帝王控御局面屡试不爽的手段，即听从天
意来决定采取何等方策。果然，特意招来的司天官声言："太岁在午
（南方），不利南行。宜由晋、绛（今山西新绛）抵陕。"于是后汉高
祖顺势决定亲统三军经晋西南迂回进击洛阳，并以太原尹刘崇为北
京留守，以李存瓌为副留守、李骧为太原少尹、蔚进为太原马步军
指挥使作为辅佐，镇守河东根本之地。

　　是月十二日，后汉高祖正式登坛发兵，离太原城南行：经阴地
关（又名汾水关，即今山西灵石西南汾河东岸南关）、霍邑（今山西
霍州）、晋州，至绛州招降守臣李从朗，然后出河东界进入陕州境
内，陕州守将赵晖出城恭迎。次日，后汉兵马离开陕州城，折向东
行，来到陕州之东石壕镇，西京洛阳已近在目前，举手可攫，而汴
京城中官民亦遣使者前来石壕镇奉迎。

　　在后汉将士旌旗招展、堂堂皇皇、鼓行而南之际，留在中原的
契丹军队，却因辽太宗之死陷入群龙无首的境地：集聚镇州的契丹
军主力在一场动静不算大的兵变之后，已拥戴永康王耶律阮（耶律
倍之子）为帝，呼啸北去，留下众多原后晋官员茫然不知所归；四
出镇守要地以及抗御后汉的契丹兵马，也因军心混乱而无意作战，

纷纷大掠一番以后引兵而去；受命留镇中原的契丹大将萧翰起初在汴京城中肆行残暴，颇为自得，但随着后汉高祖大军渐行渐近，尤其是后汉大将史弘肇救潞州、克泽州，击退围攻河阳的契丹兵马，迫使屯驻怀州（今河南沁阳）、孟州、洛阳一带的契丹军队相继北遁，汴京城已处于后汉军的直接威逼之下，故萧翰亦欲尽快离中原北还。但萧翰担忧一旦离开汴京，中原无主而大乱，使自己不能从容撤离，听说后唐明宗李嗣源之妃王淑妃及其子许王李从益还待在洛阳，便心生一计，假传辽主诏命，以李从益知南朝军国事，迫使李从益与王淑妃来到汴京，立为南朝皇帝。萧翰又胡乱任命一些官员为宰相、枢密使、侍卫亲军都指挥使等，并留下契丹兵千余人作为李从益的宿卫兵，随即率领帐下兵马离开汴京北归。

李从益虽说是被逼出山，但既已成为"国主"，总得有所作为，以保住这宝座。李从益遣使征召宋州节度使高行周、河阳节度使武行德来汴京勤王。高、武二将虽是后唐明宗之旧臣，对后唐明宗的感情亦颇深，但此一时彼一时也，面对当下诡谲的局势，两人都不愿成为李从益的殉葬品，所以对征召都未予响应。本以为能招来唐明宗旧部，从而感觉有几分把握控御大局的王淑妃，见状大恐，赶紧招集京城内的文武大臣商议，使出了最后一招，说："吾母子为萧翰所逼，分当灭亡。诸公无罪，宜早迎新主，自求多福，勿以吾母子为意！"果然众臣闻言感激，未忍叛去，有人并提议道："今集诸营，不减（少于）五千，与燕兵并力，坚守一月，北救必至。"众人纷纷应和。王淑妃对此毫无信心："吾母子亡国之余，安敢与人争天下？不幸至此，死生惟人所裁。若新主见察，当知我无所负。今更为计划，则祸及他人，阖城涂炭，终何益乎？"众人还打算闭城坚守一番，但三司使刘审交认为："余燕人，岂不为燕兵计？顾事有不可如何者。今城中大乱之余，公私穷竭，遗民无几。若复受围一月，无噍类矣。愿诸公勿复言，一从太妃处分。"即城中一无所有，已根本无力抵抗强敌。众臣深知其言是实，一时都默然不语。经反复商议，乃决定李从益改称梁王、知军国事，不再居住于皇宫内，并遣使西上奉表称臣，恭迎后汉高祖入城，希望由此获得新天子的谅解。

六月三日，后汉高祖前脚踏入西京洛阳，汴京百官表露忠诚的表章也适时送至。后汉高祖一面颁行诏书宣布接受契丹官职者勿用自疑，一面又命郑州防御使郭从义先进入汴京城清除宫闱，密令杀掉李从益与王淑妃。王淑妃临死前哭诉道："吾儿为契丹所立，何罪而死！何不留之，使每岁寒食以一盂麦饭洒（拜祀）明宗陵乎！"闻者泣下。李从益并无势力人马，不过京城之内布衣一个，对后汉政权全无威胁，后汉高祖如此行事实属过分，此举在某种意义上，可视为后汉王朝未满五年即告覆亡的一个伏因。

五日，自觉一切安置妥当，后汉高祖离洛阳城逶迤东行，摆足新天子的威仪，八日至荥阳（今属河南），接受来自汴京的文武百官的奉迎，至十一日才抵达汴京城。

十五日，新天子依照历代惯例，颁行大赦诏书，并特别指出"凡契丹所授之节度使，下至将吏，各安职任，不复变更"，以此安抚反侧不安者；正式宣布国号为"汉"，年号仍用"天福"不变，将汴州重新改为东京，而改任北京留守刘崇为河东节度使、同平章事。四方原归附契丹的藩镇相继来降，后汉迅速控制了河南全境。

虽说后汉高祖兵不血刃地控制汴京，登上了天子宝座，但要稳定其统治，却面临着远较夺取政权更为严峻的局面。

首先，契丹军队虽已退出中原地区，但在河北仍有不少州县由契丹人控制。不过自河南等地北撤至镇州的契丹兵马，因处事鲁莽失策，激起了汉军兵变，被迫再次北撤还契丹境内。随后那些游窜各地的小股契丹散兵游勇，也在后汉军的征剿追逼下退出河北。那些迫于威胁而归附契丹的州县相继倒戈，纷纷向汴京称臣归附，至八月中，被契丹占领的原后晋州郡除易州（今河北易县）之外，皆已在后汉控御之下，大致恢复至辽太宗征伐后晋以前的状态。此后数年，契丹君臣忙于内斗，而后汉也全无北伐收复燕云十六州之心，所以北方边境一时颇为安静，少有战事发生。

其次，新天子虽已颁行大赦诏书，但那些曾经降附契丹的官员，终究忐忑不安。如邺都留守、天雄节度使杜重威，虽然迫于形势而奉表臣服后汉，并表示愿意离开河北重镇魏州（今河北大名），换个州府为官，但后汉皇帝真下命令改任杜重威为归德节度使之时，"内常疑惧"的杜重威却又拒而不受，依仗契丹燕王赵延寿留在魏州的两千亲兵拒战，并遣其子杜弘璲求救于契丹，契丹大将麻答随即派遣将领杨衮率领契丹兵马一千五百人及幽州汉军数千来援。闰七月，后汉高祖下诏削夺杜重威的官爵，任命新任天雄节度使高行周、镇宁节度使慕容延超为正、副招讨使征讨杜重威。杨衮等契丹援军迫于形势变化甚为不利，为求自保，撤兵北还。由于魏州城高墙固，加上后汉军中高、慕容两大将意见不协，所以战事绵延，久无进展。九月中，后汉高祖亲征魏州。魏州城中粮草渐竭，外援也断绝，守卫将士不断翻城出降。但杜重威依靠辽将张琏率领的两千幽州兵顽强抵抗，屡屡挫败后汉军的进攻。无奈之余，后汉高祖多次遣人来招降幽州兵，并"许以不死"，不料张琏责问道："繁台之卒，何罪而戮？今守此，以死为期耳。"原来后汉高祖进入汴京城之初，便将留守汴京的幽州兵将一千五百人全部杀死在城南的繁台之下，所以此时张琏以"繁台之卒"为问，后汉高祖无词以对，只得屯兵城下，长围久困。至十一月中，魏州城内粮竭力尽，只得开门出降。尝亲笔手诏"许以不死"，并答应放幽州兵将还归故乡的后汉高祖，一旦控制了魏州城，随即翻脸，诛杀张琏等将校数十人，然后纵放普通士卒北去。那些士卒在沿边地区大肆杀掠一番后出境，以发泄心中忿怒。而杜重威出降后，后汉高祖虽然听从郭威的建议，诛杀了杜重威左右亲将百余人，抄没杜重威的家财赏赐战士，但还是授予杜重威高官贵爵，以太傅兼中书令，封楚国公。对于后汉高祖如此作为，北宋著名史学家司马光曾予以甚为深刻的批评，指出：

> 汉高祖杀幽州无辜千五百人，非仁也；诱张琏而诛之，非信也；杜重威罪大而赦之，非刑也。仁以合众，信以行令，刑以惩奸，失此三者，何以守国！其祚运之不延也，宜哉！（《资治通鉴》卷二百八十七）

再次，在连天烽火之下，中原民众大量死亡，村镇成墟，钱粮枯竭，幸存者也大都逃亡，或依山为营结寨以自保。为此，后汉高祖一面罢去不急之事务，减省无益之花费，来缓解国家财政窘况；一面又遣使者安集流民，招徕逃避山林中的农民耕种田地，恢复经济。同时，后汉朝廷又颁行峻刑重法，严惩抢劫民间财物的盗贼，甚至有一人为盗，全村人皆被诛杀者。如此严刑酷法，显然不利于国家的长治久安，不过短时间内倒也震慑住了为非作歹者，稍稍稳定了社会秩序。

其四，当后晋灭亡、中原板荡之时，四方觊觎中原者并非仅后汉高祖刘知远一人，除归附契丹的赵延寿、杜重威诸人以外，南方诸割据政权也颇思逐鹿中原，乘乱渔利。当时南方诸政权的分布地区大略为：李氏南唐占据着江淮地区及今江西省，大体以淮河与中原政权为界；其东为钱氏吴越国，辖地包括今浙江全省和江苏苏州地区；割据福建地区的王氏闽国因内乱亡国，其地被吴越所据，闽西北、闽西一带归于南唐，仅在闽南留下一个以泉州为中心的小政

权，称清源节度使；占据四川（含今重庆）及陕西汉中地区的是孟
氏后蜀；在两广地区称帝的是刘氏南汉；马氏楚国盘踞湖南省及贵
州一部；辖地最为狭窄的南平政权仅领江陵府（今湖北荆州）、峡
州（今湖北宜昌）、归州（今湖北秭归）三州之地，称荆南节度使。
其中南汉偏处于南边，与中原政权少有往来，吴越、楚、南平诸政
权皆奉中原王朝之"正朔"，即由中原王朝册封为王，而国力最强的
南唐、后蜀两国向来与中原政权不合，后蜀颇有北据关中地区的企
图，而南唐更是具有取中原政权而代之的雄心。所以当辽太宗仓猝
撤离汴京、中原无主之时，南唐、后蜀都大为兴奋，调兵遣将，蠢
蠢欲动。

　　当辽太宗进入汴京之时，不愿奉辽为帝的后晋雄武节度使何重
建便以秦（今甘肃天水）、阶（今甘肃武都）、成（今甘肃成县）三
州归附后蜀，于是后蜀主发兵会合何重建军扼守大散关（今陕西宝
鸡西南），攻取凤州（今陕西凤县）。此后，任职长安（今陕西西安）
的晋昌节度使赵匡赞，因其父赵延寿助辽太宗灭后晋，此时又身在
北国，担忧终究不能为后汉所容，于十月初归附后蜀，请求后蜀军
来援；十二月，凤翔（今属陕西）节度使侯益也降后蜀，请后蜀即
刻出兵平定关中。但后蜀兵马未能及时来援，后汉军又已迫近，得
到后汉天子敕书的赵匡赞、侯益遂相继入汴京觐见新天子，增援长
安的后蜀兵马也被后汉军击退，关中州郡复归于后汉，后蜀由此失
去了控制关中地区的最佳时机。

　　在辽太宗与后晋连年血战期间，南唐主曾屡屡遣使契丹密告后
晋军政情报，待辽太宗灭晋以后，又主动遣使汴京祝贺，同时，要
求辽太宗同意南唐使者去长安修复被匪人盗掘的唐帝诸陵。南唐皇
帝自称唐朝天子的后裔，故国名为"唐"，人们为区别于唐朝，称之
为南唐。甚为了解南边事务的辽太宗自然也知道这个唐朝实为冒牌

货，此番欲去长安祭拜唐陵，实有窥探中原虚实的用意，所以断然拒绝。此时，南唐虞部员外郎韩熙载（即五代画家顾闳中名画《韩熙载夜宴图》中的主角）上书道："陛下恢复祖业，今也其时。若虏主北归，中原有主，则未易图也。"南唐主深知其说有理，只是南唐军主力此刻正陷于福州一带，与吴越军激战，无暇北顾，从而错失良机。稍后，南唐主获知辽太宗病死，萧翰也放弃汴京北去，再起问鼎中原的雄心，下诏曰："乃眷中原，本朝故地。"欲调兵命将，经略无主的中原地区。但随之传来后汉太祖进入汴京的消息，自思战备不足且无力两线作战的南唐主大为悔恨，只得偃旗息鼓，闭关自守了。

荆南节度使高从诲以投机无赖闻名当时，故世人赠以"高无赖"的绰号。当他接到辽太宗送来的诏书，随即遣使臣入汴京朝贡，又同时遣人去太原，向刘知远"劝进"，两面下赌。六月中，后汉新天子遣使荆南，高从诲即刻上表恭贺，但同时又要求后汉割让郢州（今湖北钟祥），当然遭到了后汉的拒绝，于是高从诲也随之翻脸，拒绝后汉使臣入境。至八月间，高从诲听到杜重威叛汉的消息，深感良机不再，随即遣水军数千北袭襄州（今湖北襄樊），被后汉节度使安审琦击退；再攻郢州，还是未能得手，损失惨重。高从诲一不作二不休，索性断绝与后汉往来，同时归附于南唐、后蜀，以为奥援，但也不敢再发兵北上了。

虽说南唐、后蜀与荆南都与后汉作对，但楚、吴越政权还是遵照奉中原王朝为帝的旧例，遣使节来汴京朝贡：七月，后汉高祖以马希广为天策上将军、武安节度使兼中书令，封楚王，为楚国主；八月，以钱弘倧为东南兵马都元帅、镇海镇东节度使兼中书令，封吴越王。至于南汉主，并未遣使来朝见，后汉也不封赏。后汉高祖由此如愿以偿，坐稳了天下"共主"之位。

相较于夺取皇位颇为平易的后汉高祖，继辽太宗为北朝皇帝的耶律阮，所面临的局面却要险恶许多。

耶律阮，契丹名兀欲，其父即辽太祖耶律阿保机和述律皇后的长子耶律倍。当初辽太祖效法汉制称皇帝之时，即册立耶律倍为皇太子，明确了耶律倍的嗣君地位。但是仰慕汉文化的耶律倍，却不为重牧轻农、偏于守住草原基业的述律皇后所喜，在述律皇后的影响下，辽太祖又授予次子耶律德光天下兵马大元帅的称号。按照唐五代时期的政制，天下兵马大元帅也属"储贰"之位，即在一定意义上，其政治地位与皇太子相仿，而且因掌握军队，故在部族内的影响更大。926年（辽天显元年），辽太祖攻灭东北地方政权渤海国以后，在原渤海国疆域内建立东丹国，作为契丹属国，册封耶律倍为人皇王，主持东丹国政，史称东丹王。所谓东丹，语含东边契丹之意。辽太祖随后病死于班师途中，述律皇后遂"称制"总摄军国重事。

史称述律皇后"勇决多权变，阿保机行兵御众，述律后常预其谋"，并且"摘蕃、汉精锐为属珊军"，组建了听命自己的侍卫亲军。述律皇后的同母异父兄敌鲁、弟阿古只都是辅佐辽太祖的开国功臣，先后出任北府宰相，其家族势力甚为强盛。因此，契丹贵族中趋于保守的势力就汇集在述律皇后四周。对此，连强悍的耶律德光亦只能浩叹："太后族大如古柏根，不可移也。"

辽太祖死后，契丹贵族大臣分为拥护耶律倍和拥护耶律德光两个集团。依照汉制，理当由皇太子耶律倍继位，所以中意次子耶律德光继位的述律皇后，面临着很大阻力。为此，述律皇后迟迟不立新天子，并通过残酷的手段剪除异议者：利用契丹的人殉旧俗，处死了那些不易驾驭的大臣贵族。

东丹王出行图（局部，传为耶律倍绘，波士顿艺术博物馆藏）

接受辽太祖的遗诏担任守太师、政事令以辅佐东丹王的寅底石（辽太祖之四弟），在上任途中被述律皇后派人刺杀。南院夷离堇耶律迭里建言帝位宜先选嫡长子，现今东丹王已在赴朝途中，当立。述律皇后闻言大怒，便以耶律迭里"党附"东丹王的罪名，诏下狱刑讯，加以"炮烙"，后杀之，"籍其家"，即将其家属全都贬责为奴仆。甚至传说辽太祖下葬以后，述律皇后尝召集诸将及部族酋长中之"难制"者，泣问道："汝等思先帝乎？"对曰："受先帝厚恩，岂得不思！"述律皇后道："果思之，宜往见之。"遂尽杀之。此后，当遇到"桀黠"的左右臣僚，述律皇后就以"为我达语于先帝"为借口，押至辽太祖陵墓前处死，"前后所杀以百数"。直至有一天，述律皇后欲杀死汉臣赵思温，但赵思温不肯去辽太祖陵，述律皇后便责问道："汝事先帝亲近，何为不行？"赵思温答："亲近莫如皇后，皇后行，微臣则继之。"述律皇后大窘，只得以"诸子幼弱，国家无主，不得往耳"为托辞来搪塞，并不得已"断右腕纳于柩"以代替己身，但杀臣僚殉葬"先帝"的做法也随之被取消了。此后，述律皇后便以"断腕太后"著称于史。对于"太后断腕"，《辽史·后妃传》称述律皇后"欲以身殉，亲戚百官力谏，因断右腕纳于枢"，当是出于史臣涂饰，未必合于史实。

次年（927年）十一月，"称制"已近一年又半的述律皇后利用草原传统的贵族选汗大会，推举耶律德光继位，是为辽太宗。已被剪除了羽翼的皇太子，至此也不得不同意自愿"让位"。对于辽太宗继位始末，《辽史·太宗纪》称：人皇王耶律倍率群臣请于述律皇后曰："皇子大元帅勋望，中外攸属，宜承大统。"述律皇后从之。而《义宗倍传》更是特地宣称是耶律倍主动率领众臣请于述律皇后而让位的。似乎述律皇后只是俯循舆情，采纳耶律倍与群臣的共同提议而已。但其实大为不然，此次权力交接并不平稳，且颇有曲折。《旧五代史·契丹传》称当时述律皇后已令耶律德光"权主牙帐"，而《资治通鉴》卷二百七十五中的相关描述则更加生动具体：

> 契丹述律后爱中子德光，欲立之，至西楼，命与突欲（耶律倍）俱乘马立帐前，谓诸酋长曰："二子，吾皆爱之，莫知所立，汝曹择可立者执其辔（马辔）。"酋长知其意，争执德光辔，欢跃曰："愿事元帅太子。"后曰："众之所欲，吾安敢违？"遂立之，为天皇王。突欲愠，帅数百骑欲奔唐，为逻者所遏，述律后不罪，遣归东丹。天皇王尊述律后为太后，国事皆决焉。太后复纳其侄为天皇王后。天皇王性孝谨，母病不食亦不食，侍于母前应对或不称旨，母扬眉视之，辄惧而趋避，非复召，不敢见也。

辽太宗虽然如愿登上皇位，成为天皇王，但由于争夺大位过程中获得了述律皇后全力支持，故不得不将国家权力的一大部分让渡给述律皇后，"国事皆决焉"。同时，述律皇后舍弃皇太子而立次子为天皇王，在契丹贵族大臣中造成了深刻的矛盾，埋下了无穷隐患。

史载争夺皇位失败而郁郁不得志的耶律倍，终因难以忍受辽太宗的忌疑，于930年底携带部分家眷、从人坐船浮海南奔中原后唐，受到了后唐君臣的隆重迎接，被赐姓东丹，名慕华，后又赐以后唐国姓李，名赞华，官拜节度使。936年，石敬瑭借兵契丹灭亡后唐，后唐末帝李从珂兵败，欲召耶律倍一起自焚，耶律倍不从，李从珂遂遣壮士杀死耶律倍，时年三十八岁。石敬瑭建后晋以后，收瘗其遗骸。耶律倍留在北方的长子耶律阮与次子娄国为寻找父亲遗骸，随从辽太宗南征，来到中原。

据《资治通鉴》记载，耶律阮"眇一目，为人雄健好施"，其意是说他瞎了一只眼，但为人骁勇果敢，而且轻钱财，好结交豪杰。辽太宗可能对其兄之遭遇颇怀内疚之心，所以对侄子颇为优待，《辽史》中甚至还宣称"爱之如子"。当辽太宗在汴京城内正式成为中原皇帝时，也封耶律阮为永康王，任命娄国为义成节度使、潘聿撚（耶律阮之妹夫）为横海节度使。由此，"乐施予"、有人望的耶律阮在南征军中拥有了相当势力。

辽太宗猝死，未就继位事项作出安排，而当年辽太宗登基以后，曾册封其弟李胡为皇太子兼天下兵马大元帅，一方面由此来进一步削弱耶律倍的势力，另一方面也是为讨得族大势强且又十分宠爱幼子的述律太后之欢心，因此，若按正常程序进行，执掌国政的述律太后必然会继立李胡为皇帝。但李胡性情暴戾残忍，很不得人心。所以为减少李胡继位的阻力，述律太后很可能再次大开杀戒，拿辽太宗左右亲信近臣以及支持耶律倍的势力开刀。于是，反对李胡继位的贵族大臣与南征统兵大将、拥戴耶律倍的势力，为抗衡述律太后和李胡而联合起来，并在耶律阮兄弟及其心腹的竭力运作下，在南征契丹军中的贵族、大将们逐渐达成了拥立耶律阮为皇帝的共识。

当时，执掌南征军兵权的南院大王耶律吼与北院大王耶律洼密谋道："天位不可一日旷。若请于太后，则必属李胡。李胡暴戾残忍，讵（岂）能子民（视民如子）？必欲厌（满足）人望，则当立永康王。"而身处军中的耶律阮也召来担任宿卫的心腹耶律安抟商议继位之事，并深深担忧李胡以及辽太宗长子寿安王耶律璟皆在上京，得到以祖母述律太后为首的守旧势力支持，所以对自立为帝一事颇为犹豫。耶律安抟，即当初因支持耶律倍继位而被述律太后所杀的耶律迭里之子，十分支持耶律阮称帝，并鼓动道："大王聪安宽恕，人皇王之嫡长；先帝（辽太宗）虽有寿安（王），天下属意多在大王。今若不断，后悔无及。"正好此时有人从北方来，耶律安抟乘机在军中散播李胡已死的谣言，借以坚定北归将士拥立耶律阮为帝的信念。耶律阮让耶律安抟拜见统兵的北院、南院大王，以观察其态度。待耶律安抟说明来意，正在商议此事的耶律洼闻言而起，说："吾二人方议此事。先帝尝欲以永康王为储贰，今日之事有我辈在，孰敢不从！但恐不白太后而立，为国家启衅。"所谓辽太宗欲立永康王为储嗣，显然是为讨好耶律阮而虚构的，心知肚明的耶律安抟乘势答道："大王既知先帝欲以永康王为储副，况永康王贤明，人心乐附。今天下甫定，稍缓则大事去矣。如白太后，必立李胡。且李胡残暴，行路皆知，果嗣位，如社稷何？"耶律吼毅然决然表态道："此言是也。吾计决矣！"当时契丹诸军大多屯驻在镇州观望形势，众将领便聚集在城头角楼中密会，以决定去就。耶律洼号令军中道：

　　　大行（驾崩而尚未及进谥号者，称大行皇帝）上宾（死亡），神器无主。永康王，人皇王之嫡长，天人所属，当立；有不从者，以军法从事。

诸将并无异议，依次拜谒耶律阮，共定大计。

不过，身处乱世而欲大有作为者并不仅限于耶律阮一人，屡遭辽太宗戏弄的灭晋功臣赵延寿也颇有自己的想法。辽太宗进入汴京城以后，不再提起当初承诺若灭后晋即立赵延寿为"中原主"的诺言，赵延寿颇感怏怏，只得退而求其次，托人向辽太宗表白："汉天子所不敢望，乞为皇太子。"辽太宗笑道："我于燕王，虽割吾肉，有用于燕王，吾无所爱。然吾闻皇太子当以天子儿为之，岂燕王所可为也！"但为了安抚赵延寿，便命为赵延寿加官。大臣张砺遂拟授赵延寿为中京留守、大丞相、录尚书事、都督中外诸军事、兼枢密使，辽太宗阅后，取笔涂去"录尚书事、都督中外诸军事"这两个统辖全国政、军事务的官职，然后颁行朝野。赵延寿甚为不满，但也不敢公然反对。至此，心中恨恨不已的赵延寿便乘辽太宗猝死之后的混乱局面，引领本部军马抢先进入镇州城，并对帐下将士说："我不复入龙沙矣。"卢龙（今属河北）北境有山名曰龙山，山北大漠便称为龙沙。赵延寿之语，表示其将在中原称王，而不再北归契丹。为造成既成事实，赵延寿便宣称自己依照辽太宗的遗诏，权知南朝军国事，并告示诸州郡。但耶律阮对此已有所防范，将镇州的诸城门与城中仓库皆掌控在手。当时有人告诫赵延寿要注意防范契丹人"有变。今汉兵不下万人，不若先事图之"。但赵延寿犹豫不决，只是下令五月一日在城中待贤馆举行出任权知南朝军国事的典礼，接受文武百官祝贺。大臣李崧也认为契丹人"事理难测"，固请赵延寿取消此一典礼。至五月一日，耶律阮礼请赵延寿及张砺、李崧、冯道等汉人高官来自己的营帐赴宴。因耶律阮之妻以兄礼奉事赵延寿，所以耶律阮在席间从容对赵延寿说："妹自上国（指契丹腹地）来，宁欲见之乎？"赵延寿不虞有他，欣然与耶律阮同入内室。过了许久，耶律阮一人出来，对张砺等人说道："燕王谋反，适已锁之矣。"又说："先帝在汴时，遗我一筹，许我知南朝军国。近者临崩，别无遗诏，而燕王擅自知南朝军国，岂理耶！"但随即又下令："赵延寿亲党，皆释不问。"于是众汉官皆安心不扰。过了一天，耶律阮来到待贤馆接受蕃、汉官吏的谒贺，笑对张砺等人说："燕王果于此礼上，吾以铁骑围之，诸公亦不免矣。"张砺诸人不敢答言。

又过了数日，已掌控了大局的耶律阮召集蕃、汉众臣至镇州府衙内，宣读辽太宗遗诏，其略曰：

> 永康王，大圣皇帝（辽太祖之谥号）之嫡孙，人皇王之长子，太后钟爱，群情允归，可于中京（指镇州）即皇帝位。（《资治通鉴》卷二百八十七）

这辽太宗尝许耶律阮"知南朝军国事"之言以及命耶律阮继位的遗诏，显然皆出自耶律阮诸人的伪造，而所谓"太后钟爱"之语更是扯谈，但耶律阮及其拥立者就凭着这一纸伪造文书，在辽太宗灵柩前举行了即位仪式，是为辽世宗。不过这即位仪式亦随之变成了闹剧：始"举哀成服"，随即换上吉庆服饰接见群臣，不复行丧礼，歌吹之声不绝于内。

辽世宗由于违背述律太后的意愿而擅称皇帝，心底颇不自安，遂留下部分兵马及大部分原后晋文武官员在镇州，自己勒兵北归。行至定州，辽世宗决定派贵族大臣先护送辽太宗灵柩归上京，自率大军随后进发。

述律太后获知辽世宗自立为帝，大怒道："我儿（指太宗）南征东讨，有大功业，其子（耶律璟）在我侧者，当立。汝父（指耶律倍）弃我，走投外国，乃大逆人也，岂得立逆人之子为帝乎？"故辽太宗灵柩送至，述律太后不哭，反而恨恨道："待诸部宁一如故，

辽上京遗址

则葬汝矣。"表面上是归咎辽太宗执意倾国南征,国内损耗惨重,致使部族不宁,实则恼怒辽世宗不告自立,使李胡处于一个甚为尴尬的境地。为此,述律太后调兵遣将,命李胡统之,以归降的原后晋大将李彦韬为排阵使,南下拒战。

六月一日,辽世宗来到南京幽州,五院夷离堇安端(辽太祖幼弟)、详稳刘哥(辽太祖弟寅底石之子)遣使归附,并率领本部兵马为先锋,与李胡的军队相遇于泰德泉。交战中,安端坠马,随李胡出征的天德(辽太宗庶子)拍马赶到,挺枪就刺,刘哥急忙上前护卫安端,一箭射中天德,安端乘机换马再战,而李彦韬阵前反水,李胡军大败而退。安端、刘哥至行宫拜见辽世宗,然后合军而进。

闰七月,随着辽世宗兵马逐渐逼近,述律太后亲率兵马来到潢河横渡(今内蒙古巴林右旗西南),与辽世宗之军隔岸对峙多日。李胡为瓦解辽世宗一方斗志,还拘执辽世宗群臣的家属为人质,宣称:"我战不克,先殪(杀死)此曹!"于是人们大为惊恐:"若果战,则是父子兄弟相夷(杀)矣!"因述律太后当年尝大肆诛杀异己,引起契丹不少贵族的愤恨,所以其麾下将校不断归附对方,使她在与辽世宗的皇位争战中日渐陷于被动。

但辽世宗也并无必胜把握,因为惕隐耶律屋质善于谋略,深得述律太后信任,故想施行反间计,就写信给屋质建议和平解决冲突,却故意送入述律太后手中。述律太后自然不会轻易中计,反而招来屋质,宣示此封书信。屋质读完信以后,从容说道:"太后佐太祖定天下,故臣愿竭死力。若太后见疑,臣虽欲尽忠,得乎?为今之计,莫若以言和解,事必有成;否则宜速战,以决胜负。然人心一摇,国祸不浅,惟太后裁察。"述律太后解释说:"我若疑卿,安肯以书示汝?"于是屋质深入分析双方情况:"李胡、永康王皆太祖子孙,神器未移他族,何不可之有?太后宜思长策,与永康王和议。"述律太后当然也不愿同室操戈，而且见形势发展对自己颇为不利，便派屋质携书信去见辽世宗。不料辽世宗认为"彼众乌合，安能敌我"，并对述律太后出语不逊。屋质劝解道："即不敌，奈骨肉何！况未知孰胜。即使幸胜，诸臣之族（家属）执于李胡者无噍类矣。以此计之，惟和为善。"左右臣僚闻之皆失色，辽世宗默然良久，接受了屋质"与太后相见，各纾忿怨，和之不难；不然，决战非晚"的建议。

经过数日往来交涉，双方终于见面会谈，但仍然怨言交加。述律太后对屋质说："汝当为我画（谋划，处理）之。"于是屋质进言："太后与大王若能释怨，臣乃敢进说。"述律太后便言："汝第言之。"屋质就从侍者那里借来一把算筹，拿在手中，先问述律太后道："昔人皇王在，何故立嗣圣（太宗）？"述律太后答："立嗣圣者，太祖遗旨。"屋质转头又问辽世宗道："大王何故擅立，不禀尊亲？"辽世宗答："人皇王当立而不立，所以去之。"意指述律太后抛弃人皇王，所以我今日也就不禀告而自立为帝。屋质于是对双方正色而言："人皇王舍父母之国而奔唐，子道（为子之道）当如是耶？大王见太后，不少逊谢，惟怨是寻。太后牵于偏爱，托先帝遗命，妄授神器。如此何敢望和，当速交战！"说毕，将算筹掷地而退。述律太后见状悲泣道："向（昔年）太祖遭诸弟乱，天下荼毒，疮痍未复，庸可再乎！"便拾起一支算筹。辽世宗见状也说："父不为而子为，又谁咎也？"也拾取一支算筹。双方臣僚皆悔悟大哭。

述律太后随后再问屋质道："议已定，神器竟谁归？"屋质认为应归永康王，在一旁的李胡闻言厉声喝道："我在，兀欲（辽世宗的契丹名）安得立！"屋质回答："礼有世嫡，不传诸弟。昔嗣圣之立，尚以为非，况公暴戾残忍，人多怨讟。万口一辞，愿立永康王，不可夺也。"述律太后见大势已去，自己在政治、军事两方面皆处于不利地位，也只得勉强接受辽世宗为帝的既成事实，回头看着李胡说道:"汝亦闻此言乎? 汝实自为之!"于是双方各解兵,同归上京。对于述律太后斥责李胡之语,《辽史·宗室传》所载更为详明,其中说:

> 昔我与太祖爱汝异于诸子,谚云:"偏怜之子不保业,难得之妇不主家。"我非不欲立汝,汝自不能矣。

老臣屋质的临变直谏、反复斡旋,终于使一场骨肉血战化解于无形,渡过了一次皇位继承危机,但契丹皇族内部深层矛盾并未能消解,一遇合适时机,便又露头,酿出一幕幕骨肉至亲之间操戈相戮的悲剧。如《辽史》所言:"李胡而下,宗王反侧,无代无之,辽之内乱,与国始终。"不过,辽世宗在这场皇位之争中,取得了压倒其强势之祖母的决定性胜利。

辽世宗回到上京,为稳固其统治,采取了一系列措施:首先以述律太后、李胡"复有异谋",即策划废辽世宗而立李胡的罪名,将两人幽禁于祖州(辽太祖陵墓所在地),"禁其出入",并处死述律太后的党羽司徒划设等人。八月,升其母舅一族为国舅帐,以辅佐自己;为加强统领腹心部(宿卫亲军)的耶律安抟之权力,辽世宗在北面官中创设管理诸游牧部族事务的北枢密院,以耶律安抟为枢密使,兼领契丹兵马大权。九月,辽世宗将辽太宗安葬于怀陵,然后举行隆重的柴册礼(只有可汗或当国太后方有资格举行的大典礼),群臣上辽世宗尊号曰天授皇帝;大赦天下,改年号为天禄,追谥其父耶律倍为让国皇帝,以示自己继位的正统性。然后,辽世宗封赏拥立他为皇帝的功臣,升耶律洼为于越,耶律吼为采访使;安端为明王,主持东丹国事,其子察割(亦写作察哥)为泰宁王;刘哥为惕隐;后晋降将高勋为主持汉人事务的南院枢密使。所谓于越,据

《辽史·百官志》，其"无职掌，班百僚之上，非有大功德者不授，辽国尊官，犹南面之有三公"。此后，辽世宗又仿照汉制设立政事省，作为宰相办事机构；诏令各州县录事参军、主簿之类佐官，皆由政事省管理。为安抚众心，甚至连曾欲谋划自立为"中原主"的赵延寿也被封为魏王、南京留守（一年以后病死）。

但辽世宗的统治并未因此稳固，且辽世宗倾向汉化，"慕中华风俗，多用晋臣"，并且"荒于酒色，轻慢诸酋长，由是国人不附，诸部数叛"，即遭致契丹贵族的不满，不断谋乱。948年（辽天禄二年）正月，原来拥戴辽世宗的部分贵族策划叛乱，辽世宗获悉此阴谋，即诛杀辽太宗庶子天德，杖萧翰，流放刘哥。次年初，萧翰与其妻阿不里公主（辽世宗之妹）鼓动明王安端叛乱，但反谋被安端之子察割所告发，结果萧翰被杀，阿不里公主也病死于狱中。因为此次反乱直接牵连到皇帝的亲妹妹，影响甚大，所以辽世宗颁诏大赦天下，内外众官各进官一阶，以安抚人心。可能也因为此次辽世宗镇压反叛者不避其至亲，震慑强烈，故一时间有异心者皆隐形了。于是倾慕汉文化的辽世宗自认为内政已定，也就改变"数年不暇南征"局面，欲学辽太宗南下争霸，成为"中原主"了。

当时，南面后汉朝政混乱，的确也为辽世宗提供了南面争霸的良机。

后汉高祖登基以后，着力培养"孝友忠厚，达于从政"的儿子刘承训为接班人，任命担任世称"南衙"的开封尹，以熟悉处理各类政务。但不料当年十二月，刘承训病死，后汉高祖也因悲恸过度而得病。次年（948年）正月，后汉高祖改年号天福为乾祐，改自己名"知远"为"暠"（皓白之意）。但这并不能给后汉高祖的健康带来任何改观，其病情日趋严重。后汉高祖自知不起，就召来大臣苏逢吉、杨邠、史弘肇、郭威入宫受"顾命",说:"余气息微,不能多言。承祐(后汉高祖之子)幼弱,后事托在卿辈。"有顷,又嘱咐道:"善防杜重威。"当日,后汉高祖死,享年五十四岁。苏逢吉等大臣秘不发丧,于次日下诏称杜重威父子"因朕小疾,谤议摇众",并其三子弘璋、弘琏、弘璨皆斩之;杜重威之妻"晋公主及内外亲族一切不问"。因杜重威在后晋灭亡之事中作恶甚多,声名狼藉,故处死之时,市民争割吃其肉以泄心头怨愤。二月一日,苏逢吉等方颁令立皇子左卫大将军、大内都点检刘承祐为周王、同平章事;过了一会儿,再发丧,宣布后汉高祖的遗诏,令周王刘承祐即皇帝位,是为后汉隐帝,是年十八岁;尊李皇后为皇太后。为宣示天下后晋已亡,后汉朝廷还特改广晋府为大名府(今河北大名)、晋昌军为永兴军(今陕西西安)。

不久,因当国大臣处理陕西事务失败,激发驻守陕西的军队兵变。三月初,原赵匡赞的亲校赵思绾率部下起兵,占领了长安城。大约与此同时,盘踞凤翔府的将领王景崇不听调遣,据守城池与后汉朝廷相抗拒。数日后,护国节度使李守贞因见杜重威全家被杀,担忧自身安危,认为新天子幼弱,而自己屡建大功,得士卒之心,故乘长安、凤翔反叛之机,也据河中府(今山西永济西蒲州镇)起兵反汉,自称秦王,封赵思绾为晋昌节度使;并招兵买马、缮修城池,多次遣人携带蜡丸密信交通契丹、后蜀、南唐,希望得到诸国增援。王景崇也遣使请降于后蜀。后汉屡次遣军征剿三镇叛兵,但领军诸将各怀异议,莫肯向前,使得战事久拖不决。而且,随着陕西三镇"拒命",朝中大臣间的矛盾也日渐激化,镇守河东的节度使刘崇亦乘机以备御契丹为名扩充兵马,渐渐脱离了汉廷的掌控。辽世宗见状,也开始调遣兵将,准备南侵。于是,因南、北两方各忙于安定内部而安静数年的边境线上,再一次战云密布。

简　释：

【契丹耶律、萧二姓】史载契丹人仅耶律、萧二姓，耶律为皇族，萧氏为后族，即"辽史耶律、萧氏，十居八九，宗室、外戚，势分力敌，相为唇齿，以翰邦家"。关于耶律、萧二姓来源，《契丹国志·族姓原始》曰："契丹部族，本无姓氏，各以其所居地之名称呼之。其婚嫁不拘地里。至阿保机变家为国（指建立辽朝）后，始以王族之号为横帐，并以自己所居之地名世里为姓。世里，为上京以东二百里之地名。"并注云："今有世里没里，以汉语翻译之，即谓之耶律氏。"《辽史·国语解》亦称："有谓辽帝始兴之地曰世里，译者以世里为耶律，故皇族皆以耶律为姓。"可证"耶律"即"世里"，初为地名，后为氏族之名，待辽太祖阿保机建辽国后，即成皇族之姓。而萧氏起源，世有两说：其一，《辽史·后妃传》载，辽太祖登基后，仰慕汉高皇帝刘邦的不世功绩，故为皇族耶律氏取汉姓称刘氏，而将"世任其国事"的姻族乙室、拔里氏等比拟刘邦之相国萧何，遂取汉姓称萧氏。其二，《资治通鉴》等文献称，辽太宗入汴京时，授述律太后之侄、自己妻舅小汉官宣武军节度使，镇守中州，为便于中原人接受，特取汉姓名曰萧翰，故其家族即以萧为姓，此后乙室氏、拔里氏亦以萧为姓，成为契丹后族的通姓。此外，辽代奚族贵族亦因与契丹皇族通婚，故也取汉姓称萧。辽亡后，金代契丹人改耶律氏为移剌氏、改萧氏为石抹氏，而清代满族中的伊拉里氏和舒穆鲁氏，即契丹移剌氏和石抹氏之异译。

【杀胡林】又称杀狐林、杀虎林或杀狄林。"狄"之意同"胡"，"狐"、"虎"与"胡"音近，或为讳言"胡"字而改。宋初文士宋白称："杀胡林，因唐朝武则天时，唐军袭击突厥部族，群胡人死于此，故名。"然元代学者胡三省认为："杀胡林，盖以契丹主死于此，时人遂以为地名。"

【高无赖】五代荆南地处湖南、岭南、福建北入中原之路，地狭兵弱，当高季信为节度使时，即往往掳掠诸道赴中原朝贡路过其境者，待诸道遣使责让，或以兵相加，不得已归还所掳掠之货币，却全无惭愧之意。待高从海继任以后，后唐、后晋、契丹、后汉先后占据中原，南汉、闽、南唐、后蜀相继称帝，高从海贪图各方所赐金帛，便所向称臣。诸国人皆卑视之，称之为"高无赖"。

【渤海国】古国名，地跨东北乌苏里江两岸。唐代圣历元年（698年）由靺鞨族粟末部首领大祚荣所建，初称振国（亦称震国）。先天二年（713年），唐封大祚荣为左骁卫大将军、渤海郡王、忽汗州都督，遂称渤海。渤海仿唐制建立其政治、经济制度，使用汉文。最盛时辖境有五京、十五府、六十二州。上京龙泉府遗址在今黑龙江宁安渤海镇。926年，被契丹所灭，改称东丹国，后迁居辽河流域。其后部分遗民以今鸭绿江畔白山市为中心建立定安国，辽圣宗时亦并入辽。

【李胡为皇太子】《辽史·太宗纪》载辽天显五年（930年）三月乙亥，"册皇弟李胡为寿昌皇太子"。然自元人以下皆以为"皇太子"三字当为"皇太弟"之误。但据辽人乃至北宋人的相关记载，即契丹人误用汉人名号是一普遍现象，如皇帝之子皆可通称作"太子"，故阿保机长子耶律倍以外，次子德光称"元帅太子"，三子李胡称"自在太子"。如此将皇帝之子皆称"太子"现象也见于金初、蒙古初期。如《三朝北盟会编》卷一八引张汇《金虏节要》云："阿骨打有子十余人，今记其八：一曰阿补，二曰室曷（亶父），三曰没梁虎（与室曷同母，正室所生），四曰窝里孛（人呼作二太子，两寇京城者），五曰窝里嗢（人呼作三太子），六曰兀术（人呼作四太子），七曰窝里混（人呼作五太子，号自在郎君），八曰阿鲁保（邢王）。"又如《元史·宗室世系表》载，元太祖成吉思汗有六子，长曰术赤太子，二曰察合台太子，三即元太宗，四曰拖雷，五曰兀鲁赤，六曰阔列监太子；《按扎儿传》亦称拖雷曰四太子，《速哥传》有"兀鲁赤太子"之称呼。

【耶律天德】据《辽史·皇子表》云，辽太宗生五子：萧皇后生二子，长子即辽穆宗耶律璟，次子罨撒葛；辽太宗之妃萧氏生三子，第三子天德，第四子敌烈，第五子必摄。但据《辽史·太宗纪》等记载，耶律璟生于931年（天显六年），敌烈生于933年（天显八年），罨撒葛生于934年（天显九年）；而天德已于940年（会同三年）奉帝命出使中原后晋，是年耶律璟仅十岁。可见《辽史·皇子表》所述辽太宗诸子次序有误，当以天德、耶律璟、敌烈、罨撒葛、必摄为顺序。

【辽世宗即位之月日】《辽史·世宗纪》称辽世宗于辽太宗死后次日，在镇州辽太宗灵柩前即位。此说恐不然。因据《资治通鉴》、《契丹国志·世宗天授皇帝》及《辽史》有关人物传记，当时北撤的契丹诸军散处各地，待得到辽太宗死于栾城的消息后，方陆续会集镇州，商议密谋，故不可能于辽太宗死后之次日即举行新天子登基仪式。当以《资治通鉴》、《契丹国志》所称于五月中举行即位仪式之说较合情理。

【契丹北面官与南面官】燕云十六州入辽以后，为适应各游牧民族和农耕地区的不同社会生活形态和生产方式，辽太宗分设北面官和南面官，"因俗而治"，即"以国制（契丹传统制度）治理契丹人，以汉制（吸收唐、五代等中原政制而成）治理汉人（包括渤海人）"。北、南官制经辽世宗、穆宗、景宗时的调整、发展，至辽圣宗时定型。据《辽史·百官志》，因"辽俗东向而尚左，御帐东向"，即契丹习俗，营帐门朝向日出之处，且以左为上、右为下，故治理契丹人等部族事务的官衙位于辽帝御帐之北面（即左面），故称北面官；治理汉民等事务的官衙位于御帐之南面（即右面），故称南面官。

【柴册礼】为契丹吉仪之一，一般于皇帝初即位时举行。相传此礼原为契丹部落联盟选举可汗之礼仪，其制：积薪为坛，皇帝受群臣玉册，礼毕，燔柴，祀天。其具体过程，史载有二：其一，先择吉日，设置柴殿坛等，行再生礼后，由八部著老扶皇帝拜日，由后族长者为皇帝驾车，驰至一高地，大臣和诸部首领等列仪仗遥拜。皇帝谦辞，群臣则立誓"惟命是从"。次日，皇帝行册礼，上尊号。其二，先于契丹官员中择与皇帝身材、形容相当者九人，各扮皇帝，子夜时分与皇帝同进入十顶庐帐。次晨，另派契丹大臣十人，分入帐内"捉认天子"，然后行礼：先望日四拜，次拜祖殿、木叶山神等，而后举行柴册礼，上尊号。此"捉认天子"如同游戏，饶有趣味，甚具北方民族特色。

二　风云诡谲（948-951）

陕西三镇叛乱以后，军情日益危急，迫使后汉隐帝于948年（后汉乾祐元年）八月间任命重臣郭威为西面军前招慰安抚使，西行平叛，后汉诸军皆受其节度。虽然获得如此显赫要职，掌握重权，但郭威并无丝毫喜色，反而忧心不已。

这郭威也可算是五代时期一位颇具传奇色彩的风云人物。

郭威，字文仲，邢州尧山（今河北隆尧）人，因其脖子上有一飞雀刺青，故世人送他一绰号名"郭雀儿"。传说他本姓常，幼年丧父，随母亲改嫁郭家，所以改姓郭。郭威少年贫困，十八岁时应募从军，但好酒使气，因斗殴伤人而逃亡，栖身于黄河岸边的一座破庙里。当时正逢后唐禁卫士卒哗变，后唐庄宗李存勖遭害，后唐明宗继位。后唐明宗尽革乱政，务从节俭，将后唐庄宗之后宫妃嫔以及大批宫女遣送回家。其中一位柴姓宫女，在回河北故乡的途中，因河水泛滥而滞留于黄河渡口，从而遇见了落魄的郭威。据野史笔记上说，是日柴氏一进入那个破庙，猛见一条大蟒蛇盘曲于屋角柱子下，昂首吐舌，大惊之下，揉眼仔细一瞧，却是一位大汉蜷缩在屋柱下睡觉。因后唐君臣多为沙陀族人，受少数民族的习俗影响，不大讲究男女礼防，所以柴氏虽是一普通宫女，却在皇城中见过许多英雄豪杰，此时看见郭威虽然衣衫褴褛，但眉目间自有一种轩昂之气，知他日后定然不凡，即决定以身相许，遂将随身携带的金银珠宝分成两份，一份交给父母带回家乡过活，一份留作己用。此后郭威逃奔河东，成为大将刘知远的帐下小校，因作战勇敢，深得刘

郭威像（中国国家博物馆藏）

知远的器重。石敬瑭建立后晋以后，刘知远拜河东节度使，镇守太原，郭威升任河东左步兵指挥使，成为刘知远的心腹将领。待刘知远建立后汉，作为开国功臣的郭威也攀龙升天，官拜枢密副使，掌握兵柄。后汉高祖死，郭威作为"顾命"大臣又尽心辅佐后汉隐帝。

按理说时逢外忧内患，当国大臣应当精诚团结、共赴国难才是，但后汉诸大臣却大多残暴好杀，贪墨求贿，相互间又争权夺利，倾轧陷害。一般而言，开国皇帝大多出身武夫，马上取天下，但信奉"兵强马壮者为天子"的武夫要坐稳皇帝宝座，总需要少数亲信谋士从旁襄助，并迫使武将悍卒稍微收敛其蛮横言行，以利于政权的稳定。性情残酷的后汉高祖却极为蔑视文士，认为军国大事不可与书生商量，因此，其所信任的大臣，不是武夫，即为酷吏。如史弘肇为人沉毅寡言，御众极严，将校稍不从命，立即诛杀；苏逢吉为人深文好杀，当初在河东时，刘知远让他清理滞留于狱中未得及时审理的犯人，以祈求福祉，他却将狱中所系囚犯全部处死。后汉高祖将军旅之事全部托付给枢密使杨邠、郭威，民政事务都交给宰相苏逢吉、苏禹珪处理，但二苏都是凭一时好恶来处理政务，同时又都贪墨好贿，无所回避，于是诸大臣之间渐生嫌隙。此后，后汉高祖又拜史部尚书窦贞固、翰林学士李涛为宰相，并拜后晋宰相冯道为太师、李崧为太子太傅、和凝为太子太保，以博取优待老臣之好名声，但实际上对这些文臣仍然甚为轻视。因此，后汉一朝政治较五代其他政权来得更加混乱、残暴。待到后汉高祖一死，原先还有所隐晦的各种矛盾即刻激化了。

首先，枢密使杨邠因忌惮侍卫马军都指挥使刘信（后汉高祖之堂弟）执掌禁军，故解除其军职，改任忠武节度使，让他离开京城。

不久，杨邠认为苏逢吉等宰相胡乱迁补官吏，徒耗"国用"，多次驳回，引起苏逢吉等人大为不满。宰相李涛上奏皇帝道："今关西纷扰，外御为急。二枢密使（指杨邠、郭威）皆佐命功臣，官虽贵而家未富，宜授以要害大镇（指为地方方面大吏易以敛财）。枢机之务，在陛下目前，容易裁决。（苏）逢吉、禹珪自先帝时任事，皆可委也。"杨邠、郭威二人获知李涛此计，知道此事是苏逢吉在背后指使的，颇为惊慌，随即觐见李太后哭诉道："臣等从先帝起艰难中，今天子听人言，欲弃之于外。况关西方有事，臣等何忍自取安逸，不顾社稷？若臣等必不任职，乞留过山陵（指后汉高祖下葬）。"李太后闻听后颇为愤怒，便召来后汉隐帝，斥责他："国家勋旧之臣，奈何听人言而逐之？"软弱的天子便委过于宰相的离间，于是李涛独任其咎，被免去宰相，勒归私第。后汉隐帝为平息杨、郭二人的愤怒，以便对李太后有所交代，就拜杨邠为中书侍郎兼吏部尚书、同平章事，枢密使如故，郭威自枢密副使升拜枢密使、同平章事，并加三司使王章为同平章事，凡国家政务皆听杨邠处置。

杨邠本人"虽长于吏事，不识大体"，并极为轻慢书生文士，常言："为国家者，但得帑藏丰盈，甲兵强盛。至于文章礼乐，并是虚事，何足介意也！"于是"凡南衙奏事，中书除命，先委邠斟酌，如不出邠意，至于一簿一掾，亦不听从"。即士大夫除拜官职，只要不如其意，往往被他所阻隔。于是苏逢吉、苏禹珪、窦贞固三位宰相拱手而已，执掌国政的文武大臣间之怨恨由此更深。

在后汉当权的这一群纠纠武夫之中，唯有郭威较有些见识，留心搜罗有才干的文士，从而颇得文官们好感，文臣谋士如魏仁浦、李穀、王溥、范质等人先后成为其幕僚。至此，受命征讨叛军的郭威深知李守贞作为宿将，在军中根基甚深，而自己只是作为后汉高祖的"翼戴功臣"，方得以位至贵显，实无战功可以镇服将士，所以在出征前夕，特地向太师冯道讨教对策。老谋深算的冯道建议："守贞自谓旧将，为士卒所附。愿公勿爱官物，以赐士卒，则夺其所恃矣。"其意是说李守贞屡次执掌禁军，诸军多为其旧部，以为军心附己，故敢谋叛，如若现今相公能不吝惜官钱，优赏士卒，申明赏罚，使军心附和，则夺去李守贞所凭依者，取胜必矣。郭威于言下省悟，即按照冯道的建议行事：与士兵共甘苦，吃穿住行都与士卒无异，对生病负伤的士兵也亲加抚慰；平易视人，广交将士和文臣；朝廷有所赏赐，则全部分赐将士；广听谏言，体恤军情，即使有人开罪于他，也不记仇报复。果然，郭威由此大得军心，诸军士气高昂，都愿为郭威出力，与李守贞决一死战。郭威虚心听取将领们的建议，博采众长，制定了先攻河中府的策略，命保义节度使白文珂和宁江节度使、侍卫步军都指挥使刘词自同州（今陕西大荔）向东，将军常思自潼关向北，郭威自己率军自陕州向西，三路围攻河中府。

此时坐守河中府城的李守贞自认为在军中素有威望，一心盼望郭威麾下将士阵前倒戈，所以对日益逼近的后汉兵马并未阻击，从而陷入合围中。那些曾受李守贞统领、接受过李守贞恩惠的后汉将士，现今领受了郭威的厚赐，顿忘李守贞之旧恩，跃马擂鼓，叫骂城下，而李守贞寄予厚望的各路援兵，契丹因忙于安定内部，根本未出兵，南唐尝遣将北上救援，但因距离河中府路途遥远，不敢深入，只是在边境上作出攻击的态势而已，仅有后蜀调遣精兵北上增援，却被后汉军阻击于关中一带，无法东进。结果，独守孤城的李守贞陷入了困境。不过，郭威并未忘乎所以，否决了诸将校急战攻城的建议，而采用长围久困打消耗战之法。郭威采取缓攻的原因，表面上是因为"守贞前朝宿将，健斗好施，屡立战功，况（河中）城临大河（黄河），城堞完固，未易轻也。且彼冯（凭）城而斗，吾仰而攻之，何异帅士卒投汤火乎？夫勇有盛衰，攻有缓急，时有可否，事有后先。不若且设长围而守之，使飞走路绝，吾洗兵牧马，坐食转输，温饱有余。俟城中无食，公帑家财皆竭，然后进梯冲以逼之，飞羽檄以招之，彼之将士脱身逃死，父子且不相保，况乌合之众乎？思绾、景崇但分兵縻之，不足虑也"。简而言之，即为避免多杀伤将士，故"设长围而守之"，待城中粮尽，自然覆亡。但究其深层原因，恐怕还是担忧麾下将士有在激战中阵前倒戈帮助李守贞的可能，其后果难以控御，所以采用如此收效虽缓但较为保险之法。至949年（后汉乾祐二年）四月，河中城内粮食将竭，居民饿死者十之五六，李守贞无法再坚持，遂孤注一掷，屡遣精兵出城血战，欲击破长围，险中求胜，但皆被击退，损失惨重。城内将士眼见形势已趋绝望，便成群结队翻城出降，郭威乘机督军四面攻城。

五月，据长安城发动叛乱的赵思绾迫于形势不利，遣使臣来表示愿意归附，被汉廷授任华州留后，但赵思绾却迁延不即莅任。七月初，长安守将郭从义密告郭威同意，会同都监王峻，以宴请为名，擒下赵思绾及其亲信部曲三百人，皆斩之。长安城既平，河中城的处境更为孤立。于是郭威挥军猛攻河中城，一举攻破外城。退守内城的李守贞走投无路，与其妻、子等一起自焚而死，余众开门出降。数月之后，深陷重围之中的王景崇也与家人一起自焚，凤翔之乱也被平定。一场严重威胁后汉统治的军事动乱就此结束。

郭威进入河中城，在检查李守贞遗留下的文书时，发现不少朝廷重臣及各地藩镇与李守贞书信交通，"词意悖逆"，欲奏告天子加以处置。但幕僚王溥劝谏说："魑魅乘夜争出,见日自消。愿一切焚之,以安反侧。"郭威从之,牵涉此事的官员由此大为心安,纷纷称誉郭威。

八月,郭威凯旋还朝,后汉隐帝欲厚赐金帛、官爵等以为奖赏,但郭威不肯独受重赏,推功给在朝诸大臣和众将士。后汉隐帝不欲违背其意,就加郭威官兼侍中,仍任枢密使,赐给金银五千两、绢帛五千匹犒赏诸军,并遍赏赐众大臣及诸藩镇,史弘肇加官兼中书令,窦贞固加司徒,苏逢吉加司空,苏禹珪加尚书左仆射,杨邠加尚书右仆射等,可谓皆大欢喜。郭威如此作为,仍是禀承冯道所教的不吝惜官钱之意。于是为稳定后汉统治又立下了殊勋的郭威,虽未获得较他人更多的高官厚禄,却借机在军中、士民间大大提高了自己的威望。因此,当契丹兵马再次南侵河北地区,后汉隐帝想到的即是派遣郭威北上抵御。

是年九月初,自以为统治已得稳固的辽世宗召集众将商议南征之事。十月,辽军深入河北地区,所过杀掠,而各地后汉州郡守将皆不敢出战,只是婴城自守。辽军更加横冲直撞,前锋直至邺都(今河北大名)北境,深州刺史史万山迎战失利被杀。后汉隐帝不敢拖延,赶紧以郭威为统帅、宣徽使王峻为监军,都督诸军迎战。十一月,辽军闻知后汉大军已赶到邺都,即引兵北还。郭威便在河北征召兵马,派遣诸将出屯诸州以备契丹,然后统军还京城。

日后成为宋朝开国皇帝的赵匡胤,此时正游荡于江湖,闻知郭威在河北征召兵马,也前来投军,成为郭威的帐下亲兵。

950年(后汉乾祐三年,辽天禄四年)四月,鉴于河北诸藩镇不相统领,当辽军横行时,只是闭关自守,互不应援救助,后汉隐帝决定派遣枢密使郭威前往河北,以邺都留守、天雄军节度使驻镇邺都，统领河北诸将备御辽军。史弘肇坚持郭威应带枢密使赴任，以便都督诸路军马、专行号令，宰相苏逢吉竭力反对，认为朝廷从无留守带行枢密使的故事，并且指出："以内制外，顺也；今反以外制内，其可乎？"但后汉隐帝为增强郭威的权威，同意史弘肇的意见，并特令河北兵甲钱谷同受郭威节制。次日，众大臣在宰相窦贞固家中会宴饯行。席间，仍然心怀不快的史弘肇举杯向郭威敬酒，厉声说道："昨日廷议，一何同异！今日为弟饮之。"苏逢吉、杨邠也举酒杯劝道："是国家之事，何足介意！"但史弘肇却不罢不休，又厉声说道："安定国家，在长枪大剑，安用毛锥（毛笔）！"这下连三司使王章也不乐意了，说："无毛锥，则财赋何从可出？"众将相不欢而散。

五月，郭威辞行出京。对朝中文武大臣不和颇感忧心的郭威，临行前恳切地告诫天子道：

> 太后从先帝久，多历天下事。陛下富于春秋，有事宜禀其教而行之。亲近忠直，放远谗邪，善恶之间，所宜明审。苏逢吉、杨邠、史弘肇皆先帝旧臣，尽忠徇国，愿陛下推心任之，必无败失。至于疆场之事，臣愿竭其愚驽，庶不负驱策。（《资治通鉴》卷二百八十九）

后汉隐帝满口应承。

郭威到邺都以后，积极备战防御契丹。是年冬，侍卫步军都指挥使、宁江节度使王殷也率军屯驻澶州以备契丹。此年岁末，辽世宗亲统大军南侵，攻破河北沿边数座县城，但在后汉军的严防死守之下，难有更大胜绩，只得再次大掠一番后北还。北边虽暂得安定，京城中诸权臣却又一次在酒宴上闹出大纠纷，几致刀剑相加，文武大臣之间势如水火，而君臣之间的矛盾亦日趋激烈，终于酿成极端事变。

当时，朝中诸大臣权势甚重，专权跋扈，互不相下，又都未把后汉隐帝放在眼里，待天子如同稚子。一天，杨邠、史弘肇在后汉隐帝面前议事，后汉隐帝提醒说："审图之，勿令人有言。"杨邠便说："陛下但禁声，有臣等在。"后汉隐帝对此大为不平，愤恨自己为大臣所制，所以在左右宠臣的极力鼓动下，听从其母舅李业的挑拨，采用了"清君侧"这一非常做法来诛杀诸武臣。

十一月上旬，后汉隐帝与李业等心腹商议已定，入告李太后，李太后竭力劝阻："兹事何可轻发？更宜与宰相议之。"在一旁的李业却说："先帝尝言，朝廷大事，不可谋及书生，懦怯误人。"李太后再次表示反对，决心已下的后汉隐帝忿怒地嚷道："国家之事，非闺门所知！"拂袖而出。十二日，内客省使阎晋卿从李业那里获知密谋，深恐事情不成而连累自己，便去史弘肇府邸欲告发此事。不料史弘肇因日前小事与阎晋卿有不快，托故不见。十三日清晨，杨邠等重臣入朝，行至东廊下，只见数十名浑身披甲的武士自广政殿中冲出，在众人惊愕间，一举击杀了杨邠、史弘肇、王章等人。阎晋卿奉天子之命急召宰辅群臣宣告道"杨邠等人谋反，已伏诛"，然后召集诸军将校至万岁殿前，后汉隐帝亲自训谕道："杨邠等人视朕如稚儿，朕今日始得为汝主，汝辈亦免横祸矣！"众文武惊愕至极，皆不敢有言，拜谢而退。后汉隐帝认为大局已定，就命人收捕杨邠诸人的亲属、部从、朋友，尽加诛杀，又派遣供奉官孟业携带密诏去河北澶州、邺都，命令镇宁节度使李洪义（李太后之弟）诛杀侍卫步军都指挥使王殷，又令邺都行营马、步军都指挥使郭崇威、曹威诛杀主帅郭威及监军王峻。同时，后汉隐帝又任命苏逢吉权知枢密院事，将军刘铢权知开封府，侍卫马军都指挥使李洪建（李太后之兄）权判侍卫司事，阎晋卿权侍卫马军都指挥使，并急诏征各地节度使高行周、符彦卿、郭从义、慕容彦超等将领入朝拱卫宫阙。

当时京城内外人心动荡，就连与史弘肇交恶甚深的宰相苏逢吉也认为"事太匆匆，主上傥以一言见问，不至于此"。李业等人为坚定天子决心，斩草除根，随即命刘铢、李洪建诛杀郭威、王峻、王殷留在京城的家眷。刘铢受命后，即将郭威、王峻两家成员全部诛杀，"极其惨毒，婴孺无免"，但李洪建只是将王殷全家监禁起来，未予诛杀，甚至未加凌辱。

十四日，孟业至澶州见李洪义，但李洪义生性畏懦，担忧王殷已经获知京城事变，不敢动手，反而引孟业去见王殷。王殷囚禁了孟业，即刻遣副手陈光穗携带天子密诏去见郭威。郭威急忙将心腹魏仁浦召至卧室商量对策，魏仁浦认为："公国之大臣，功名素著，加之握强兵，据重镇，一旦为群小所构，祸出非意。此非辞说之所能解，时事如此，不可坐而待之。"即劝说郭威不可坐以待毙，必须加以反击，以求得一线生路。郭威马上召集郭崇威、曹威等将领，告知杨邠等重臣已被冤杀，并述及天子密诏的内容，然后告诉众人道："吾与（杨、史）诸公披荆棘，从先帝取天下，受托孤之任，竭力以卫国家。今诸公已死，吾何心独生？君辈当奉行诏书，取吾首以报天子，庶不相累。"郭崇威等将领闻言大惊，赶忙悲愤地表态说："天子幼冲，此必左右群小所为。若使此辈得志，国家其得安乎！崇威愿从公入朝自诉，荡涤鼠辈，以清朝廷。不可为单使（单身使者）所杀，受千载恶名。"此时，郭威所信任的天文官赵修己亦对他说："公徒死何益！不若顺众心，拥兵而南，此天启（天赐良机）也。"郭威见事情的进展一如己意，遂依照魏仁浦的计策，将自己的邺都留守官印倒过来盖在假造的诏书上，称天子命郭威诛杀营中众将，以此来激怒军心。想来众将中也有看穿郭威用意的，但一来怯于当时情势，二来也对朝政十分不满，甚至有感于郭威声望，欲通过造反成功而博得官爵富贵者，所以同声应和，愿意听命于郭威。于是郭威留下养子郭荣镇守邺都，令郭崇威为先锋，自率大军继进，会合澶州王殷之军，以"清君侧"、诛杀奸臣为名一同杀向京城汴京。

十六日，郭威自邺都起兵的消息传入京城，后汉隐帝急召众将商议对策。老将侯益认为"邺都戍兵家眷皆在京师，官军不可轻出，不若闭门以挫其锋，使其母、妻登城招之，可不战而下也"。此计策颇毒辣，如若相持时久，军心动摇，郭威的胜算确实不太大。但泰宁节度使慕容彦超颇为骄横，指责侯益年衰胆怯才会提出这样让人丧气的计谋，于是天子便命令侯益、阎晋卿、慕容彦超等将领率京城禁军北上澶州迎战。

但战场形势的发展，完全不如后汉隐帝所愿。十七日，郭威兵至滑州（今河南滑县）。十八日，义成节度使宋延渥开城迎降。十九日，郭威至封丘（今属河南），逼近汴京城。后汉隐帝听信了慕容彦超的大言，不理会李太后要他下诏书与郭威和好的苦劝，调集兵马迎战，并亲自出城犒劳三军。二十日，南、北两军对峙于汴京城北的刘子陂，但双方皆出于谨慎而未交战，至暮各自还营歇息。二十一日，两军再次出营列阵对垒。郭威不想首先动手而背上弑君之恶名，就告诫部下说："吾来诛群小，非敢敌天子也，慎勿先动。"即欲通过武力威胁迫使后汉隐帝处死李业等"小人"，而由其来掌国政。后汉隐帝当然不甘心重过傀儡生涯，故指挥慕容彦超率军冲击北军，却被北军将领郭崇威、李荣所击退，麾下精兵被杀数百人。南军见状，士气沮丧，渐渐有脱离行伍而归附于北军的，此后连侯益等将领也遣人秘密求见郭威，郭威让诸将各按兵还营。当夜，后汉隐帝与宰相及从官数十人宿营于七里寨，待天明，方晓知慕容彦超已率本部士卒逃回兖州（今属山东）老巢，南军将士大部分迎降郭威，就连天子卫兵也溃奔而去。结果在一片混乱之中，已成孤家寡人的后汉隐帝被乱兵杀死。苏逢吉、阎晋卿等人听到天子已被杀死后皆自杀，李业等人四处逃散，随即遭擒杀。

关于后汉隐帝被杀的经过，史书记载颇为混乱。当时隐帝见帐下将士已溃散，慌忙领着数十心腹卫士逃归京城，但抵达汴京城北面东头第一城门玄化门前，权知开封府刘铢闭门不纳，并站在城头责问"兵马何在"，得知兵卒已溃散后，即盘弓射向天子左右亲兵，迫使后汉隐帝回辔向西北方向逃去，亲信大将郭允明护卫左右。对于刘铢箭射后汉隐帝左右的原因，后人颇感不解，但从随后郭威欲自玄化门进城，刘铢也以箭雨拒绝，迫使郭威转至迎春门（京城东面北头第一门）才得以进城这一点来看，刘铢似有据汴京城以待四方起兵讨伐郭威之意。后汉隐帝逃至赵村，被郭威帐下兵马追及，慌忙下马躲藏于民家。据《汉隐帝实录》与《旧五代史》之《汉隐帝本纪》、《周太祖本纪》载，郭允明"知事不济，乃抽刀弑帝而崩"，然后自杀。但《汉隐帝实录》撰成于后周时，成书于宋初太祖时的《旧五代史》主要依据后周史料修纂，所以其记载多有为郭威讳避者。北宋学者刘恕便明确指出："郭允明为汉隐帝所亲信，何为弑君？盖郭威之兵弑汉隐帝，事成之后讳之，因郭允明自杀而归罪耳。"

二十二日，郭威进入汴京城以后，即回到私第，遣兵守卫宫门明德门，以防乱兵闯进皇宫骚扰。此时，随郭威入京城的兵变将士按照事先约定，欲在城中大掠三天，抢夺财物以为奖赏。于是汴京城内通宵烟火四发，被杀者众多。至二十三日午间，大将王殷、郭崇威来见郭威报告："不止剽掠，（至）今夕止有空城耳。"郭威赶忙出令禁止剽掠，违者斩首。至晡时（午后三时至五时），兵乱始定，但城中居民损失十分惨重。

当时，太师冯道率领百官来谒见郭威。郭威因官爵低于冯道，故依例行拜礼，冯道受礼如平时，徐曰："侍中此行不易！"后世有人认为，因为冯道此语，使得郭威"气沮"，而篡位之谋稍缓。其实郭威麾下确实多有"劝进"者，但郭威认为时机尚未成熟，故未答应：后汉高祖之弟刘崇为河东节度使，其从弟刘信为许州节度使，刘崇之子、后汉高祖养子刘赟为徐州节度使，而且其他节镇亦有与己为敌者，一旦篡汉自立，反对者乘机以"兴复"后汉为名起兵，其形势发展实难逆料。冯道对此中关节也颇为明了，所以接待郭威之礼依然如故，表面上显示其器宇凝重，其实骨子里是以圆滑闻名的冯道不愿对郭威称帝企图有所表态。因此，郭威一面号哭哀悼后汉隐帝遇弑是"老夫之罪"，以天子之礼收葬，一面又率百官到明德门前问候李太后起居，并奏称"军国事殷（繁重），请早立嗣君"，欲以此显示自己并无篡位野心，来化解天下人的敌意。李太后迫于现实，宣称："郭允明弑逆，神器不可无主。河东节度使崇、忠武（许州）节度使信，皆高祖之弟，武宁（徐州）节度使赟、开封尹勋，皆高祖之子，其令百官议择所宜。"于是郭威、王峻入皇宫觐见李太后，请立刘勋为帝，李太后称说刘勋久病，卧床不能起。诸将不信，李太后遂令左右将刘勋抬出给众人察看。郭威和王峻等人不愿刘崇、刘信来为君主，只得商议策立刘赟。

二十六日，郭威再率百官入宫，请李太后下令有司备法驾去徐州迎接刘赟来汴京即皇帝位，并派遣不愿掺和于自己夺位图谋的太师冯道等官员为奉迎使，欲由此稳定宗室及河东形势。次日，郭威又率百官上奏刘赟到京城需要多日，请"太后临朝听政"，以免国中无主。二十九日，李太后正式临朝听政，命宰相窦贞固、苏禹珪以下官职依旧，并任命王峻为枢密使、王殷为侍卫亲军都指挥使、郭崇威为侍卫马军都指挥使、曹威为侍卫步军都指挥使，但军国大政实掌握在郭威手中；下令处死刘铢、李洪建及其党羽以立威，但郭威为免"冤仇反覆"而赦免了其家眷。

就在此日，河北镇州、邢州（今河北邢台）纷纷上奏称：契丹主亲率数万骑入寇，攻内丘（今属河北），五日不克，死伤甚众。然有戍兵五百人叛应契丹，引契丹入城，进行屠戮，又攻陷饶阳（今属河北）等城。鉴于辽太宗入据汴京的教训，且当时中原政局动荡，担心契丹南侵引起其他不测事变，郭威决定亲率大军北上河北迎敌，朝廷政事委窦贞固、苏禹珪、王峻处置，军事委王殷处置，数日后又擢任所信任的翰林学士、户部侍郎范质为枢密副使，主持军机要务。

十二月一日，郭威统领三军出京城，但一路慢行，经十余日方来到滑州，并在滑州无事逗留了数日。此时，一心准备入继大统的刘赟已在冯道的陪同下离开徐州西来，一路上摆足天子派头，"仪仗皆如王者，左右呼万岁"，浑不知大祸已在旦夕。刘赟闻知郭威驻军滑州，就遣使慰劳三军，但郭威左右将校却相顾不肯拜命，私下议论道："我辈屠陷京都，其罪大矣。若刘氏复立（为天子），我辈尚有种乎！"声言当早自计谋，勿待大祸临头，则后悔无及。郭威闻言，知道军心已动，即日拔营而行，直趋澶州，却又遣宰相苏禹珪至宋州（今河南商丘）迎接刘赟。于是军中将士更加汹汹不宁，郭威却似若未闻。

十六日，北上大军渡过黄河，宿营于澶州。传说"是日旭旦，日边有紫气来当帝之马首"。十九日，郭威下令次日诸军进发。二十日清晨，郭威命诸军拔营，忽见数千将士大噪，涌向郭威所住的馆舍。郭威急命关闭馆门，但众将士翻墙进入，拜伏不起，大叫道："天子须侍中自为之，将士已与刘氏为仇，不可立也！"并威胁说昔日将士们尝屠陷京师，若今日使刘氏为帝，则众将士只有反叛，"侍中能自保富贵耶"？言毕，"乱军山积，登阶匝陛，扶抱拥迫"，有人将军营中黄旗撕裂，披在郭威身上，权充象征天子之服的赭黄袍，共拥郭威立马，将士环跪，山呼"万岁"。即日，郭威在诸军将士呼拥下回军南行。虽逢隆冬，却因"河水初解，浮梁未构"，而被阻于黄河北岸。史载当日半夜，"北风凛烈，比旦，冰坚可渡，诸军遂济。众谓之凌桥。济竟，冰泮，时人异之"。可谓"时来天地皆同力"。随后郭威统军向汴京进发，并上书告知李太后兵变事宜。

因一切皆在掌握中，郭威南下的速度亦颇缓慢，至二十三日方抵达韦城县（今河南滑县东南）。鉴于上次将士入汴京城剽掠，颇失民心，郭威特地遣使告谕汴京百姓将"秋毫不犯，勿有忧疑"。二十五日，郭威军至汴京城北七里店，宰相窦贞固率百官出城拜谒，并以惯例"劝进"。郭威还有些事未及处理好，便宿营于城外皋门村。此时，在京城的枢密使王峻，一听闻澶州事变，即遣侍卫马军都指挥使郭崇威率七百骑赴宋州，尽杀刘赟左右侍从，并以"护卫"为名软禁刘赟，然后让李太后下诰废刘赟为湘阴公，遣将引兵入许州（今河南许昌），迫使节度使刘信自杀。二十七日，李太后孤立无援，只得下诰以郭威监国，"中外庶事，并取监国处分"，文武百官、内外将帅、藩镇郡守等随即竞相上表劝进。三十日夜，御营西北隅有步兵将校酒醉大嚷，扬言向日澶州骑兵"扶策"天子，现今步兵亦欲"扶策"。郭威获知，即刻命人"诘其姓名"，黎明时分"擒而斩之"，并将"其一军仍纳甲仗，遣中使监送就粮所"，悄然行事，六畜不惊。诸事皆安置妥当，郭威这才从容举行登基大礼。

951年（后周广顺元年）正月五日，李太后下诰"授监国天子符宝，即皇帝位"。郭威自皋门军营入城，来到宫中，正式即位于崇元殿。因郭威自称是先秦周朝虢叔的后代，便建国号曰周，立年号曰广顺，以开封为都城，史称后周，郭威史称周太祖。

古史上常称郭威称帝是被迫的，如《旧五代史·周太祖本纪》便称当时兵变将士"山呼震地，帝在万众之中，声气沮丧，闷绝数四，左右亲卫星散窜匿，帝即登城楼，稍得安息"。但分析将士哗变事件的进程，显然出于事先预谋。《周太祖本纪》如此记载，显然出于为周太祖掩饰其刻意篡夺君位的事实而已。此举对正在郭威帐下的壮士赵匡胤，想来印象极为深刻，八九年后，赵匡胤发动陈桥兵变、建立宋朝的那一套做法，与郭威此次澶州兵变几乎如出一辙。

　　周太祖登基后，废除前朝弊政苛法，以收人心；尊奉李太后为昭圣皇太后，迁居西宫，并以天子礼仪为后汉隐帝举行丧事，以平息后汉宗室及其亲党的不满；但又杀刘赟于宋州，汉隐帝之弟刘勋也死于此时。刘勋久病，却恰死于此时，史书未载其死因，恐怕亦是不得其死。周太祖还迁升功臣官爵以赏劳，招抚旧日政敌如慕容彦超等，以缓和日趋激化的社会矛盾。由于北边契丹军事威胁甚为严重，所以周太祖称帝以后不数日，即遣心腹王殷为邺都留守、天雄节度使、同平章事，领侍卫司如故，以镇守河北。同时，周太祖为减轻契丹的敌意，还一反后汉从不遣使契丹的做法，主动遣使者朱宪北上。

　　对于周帝遣使者北入契丹之事，南、北史书所载颇有异同。《辽史·世宗本纪》称是年正月郭威"弑其主自立"，并"遣朱宪来告"。辽廷"即遣使致良马"。而《资治通鉴》载是年正月，辽世宗因攻占内丘伤亡颇重，而且正遇月食，故"不敢深入，引兵还"，又"遣使请和于汉。会汉亡"，边将送辽使至东京。周太祖便遣左千牛卫将军朱宪使契丹，"且叙革命之由，以金器、玉带赠之"。但又载二月间，辽世宗遣使臣与朱宪同来，"贺即位"。由于辽军攻击内丘，正是郭威起兵南下、后汉隐帝被杀之时，南朝发生如此巨大的事变，辽帝竟然毫无所知，反遣使臣与汉帝约和，这辽世宗君臣的消息也太过闭塞了。因此，朱宪出使当属周太祖主动所为。因为当时新生

的后周政权所面临的局势甚为严峻，为避免多方受敌，故借后周新
王朝与契丹并无宿怨的名义，主动遣使请和，以缓解与最强外敌的
紧张局面，从而得以全力稳定内部统治。辽廷起初接受了后周主动
递出的橄榄枝，遣使南下东京"贺即位"，但随即因形势急变，即河
东北汉政权的建立而改变了主意。

　　当年后汉高祖入主汴京，留其弟刘崇镇守河东。刘崇曾因与郭
威争权生隙，后来郭威执掌朝政，刘崇颇为担忧，遂借口为防备契
丹南侵，积极扩充兵马，招纳亡命，缮修甲兵，充实府库，而对于
汉廷诏令多阳奉阴违。至此，刘崇获知后汉隐帝遇害，便欲举兵南
向征讨，但随即得知郭威迎立刘赟为皇帝，即息兵不动，声称："吾
儿为帝，吾又何求？"太原少尹李骧认为郭威之心实"欲自立"，建
议刘崇发兵占据孟津（今属河南）要道，待徐州相公（此指刘赟）
即位以后，然后还军，如此则郭威"不敢动矣。不然，且为所卖"。
此确为一个两全之策，但一心盼望其子继承大位的刘崇却愚蠢地认
为李骧是在离间其父子关系，即命左右拖出斩首，并报告汴京，以
示其无二心。但事态发展却不出智者所料，刘赟果然被废，软禁于
宋州，刘崇这才遣使请求郭威将刘赟放归太原，新登基的郭威却告
诉他说，刘赟今已从宋州取归东京，"必令得其所，公勿以为忧"，
并允诺"公能同力相辅，当加王爵，永镇河东"。刘崇因儿子落在他
人之手，果然不敢乱动，但随即传来刘赟被杀的消息，这才大哭道：
"吾不用忠臣之言，以至于此！"即为李骧立祠祭祀。至此，与后周
势不两立的刘崇遂于太原自立为帝，国号仍用汉，史称北汉。刘崇
以河东节度判官郑珙、观察判官赵华为宰相，次子刘承钧为侍卫亲
军都指挥使、太原尹，节度副使李存瓌为代州防御使，裨将张元徽
为马步军都指挥使。

　　刘崇虽已称帝，但全无一代天子的气派。刘崇曾对臣僚感喟道：

"朕以高祖之基一朝坠地，今日位号，不得已而称之。顾我是何天子，汝曹是何节度使邪！"由此，北汉并未如其他王朝一样建立宗庙，祭祀之礼只用家人礼，宰相百官的俸禄也甚薄，"宰相月俸止百缗，节度使止三十缗，自余薄有资给而已。故其国中少廉吏"。确实，北汉辖境仅有今山西中部地区，共十二州，地狭民穷，且与后周结仇，兵戎屡见，自然不能过于讲究那些虚饰的排场。

辽世宗得知北汉立国，即命令边臣写信给刘承钧致意，探问去就。北汉主刘崇本在担忧北汉兵少国弱，难以抗衡后周，现得契丹来信约盟，赶忙令刘承钧回信："本朝沦亡，绍袭帝位，欲循晋室故事，求援北朝。"同时派兵分驻阴地（关在今山西灵石西南）、黄泽（关在今山西左权东南黄泽岭）、团柏（谷在今山西祁县东）三地，欲借助辽军，乘后周政权新建、统治未定之际，分别攻击河北与晋南地区。辽世宗得到北汉回信亦大喜，故对后周的态度随之发生了变化。虽然辽使臣已随朱宪南入汴京，但后周于二月所遣使臣田敏至契丹时，便遭遇辽人的冷落。由于刘承钧率领五路兵马进攻晋州、隰州（今山西隰县）失败，北汉人自知其军力尚难与后周相抗，遂又遣使者北上契丹求援。四月，辽世宗正式遣使节来到太原，告知后周使者田敏正在契丹，要求北汉"岁输钱十万缗"以结盟。刘崇即刻遣宰相郑珙携带厚礼出使契丹，自称"侄皇帝致书于叔天授皇帝（即辽世宗）"，请求辽廷为自己举行册立皇帝之礼。五月，后周使臣姚汉英等又至契丹，已得北汉"称侄称臣"的辽世宗便挑起后周的毛病来。后周国书中，视后周与辽为对等之国，但辽廷要求后周效仿后晋故事，向契丹称臣称子，后周使臣当然不从。辽世宗索性扣下了后周使臣，然后派遣燕王耶律牒蜡、枢密使高勋至太原城，册立刘崇为大汉神武皇帝。

北汉主依附契丹后，屡屡遣使要求契丹出兵，合军南下中原。

而当年未能抓住辽太宗北撤、进军中原良机的南唐主，也一面不断在淮河沿线挑起与后周的边境冲突，一面又不断遣使越海至契丹，希望契丹发兵南下，自己北上应接，共图中原。当年辽太宗南下失败，造成契丹国力大损，加上连年内乱，辽世宗对于征服中原这一宏大目标，实是有心无力，但此时见北汉、南唐皆愿合兵攻周，甚合己意，故不顾国内众多反对声，谋划倾国南征。

此前，泰宁王察割尝告密其父明王安端与谋反牵连，由此深得辽世宗的宠信，使领女石烈军，并可以随意出入御帐。当时统领禁军的右皮室详稳耶律屋质多次提醒天子要防范察割，但辽世宗甚不以为然，说："察割舍父事我，可保无他。"屋质指出："察割于父既不孝，于君安能忠？"但辽世宗一概不听。951年（辽天禄五年）九月，北汉军自团柏入侵后周州县，并请契丹兵南下配合。辽世宗打算亲征，于百泉岭避暑地召集众贵族大将商议，但众人鉴于辽太宗南下中原失败，损失惨重，诸部疮痍未复，所以大多不愿大规模远征，但辽世宗坚持己见。大军行至归化州（今河北宣化）之西详古山火神淀，辽世宗与其母后等在行宫祭祀其父东丹王耶律倍，然后与群臣宴会，众人皆大醉。久怀野心的察割在离开行宫途中遇见寿安王述律（辽太宗长子耶律璟），邀其密谈，但述律不从而去。于是察割去见耶律盆都（辽太祖弟寅底石之子）密商，盆都此前与其兄刘哥谋反，失败后被罚出使远国，心怀怨愤，故一拍即合。

当晚，察割、盆都等调集部下心腹将士杀入御帐，酒醉未醒的辽世宗当即被杀，年仅三十四岁；其母萧太后与其皇后甄氏也同时被杀。辽世宗之萧皇后因生女儿在别帐，闻知事变，即来收敛天子尸身，也于次日被杀。辽世宗嫡子耶律贤年仅四岁，被御厨藏在柴薪中而侥幸免死。

察割见事变得逞，即称帝建号，官员有不顺从者，即与其家属同被拘执。半夜，察割检阅辽世宗的内库，发现一个玛瑙大盌，即取来对其妻子夸耀道："此希世宝，今为我有。"其妻子倒是比他明白，说："寿安王、屋质在，吾属无噍类，此物何益？"察割不以为然："寿安年幼，屋质不过引数奴，诘旦（天亮）来朝，固不足忧。"但事态发展，却不似察割的一厢情愿。

当察割等在御帐杀辽世宗时，屋质乘乱逃出，招集皮室军将士讨伐叛兵，并派人迎立逃入南山躲避的述律，以号令诸军。但述律颇为犹豫，屋质便说："大王嗣宗（辽太宗）子，贼若得之，必不容。群臣将谁事，社稷将谁赖？万一落贼手，悔将何及？"此时诸将闻知屋质脱险，纷纷率兵来会，述律见此，方答应其事。述律与屋质率领诸军包围御帐，察割仓惶引兵出战。但其手下将士望见述律、屋质兵至，知事不成，见夷离堇划者率先放下兵器归附述律，也相继阵前倒戈。察割见状大恐，手执弓箭对被扣押的众官及其家属喝道："无过杀此曹尔！"即事不成，就与被扣押者同归于尽。当时林牙（契丹官名，即翰林学士）耶律敌猎也在其中，遂站出来劝说察割道："杀何益于事？窃料屋质将立寿安王，故为此举，且寿安未必知。若遣人藉此为辞，庶可免。"其意是说屋质本意欲立寿安王述律为帝，但"不有所废，寿安王何以兴"，所以大王你杀死了辽世宗。不过寿安王并不知道大王此意，今日若以此言为说辞，或许可以免罪。察割已全无对策，只是说道："如公言，谁可使者？"敌猎便请述律之弟罨撒葛与自己一起去见述律，察割答应，放敌猎、罨撒葛出去。于是述律、屋质又用敌猎之计，让敌猎去见察割，乘机诱捕察割，其所扣押之人全都无恙。察割与其他反叛首领耶律盆都、燕王耶律牒蜡等皆被陵迟处死，其诸子等也被杀；首鼠两端的六院大王耶律朗等官员也随即被诛，其家属都黜为奴人。

辽世宗死后第四天，已掌控大局的述律才举行即位大礼，群臣上尊号曰天顺皇帝，是为辽穆宗；改年号曰应历。辽朝帝位又自耶律倍之子转入辽太宗一系。辽穆宗的契丹名为述律，其汉名作"璟"，但宋人史料称其后来又改名曰"明"。

辽穆宗即位后来到南京幽州，派遣使者将契丹已立新天子的消息告知北汉。北汉、南唐，甚至后周闻讯皆遣使臣来吊唁，并祝贺辽穆宗登基。但辽朝显然不想给后周面子，随即派遣兵马会合北汉军侵入周境。

十月，北汉主亲率两万兵马自阴地关进攻晋州，辽穆宗遣奚、契丹军五万人入援。从此后战斗进程上看，契丹所遣兵马并不多，所谓五万兵马，实属虚张声势为北汉声援而已，所以《辽史》中对此次出兵一无所载。北汉军四面包围晋州，日夜攻击，其游兵南至绛州骚扰，以阻止其出兵增援晋州。十一月，周太祖见晋州形势危急，便以王峻为行营都部署，率禁军增援，并诏令诸将皆受王峻节制，给予王峻"便宜从事"、自选将吏的特权。王峻认为晋州城池高坚，不易攻占，而北汉兵锋正锐，不可力争，故屯兵陕州多日不进，欲等待北汉士气再三而竭，然后乘隙北攻。但担忧晋州被攻陷的周太祖却认为王峻是畏敌不进，便接受左右近臣的建议，于十二月初下令亲征，并遣使告知王峻。王峻即刻让使者回汴京解释自己屯兵不进的原因，"非臣怯也"，并告诉天子道："陛下新即位，不宜轻动。若车驾出氾水（关在今河南荥阳西），则慕容彦超引兵入汴，大事去矣。"盘踞今山东一带的泰宁节度使慕容彦超虽然表面上臣服朝廷，但暗中招纳亡命，蓄积粮草，密通北汉，反迹已露，所以周太祖一闻王峻之言，心中大悟，情急之下竟然用手拉着自己的耳朵叫骂道："几败吾事！"即刻下令罢亲征。出身行伍的周太祖虽然智计不足，但从谏如流，且性情颇为率真。

王峻见北汉军围攻晋州城近两月不下，兵势已衰，故催军通过晋州南边险关蒙坑，逼近晋州。北汉主因久攻坚城不下，天寒大雪，粮草告乏，又见周军逼近，遂烧营夜遁。王峻率军进入晋州城，诸将请发兵追击，但王峻见晋州之围已解，对是否追歼北汉军犹豫不决，至次日才遣骑兵追击。周军在霍邑（今山西霍州）追上北军，纵兵奋击，北汉兵逃亡中坠入山崖者众多，但周军将领亦无全歼敌军的决心，所以北汉主得以逃归太原城。此战北汉兵马伤亡十之三四，契丹军亦颇有损伤，由此北汉君臣才暂息南下夺取中原之心，新继位的辽穆宗也因忙于安定内部，无暇南下，而无心北追契丹、北汉联军以扩大战果的后周重臣王峻，在晋州一线留下防备部队之后，即率领大军转还汴京，与坐镇京城的周太祖一起将目光转向东面，欲一举解决慕容彦超这个难题，以震慑诸藩镇，稳固其统治。辽朝、后周皆把精力投注于内部，而新败的北汉在短时期内又无力再战，故一时南、北之间狼烟稍息，除后周、北汉边境时有冲突，辽军因北汉人请求而稍出兵南援外，大体维系着不战不和的局面。

简　释：

【辽世宗皇后甄氏】甄氏为中原后唐宫女，有姿色，辽世宗随辽太宗入开封时所纳，甚得宠爱。辽世宗继位后，即立甄氏为皇后。《辽史》称甄皇后生一子只没，字和鲁董，排行第三，辽景宗时封宁王。但《辽史·圣宗纪》载辽圣宗尝称只没为“先帝庶兄”，则只没实为辽景宗之兄。又《辽史·方技传》称辽穆宗应历末年，只没因与宫女私通，被下于大狱，处以宫刑，只没之母去方士王白处卜问吉凶。因甄皇后死于察割之乱，可证只没并非是甄氏之子。此外，《契丹国志·后妃传》称甄皇后育有六子，即辽景宗、平王、荆王、吴王、宁王、河间王。其中宁王即只没，河间王行实无考，平王隆先、荆王道隐、吴王稍三人实为辽世宗之弟，而非其子，《契丹国志》

所说大误。今有学者据《辽史·后妃传》称萧氏为皇后、甄氏为妃，又有"景宗立，葬（萧、甄）二后于医巫闾山，建庙陵寝侧"的记载，认为辽景宗如是萧皇后之子，似不当尊崇已废之皇后，故《契丹国志·后妃传》所说为是，即甄皇后为辽景宗之母，甄皇后被废，乃被养于萧皇后，此后讳称辽景宗出于后唐宫人，故径称萧皇后为其生母。但据有关文献记载，此说根据实不充分：辽世宗于天禄四年封萧氏为皇后，但并未由此废甄皇后为妃，即同时有两皇后。此实因立汉女为皇后有违契丹皇室婚俗，故又立萧妃为皇后；而同时两皇后亦不合契丹礼仪制度，故后世编纂《辽史》者囿于辽朝皇后皆为萧氏之成说，且一般为一帝一后相配，故于萧氏称皇后，而甄氏即被卑抑之为妃。

三　高平扬威（952-954）

　　同在951年登上皇帝宝座的南、北两朝天子周太祖、辽穆宗，虽然都面临着如何稳定内部、消除流血政变后遗症的难题，但不同的年龄和出身，使这两位天子在当国理政的态度和方法上南辕北辙，其结果自然也大相径庭。下面就先说说少年天子的情况。

　　辽穆宗作为辽太宗之子，其继位自然招致耶律倍一系贵族大臣的不满，但由于辽世宗诸子皆年幼，其弟娄国等未获得执掌禁卫兵权的老臣屋质支持，所以只好眼睁睁看着辽穆宗成了新天子。为此，辽穆宗登基之初，曾对屋质表示：“朕之性命，实出卿手。”故特命屋质知军国大事，以为优赏。年仅二十一岁的辽穆宗并无掌国治民的经验，处理政务时常是一味胡来，又不脱少年天子好游玩、自负而不喜人谏的通病。史称辽穆宗酷好游畋，寒冬酷暑，不废驰骋，而且每夜酣饮，达旦乃寝，至日中方起，因而不甚亲理国事，被时人讥称为“睡王”。因此，皇族内部觊觎皇位者屡屡相机而动，统治阶层内部的明争暗斗日趋激烈。但辽穆宗却不知着意安抚那些政治失意之人，反而在继位之初即极力排斥异己。如贵族何鲁不虽有平定察割反叛之功，但因为其父耶律吼当年首先倡议拥立辽世宗，“故不显用”。耶律颓昱本有“匡赞”之功，辽穆宗也答应任命他为本部大王，但因为参加了辽世宗的葬礼，辽穆宗认为他不忘故主，不悦，遂不再任用。那些拥立辽世宗及曾为辽世宗所亲信的大臣贵族，大都被投置于闲散之地。甚至对当初坚持策立其父辽太宗的祖母述律太后，亦因担忧其势力过于强盛，撼动自己权位，仍旧让她居住于祖州辽太祖陵所。如此，辽穆宗继位不久，就树立了众多的反对者。

辽穆宗亦知自己的统治甚不稳固，危机四伏，遂仿效中原制度，设立司掌天子宿卫的殿前都点检一职，以加强禁卫力量。但是密谋篡位事件却依然层出不穷，甚至连辽穆宗的亲兄弟亦卷入其中。

952年（辽应历二年）正月，辽穆宗继位未及半年，太尉忽古质就以"谋逆"的罪名被杀。

六月，此前随辽世宗北上的宣政殿学士李澣，眼见辽廷朝政日趋混乱，便借机与后周派来契丹的间谍田重霸联络，让田重霸将一封密信转交给其兄后周太子宾客李涛，称："契丹主童骏，专事宴游，无远志，非前人（谓辽太祖耶律阿保机、太宗耶律德光）之比。朝廷若能用兵，必克；不然，与和，必得。二者皆利于速。度其情势，他日终不能力助河东也。"但忙于安定内部的后周太祖实亦无暇北上争锋，李澣之谋未能施行。此时，李澣又劝说契丹国舅、政事令萧眉古得南投后周，但事情败露，李澣、萧眉古得等官员都被拘捕。七月，政事令娄国（辽世宗弟）、林牙敌烈、侍中神都、郎君海里等贵族以"谋乱"之罪被捕。八月，辽穆宗诛杀萧眉古得、娄国等人，李澣因得南院枢密使高勋的援手，仅处以杖责后被释放。

953年（辽应历三年）六月，述律太后死于幽禁之所，享年七十五岁。十月，皇族耶律宛（李胡之子）和郎君嵇幹、敌烈借此为名密谋篡位，遭人告发，下狱严审，供出太平王罨撒葛（辽穆宗之弟）、林牙华割、郎君新罗等官员，皆被拘捕。随即华割、嵇幹等人被诛，辽世宗的心腹大臣耶律安抟也因此牵连下狱而死，不过同样参与其谋的罨撒葛、耶律宛两人作为天子的至亲而未被加罪，但皆遭到流放边地的惩处。

954年（辽应历四年），贵族葛里、奚塞（辽太祖弟寅底石之子）

等人伏诛。

辽穆宗以严刑杀戮来对付企图反乱的契丹贵族大臣，甚至对牵连其中的至亲兄弟也予以严厉惩处，从而对怀有野心的契丹贵族形成了威慑，所以此后辽朝政治虽说依然混乱不堪，但统治阶层内部却在此后数年间未再出现新的谋反事件。

与辽穆宗面临的危局相类似，新夺得帝位的周太祖也需要镇服前朝官吏，收服民心，抗御他国对中原的觊觎，由于其中还涉及皇位继承，周太祖所急需处置的问题颇为棘手。

后周立国中原以后，与其接壤的诸国中，北边的辽、北汉因晋州作战失败，尤其是辽穆宗忙于安定内部，一时无暇或无力南下，但敌视后周、欲取后周而代之之心并未泯灭；西南后蜀政权虽有北取关中的企图，但被周军阻隔于秦岭、大散关之南；而割据荆南的高氏国小兵弱，不足为虑；对后周政权颇具威胁的是立国江南的南唐政权。

南唐的国力，在南方诸政权中为最强，其与后周以淮河为界，距离汴京颇近，而南唐主也一直未打消夺取中原、以恢复大唐盛世的野心。不过，南唐也深知仅凭一己之力难以成功，所以利用中原政权与契丹为敌之机，一边不断遣兵北上进扰边境，一边又频频遣使契丹以为联络，请"约为兄弟"。当年辽太宗与后晋军恶战时，南唐主就曾遣使者将后晋军政情报密告契丹。辽世宗继位后，南唐又几次三番遣使契丹，"奉蜡丸书，议攻汉"。后周政权新立，南唐随即遣使辽朝"乞举兵应援"。辽穆宗继位后，自951年（辽应历元年）十一月至三年三月，南唐曾先后五次遣使契丹，或"奉蜡丸书，及进献犀牛铠甲万具"，或进献奇珍异宝，目的明确，即请求辽军南下中原，自己出兵配合，共取后周，只是由于辽廷无意大举南侵而未果。周太祖对此情形甚为清楚，但迫于内部未稳以及契丹、北汉窥视在北，只能对南边取守势：将作为南唐世敌的吴越王钱俶升拜为诸道兵马都元帅，以牵制南唐；同时敕令沿边军州道：

　　朝廷与唐本无仇怨，缘淮军镇各守疆域，无得纵兵民擅入唐境；商旅往来，无得禁止。(《资治通鉴》卷二百九十)

并允许南唐境内淮南饥民渡过淮河，到后周境内籴买米粮，以求缓和南唐的敌意。

　　951年（后周广顺元年），盘踞今湖南的楚国发生内乱，处于下风的一派便向南唐求援。南唐主向有据有湖南之心，现见良机出现，即刻遣大将边镐统军万人自袁州（今江西宜春）西进长沙（今属湖南）。十月，楚王马希崇出降。南唐占据整个湖南地区后，以为"诸国指麾可定"，不料随后因所任命的官吏行政"务为苛刻"，主帅边镐昏懦无断，政出多门，从而大失湘民之心，湖南复乱。次年十月，朗州（今湖南常德）将官刘言、王逵、周行逢等分道进攻长沙，边镐弃城而走，士卒溃散，镇守湖南各州郡的南唐将校闻听长沙失陷，也竞相遁归，兵马损失惨重，原楚国州县悉数归附刘言。刘言随之北附后周，以抗衡南唐。南唐主削贬边镐等人官爵，并公开宣称将终身不用兵，以平抚民怨。此次南唐攻取楚国，得而复失，确实对南唐主的心理打击甚大，虽然此后其心中仍怀进取中原之心，但再也不敢轻动干戈，对后周也是攻守移位，大体采取守势了。

　　周太祖篡汉之初，为安抚人心，诏令原后汉官员皆官居原位，直至时近半年，政局渐稳，方才罢免宰相窦固贞、苏禹珪，以枢密使、同平章事王峻为宰相，擢任枢密副使范质、判三司李毂并同平章事（宰相），范质并参知枢密院事，李毂仍判三司，又以宣徽北

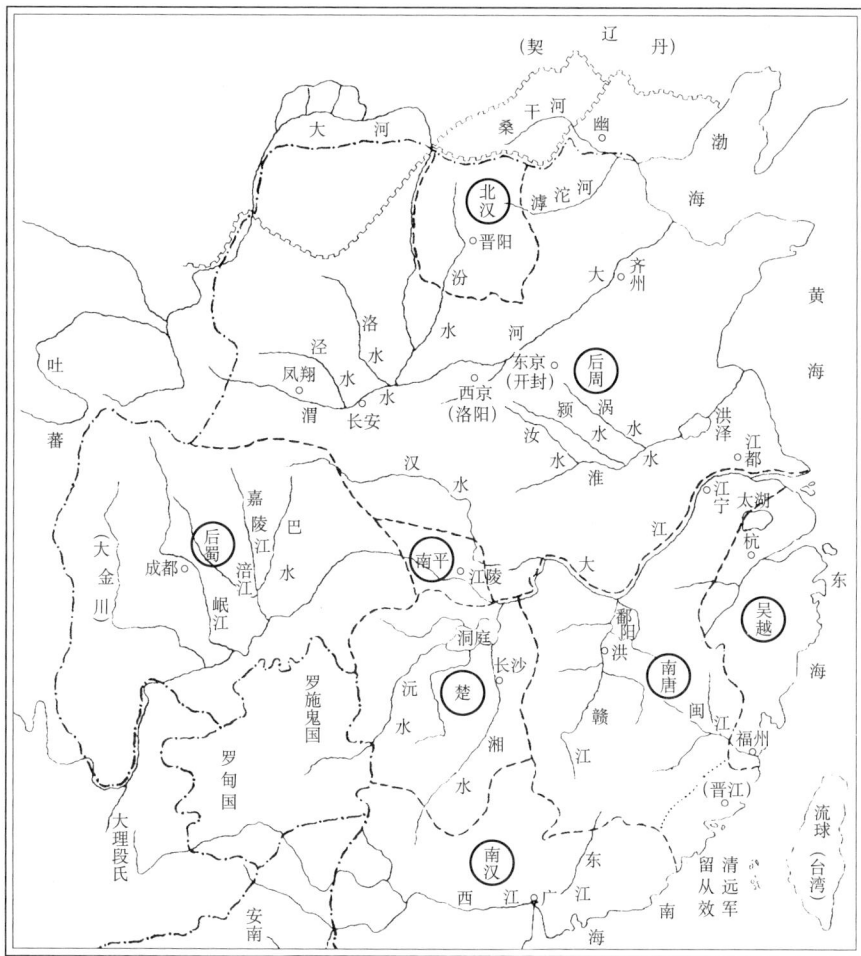

五代末年诸国形势图（引自台湾三军大学《中国历代战争史》）

院使翟光远为枢密副使，完成了新政权的搭建，使执掌军政大权的皆为其心腹臣僚。但镇守兖州（今属山东）的泰宁节度使慕容彦超，因与后汉关系密切，曾与周太祖为敌，故心中甚不自安，为求自保，一边悄悄地修筑城池、扩充兵马，一边又秘密遣使至契丹、北汉和南唐诸处求援，希望三国能出兵侵扰周境，使周军四顾不暇，疲于奔命，然后自己得以乘隙而动。虽然慕容彦超的反迹已颇明显，但因周军正与北汉、契丹联军在西边晋州激战，难以东顾，周太祖只得遣将驻守郓州（今山东东平），预为防备。

952年（后周广顺二年）初，慕容彦超大肆扩军备战，命令诸将校招募群盗，去邻近州县剽掠，既抢夺粮草，又欲造成社会动荡。此时王峻所率周军已在晋州大胜契丹、北汉联军，正班师东还，故周太祖决心乘机一举解决慕容彦超，遂下令原属泰宁军统辖的沂州（今山东临沂）、密州（今山东诸城）皆不再归属泰宁军，以削弱慕容彦超的势力，同时命令将领曹英、史延超等统兵征讨兖州。

南唐主接到慕容彦超的求救信之时，其主力军马正屯驻在湖南，无法全力增援，只能象征性地调发五千兵马北上，驻军于下邳（今江苏邳州南），以为慕容彦超之声援。后周将领曹英率军阻击，本就无作战打算的南唐军见后周军日渐逼近，赶紧向东撤退，屯驻沭阳（今属江苏）。南唐军闻风而退，充分暴露了其怯懦之心，后周徐州巡检使张令彬就率兵追袭，唐兵大败南逃，唐将燕敬权等被擒，士卒死亡一千余人。周太祖此时还不想与南唐全面交战，下令将燕敬权等人放归南唐，并转告南唐主曰："叛臣，天下所共疾（痛恶）也，不意唐主助之，得无非计乎？"南唐主深感惭愧，也将此前所俘虏的中原人全部礼遣送归。由此，慕容彦超逐渐陷入孤立无援的境地。

正月底，曹英等统率后周军来到兖州城下，设寨围城，慕容彦超为破坏后周军的作战意图，不断出兵挑战，但都失利而还。十多天后，寨墙合围，周军遂开始攻城。四月，周太祖因兖州城久攻不克，便下诏亲征，率大军抵达兖州城下，先派人去招降慕容彦超，但被城头守军骂回，于是周太祖下令诸军四面急攻。五天后，兖州城被攻陷，慕容彦超率亲兵巷战，不胜，与其妻一起投井自杀，其子突围出走，随即被追杀。周军纵兵大掠，城内死者近万人。当时周太祖欲尽诛兖州将士以立威，翰林学士窦仪认为不妥，与太师冯道、宰相范质一起面见天子劝阻道："彼皆胁从耳。"周太祖遂下令赦放之。

周太祖平定了兖州叛乱后，顺便于六月一日来到曲阜（今属山东）拜谒儒家老祖宗孔子。周太祖与五代时期其他开国帝王一样出身行伍，而且大字不识几个，但与那些轻视儒生的后汉君臣大为不同，周太祖深知文治的作用，登基后曾屡次明白告诫大臣说："朕生长军旅，不亲（亲近）学问，未知治天下之道，文武官有益国利民之术，各具封事以闻。咸宜直书其事，勿事辞藻。"即要求臣下上奏章言事，其文字要朴实切要，不需堆砌华丽辞藻。由此可见其见识迥出伦辈，从而赢得了儒生文士的好感。至此时，周太祖来到曲阜阙里孔子祠，祭奠以后欲行拜礼，左右侍从慌忙劝止说："孔子，陪臣也，不当以天子拜之。"周太祖却正言道："孔子百世帝王之师，敢不敬乎！"并在孔子祠行礼之后，又去孔子墓前祭拜，还下令禁止百姓进入孔林中采樵，甚至派侍从在当地访求孔子、颜渊两家后裔，任命为曲阜县令与主簿。

真所谓一波方平一波起，周太祖刚镇压了慕容彦超的反叛，又遇上了更为棘手的麻烦，即与拥立自己为皇帝的大功臣王峻产生了矛盾，并渐趋激化。

史称身兼后周枢密使、宰相两大要职的王峻性情轻躁，多计数，好权利，喜欢人们附和己意，但又以天下为己任，傲视众人，每次上殿奏事，天子听从则喜，不然则愠怒，往往口出不逊之语。周太祖因为王峻是自己多年故交，知其平素为人即如此，更加上有"佐命功"，故多加谦让。同时，周太祖因为王峻年长于己，便称王峻为兄，极尽礼遇。由此王峻眼空一切，独断朝纲。周太祖称帝以后，将旧日僚属如节度副使郑仁诲、皇城使向训、恩州团练使李重进等提拔至要职，委以重任，其中李重进还是周太祖的外甥。王峻对此甚为不满，认为周太祖是准备削弱自己权力，故称病不出，请求天子解免其官职，同时又让诸节镇纷纷上书天子请留用王峻。周太祖十分惊愕，但鉴于其统治并未稳固，四方窥视中原者众多，不想因君臣不和而让他人有可乘之机，所以三番五次遣使慰劳王峻，甚至做出了将亲自上门礼请的态势，迫使王峻入朝拜见天子，处置国事。

贵为天子的周太祖虽然出于种种原因，对王峻一忍再忍，但在皇位继承人问题上，终于忍不住出手了。

周太祖郭威当初娶柴氏为妻，但柴氏未育子嗣，遂抚养其侄柴荣在身边。郭威也颇为喜欢柴荣，便收为养子，改名郭荣。柴氏死于后汉时。郭威为后汉枢密使时，郭荣因养父关系而被授予左监门卫将军，当然仅是一虚衔。当郭威镇守河北时，郭荣擢任贵州刺史、天雄军牙内都指挥使，成为郭威的得力助手。后汉隐帝大杀朝廷重臣，郭威起兵反击，但郭威留在汴京的继室张氏及两个幼子青哥、意哥皆遇害。因此，郭威称帝后，郭荣便成"皇子"，成为皇位的当然继承人。不久，郭荣被授任镇宁节度使，随即封太原郡侯，镇守澶州，独力主持河北一方军政事务。郭荣为政清明，礼贤下士，颇得下僚及百姓的拥护，但由此招来了宰相王峻的忌妒。郭荣屡次请求进京朝拜天子，但按制度，外镇节度使未得朝廷召见，不可擅自离镇入京，因王峻百般阻隔，镇守澶州的郭荣，两年内一次也未能进京朝见父皇。953 年（后周广顺三年）初，因黄河屡年决堤，周太祖遣人修护河堤，但还是放心不下，于是王峻自请去河堤上巡视督工。闰正月，周太祖乘王峻不在京城之际，让郭荣自澶州来京城相见。王峻听说郭荣入京朝见天子，大为悔怒，即刻丢下公务，赶回京城，向天子提出要求兼领节度使。因为让郭荣来京城之事做得不太磊落，周太祖只好同意授任王峻以枢密使、同平章事兼平卢节度使，并于数日后让郭荣回澶州，以回避冲突。

不过王峻仍不肯罢休，反而于二月间要求周太祖拜端明殿学士颜衎、枢密直学士陈观为宰相，代替范质、李榖。周太祖不肯，说："进退宰辅，不可仓猝，俟朕更思之。"王峻纠缠不止，厉声相争，自晨至午，语气渐趋激烈不逊，迫使周太祖答应："今方寒食（放假），俟假开，如卿所奏。"王峻这才退朝。次日，周太祖急召枢密使、宰相等大臣入朝议事，待王峻一入宫，即被周太祖拘捕，关入别屋。周太祖随后召见冯道等大臣哭诉道：

> 王峻陵（凌辱）朕太甚，欲尽逐大臣，剪朕羽翼。朕惟一子，（王峻）专务间阻，暂令（儿子）诣阙（来京），（王峻）已怀怨望。岂有身典枢机，复兼宰相，又求重镇（节度使）？观其志趣，殊未盈厌。无君如此，谁则堪之！（《资治通鉴》卷二百九十）

诸大臣早就对王峻专权心怀不满，只是碍于周太祖而不敢多言，至此自然纷纷赞成周太祖的处置，于是王峻被贬责为商州司马（司马为州郡属官）。不久，王峻在商州病死。

三月，镇宁节度使郭荣调任开封尹，拜晋王，隐然储君之位。

周太祖在处置王峻时，为避免另一开国功臣邺都留守、天雄节度使兼侍卫亲军都指挥使、同平章事王殷心中不安，特意派王殷之子去向王殷说明王峻的罪状。七月，王殷三次上表请求入京觐见，周太祖知道他是因为王峻之事而心怀疑虑，"疑其不诚"，故遣使劝止。是年秋，周太祖"得风痹疾（即中风），害于食饮及步趋"。就在此时，有人向周太祖密告王殷在邺都"恃功专横，凡河北镇戍兵应用敕（皇帝敕令）处分者，殷即以帖（官府处置公务之文书）行之，又多掊敛民财"。周太祖获知后颇为不满，遣人告诉王殷道："卿与国同体，邺都帑庾甚丰，卿欲用则取之，何患无财?"不久，与王殷有过节的成德节度使何福进入朝，"密以殷阴事白帝"，加上有关密报不断传来，周太祖便生出怀疑之心。此时周太祖"风痹疾"之病情渐重，方士称"宜散财以禳之"，于是周太祖"祀南郊"，命人在汴京城内外修筑圜丘、社稷坛、太庙等，欲通过祭祀天地、社稷、祖宗以为祈祷，同时，也悄悄地为郭荣继位做着准备。十二月，周太祖下诏让王殷入汴京，授任京城内外巡检。

王殷似乎对此全无感觉，反而自恃开国元勋，乘周太祖病重，肆行威风，每次出入，侍从者多达数百人，如此还不满足，进而要求天子赐给自己侍从铠甲、仪仗，以备在京城内外巡逻时使用。周太祖对此很不以为然，未予允准。天子身边近臣认为在此敏感时期，王殷以"震主之势"而行事如此，顿生忌疑。于是周太祖再次出手，一天早上来到滋德殿接见百官，王殷赶紧上朝觐见，却被周太祖就地拿下。周太祖随即颁布诏令，诬称王殷密谋在周太祖到城郊祭祀天地之日发动兵变，篡夺帝位，然天子宽仁洪量，饶其一死，流放登州（今山东烟台蓬莱区）。但王殷才被押出汴京城，即刻被杀。当时王殷还兼任邺都留守之职，故周太祖命令镇宁节度使郑仁诲去邺都安抚军民。史称郑仁诲来到邺都，为攘夺王殷家财，"擅杀"王殷儿子，并将王殷家属全都流放登州。王殷儿子被杀，本属斩草除根之举，所谓郑仁诲贪图王殷"家财"之说，实有为周太祖诬杀开国元勋父子开脱罪名之嫌。此后不久，邺都被取消了陪都地位，改称天雄军。

是年除夕日，按事先安排，周太祖在左右搀扶下登上太庙台阶，但刚开始祭祀，就因体力不支而被抬下，改由晋王郭荣"终礼"。当晚，就宿在城南斋宫的周太祖病情加重，几乎不救，至夜半稍得缓解。第二天为新年（954年）初一，周太祖为安抚人心，改年号曰显德，并勉强在圜丘举行祭祀之礼，但只能躺着"瞻仰致敬而已"。

周太祖自知不起，为使郭荣能顺利继位，接连颁行了数道诏令：

正月五日，加晋王郭荣兼侍中，判内外兵马事。五代时多不册立皇太子，而开封尹或判内外兵马事、天下兵马元帅，往往即为储君之位。郭荣时为开封尹，又兼判内外兵马事，乃是周太祖昭告天下要传皇位于郭荣。

十一日，诏令除军国重事外，其他皆由郭荣处置；并任命镇宁节度使郑仁诲为枢密使、同平章事。

十三日，拜义武留后孙行友、保义留后韩通、朔方留后冯继业为节度使。周太祖又告诫郭荣道："魏仁浦勿使离枢密院。"

十七日，任命端明殿学士王溥为宰相；并因外甥殿前都指挥使李重进年长于郭荣，遂特命召入宫中，属以后事，并令李重进礼拜郭荣，"以定君臣之分"。

是日，周太祖驾崩于滋德殿，终年五十一岁。郭荣秘不发丧，待诸事布置停当，才于二十日宣布周太祖的"遗制"，至二十一日举行登基大典，是为周世宗。周世宗当上皇帝以后，恢复了本姓柴，但为安定人心，改变新天子即位后更改年号的习惯做法，仍沿用周太祖所定的显德年号，以昭示天下其继位的合法性。

刚即位的周世宗面临着严峻形势，对内因自己年轻，无行伍资历，且以周太祖养子身份继位，并不能压伏人心；对外则后周政权

后周世宗柴荣像（中国国家博物馆藏）

可谓是四面受敌：南有南唐、吴越、闽、楚、南汉、荆南、后蜀诸割据政权，北有盘踞在太原一带的北汉政权和雄踞朔方的强敌契丹，西北部还有党项、吐谷浑等势力，其中后蜀、南唐与后周之间时有战事爆发，而北汉、契丹更是对后周虎视眈眈，欲一举灭亡之而后快。此时，宿敌北汉国主刘崇闻知周太祖病死，大喜过望，认为是天赐良机，便欲趁周世宗新君即位统治未稳之机，联合契丹兵马大举南下，一举取代后周政权。

　　954年（后周显德元年）二月，刘崇亲率北汉兵马三万，以大将白从晖为行军都部署，将军张元徽为前锋都指挥使，自太原南下，经团柏谷杀向后周边城潞州（今山西长治）。辽穆宗派勇将杨衮率领铁骑上万人，号称十万，前来会合。后周昭义节度使李筠派部将穆令均率领步骑兵两千人迎战，自己率主力在太平驿（今山西襄垣西）集结接应。周、汉两军在太平驿北相遇激战，张元徽佯败北退，穆令均不知是计，紧追不舍，遭到北汉伏兵围攻，穆令均战死，后周士兵被杀被俘者千余人。李筠不敢再战，急忙撤至潞州，据坚城固守待援。

　　周世宗眼见形势危急，决意亲率大军迎击。但周世宗的想法，却遭到以太师冯道为首的朝官们的激烈反对。冯道认为当年周太祖刚即位时，刘崇曾率北汉兵围攻后周边城晋州（今山西临汾），惨败而归，自此以后，"势弱气夺，未有复振之理。窃虑声言自来，以误于我。陛下纂嗣之初，先帝山陵有日（指周太祖灵柩尚未安葬），人心易摇，不宜轻举。命将御寇，深以为便"。朝臣们纷纷附和。

周世宗耐心解释："刘崇幸我大丧（国丧），闻我新立，自谓良便（良机），必发狂谋，谓天下可取，谓神器可图，此际必来，断无疑耳。"其意是说刘崇以为周世宗"年少新立"，国家有大丧，必定不能"出兵以战"，故"有吞天下之心"，此次一定亲自率军前来。善用兵者当出其不意，所以我一定要亲征迎击。但冯道执意争辩，坚阻周世宗亲征。周世宗对此激动地表示："昔唐太宗定天下，未尝不自行。朕何敢偷安！"不料冯道语含讥讽："未审陛下能为唐太宗否？"周世宗仍是耐心说服："刘崇乌合之众，苟遇王师，必如山压卵耳。"表示刘崇势力单弱，不过是借契丹之势以欺凌我而已，"以吾兵力之强，破刘崇如山压卵"般容易。但冯道还是不依不饶："未审陛下能为山否？"周世宗终于大怒，拂袖而去。当时仅宰相王溥劝说周世宗亲征，周世宗从之。

冯道字可道，自号长乐老。冯道可说是五代时期一大异数，自后唐明宗时拜宰相，此后历拜三公，后汉、后周时官居太师，位极人臣。但因他曾历仕五朝（后唐、后晋、契丹、后汉、后周）、十一帝（后唐庄宗、明宗、闵帝、末帝，后晋高祖、出帝，辽太宗，后汉高祖、隐帝，后周太祖、世宗），故其身后毁誉纷杂。如北宋初《旧五代史》于"史臣曰"中说道："道之履行，郁有古人之风。道之宇量，深得大臣之体。然而事四朝、相六帝，可得为忠乎！夫一女二夫，人之不幸，况于再三者哉！"而欧阳修在《新五代史》中指出"廉耻，立人之大节"，猛烈批评冯道无"廉耻"，是"国家危亡致乱之祸根"。一代史学家司马光鞭挞冯道"朝为仇敌，暮为君臣，易面变辞，曾无愧怍"。不过同时代人却对冯道评价甚高，如宋初名相范质即称冯道"厚德稽古，宏才伟量，虽朝代迁贸，人无间言，屹若巨山，不可转也"。其实通观作为五代时期少见的政坛"不倒翁"的一生，冯道其行为虽不无可议之处，但还算是乱世之中一个颇具治国安民的才干，比较能够尽心于所职、尽责于百姓的官员。冯道同时具有高超的政治智慧，以"滑稽多智，浮沉取容"的手段博得性格各异、智愚不一的十位皇帝的信任重用，得以浮沉于翻云覆雨的政坛三十余年而不倒。但颇令人诧异的是，这个已过古稀之年的政坛"老滑头"，此时却一反其常态，语气强烈生硬地当面反驳周世宗的亲征想法。宋代即有人奇怪道："冯道历事八姓，身为宰辅，不闻献替，唯谏世宗亲征一事。"对于冯道如此出格的言论，今有人认为是冯道因循守旧、不辨是非的结果，也有人说这是冯道认为后周不能抵御北汉、契丹联军的进攻，所以有意一反常态顶撞天子，为自己留一后路。从当时实际情况来分析，冯道自有倚老卖老、颇为轻视年轻而缺乏从政经验的新天子之意，但却不能就此评说冯道是因循守旧，不辨是非。冯道力劝天子勿轻离京城，应当派遣大臣领军出征的建议，实有相当道理。当年北汉刘崇会合辽兵南侵，新即位的周太祖也曾想率军亲征，大臣王峻劝说："陛下新即位，四方藩镇未有威德以加之，岂宜轻举？而兖州慕容彦超反迹已露，若陛下出汜水，则彦超入京师，陛下何以待之？"此时冯道劝阻天子亲征的理由，实也在于此。随后周世宗在与契丹、北汉联军激战时，发生了将士临阵溃逃事件，也正反映出周世宗还未能完全控制三军将士以及社会不定、"人心易摇"的现实。不过，政治上十分老到的冯道，此次可说是只知其一，不知其二：周太祖为带兵多年、立下赫赫战功的宿将，声望如日中天，故能镇服强将悍兵，而周世宗以周太祖养子身份继承皇位，并不太令人信服，所以急需建立大功业以树立威望，率军亲征以反击北汉、契丹南侵，实在是一个十分合适的机会。同时，周世宗还担心一些尚处于观望中的州郡会误判形势，倒向敌营，故需当机立断，击败北汉，以镇慑各地节镇。因此，周世宗虽对冯道轻视自己、坚阻亲征一事非常不满，但还是以冯道前朝元老的身份，依照封建王朝宰相负责修造刚去世的皇帝陵墓之惯例，命其去负责修造周太祖陵墓，离开权力中枢。冯道经此挫折，数月以后郁闷而死，终年七十三岁。

三月三日，周世宗针对北汉军主力直逼潞州的态势，急令天雄节度使符彦卿、镇宁节度使郭崇领兵从磁州（今河北磁县）固镇迂回辽州（今山西左权）至北汉军背后，河中节度使王彦超、保义节度使韩通率军从晋州东进截击北汉军，又命侍卫马军都指挥使樊爱能、步军都指挥使何徽以及义成节度使白重赞、郑州防御使史彦超、前耀州团练使符彦能率兵进抵泽州（今山西晋城），北上增援潞州。十一日，周世宗自率中军主力离京城出征，十八日来到泽州，宿营于州城东北。

此时，刘崇见潞州城池高坚，一时难以攻拔，遂留下部队围困坚城，而亲引主力南下，当晚扎营于高平（今属山西）以南地区。次日，后周军前锋遭遇北汉军，发兵强攻，北汉军不支而退。周世宗担心敌军逃脱，就率军急追至巴公原（今山西晋城东北），迎面遇上北汉军主力。北汉军以张元徽领兵布阵在东，契丹杨衮援军布阵在西，刘崇则亲率中军列阵居中，三军阵形颇为严整。而后周军由于河阳节度使刘词所率后军还未到达，加上看到北汉、契丹联军气势很盛，众将士不免惊恐失色。但周世宗沉着指挥，命令白重赞和侍卫马步军都虞候李重进率军居西，对阵杨衮契丹兵，樊爱能和何徽率军居东，对阵北汉军张元徽部，史彦超和宣徽使向训率领精骑列阵中央，殿前都指挥使张永德领禁军护卫自己临阵督战。

一场恶战在即，但北汉主刘崇看见后周兵马要比己方少很多，不禁对招来契丹兵马助战之举感到后悔，于是神气地向众将宣言："吾自用汉军可破也，何必契丹！今日不惟克周，亦可使契丹心服。"众将齐声附和。辽将杨衮也策马至阵前观察，发现后周军阵容整肃，便告诫刘崇说："勍也，未可轻进！"刘崇大不以为然，答道："时不可失，请公勿言，试观我战。"见刘崇出言不逊，杨衮很是不悦，默然退回自己阵中。此时东北风正紧，忽然转成南风，使得士气颇有些低落的后周将士陡然兴奋起来，以为有神相助。因为古代战斗短兵相接，顺风出击自然要比逆风作战更为有利。刘崇并非不知风向转变实对己方不利，但因急于破敌扬名，故喝退勒马苦谏的部属，麾旗指挥东阵之北汉军先行进攻。于是张元徽领一千骑兵强攻后周军的右翼，接战未久，后周右阵主将樊爱能和何徽便领骑兵先逃，右军随之溃败；一千多名后周步兵阵前解甲缴械投降，向北汉主刘崇大呼"万岁"。右翼军的迅速溃败，造成后周全军阵脚动摇。眼见形势危急，周世宗急率侍卫亲军上前，冒着箭石督军反击。当此时，宿卫将赵匡胤急向大将张永德请战："主危如此，吾属何得不致死！"并建议："贼气骄，力战可破也。公麾下多能左射者，请引兵乘高出为左翼，我引兵为右翼以击之。国家安危，在此一举！"张永德听后，立即将麾下兵马一分为二，与赵匡胤各率两千精兵，分左右两路逆势出击。赵匡胤身先士卒，策马杀入敌阵，众士卒见状，无不以一当百，呼喊向前血战。左军白重赞、李重进亦率部奋击，合力拼杀。原本想乘胜追杀的北汉兵没料到周军会不退反进，混战中阵脚渐乱。后周悍将、殿前右番行首马全义对周世宗说道："贼势极矣，将为我擒。愿陛下按辔勿动，徐观诸将破之。"随即马全义引领数百骑兵大喊着直冲敌阵。当后周右军将领樊爱能、何徽溃逃，北汉主刘崇以为胜利在望，并得知周世宗也在军前，就即刻遣人褒赏张元徽，同时令张元徽乘胜进攻周世宗所在的后周中军。结果张元徽在挥军冲锋之际，正逢后周军猛烈反击，双方兵马错杂，干戈交横，正浴血苦战的张元徽忽然因战马倒地而摔在地上，顷刻间就死于乱军之中。张元徽乃北汉虎将，他在阵前被杀，令北汉军士气大丧。此时南风更猛，在周世宗激励下，后周士兵奋勇争先，北汉军不能支持，纷纷败退，刘崇赶忙举起红旗收兵，却已无法遏止将士的溃退。在一旁冷眼观战的杨衮眼见后周将士如此强悍敢战，不禁心生惧意，而且怨恨刘崇刚才所说的大话，所以也不顾狼狈逃窜的刘崇，率契丹军兵先行退走。

临阵脱逃的后周大将樊爱能、何徽率数千骑兵向南逃窜，竟然一路弯弓亮刀抢掠己方军队的辎重，并杀死天子派来劝阻的近臣和亲校，甚至四处扬言："契丹大至，官军败绩，余众已降虏矣。"周将刘词正率领后军匆匆北上，半路上遇到溃兵，樊爱能竟劝说他不要去送死，刘词不听，引兵继续北进。

后周军虽然反败为胜，但刘崇手中仍剩有万余兵马，与后周军隔着山涧列阵对垒。黄昏时分，刘词率生力军投入战场，获得增援的后周军士气更盛，周世宗立即命诸军出击。惊魂未定的北汉军遭此猛击，全线溃退，大将王延嗣等阵亡。后周军追击至高平，北汉士卒被杀得一败涂地，僵尸满山遍谷，丢弃辎重、器械和杂畜不计其数。北汉主刘崇披褐戴笠，骑着契丹所赠黄骝马，率残兵百余骑经高平西北的雕窠岭仓惶北逃，因夜色中迷路，俘来村民带路，结果朝着晋州方向误行百余里，至拂晓方发觉路途有误，遂杀死那村民，"昼夜北走，所至得食未举筯，或传周兵至，辄苍黄而去"，一路上风声鹤唳，草木皆兵，好容易才逃回太原城。

当夜，周世宗宿营于高平郊外，将阵前投降刘崇、至此又归降后周的那些步军将士全部处死，以严肃军法。此时，临阵溃逃的樊爱能等人听到后周军大捷，也陆续来归。二十日，周世宗进入高平城休整，并挑选北汉降兵数千人组成效顺指挥，戍守淮河，其余降卒两千余人，给路费遣散。二十三日，周世宗进入潞州城。

高平一战周军虽然大胜，但周世宗却由此看到了自己军中致命弱点所在。五代政权之所以朝兴夕亡，其主要原因就在于将骄兵惰，主权下移，而重蹈唐代藩镇之祸的覆辙。周世宗决意严厉整饬，以强化皇权，但如何处置，周世宗还是颇为犹豫：统军将领临阵溃逃，按军法当斩，但这些将校作为曾经侍卫周太祖的旧臣，确实曾有功于后周，况且此类享受高官厚禄却又贪生怕死的将领也不止樊爱能、何徽等人。二十五日，周世宗在行宫内斜躺着休息，看见张永德也在帐内，遂征询其意见："樊爱能、何徽及偏裨七十余人，吾欲尽按军法，何如？"张永德直言上告：

> 爱能等素无大功，忝冒节钺（节度使），望敌先逃，死未塞责。且陛下方欲削平四海，苟军法不立，虽有熊黑之士，百万之众，安得而用之！（《资治通鉴》卷二百九十一）

周世宗一听，翻身下床，掷枕于地，大声称善，并即刻下令收押临阵脱逃的大将樊爱能、何徽及所部军使以上将校七十余人，呵责道：

> 汝曹皆累朝宿将，非不能战。今望风奔遁者，无他，正欲以朕为奇货，卖与刘崇耳！（同上）

将他们依军法全部斩首。起初周世宗考虑到何徽先守晋州有功，欲免其死罪，"既而以法不可废，遂并诛之，而给槽车归葬"。那些不思用心作战的骄将惰卒自此无不畏惧，"不行姑息之政矣"，军纪得到初步整顿。次日，周世宗对在高平之战中的立功将士大加奖赏，甚至有自士卒直接擢升为校官者；以李重进兼忠武节度使，向训兼义成节度使，张永德兼武信节度使，史彦超为镇国节度使等。据五代官制，节度使分正任、遥领二等。正任者，需莅职州府处置地方军政事务；而遥领者，则不需莅临节镇，属虚衔。此所谓兼者，指以本职兼节镇，虽也属虚衔，但其"禄赐优于遥领者"。

二十八日，周世宗决定趁士气高涨之际，率军北上，围攻太原城。北汉汾州（今山西汾阳）、辽州（今山西左权）、宪州（今山西静乐）、岚州（今山西岚县北）等守将纷纷开门出降。五月初，周世宗亲至太原城下，督诸军攻城。高平之战后，刘崇逃归太原城，知道后周军不会甘休，赶忙修缮城池，招集兵马，同时再派使臣去契丹请求援兵。因阻击契丹援军的后周偏师在忻州激战失利，猛将史彦超阵亡，再加上大雨不止，河水暴涨，军中疫病流行，周世宗只得下令退兵。第一次进攻太原的作战就此无功而终。

北汉主刘崇本就年老体衰，自高平败归时，一路惊吓劳累，"伏于马上，昼夜驰骤，殆不能支"，回到太原以后忧愤交加，又加上指挥军民抗击后周军攻城，心力俱瘁，待周军南归，便大病一场，至十一月病卒。辽廷获报，即派遣使臣来太原册立刘崇之子刘承钧（后改名刘钧）为北汉主。刘钧上表辽帝时自称曰"男"，而辽穆宗赐诏书称刘钧为"儿皇帝"。经高平一战，北汉军力大损，不敢再主动南侵周疆，挑起战端，只是在契丹庇护下苟且延日。而周世宗通过此次亲征河东，既极大地削弱了宿敌的战力，又在军中树立了权威，由此坐稳了一时间颇有些风雨飘摇的皇帝宝座。

因高平之战而获大利的还有后周裨将赵匡胤。

赵匡胤祖籍涿郡（今河北涿州），927年（后唐天成二年）诞生于洛阳（今属河南）夹马营中，其父赵弘殷时为后唐军中一名校官。

与中国历史上众多帝王出生时必定有神异的吉祥征兆出现一样，在宋人笔下，赵匡胤的诞生也充满着神异色彩：其母杜氏因梦见太阳落入怀中而有身孕，而赵匡胤出生之夜，赤光满室，其"胞衣如菡萏（荷花别称）"，身披金色，三日不变，异香经宿不散。由此赵匡胤小名就叫"香孩儿"，夹马营俗称香孩儿营，赵宅所在的街道也被称作火烧街。但透过此类神奇且颇涉荒诞的文辞，其实赵匡胤的青少年生活颇为落魄。大约在辽太宗灭后晋、进出汴京的那一年，赵匡胤抛家别妻，投奔其父旧交，欲谋得个出身。但在此后一年又半的时光里，过着四海为家、浪迹江湖的赵匡胤并没有找到其所渴望的机遇，一无所得，两手空空。据说赵匡胤途经宋州（今河南商丘）时，颇感时运不济的他在高辛庙里占问自己功名官位，结果求得了一个上上之签。当时民间流行用杯筊来占卜的习俗。所谓杯筊，即是用竹木等材料制作的占卜用具，一面平，一面突，形如蚌壳。占卜时，将两块杯筊拿在手中，默祷后掷出，习俗认为两块杯筊一正一反为"圣筊"（即上签）。据叶梦得《石林燕语》载，赵匡胤"被酒"入高辛庙（上古传说五帝之一的帝喾初受封于辛，后即帝位，号高辛氏）里，取香案上的竹杯筊"以占己之名位"。赵匡胤从小校开始问起，经军将、刺史、团练使直到节度使，但杯筊都没能掷出圣筊来。赵匡胤大感困惑，发狠道："过是则为天子乎?"谁想掷出的杯筊正好一正一反，正是圣筊。在五代十国这个乱世，虽然不是什么人都可以做天子的，但传统的那套"天命元子为君"的说教显然没有市场，对身跨战马、手握重权的权臣军阀来说，推崇的正是所谓兵强马壮者为天子。但如此上上之签，对一个江湖落魄汉子来说，反差实在过于巨大，实不知该喜该悲。不过，赵匡胤连掷多次，杯筊都是一正一反，其概率显然不会很大，所以被宋人视为神奇之事而广为流传。连北宋中期著名词人晏殊出任南京留守时，还特地赋诗记说此事，云"庚庚大横兆，謦咳如有闻"，被时人认为此诗"纪实"。高辛庙里的圣筊，自然是一个难以求证的故事，但此后赵匡胤去河北应征投军，成为后汉重臣郭威帐下亲兵，其个人境遇却由此否极泰来。赵匡胤的命中贵人即是他在河北遇到的郭威养子郭荣。

后周建国后，赵匡胤被授任东西班行首（禁军军校）。郭荣任开封尹时，颇得郭荣赏识的赵匡胤担任开封府马直军使。马直军使只是开封府属骑兵的指挥官，官职不高，但由于是在皇子郭荣身边当差，赵匡胤成了郭荣的心腹，由此平步青云。高平之战后，周世宗对从征有功的将领给予加官赏赐时，殿前都指挥使张永德在天子面前极口称扬赵匡胤的"智勇"，战功"冠群将校"，周世宗便顺势越级提拔赵匡胤为殿前都虞候，领严州刺史。赵匡胤由此成了禁军高级将领，奠定了他在后周军中的地位。因此，宋代史家也就宣称高平之战是赵匡胤"肇基皇业"之始。

———————————————

简　释：

【赵匡胤任殿前都虞候】《资治通鉴》卷二九一载，显德元年三月庚子，即高平之战后，赵匡胤擢任殿前都虞候，领严州刺史。《宋史·太祖纪一》云后周军于高平战后进围太原城，"还，拜殿前都虞候，领严州刺史"。但《旧五代史·周世宗本纪一》载是年三月庚子，以散员都指挥使李继勋为殿前都虞候、殿前都虞候韩令坤为龙捷左厢都指挥使，并遥授团练使。故张其凡《关于宋太祖早年任职的三点考证》一文中认为《通鉴》记载有疑问，赵匡胤当时所擢任官为殿前散员都虞候，宋人似有意删"散员"二字。

四 三征淮南（955–958）

史称周世宗"神武雄略，乃一代之英主"，与当初力排众议、亲征河东之时不同，凯旋的周世宗充满自信。司马光《资治通鉴》即称周世宗"违众议破北汉，自是政事无大小皆亲决，百官受成于上而已"。雄才大略的周世宗继位之初，即立下了"以十年开拓天下，十年养百姓，十年致太平"的宏愿，至此大权独揽，亲自裁决政事，大展手脚。

首先，周世宗在严肃军纪之余，着手整顿禁军。十月中，周世宗有鉴于"宿卫兵士，累朝相承，务求姑息，不欲简阅，恐伤人情，由是羸老者居多，但骄蹇不用命，实不可用，每遇大敌，不走即降，其所以失国，亦多由此"的弊端，下令检阅禁军将士，通过比武，将体格强壮、武艺出众者升为上军，优给钱饷，老弱疾病者给钱遣归。并针对有人提出如此大简禁军，有违历朝之规、先帝之制的疑问，周世宗解释道："凡兵务精不务多，今以农夫百未能养甲士一，奈何浚民之膏泽，养此无用之物乎！况且健懦不分，众何所劝！"周世宗这一"兵贵精、不贵多"的思路，对赵匡胤的影响甚大。次日，周世宗又鉴于骁勇之士大多集聚于各地藩镇麾下，下诏招募天下壮士，全部送至京城，即使出自盗贼也不受限，命赵匡胤从中挑选最强悍且武艺超绝的组成殿前诸班，然后再命其他将帅挑选以充实骑、步诸军。殿前诸班即殿前司下精锐之师，有散员、散指挥使、内殿直、散都头、铁骑、控鹤等名号，成为宿卫天子之精兵。这支精兵，也成为赵匡胤日后得以纵横政坛而无往不胜、终于夺位登基的基本力量。经此次大刀阔斧的整顿，后周建立起一支精锐的禁军部队，战斗力大大加强，能征惯战，时人称誉"士卒精强，近代无比，征伐四方，所向皆捷，选练之力也"。所谓"选练之力"，表面上称赞"周世宗强兵之效"，其实是宋人用来称誉实际经手"选练"事务的赵匡胤之功绩。

当时割据诸国，以江南的南唐和四川的后蜀实力最强，而北方的北汉新经高平惨败，实力大损，已无力再主动求战，因此对后周威胁最大者实为契丹。辽军占领幽州以后，华北地区一马平川，无险可守，每至秋冬季节，契丹骑兵便深入周境杀掠，使后周军队疲于奔命。为阻止契丹铁骑的冲突，周世宗听从臣民建议，在加固河北州县城防的同时，派人疏通深州（今属河北）、冀州（今属河北）之间横亘数百里的胡卢河（今滏阳河），并任命熟知契丹内情的德州刺史张藏英为沿边巡检招收都指挥使，招募边民数千人，筑城垒戍守，形成一条较为稳固的防线。由此，契丹骑兵不敢再轻易南渡胡卢河入侵。

在强化军备的同时，周世宗为扭转五代时期吏治腐败、官员庸碌无为的局面，整顿吏治，赏罚严明，惩处贪官污吏毫不手软，力革贪风，打破常规破格任用有才干之人，并整顿弊病丛生的科举制度，以便有真才实学者能进入政府机构。在经济方面，周世宗采取了一系列奖励农桑的政策措施，以增强国力，减轻百姓的负担。首先降低税收，罢黜正税之外的一切不合理的税收；其次限令逃亡户回归乡里，由官府分给土地、谷种进行耕种，并允许农民耕种逃亡未归户的土地，这样既使农民得以安居、生产，促使社会稳定，又能增加国家的财政收入。周世宗还重视兴修水利以保障农业生产，又命人疏通漕运，治理大运河和黄河、汴河等，保持水路畅通，促进货物流通。

　　周世宗的各项改革收到显著效果，没多久国家实力逐步增强，中原地区农业生产也获得较快的恢复和发展，而唐末以来混乱而黑暗的吏治也得以初步整治。在此基础上，"慨然有削平天下之志"的周世宗开始致力于统一大业。

　　955年（后周显德二年）四月，周世宗告诉宰相道："朕每思致治之方，未得其领，寝食不忘。又自唐、晋（指后唐、后晋）以来，吴（指南唐）、蜀（指后蜀）、幽（指契丹所据燕京地区）、并（即太原，指北汉）皆阻声教，未能混一。宜命近臣著《为君难为臣不易论》及《开边策》各一篇，朕将览焉。"当时翰林学士徐台符、比部郎中王朴等二十余人以安定内部、削平割据为旨意撰成四十来篇策论，周世宗逐一看阅，除王朴所论"神峻气劲，有谋能断，凡所规画，皆称上意"，其余臣子多是泛泛而论，并无多少真知灼见可供采纳。王朴《开边策》篇幅不长，但却较为全面而系统地论述了治国安邦和统一天下的策略，见解独到。《开边策》为诸史书所记录，但文字稍有异同，如《资治通鉴》题曰《开边策》，两《五代史》等皆作《平边策》。《旧五代史》卷一百二十八《王朴传》所载《平边策》如下：

　　唐失道（治御之道）而失吴、蜀，晋失道而失幽、并。观所以失之由，知所以平之术。当失之时，莫不君暗臣乱，兵骄民困。近者奸于内，远者叛于外，小不制而至于大，大不制而至于僭，天下离心，人不用命。吴、蜀乘其乱而窃其号，幽、并乘其间而据其地。平之之术，在乎反唐、晋之失而已。必先进贤退不肖，以清其时；用能去不能，以审其材。恩信号令，以结其心；赏功罚罪，以尽其力；恭俭节用，以丰其财；徭役以时，以阜其民。俟其仓廪实，器用备，人可用而举之。彼方之民，知我政化大行，上下同心，力强财足，人和将和，有必取之势，则知彼情状者愿为之间谍，知彼山川者愿为之先导。彼民与此民之心同，是与天意同；与天意同，则无不成之功。

攻取之道，从易者始。当今吴国，东至海，南至江，可挠之地二千里。从少备处先挠之，备东则挠西，备西则挠东，（彼）必奔走以救其弊。奔走之间，可以知彼之虚实，众之强弱，攻虚击弱，则所向无前矣。勿大举，但以轻兵挠之。彼人怯，知我师入其地，必大发（师）以来应。（师）数大发，则必民困而国竭。一不大发，则我获其利。彼竭我利，则（南唐）江北诸州，乃国家之所有也。既得江北，则用彼之民，扬我之兵，江之南亦不难而平之也。如此，则用力少而收功多。得吴，则桂、广（此指南汉）皆为内臣，岷、蜀（此指后蜀）可飞书而召之。如不至，则四面并进，席卷而蜀平矣。吴、蜀平，幽可望风而至。惟并（指北汉）必死之寇，不可以恩信诱，必须以强兵攻之。然其力已衰，不足以为边患，可为后图，候其便，则一削以平之。方今兵力精练，器用具备，群下知法，诸将用命，一稔之后，可以平边。此岁夏秋，便可于沿边贮纳。臣书生也，不足以讲大事，至于不达大体，不合机变，望陛下宽之。

俗话说：天下大势，合久必分，分久必合。自唐末以来，天下分崩离析，民不聊生，但经过约半个世纪的诸侯混战，至此时，天下统一的迹象已经显露出来，百姓也渴望统一，以求免遭战祸之摧残。心怀大志的周世宗对此有着清醒认识，可朝中大臣却大多安于现状，不思进取，以"守常偷安"之语来消极抵抗天子提出的统一大计。周世宗对此颇为郁闷、焦虑，看到王朴的策论全力支持自己的统一宏图，并且器识不俗，当然十分赏识。

　　王朴字文伯，东平（今属山东）人。后汉时进士及第，授校书郎。周世宗柴荣任开封尹时，王朴为开封府推官。周世宗继位，王朴升任比部郎中。《平边策》大"惬天子之意"，周世宗遂于不久后升王朴为左谏议大夫，知开封府事，以辅佐自己完成统一大业。在此《平边策》基础上，周世宗又与王朴反复讨论商议，终于形成了"先易后难"、"先南后北"的统一战略，以及具体的执行计划：即首先攻取南唐、再取其他南方政权，最后攻取契丹、北汉的统一战略。这一统一天下之战略，与此后赵匡胤建立宋朝以后所采用的统一天下策略有着直接的渊源关系，从而影响深远。但后周国力并未强大到可同时对付几大强敌，所以周世宗决定北守南攻，并加强西边防务，以免后周军南击南唐之时，契丹、后蜀等兵马乘虚侵袭。

　　当年辽太宗进入中原时，西边秦（今甘肃天水）、成（今甘肃成县）、阶（今甘肃武都东）和凤（今陕西凤县东）四州不愿向契丹称臣，遂归附于后蜀。由于此四州位于秦岭以北，战略位置重要，所以周世宗决定在南征之前，首先收复这四个州，以解除西面后蜀的威胁。

　　五月初，周世宗派节度使向训、王景领军西征，很快攻下后蜀秦州黄牛寨等八个营寨。后蜀主孟昶处死从前线大败而归的统兵将领赵季札，急令大将李廷珪等率兵增援，同时遣人联络北汉、南唐，请求二国出兵牵制后周。南唐、北汉皆许赴援，但口惠而实不至，终因畏惧后周而不敢发兵。六月，后周军前锋被后蜀援军击败，后周将领胡立等被擒，两军在凤州东北的威武城附近僵持不下。后周宰相鉴于去年围攻太原城失利的教训，认为王景等人讨伐后蜀无功，而且粮运不继，坚请天子同意罢兵。周世宗不甘半途而废，派遣心腹大将赵匡胤赶赴陕西前线视察。七月初，赵匡胤返京，认为秦、凤诸州有可取之势。周世宗得报，便任命王景为西南行营招讨使（前线最高指挥官），向训为行营兵马都监，授予两人更大职权以示信任；同时传令全军：四州不下，绝不撤兵。闰九月，周、蜀两军在黄花谷（今陕西洋县境内）和唐仓镇（今陕西凤县北）接连激战，后蜀军大败，退入四川，蜀将王峦以下三千人被俘，秦、凤、成、阶四州先后归附后周。

后蜀经此一战，元气大伤，后蜀主孟昶慌忙遣使臣来向后周"请和"，但周世宗看到孟昶来书上自称"大蜀皇帝"，大怒。孟昶由此愈加恐慌，急忙在剑门关、三峡白帝城等险隘处屯兵，以为"守御之备"，不敢再主动出击了。西部的吐谷浑、党项等部落势力，也由此见识了后周军队的厉害，不敢再轻举妄动。周世宗这才按原定计划，全力以赴杀向南唐。

南唐割据江、淮等地，疆域广袤数千里，土地肥沃，物产丰富，国力不弱。南唐元宗李璟在出师灭掉分别割据福建、湖南的闽、楚二小国之后，又欲联合契丹、北汉夹击后周，从而达到进图中原、称霸天下的目的。为此，周世宗决定先发制人，在收复西边四州的战役尚未结束之时，已开始筹划攻取南唐两淮地区。

两淮之地北与后周之境毗邻，南临大江，地理位置重要，而且人口众多，经济发达。后周如能控制两淮，就可进而向南扼制住江南咽喉，使得南唐国都金陵（今江苏南京）直接处于后周威胁之下。同时，因后周立国未久，中原地区于长期战火之余，民力尚未完全恢复，故周世宗欲一统天下，必须首先据有两淮之地，借助淮南经济实力来提升后周国力。此时南唐国内政治腐败，佞臣当道，军队士气和战斗力低下，后周攻取两淮之地的胜算很大。

955年（后周显德二年）十一月一日，周世宗以南唐"勾诱契丹，入为边患，结连并垒，实我世雠"为理由发兵南征，命宰臣李穀为淮南道前军行营都部署，统领韩令坤等十二将进攻南唐淮南之地。南唐前期，为避免中原军队趁冬季淮水浅涸之机南渡淮河攻扰南唐疆界，一到天寒，就会派兵马守护淮河防线，称作"把浅"。此后，南唐君臣认为疆防无事，而每年的把浅兵马实属"坐费资粮"，故予以废止。至此，周军趁南唐边防懈怠，很快自正阳（今安徽寿县西南正阳关）架浮桥渡淮河发起进攻。为牵制南唐，周世宗同时又命割据浙江的南唐宿敌吴越国王钱俶出兵常州（今属江苏）策应。

两军交战之初，后周军队进展顺利，先锋都将白延遇连破来远（今安徽寿县西南）、山口镇（今安徽寿县东）南唐沿淮守军，继而又攻占了上窑（今安徽怀远南）等地，但在进攻淮西重镇寿州（今安徽寿县）时，却遭到了后唐清淮军节度使刘仁赡的顽强抵抗。李穀等指挥后周军主力强攻寿州。南唐将士颇为惧怕，但刘仁赡神气自若，指挥若定，一如平日。南唐军死守城防，后周军轮番攻击，月余未克。南唐主深知若淮南不保，则江南也无法守住，故一面派遣使臣向后周请和"息兵修好"，一面于十二月初，命令神武统军刘彦贞为北面行营都部署，率兵两万增援寿州，并命令奉化节度使皇甫晖、常州团练使姚凤率军进屯定远（今安徽定远东南）以为策应。同时，南唐主又让翰林承旨殷崇义知枢密院，全盘筹划抵抗后周的作战事宜。

956年（后周显德三年）正月初，刘彦贞率南唐援军至来远镇，派遣战舰数百艘直赴正阳淮河浮桥，欲截断后周军的退路，同时自领步骑主力往救寿州。屯兵于寿州坚城之下的后周军统帅李穀本是个书生，不谙军务，眼见南唐援军来势汹汹，生怕遭到前后夹击，赶忙下令焚毁刍粮，退兵保卫正阳浮桥，结果遭到南唐军追击，损失不小。

周世宗得知南征兵马被阻于寿州城下，颇为焦虑，因为在其一统天下的整局棋中，攻取两淮可说是其中举足轻重的一步棋，而寿州又是南唐戍守两淮的第一重镇，所以寿州不克，势必影响全局。为此，周世宗不顾大臣的劝阻，于正月六日下诏亲征，命宣徽南院使向训、端明殿学士王朴、节度使韩通等留守汴京，令侍卫司都指挥使李重进先率领精兵奔赴正阳，命河阳节度使白重赞领兵三千进屯颍上（今属安徽）。八日，周世宗离京师，往东南趋进。十六日，周世宗至陈州（今河南淮阳），获知李榖引兵退保正阳浮桥，料想敌军必定尾追杀到，遂急令李重进日夜兼程赶赴正阳接应。刘彦贞为人骄横，看到后周兵马北撤，大喜，引军急追，队形渐渐散乱。在南唐追兵即将赶到正阳浮桥之前，后周李重进部先至淮河北岸，快速通过浮桥，即刻在淮河南岸列阵，大破队形凌乱的南唐追兵，杀死南唐将帅刘彦贞及其麾下万余人。屯驻定远的南唐将领皇甫晖等闻败讯，慌忙退保清流关（今安徽滁州西北）。后周军乘势进逼寿州南唐守军。周世宗随后也进抵寿州城下，围之数重，并征发宋、陈、许（今河南许昌）、蔡（今河南汝南）、亳（今属安徽）、颍（今安徽阜阳）等州数十万丁夫，制造云梯，填堑陷壁，诸军数道齐攻，昼夜不息。二十二日，周世宗亲督诸将攻城。但南唐守将刘仁赡有勇有谋，城守甚固，屡次挫败急于攻城的后周军。

二月初，周世宗亲临寿州城下督战，命令在方舟竹筏上载炮机，从淝水（今安徽寿县北肥河）上抛石攻城。周世宗亲自搬运一块石头至火线作为炮石，于是天子身边的随从官员也纷纷加入运石队伍，但攻击仍未能得手。作为天子的禁卫将领，赵匡胤也亲率帐下壮士，乘皮船闯入城外护城河中指挥攻城。城上南唐将士发连弩射击，箭杆粗如屋椽，直奔赵匡胤而来，正危急时，帐下牙将张琼以身翼蔽赵匡胤，那弩箭便射中张琼的大腿，张琼立即昏死过去。赵匡胤却毫发无伤，躲过一劫。

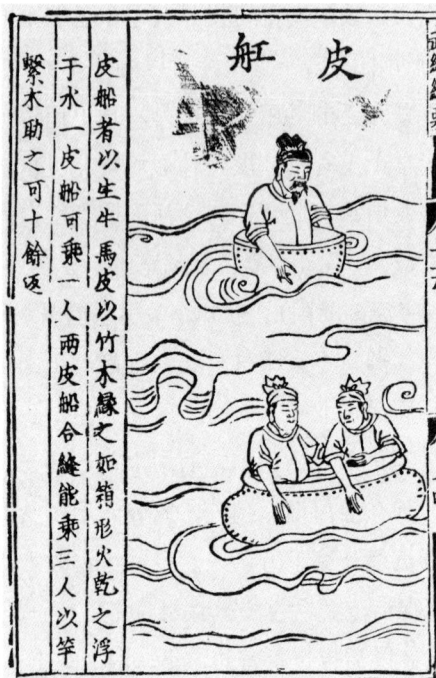

《武经总要》(前集卷十一)中所绘皮船

　　后周出师南征至此已近百日，却还未攻克寿州城，江淮雨季将临，而屯驻于涂山（今安徽蚌埠西）的南唐水陆军万余人正伺机而进，与退守清流关的南唐皇甫晖、姚晖部对围攻寿州城的后周军形成夹击的态势，战场形势陷入了僵局。周世宗遂决定改变战术，在留下重兵对寿州城进行长围久困的同时，分遣诸将出击攻取南唐长江以北诸州，以截断南唐朝廷与寿州的联络，从而彻底孤立寿州城。其中赵匡胤受命率轻兵奔袭滁州。数日后，周世宗闻听扬州无备，急遣马军帅韩令坤等率军奔袭扬州，行营马军副都指挥使赵弘殷作为监军从行。

　　赵匡胤统军东行，不一日至涂山西，先与友军在涡口（今安徽怀远东北）设下伏兵，然后派遣百余骑兵进迫敌营诱敌，待南唐兵出营迎战，就假装不敌而逃，南唐军不知是计，拼命来追，后周伏兵尽出，南唐军败溃，将领何延锡等战死，战舰五十余艘被后周军缴获。赵匡胤随后率数千轻兵日夜兼程奔赴滁州城西北的清流关。

滁州扼守南唐京城金陵的西北门户，为南唐江北要地。滁州城外的清流关地势险要，关口两边山崖陡峭，易守难攻。南唐大将皇甫晖、姚凤自定远南撤后，即以所部精兵一万五千人，对外号称十五万众，扼守清流关。那皇甫晖也以强悍善战而闻名，得知后周军杀到关前，立即整众出战。因众寡悬殊，加上地形不利，赵匡胤攻关失利，退守关外。皇甫晖见天色已晚，也不追赶，留兵把守关口，率余众回到滁州城休息，准备次日再战。

赵匡胤深知清流关关隘险恶，强攻难以奏效，而且自己新败之余，待明日南唐兵再次出战时，自己实难抵挡，正担忧彷徨之际，听说附近村庄中有一位在村中教学的赵学究，为镇州（今河北正定）人，"多智计"，村民有争执诉讼之事，多请他来判决曲直是非，于是赵匡胤赶忙前往拜访问计。赵学究献策道："我有奇计，所谓'因败为胜，转祸为福'者。今关下有径路，人无行者，虽（皇甫）晖军亦不知之，乃山之背也，可以直抵（滁州）城下。方阻西涧（又名上马河，今安徽滁州城西北）水大涨之时，彼必谓我既败之后，无敢蹑其后者。诚能由山背小路率众浮西涧水至城下，斩关而入，彼方战胜而骄，解甲休息，必不为备，可以得志，所谓'兵贵神速，出其不意'。若彼来日整军而出，不可为矣。"赵匡胤闻言大喜，即请赵学究指示其路径，赵学究亦不推辞，并遣人做向导。赵匡胤连夜率兵悄悄穿行于山岭之间，于天明之前渡过西涧，绕出清流关后，直抵滁州城下。由于赵匡胤此举大出南唐人意外，猝不及防的南唐守军只得仓促应战，一片混乱。皇甫晖来不及整军，只好且战且退入城内，斩断护城河上吊桥，登城自守。赵匡胤追至城下，指挥士卒涉水攻城。作为一代悍将，皇甫晖不甘雌伏，站在城头高喊："人各为其主，愿成列以决胜负。"赵匡胤笑着应允了。于是皇甫晖整军出战，赵匡胤乘其队伍出城混乱之机，一马突入敌阵，大呼道："余人非我敌，必斩皇甫晖头！"冲到大惊失色的皇甫晖马前，手起剑落，皇甫晖被砍中头部，跌下马来，后周士兵一拥而上，将他生擒。姚凤也在乱军中成了俘虏。主将既已被擒，南唐守军顿作猢狲散，滁州城落入了后周军之手，清流关也不战而下。此后不久，皇甫晖伤重而死。

滁州之战，是赵匡胤升任殿前都虞候以来独立指挥的第一场胜仗，由此奠定了他在军中的地位，对他个人有着极为重要的意义。宋仁宗时，宋廷特意在滁州建立"端命殿"，将滁州比拟于西周王朝之咸阳、镐京，西汉王朝之丰、沛之地，以纪念"应天顺人，启运立极"的这位大宋开国皇帝赵匡胤"历试于周，功业自此而成，王业自此而始"的神功奇迹。

对于那个向赵匡胤献奇计的赵学究，南宋初人王铚《默记》特别说明他就是日后成为宋朝重臣和名宰相的赵普，其堪比西汉开国功臣萧何、曹参的不世功绩，君臣之风云际会，即自此次与赵匡胤定交开始。这一记载被后世不少史家视为信史，如明代学者李贽在《藏书·名臣传》中称赵普"初与太祖相遇，其事甚奇"，其下便引《默记》之文为根据；清代史学家赵翼《陔余丛考》卷四十一"赵普遇合"条中也以《默记》记载立说。就是当代一些论述赵匡胤与赵普关系的著作，还多将《默记》的记载作为信史来引用。但据《资治通鉴》、《宋史·赵普传》及宋太宗御撰的《赵普神道碑》等史料记载，就可发现这一说法实不可信。

赵普，字则平，幽州蓟县（今天津蓟州区）人，生于922年（后梁龙德二年）。赵普年轻时就进入藩镇幕府做事，后周初年被永兴军（今陕西西安）节度使刘词辟为从事。刘词卒，上遗表向朝廷举荐赵普。周世宗此时正用兵淮上，赵普便来到军前效力，正好传来赵匡胤攻取滁州的捷报，周世宗即诏令左金吾卫将军马崇祚知滁州，赵普也被宰相范质授任为滁州军事判官，协助处置州务民事。赵普由此与赵匡胤相结识。

赵普像（中国国家博物馆藏）

赵匡胤初与赵普接触，见他谈吐不俗，很是看重他。赵匡胤占据滁州之后，曾抓获了强盗百余人，按律皆该处死。赵普怀疑其中杂有无辜者，便请先审讯再作决断。经审问，无罪释放者十之七八。赵匡胤由此对赵普的才识甚为钦佩。而随后发生的一件事，使得赵普与赵匡胤的关系更趋密切。

此前，后周大将韩令坤等率本部军马奔袭扬州，先后攻占了扬州、泰州（今属江苏），随同出征的赵弘殷在进入扬州之后没几天，就因染病而先行北归，知赵匡胤已攻下滁州城，便前来见儿子，欲在滁州治病休养。到滁州城下时，正好是半夜，赵弘殷命人招呼城上守军打开城门，赵匡胤闻讯登上城头，对城外的父亲说道："父子固亲，但（城门）启闭，王事也。"不肯开城门，赵弘殷只得等到天亮以后才得以入城。历代史家尤其是宋代史家，对此事评价甚高，赞扬赵匡胤"勇于战，谨于守"，忠于王事而不顾私情。不过，对于此事的另一面，这些评价却有意无意地加以回避了，即赵匡胤忠于王事的结果，是其父亲的病情陡然加重。不久，因南唐军反攻，扬州形势恶化，韩令坤欲撤出扬州，以避开南唐军锋芒。周世宗急忙调派赵匡胤率军东进，以声援韩令坤。于是照料赵弘殷的事情，就托付给了赵普。据《宋史·赵普传》等记载，赵普确实十分尽心尽力，"朝夕奉药饵"，"朝夕无倦"，赵弘殷颇为感激，便"待以宗分"，也就是说把同姓的赵普当作自己家人看待。此后后周军撤离滁州，一路上可能还是由赵普旁侍照顾。因为这一缘故，赵普就与赵匡胤一家结下了他人所不能比拟的亲密关系，并获得了赵匡胤的充分信任。

此时，南唐主派遣使臣来到徐州（今属江苏），将请和国书交给后周守将，声称："唐皇帝奉书大周皇帝，请息兵修好，愿以兄事帝，岁输货财，以助军费。"这样一封分庭抗礼的国书，自然引起欲一心扫平六合的周世宗不爽，故未予理会。当滁州、扬州等地先后失陷的消息传入江南金陵城，南唐君臣颇为惊恐，南唐主只得放下皇帝的架子，派遣翰林学士钟谟、文理院学士李德明"奉表称臣，来请平"，并献上御服、汤药和金器千两、银器五千两、缯锦两千匹以及犒军牛五百头、酒两千斛等礼物，至寿州城下。周世宗仍然不为所动，并针对钟谟、李德明二人"素辩口"，欲来游说，故特意"盛陈甲兵而见之"，道："尔主自谓唐室苗裔，宜知礼义，异于他国。（尔）与朕止隔一水，未尝遣一介（使节）修好，惟泛海通契丹，舍华而事夷，礼义安在？且汝欲说我令罢兵邪？我非六国愚主，岂汝口舌所能移邪！可归语汝主，亟来见朕，再拜谢过，则无事矣。不然，朕欲观金陵城，借府库以劳军，汝君臣得无悔乎！"所谓"朕欲观金陵城，借府库以劳军"，就是说我想要统率虎狼之军来金陵城下，要你献出城中仓库所藏的钱帛财物来犒赏我的三军。钟谟、李德明闻言，自然不敢再出声。

南唐主见周世宗不许请和，赶忙再派遣司空孙晟等携带重礼来向周世宗哀求息兵，答应削去"帝号"而改称南唐国王，割让淮南寿、濠（今安徽凤阳东北）、泗（今江苏盱眙西北）、楚（今江苏淮安）、光（今河南潢川）、海（今江苏连云港）六州之地，并每年输送金帛百万两匹"以求罢兵"。但周世宗认为后周军已占领了近半淮南州县，诸军捷报频传，就以尽取淮南全境作为允和的条件。李德明回到江南见南唐主李璟，盛称周世宗的威德和后周甲兵的强悍，劝说南唐尽割江北之地求和。南唐主深知失去淮南之地则守卫江南就成了一句空话，故对如此息兵条件甚为犹豫。当时南唐宰相宋齐丘不欲割地求和，枢密使陈觉、枢密副使李征古等大臣平日就与李德明等人交恶，于是乘机攻击李德明言多失实，卖国求利。南唐主随即处死李德明，决意抵抗后周，部署反攻：任命其弟齐王李景达为诸道兵马元帅，大臣陈觉为监军使，大将边镐为应援都军使，率军渡过长江，自瓜步（今江苏六合东南）北上；命右卫将军陆孟俊率兵万余人自常州北上，渡江夺取泰、扬二州；以将军许文稹为西面行营应援使，配合主力抗击后周军。此外，南唐主又命令右武卫将军柴克宏率兵应援常州，以防备吴越兵侵扰润州（今江苏镇江），威胁金陵。柴克宏潜军偷袭常州城下吴越营寨，吴越军猝不及防，大败，伤亡万余人，遁归。柴克宏于是率军乘胜北渡长江，应援寿州，但因柴克宏病死于半路，部队只得撤回。

四月，南唐将陆孟俊领兵万人自常州渡江北上，猛攻泰州，后周军遁去。陆孟俊进逼扬州，后周大将韩令坤惧于南唐军势甚盛，不欲迎战，率兵退出扬州城。正等着南唐同意割让淮南之地的周世宗鉴于战场形势的新变化，也调整了部署：任命李重进为庐、寿等州招讨使，武行德为濠州城下都部署，向训为淮南节度使兼沿江招讨使；遣大将张永德统兵救援扬州，命赵匡胤率本部两千人自滁州进趋六合（今属江苏）以为声援，并掩护扬州周军的侧翼。周世宗自己也从寿州移驾至濠州城下，指挥东线作战。得知后周援军将至，韩令坤率兵重新进入扬州城，迎战南唐军，南唐军大败，陆孟俊被擒。

此时，南唐军统帅李景达、陈觉率兵两万渡江北上，进至距离六合二十余里处扎下营寨，观望不进。后周诸将未把南唐军放在眼里，皆欲出击迎战，一击立功。赵匡胤却认为两军众寡不侔，贸然出击，难言必胜："彼设栅自固，惧我也。今我众不满二千，若往击之，则彼见我众寡矣；不如俟其来而击之，破之必矣。"决定以逸待劳，等待南唐军前来攻击，再于运动中破敌，使其难辨己军的虚实。数日后，南唐帅李景达出兵进攻六合后周军寨。赵匡胤待其来前，忽然大开寨门，挥师出战，奋力冲杀，终以少胜多。六合之战，南唐军丧师近五千人，李景达单骑逃遁，余众争舟渡江南逃，慌乱之中又有很多人掉落江中溺死，南唐军精锐大损。

由于江淮一带进入了雨季，霖雨数十日不止，淮河水流暴涨，后周军无水战之装备，围攻寿州城的后周兵营内水深数尺，用于攻城的船筏多遭漂散毁损；同时道路泥泞，使得粮运不继，师老兵疲，难于坚持。周世宗为扭转不利局面，打算亲至扬州，指挥三军威逼江南，一举拿下淮南全境。宰相范质等人急忙劝说现今我军兵疲食少，当先回汴京再为进取之策。周世宗也知无水战之装备难以立足淮南，遂同意收拢诸军，归招讨使李重进统一指挥，继续围攻寿州，而自己先返回汴京，整饬军纪，组建水军，为再次南征做准备。

此前南唐在淮南向百姓销售茶盐，强征粟米、绸帛，称作"博征"；又强征民田为官田，民众对此十分怨恨，所以后周军一到，淮南百姓争相奉献牛酒迎接慰劳。不料后周军纪不佳，将帅专事俘掠抢夺，对民众不予存恤，大感失望的淮南百姓纷纷逃入山岭、湖荡，操农具为兵器，积厚纸为盔甲，时人称作"白甲军"，骚扰后周军队，并屡屡击败进讨的后周军，后周所得的州县也往往为他们所占据。南唐主乘机再派遣齐王李景达等率兵五万北进。颇感兵力不足的淮南节度使向训，奏请周世宗同意放弃扬、泰等州，调集驻扎扬州的后周军西上，会合李重进之军并力围攻寿州。滁州后周守将亦随即弃城而去，引兵趋寿州。

六月间，赵匡胤自六合领兵归京，途经寿州城下，正逢守城南唐军偷袭屯驻于城南的后周侍卫步军都指挥使李继勋部，李继勋未想到南唐守军还敢主动出击，接战不利，损失不小，军心摇动。为此，赵匡胤特意在城下驻留旬日，协助攻城，后周军队因此复振，围城愈紧。

随着后周军主动放弃滁州城北撤，留在滁州疗病的赵弘殷也只得抱病登程，归向汴京，在途经寿州时，与驻兵城下的儿子赵匡胤见上一面。七月二十六日，赵弘殷终因病情恶化而死于归途，被追赠为武清军节度使、太尉。按照当时礼法制度，赵匡胤需要守丧三年，但身处战时非常时期，所以仅三个月就被天子夺情起复，重理军政之事。十月，赵匡胤以滁州、六合等处战功，被晋升为匡国军节度使，拜殿前都指挥使；不久，原殿前都指挥使张永德被提升为殿前都点检。

赵匡胤升任节度使，跻身大将行列，按照制度可开幕府，于是赵匡胤辟赵普为节度推官。足智多谋的赵普正式进入赵匡胤幕府，在帮助赵匡胤提高地位、扩充势力等方面立下了汗马功劳。赵匡胤由此始终深受周世宗的信任，在朝廷中的权位不断提升。

　　随着后周军收拢兵力，主动弃守长江北岸州县，南唐军趁势北上收复不少失地。固守寿州城的南唐守将刘仁赡也寻机出奇兵，袭杀城南后周军兵数百人，一时造成了围城后周军的混乱。但随着分散在淮南各地的后周兵马逐渐会聚到寿州城下，城内南唐守军的处境日趋艰难。是年八月，南唐主李璟看到后周军队围攻寿州城更为猛烈，赶忙再命齐王李景达为元帅，统领南唐军主力五万人往援，同时又遣大将林仁肇等率军先到下蔡（今安徽凤台），以船满载木柴顺流而下，欲顺风纵火烧毁淮河上的浮桥，切断屯驻寿州城下的后周军退路。守护浮桥的后周大将是张永德，张永德虽号称勇将，但此时后周没有水军，军中也无战船，所以眼看着敌军火船渐近，却无法抵御，一时大为惊慌。因为下蔡浮桥是淮河南北后周军来往的主要通道，一旦被截断，将会对在淮河以南作战的周军形成极大威胁。好在危急时刻，风势陡转，反将火船向南唐军吹去，张永德见机麾军出战，击退了南唐军。

　　张永德为避免浮桥再次遭到攻击，就设法用千余尺长的铁索绑牢巨木，横亘在离浮桥上下游数十步的地方，封锁河道，使敌军战舰无法靠近。同时，张永德又招募军中善泳者，让他们乘着夜色潜游到停泊在下蔡附近淮河上的南唐战舰下，用铁链把众战船串连起来锁在一起，然后纵兵突袭，南唐军船由于被锁住不能进退作战，死伤甚众，只得溃逃而去。不过这只是一时救急，并不能根本改变后周军在水战中的不利局面。

　　鉴于后周军在淮南因缺少水军而影响作战的现状，周世宗下令在汴京城西汴水中建造战舰数百艘，连同缴获的南唐舰船，组建一支水军，让南唐降卒教练后周军士的水战战术。数月后，后周水军战船纵横出没，已足以与南唐水军相抗衡。

　　南唐齐王李景达自六合溃败之后，对后周军颇为畏惧，所以此次率军增援寿州，只是驻军于距离寿州有二百里的濠州，遥为声援，不敢再进一步。而对南唐军来说更为糟糕的是，李景达虽然名为主帅，但军中政令却完全由监军使陈觉掌控。陈觉为人奸佞，被南唐百姓咒骂为"五鬼"之一。此时陈觉只思拥军自重，无意出战，而军中将吏更是畏其淫威，无人敢言应援出战之事。就这样拖延到了年底，寿州城被围困已逾一年，城中粮竭兵疲，连连向南唐主告急。南唐主于是连下严令催促，李景达方才遣将军许文稹、边镐等率军出濠州，溯淮河而上，向寿州靠近。此时，唐将朱元等在收复舒州（今安徽潜山）、和州（今安徽和县）、蕲州（今湖北蕲春）以后，也率部增援寿州。957 年（后周显德四年）正月，南唐援兵进抵紫金山（今安徽寿县东北，淮河南岸），扎下了十八座连珠寨，层层叠叠，战备严整，日夜通过烽烟来与城内南唐军联络。但寿州城被后周兵马围得水泄不通，南唐援兵虽已可望见寿州城头，却是咫尺千里，无法会师。为尽快给已粮尽的寿州城内运送粮食，南唐援兵朝寿州城方向构筑了绵亘十数里的甬道，边战边进，但还未能进到城边，就遭到了后周军袭击，丧失五千余兵马，退回紫金山营寨。自此，双方在寿州城下展开了拉锯战。

　　坚守寿州的刘仁赡眼见援兵无力解围，而城内粮尽，无力再守，却又不愿坐待城破，便请求齐王李景达同意自己出城与后周军决一死战，但遭到李景达的严词拒绝。欲守不能、欲战不可的刘仁赡，忧急交加，罹患了中风重疾。其幼子刘崇谏看到形势危急，打算开门出降后周，但事情败露，被刘仁赡处之腰斩。左右都不敢出言相救，监军使周廷构"哭于中门以救之"，刘仁赡不许。周廷构又鼓动刘夫人出面相救，刘夫人毅然道："妾于崇谏非不爱也，然军法不可私，名节不可亏。若贷之，则刘氏为不忠之门，妾与公何面目见将士乎！"刘仁赡麾下士卒闻知后为之感奋，都立誓愿死战。

后周诸将得知此事以后，都认为南唐援兵尚多，军势不弱，而寿州城又不容易攻下，纷纷奏请班师。对此意见，朝中也有不少大臣表示支持。放弃攻取寿州，周世宗心底甚为不甘，但眼前后周军所面临的困难确实很大，故而十分犹豫。此时宰相李榖卧病在床，周世宗便遣范质、王溥前往李榖府上商议对策。李榖认为："寿春（即寿州）危困，破在旦夕。若銮驾亲征，则将士争奋，援兵震恐，城中知亡，必可下矣。"范质、王溥也表示赞同。于是周世宗再次下诏亲征淮南。

二月十七日，周世宗出汴京城。三月二日夜，周世宗身穿甲胄，经过下蔡浮桥，直抵寿州城下，屯军于紫金山南。此前，周世宗先命水军发数百艘战船自蔡河沿颍水入淮河，首尾相接，浩浩荡荡，直抵寿州。唐军一见，大为吃惊。而后周将士见天子再次亲临前线，士气大振。

周世宗首先命令殿前都点检张永德率领精锐的殿前司兵马作为前锋，攻占紫金山南唐先锋寨和山北寨，为天子亲征扫清道路。张永德与殿前都指挥使赵匡胤一起来到军前观察地形，发现南唐军寨西边有一道高岗，可以下瞰敌军营中，于是张永德亲选精兵，携带劲弓强弩伏在高岗旁，让赵匡胤率部径直进攻唐军先锋所在的第一寨。南唐兵出营迎战，赵匡胤佯装不胜而逃，南唐兵全军追击，营中空虚，张永德急发伏兵从高岗上冲下，一举占领了敌营。南唐兵一见营寨已失，溃散而逃。次日，张、赵二人又率军进攻第二寨，鼓噪而进，刚接近那营寨北门，已丧失斗志的南唐士兵争先从南门逃出。拿下南唐两座营寨，后周军就此攻破了南唐军所筑的甬道，完全隔断了寿州守军与南唐援军间的联络。

为彻底断绝寿州守军的希望，周世宗决心先消灭驻屯淮上的南唐援兵，命虎捷左厢都指挥使赵晁率水军数千前出至镇淮军（即涡口），欲由此截断南唐战舰的退路。连战失利的南唐将士士气低落，不但未能协力外御强敌，反而内部权力之争更趋剧烈。唐将朱元恃功骄恣，不服李景达的调度，陈觉趁机上奏南唐主说朱元反复无常，让大将杨守忠替代朱元之职。朱元十分愤怒，欲自杀抗议，但其门下客宋均劝说道："大丈夫何往不富贵，何必为妻子死（如小女子一般自杀）乎！"朱元遂于四日夜里与先锋将朱仁裕等率所部万余人归降后周。

朱元等将领归降后周，大大削弱了南唐援军力量。五日凌晨，周世宗指挥诸军乘势猛攻紫金山南唐军各营寨，南唐军马难以抵挡，士兵被俘杀万余人，大将许文稹、边镐等被擒，余众沿淮河东溃。周世宗以步骑夹淮河两岸追击，水军也顺流直下，至镇淮军夹击南唐军。南唐将士战、溺死及降者近四万人，后周缴获战舰、粮船数百艘，钱帛器械不计其数。南唐齐王李景达、监军使陈觉闻知唐军在紫金山一败涂地，慌忙自濠州逃归金陵。

南唐援军兵败紫金山之后，久已成了孤城的南唐寿州城形势更为绝望，士气低落，食尽民饥。主将刘仁赡闻知援兵惨败，扼吭叹息，病势更为沉重，不省人事。面对城外后周军的扬威耀兵和周世宗的劝降，城内监军使周廷构、营田副使孙羽等不敢再战，遂假借刘仁赡之名义写下降书，坚守了一年多的淮南重镇寿州城终于失陷。次日，刘仁赡被其儿子与部下抬出城外，周世宗见他已奄奄一息，连连嗟叹，便给予其特殊礼遇，拜刘仁赡为检校太尉兼中书令、天平军节度使。但刘仁赡并未受命，当天就病重而死了。

寿州之战，后周军虽重创南唐军，占据了寿州重镇，扫除了南征障碍，但损失也不算小。故周世宗决定撤归汴京城进行休整，而非继续进攻。四月中旬，周世宗回到汴京。

寿州之战虽然大败，但南唐淮上水军尚保留有较强的实力。为迟滞后周军的攻势，南唐重新部署沿淮诸镇防御：将军郭廷谓任淮上水陆应援使，镇守濠州，缮甲练兵，整修城垒，常备不懈；于泗州、楚州等要地屯泊战舰，严密设防。同时，南唐又接连遣使臣北去契丹求援。据《辽史·穆宗本纪》记载，南唐于955年（辽应历五年）十月"遣使来贡"，但至957年中，南唐先于二月间"遣使奉蜡丸书"，至六月又"遣使来贡"。所谓"南唐遣使奉蜡丸书"之时，正是后周兵猛烈围攻寿州城之日。其"蜡丸书"内容显然与请求契丹出兵攻击后周有关，即希望通过与契丹联手，使后周有北顾之忧，迫使用兵淮南、对江南虎视眈眈的周世宗回兵自保，来帮助自己渡过危局，并进而在后周与契丹作战、无暇南顾之际，乘机夺回江北失地。据陆游《南唐书》云：当时南唐主命兵部郎中段处常"浮海使契丹乞援，处常为契丹陈利害甚悉"，不过并无进取之心的契丹主辽穆宗"了无出师意，而留处常不遣。处常怨其无信，誓死国事，数面诮契丹主，契丹主亦愧其言，优容之"，但终究未为南唐出兵大举南下。

契丹军马虽然未南下，但后周君臣对此始终保持着高度警惕。九月，后周中书舍人窦俨上疏认为："陛下南征江、淮，一举而得八州（谓光、黄、舒、蕲、和、扬、滁、泰州），再驾而平寿春，威灵所加，前无强敌。今以众击寡，以治伐乱，势无不克。但行之贵速，则彼民免俘馘之灾，此民息转输之困矣。"即劝说周世宗当乘周师强盛、周境大治与唐军势弱、唐政混乱之机，兵贵神速，再次出军征唐，必胜无疑。周世宗深感有理，便决定第三次亲征淮南。

十月十六日，周世宗再出汴京，于涡口渡淮河直趋濠州。南唐将郭廷谓在濠州城东北十八里滩排列高栅，四面环水自固，并将战船数百艘屯泊于城北，在淮水中树立巨木作为障碍，以阻截后周战舰的进袭。十一月五日，后周军抵濠州城西。翌日，周世宗针对南唐军的部署，命令后周诸将分路出击，内殿直康保裔率数百甲士骑着骆驼涉水而进，殿前都指挥使赵匡胤率骑兵泅渡继进，攻拔淮河水寨及濠州东关城；招讨使李重进攻取南关城；大将王审琦率水军攻拔城北水障，焚毁南唐战船。后周诸将拔水寨，克羊马城（古代守城时用的城防设施），冲破水障，焚毁南唐战船七十余艘，斩首两千余级，迫使守城唐将郭廷谓出降。

十九日，周世宗得报南唐战船数百艘停泊于涣水（今浍河）之东，准备增援濠州，便亲率水陆军主力迎击，于洞口（今安徽凤阳东）与南唐水军相遇。后周军一阵猛冲，大败南唐军，斩首五千余级，俘获两千余人，夺得战舰三百余艘。周世宗不顾连战劳累，挥师东下，紧追南唐溃兵。南唐沿淮防御城栅尽数被拔除，后周军一口气追击一百七十里，直抵泗州城下。十二月初，南唐泗州守将无力防守，举城投降。仅稍事休息，周世宗又获知南唐战舰数百艘自洞口退往清口（即泗水入淮河之处，今江苏清江西南），即命水军中流疾进，自己与赵匡胤分率步骑夹淮河两岸追击，水陆三路并进，且战且行，追至楚州城西北大破之，南唐节度使陈承诏被赵匡胤部所俘。南唐水军损失惨重，战舰于毁沉之余被后周军缴获了三百余艘，士卒于杀、溺之余被后周俘获了七千余人，仅剩数艘战船顺淮河慌忙逃遁。南唐淮上水军被歼殆尽。

后周军乘胜攻打淮东重镇楚州。周世宗原想处于孤立无援的楚州城一定会望风而降，不料南唐守将张彦卿誓死不降，并且手刃了想要投降的儿子，诸将感泣，坚守不下。958年（后周显德五年）正月二十三日，周世宗坐镇城下指挥后周将士猛攻，次日城墙被周军轰塌，张彦卿率部下千余人巷战，全军战死，无一生降。此役后周军死伤惨重，周世宗盛怒之下，发令屠城，欲以警戒天下敢于与后周军拼到玉石俱焚者，结果城中军民被杀者万余人，官署民房皆被焚毁。周世宗被世人誉称为"五代第一明君",但这一残暴行为,实在有辱"明君"之号。

此时,后周军又先后攻占了海州(今江苏连云港西南)、天长(今属安徽)、静海军(今江苏南通)等地。

周世宗因为此次亲征准备充足,又总结了前两次亲征的经验教训,注意收拢民心,结果一鼓作气拿下了南唐江北大批州县。周世宗又打算直接渡江南下进攻南唐京城金陵城,就征调当地民夫浚通鹳水(今江苏淮安西老鹳河),于二月初引战舰数百艘自楚州南下扬州,军至高邮(今属江苏),扬州城中南唐守军已逃之一空。当时自淮河到长江之间有一段河道淤塞,一时无法疏通,施工者声称由于长江水位高于淮水,一旦掘通必将引起江水倒灌。周世宗便亲自前去观察,数日后传下手谕,上面载有具体施工方案,匠人依法施行,果然很快疏通了河道。三月初,周世宗率水军直入长江,进抵迎銮镇(今江苏仪征)。是月中旬,周世宗亲至江口,大破屯泊于瓜步及东沛洲(即东洲,今江苏启东吕泗镇一带)的南唐水军,赵匡胤所部并乘势驾船直冲长江南岸南唐兵营,将其营栅焚毁之后又主动北撤。

南唐主十分惊恐,为避免后周大军就势渡江南下,急遣大臣将尚在南唐控制下的庐(今安徽合肥)、舒、蕲、黄(今湖北黄冈)四州进献给后周,称臣岁贡,又献犒师银十万两、绢十万匹、茶五十万斤、米麦二十万石;去皇帝之号,改称江南国主;去南唐年号,改用后周年号等。四月初,周世宗同意了南唐的请求,息兵班师回朝。

经过两年多时间的三次亲征,周世宗取得了统一战争的首胜,迫使南唐以长江为界,后周尽得农业发达、物产丰富,盛产粮食茶盐的江北十四州六十县、二十二万六千余户,南唐每年还要进献大批贡物。后周国力由此大大增强，从而为北伐契丹创造了有利条件。

简　释：

【清流关南唐守军人数】赵匡胤率后周军攻拔滁州清流关，对于南唐守军人数，诸史书所载相差甚大：《宋史·太祖纪一》称南唐兵"众号十五万"，《太平治迹统类·圣宋仙源积庆符瑞》、《国老谈苑》径曰南唐军"十五万"。《默记》云是"十万"。《资治通鉴》卷二九二称"三万"。《旧五代史·周世宗本纪》称"万五千人"。据《资治通鉴》，南唐应援寿州之军，以神武统军刘彦贞所部两万人为主力，而皇甫晖、姚凤部为偏师，故其兵马当不多于刘彦贞部，因此其实际人数，当以《旧五代史·周世宗本纪》为确，即为一万五千人。

【六合之战南唐军损失人数】《宋史·太祖纪一》载显德三年，赵匡胤击败南唐"齐王景达于六合东，斩首万余级"。然《资治通鉴》卷二九三云当时南唐齐王景达"将兵二万自瓜步济江"，进攻六合后周军，赵匡胤率众拒之，"大破之，杀获近五千人，余众尚万余，走渡江，争舟溺死者甚众"。所谓"杀获"，乃合指斩杀与俘虏而言，《旧五代史·周世宗本纪》云赵匡胤"斩首五千级"已非实录，《宋史》云"斩首万余级"更属夸饰。

五　快收三关（959）

当年周世宗为结束五代十国时期四分五裂的割据局面，与大臣王朴制定了"先易后难"、"先南后北"的统一方略，但在攻取南唐淮南诸州之后，却未再按原定的先取南唐、再定岭南、巴蜀，南方既平，再征北方的计划进行，而是调转兵锋，于959年（后周显德六年）中北征契丹，欲一举收复被后晋高祖石敬瑭割让给契丹人的燕云十六州。周世宗如此所为，实有着很现实的考虑。

自从契丹控制了燕云十六州以后，中原地区的北大门洞开，契丹骑兵凭恃着地理优势，几乎可以随意自燕京南下攻掠，而中原政权却因河北平原千里平野，无险可守，故在北向争战中处于十分不利的被动局面。对后周而言，其所受的战争威胁也全部出自北方契丹、北汉政权，而契丹结盟北汉，在与后周的对峙中握有相当的主动权。据《契丹国志》云，当时"中原多事，藩镇争强，莫不求援于辽国以自存"。《新五代史》也云当周世宗"分兵袭下扬、泰"时，南唐主"遣人怀蜡丸书走契丹求救"。因此，周世宗始终对北边防线怀有深深的警惕，即使在全力南征之际，仍不时地北向回眸。为避免两线作战，周世宗一面派殿前都指挥使张永德等将领守护北边，抵御"契丹犯境"，一面又于957年（后周显德四年）六月、八月多次遣使契丹通好。但契丹也知道后周"先南后北"之策，所以也屡屡遣使臣携带"蜡书"与西川、江南的后蜀、南唐联络，同时又不断出兵南下以为牵制，或直接侵扰后周河北沿边州县，或会同北汉兵马进击后周河东地区，对后周形成很大压力。周世宗深知不能首先收复幽州地区，关上那北大门，则时有北顾之忧的后周是难以倾力南征的。至此，经数年征战，五代晚期南方实力最强的南唐、后蜀两政权都遭到了后周军的重创，后蜀的关陇四州和南唐的江北十四州先后被后周所夺，自此衰微不振，畏服于后周。因此，后周即使此时全力北伐燕云十六州，那南方诸政权也不大敢乘机对后周发难，而一旦收复了燕云地区，则南方诸政权即可传檄而定，从而顺利完成一统天下的大业。同时，后周已夺得了南唐江北全境，国力骤增，为其北伐奠定了很好的物资基础。更为重要的是，此时契丹国内政局依然不稳，国力较以前明显下降，若后周能趁此有利时机大举北伐，必能收到事半功倍的效果。

元代史家胡三省于《资治通鉴注》中称王朴提出"先南后北"的统一方案，"是后世宗用兵以至宋朝削平诸国，皆如王朴之言"。其实并不尽然，因为有契丹的存在，使周世宗乃至此后的宋太祖之统一战争皆未能严格依据"先南后北"、"先易后难"之策略施行。

因此，周世宗在南方形势相对稳定的情况下，决定先北上收复幽州地区。为避免两线作战，周世宗在威服南唐、夺取江北地区以后，着意安抚南唐人，如当时泉州节度使留从效派遣别驾王禹锡向后周"奉贡"，但周世宗以泉州一向称臣于南唐，现在南唐主"方归奉国家，不欲夺其所属，但锡诏褒美而已"；同时又大肆声张"谋伐蜀"，以威慑西线诸敌，然后亲征"北鄙"。

958年（后周显德五年，辽应历八年）初，周世宗占领南唐长江以北州县、威服南唐以后，对契丹的态度开始有了变化。四月，因边境发生小冲突，辽穆宗让辽南京留守萧思温出兵攻击后周河北地区，欲乘后周南北不能兼顾之机，谋取利益。但萧思温为人颇为胆怯，不敢进兵深入，借口天气暑热，不利行军，仅攻破后周缘边数城，对后周沿边州县骚扰一下就退兵了。六月，从南边战事中腾出手来的后周出兵北上报复，大张声势地围攻边境上的冯母镇。萧思温大为紧张，赶忙上报辽廷请求增兵，并乞求天子御驾亲征燕京，指挥抗周作战。虽然人称"睡王"的辽穆宗"性好游畋"、酗酒怠政，已无入主中原之志，但对萧思温的张皇失措还是颇不以为然："敌来，则（卿）与统军司并兵拒之；敌去，则务农作，勿劳士马。"正好后周兵马进入束城（今属河北），萧思温连忙退军北渡滹沱河，屯兵河北岸。当辽军后撤时，进占束城的后周军因兵少将寡，数日守城不动。萧思温便对诸将宣称说："敌众而锐，（我与其）战不利则有后患。不如顿兵以老其师，（待其退兵时）蹑而击之，可以必胜。"诸将深知主帅的心思，所以纷纷赞同萧思温的意见。于是萧思温与统军司兵马会合，制造借口请求朝廷同意其班师。由于后周还未完成大规模北上作战的准备，所以主动从束城退师，怯战的萧思温也就势领兵北返燕京城。

此后，周世宗训练士卒，整治器械，建造战舰，修治道路、河道，为北伐燕云十六州做着精心准备。959年（后周显德六年）二月初，周世宗命枢密使王朴前往河阴（今河南荥阳东北）巡察黄河堤岸，又命大将韩通、宣徽南院使吴廷祚调发徐州、宋州（今河南商丘）等地百姓疏浚汴河河道，督造汴水入黄河口水闸；命马军都指挥使韩令坤疏浚汴京城东河道，导引汴河水进入蔡河，命步军都指挥使袁彦疏浚五丈河，东至山东梁山泊，打通淮南经大运河、汴河、蔡河至开封城，再经五丈河东去山东地区的漕运河道。但就在这时，发生了一件让周世宗伤心欲绝之事，即被天子视为左右膀的重臣王朴急病猝死。

三月十四日，王朴视察黄河河防工程之后回到开封城，路过前司空李毂的府第，遂入内拜访。在交谈之时，王朴突发急病瘫倒在座位上，侍从马上将他抬回家中，但治疗无效，当晚就去世了，时年四十五岁。史书称王朴"性刚决有断，凡所谋画，动惬周世宗之意"。因此，周世宗三次亲征淮南，皆命王朴留守京城，甚至在第三次亲征时，周世宗特命京城"庶务"，听王朴"便宜从事"。周世宗获悉噩耗，急忙赶到王朴家中吊唁，伏在灵柩上大哭，对王朴英年早逝痛惜不已。但被誉为"一代之英主"的周世宗在经过近一年的精兵备战以后，还是在王朴死后第四天发动了北进以收复燕云失地的战事。

是年三月十八日，周世宗下诏亲征契丹，称"北鄙未收复，将亲至沧州（今属河北）临战"，命宣徽南院使吴廷祚为权东京留守，三司使张美为权大内都部署，镇守京师；令义武军节度使孙行友派兵马加强定州（今属河北）西山路的戒备，以阻止北汉兵出太行山东下河北侧击后周军主力。二十一日，侍卫亲军都虞候韩通等将领奉命率领水陆军作为前锋先行出发；令各路兵马集结沧州，随从皇帝亲征。二十八日，周世宗一身戎装，自汴京出发北征。

没过几天，韩通遣使来奏报，称已修治从沧州进入契丹境内的水道，并在沧州以北的乾宁军（即辽之宁州，今河北青县）南构筑了栅壁，修补河道堤防，开挖排水用的游口三十六处，可直通属于燕云十六州中的瀛州（今河北河间）和莫州（今河北任丘北）。于是周世宗挥军急进，于四月十六日抵达沧州，顾不上休息，当日率步骑数万直趋契丹边境。为隐蔽其作战意图，周世宗未走常行之道，所以沿途士民皆未觉知。次日，周世宗抵达乾宁军，守城的辽宁州刺史王洪猝不及防，只得开门出降。二十日，周世宗调发水军，命令韩通为陆路都部署，赵匡胤为水路都部署，水陆并进。二十二日，周世宗乘坐龙舟随水路顺流而行。后周战舰如云，旌旗蔽空，首尾相连，绵亘数十里。两天后，周世宗抵达独流口（今天津西南独流镇），再溯流而西，于二十六日进抵益津关（今河北霸州）下。

　　益津关与瓦桥关（今河北雄县旧南关）、淤口关（今河北霸州东信安镇）合称"三关"，是契丹在幽州正南防线上的三座重要关隘。由于此时契丹国内动荡，无暇顾及南线防务，加上此前向来是契丹骑兵南向出击，而从未有中原军队主动北伐的举动，故面对进兵神速的后周军队，根本未做城守准备的契丹汉人守将，只得纷纷举城迎降。因此，周世宗一到益津关前，守关辽将终廷辉便开门归降。

　　二十七日，因自益津关往西的水道渐狭浅，大船无法行驶，周世宗便舍舟登陆，策马西行，迅速接近瓦桥关，露宿于野地。当夜，在后周君臣宿营地周围不时有契丹游骑出没，而陆行的后周兵马未能及时跟上，故周世宗的那些侍卫们就在惊惧中度过了一宿。二十八日，赵匡胤奉令率兵直抵瓦桥关下，勇将高怀德上前叫阵。辽瓦桥关守将姚内斌勇悍敢战，人称"姚大虫"，但迫于形势，也只得率麾下五百人不战而降，关内的契丹人打开北门逃去。周世宗进驻瓦桥关的次日，辽莫州刺史刘楚信和辽淤口关守将遣使来降。五月一日，侍卫亲军都指挥使李重进与随征诸将纷纷赶到瓦桥关会合，兵强马壮，军容甚壮。辽契丹瀛州刺史高彦晖见向北退路已被切断，孤城难守，不敢抵抗，也举城投降。这样，三关以南失地，全被后周收复。

　　周世宗自下诏亲征至此仅四十二天，而出京师至此只有短短的三十二天，因契丹边关城池守将望风归顺，一举收复三关（益津关、瓦桥关、淤口关）三州（宁州、莫州、瀛州），共得十七县、一万八千余户。当地百姓本不愿契丹统治，纷纷捧着酒食迎接后周军。

　　夺得三关之地的第二天，即五月二日，周世宗在瓦桥关行宫中宴请随征诸将，商议乘胜北取幽州事项。但诸将却颇满足于既得之胜果，而对集聚于燕山一带的契丹军主力颇为忌惮，担心一旦有失，则前功尽弃，故不愿继续北进，皆声称："陛下离京四十二日，兵不血刃，取燕南之地，此不世之功也。今虏骑皆聚幽州之北，未宜深入。"但周世宗对此论调颇不为然，认为："乘胜长驱，正如破竹之势，怎可中辍？"当天，周世宗即令先锋都指挥使刘重进等将领先发，在瓦桥关北击败契丹数百游骑，攻占了距离幽州仅一百二十里的固安（今属河北）。三日，周世宗亲至固安城北的安阳水（即今永定河）视察，命令架设桥梁，以备大军通行。是日，周世宗自固安还宿于瓦桥关，史称"是夜，帝（周世宗）不豫"。

据陶岳《五代史补》卷五"世宗上病龙台"条记载，在北宋时期曾广为流传有这样一则传说：

> 世宗末年，大举以取幽州，契丹闻其亲征，君臣恐惧，沿边城垒皆望风而下。凡蕃部（此指契丹族人）之在幽州者，亦连宵遁去。车驾至瓦桥关，探逻是实，甚喜，以为大勋必集，登高阜，因以观六师。顷之，有父老百余辈持牛酒以献，世宗问曰："此地何名？"对曰："历世相传，谓之病龙台。"（世宗）默然，遽上马驰去。是夜，圣体不豫。翌日病亟，有诏回戈，未到关而晏驾。先是，世宗之在民间也，尝梦神人以大伞见遗，色如郁金，加道经一卷，其后遂有天下。及瓦桥不豫之际，复梦向之神人来索伞与经，梦中还之而惊起，谓近侍曰："吾梦不祥，岂非天命将去耶？"遂召大臣，戒以后事。初，幽州闻车驾将至，父老或有窃议曰："此不足忧，且天子姓柴，幽州为燕地，燕者亦烟火之谓也。此柴入火，不利之兆，安得成功？"卒如其言。

所谓契丹人闻周世宗亲征幽州，其"君臣恐惧，沿边城垒皆望风而下，凡蕃部之在幽州者，亦连宵遁去"的说法，在辽方文献完全没有记录，而且也与此后形势发展不合，所以大抵出自中原汉人的想象传闻而已。但当时燕京城内外居民确实为躲避战火，纷纷逃入西山等山区。辽南京留守萧思温也惊惶失措，屡屡上奏要求辽穆宗亲征抵御，然后对将士许诺："车驾旦夕至。"但麾下将士请战迎击后周军，却遭到萧思温断然拒绝。当时，辽廷对三关之地的得失并不太重视，据说沉溺于酗饮的"睡王"辽穆宗获知三关失陷的消息，竟轻松地表态："此本汉地，今以还汉，又何惜耶？"然而对于南部重镇幽州，其态度就大为不同了，闻听燕京城将要受到攻击，辽穆宗在左右大臣的竭力劝说下，一面遣使臣去督促北汉出兵援助自己，一面将行营从上京（今内蒙古巴林左旗附近）南移至靠近幽州的草原上，欲就近指挥契丹兵马反击后周军的进攻。

周世宗虽说突然感觉身体不适，但并未退兵，在卧床休息的同时，积极调整各路军马的部署，欲待病情好转后，再挥兵北取幽州。四日，后周义武节度使孙行友攻拔易州（今河北易县），擒获契丹刺史李在钦，献于行宫，周世宗令押赴市中斩首。五日，周世宗下诏以瓦桥关为雄州，益津关为霸州，征发数千民夫修筑霸州城池。六日，命大将李重进统兵出土门（今河北获鹿西南）击北汉，以阻止北汉出兵增援契丹。但至七日，周世宗病情加重，卧床不起，遂在随驾文武大臣的苦苦劝说下，终于同意退还京城养病。还师之前，周世宗任命韩令坤为霸州都部署，陈思让为雄州都部署，各率所部将士镇守，以作为日后再次北进的基地。是月八日，周世宗离开雄州南返。

传说中的"病龙台"、"柴入火"，是因为古代向以"龙"来比拟天子，民间称皇帝为真龙天子，而周世宗竟然登上名"病龙"的高台，自然大为不祥；而周世宗姓柴，燕京之"燕"字音同"烟"，是

"燕者亦烟火之谓也"，而"柴入火中，实为不利之征兆"，故周世宗北伐燕京不能成功，且其尚有性命之危。虽然此类"病龙台"、"柴入火"传言颇为荒诞，但透过这些似乎颇为神神秘秘的传言表象，就会发现周世宗病倒于北伐途中实有其必然性：周世宗自即位以来至此不过四年多一点时间，却已五次统兵亲征，鞍马劳顿，甚为疲惫；每次亲征得胜回京以后，又日夜操劳国事，难得休息。而周世宗做事风格又是事必躬亲，连一些琐小之事也每每亲自过问，难免极大地损害了他的心力和健康。在此次北征之前，就有大臣鉴于天子健康状况不佳，劝说"待圣体稍安"之后再行北伐也不为晚，但未被周世宗所接受。果然值此北伐关键时刻，系"社稷安危、万民祸福"于一身的周世宗的身体坚持不住了。不过，《五代史补》云周世宗"未到关而晏驾"，却也属误传。

对于周世宗患病而亡，宋代笔记中还有另一种说法：因五代时期战乱不绝，故当时出家为僧以避祸灾者甚多，甚至有盗匪、罪犯和逃避徭役、兵役者以出家作为对抗手段，而且寺庙数量过多，使蠲免租税的田地大增，从而出现了寺院与国家争夺土地、人力资源的现象，严重影响了国家财政收入。周世宗有鉴于此，下令限制佛教，废除各地寺院三万多所，剩下两千六百余所；禁止百姓私自剃度出家，允许众多僧尼还俗，使境内僧尼仅剩六万多人，而还俗的估计多达六十万人。周世宗同时熔毁大量铜佛像来浇铸钱币，以整顿币制，促进商业发展。周世宗此举，即佛教史上著名的"三武一宗"禁佛事件中的"一宗"。当时有人即以佛教因果祸福之说来劝阻，周世宗答曰："卿辈勿以毁佛（像）为疑。夫佛以善道化人，苟志于善，斯奉佛矣。彼铜像岂所谓佛邪！且吾闻佛在利人，虽头目犹舍以布施，若朕身可以济民，亦非所惜也。"反对者无言以对。但周世宗因此举，受到了佛教徒的诅咒。据杨亿《杨文公谈苑》说，镇州

（今河北正定）寺院中有一座大铜佛像，"甚有灵验"，当"击毁之际，以斧镬自胸镜破之"，并称赵匡胤"闻其事"。然王巩《随手杂录》改称周世宗"北伐，命以炮击之，中佛乳，竟不能毁"；结果周世宗"病疽发胸间，咸谓其报应"。而成于僧侣之手的《佛祖统纪》又云镇州大铜佛像甚有灵应，人莫敢近，于是周世宗亲自前往，持斧破佛面胸，"观者为之栗栗"，其间因果报应的意味更浓。其实从周世宗继位以后行踪乃至此次北征往还路径可知，周世宗并未经过镇州，故所谓"击毁之际，以斧镬自胸镜破之"之类说法，只不过是一则为诅咒周世宗"毁佛"而编造出来的传言而已。

五月中旬，辽穆宗赶到燕京附近，得知周世宗已因病退兵南还，遂罢。辽穆帝无心再南下夺回被后周占领的三关地区，于是辽与后周的边界遂北移至今河北霸州、雄县以北的白沟河（大体相当于今海河、永定河、北拒马河）一线。

周世宗北征幽蓟而功败垂成，世人大都甚为惋惜，认为当时契丹国内主昏于上，而民心不附，乃是收复燕云失地的最佳时机，待日后宋朝建立后，倾全力经营南方，然后再调头向北时，辽穆宗已死，契丹国内统治渐趋稳定，国力渐强，从而失去了千载难逢之良机，夺回燕云地区遂终成空谈。不过，也有人指出，周世宗虽然几乎兵不血刃地拿下了三关之地，但并不意味后周军就能轻松地取得幽州。因为其一，辽廷对三关之地并不太重视，但对幽州这一契丹南边重镇，却不可能再轻易放弃。其二，与这一态度相应，守卫三关之地的将领大都为汉人，而精锐的契丹族骑兵却屯驻于燕山之北，并未受到后周军队的打击。虽然后周军队在与后蜀、南唐及三关辽朝守军的作战中屡获大胜，而契丹兵马因国内政局动荡而有所削弱，但究其实力而言，后周实无必胜把握。这其实就是将领们皆劝说周世宗不要"贸然进军"、"不宜深入"幽州之境的真实原因。此后宋太祖赵匡胤在用兵北边时，先战北汉，再攻契丹，其原因也当在于此。不过从日后形势发展来看，中原政权从辽朝手中夺回燕云十六州的时机，此时确实要较北宋初期更为有利些。

　　周世宗离开雄州南返，但并没有直接回到开封城。周世宗此次北征途中，曾发生过一件对当时政局影响甚大的蹊跷之事。《宋史·太祖纪一》对此记载道："世宗在道，阅四方文书，得韦囊（皮囊），中有木三尺余，题云'点检作天子'，异之。"但《旧五代史·周世宗本纪》所记与此稍异：世宗北征，"凡供军之物，皆令自京城递送行在。一日，忽于地中得一木，长二三尺"，其上题云"点检做"三字，而"观者莫知何物也"。对这一"观者莫知何物"之"三尺木"及其上题字，周世宗显然明了其中隐含之意。果然周世宗在还京后，即罢免张永德殿前都点检之职，而代之以赵匡胤执掌殿前司兵权。因为这一结果，对日后篡位成功的赵匡胤十分有益，故宋人将此来历不明的"三尺木"归为"天意"。但后人并不如此认为，当今学者对此也多有研究，得出了两种截然不同的结论：一说推测这是张永德之政敌李重进一派为陷害张永德而干的，如当代著名宋史学家邓广铭先生《赵匡胤的得国及其与张永德李重进的关系》等文章即持此观点；另一说认为这是由赵匡胤集团一手策划、炮制的代周篡权的重大政治阴谋，如张其凡《赵普评传·陈桥兵变的指挥者》和台湾地区学者蒋复璁《宋代一个国策的检讨》等即持此说。因为后一说法影响广泛，故这里先对此作一分析。

　　张永德作为赵匡胤的老上司，两人关系密切。高平之战后，赵匡胤因殿前都指挥使张永德盛言其战功而被升任殿前都虞候；次年，赵匡胤又以战功升擢殿前都指挥使，而张永德迁升殿前都点检一职。由于出现了奇怪的"三尺木"，赵匡胤得以替代张永德之官职，所以有人认为这一事件实出自赵匡胤一伙的阴谋，理由如下：其一，当时属于张永德一派的赵匡胤的个人势力已不容小觑，但要完全摆脱张永德的控制，就必须使张永德失去殿前都点检一职，以便自己能取而代之。其二，强干而又强势的枢密使王朴于是年春猝死，此时周世宗又患重病，野心逐渐膨胀的赵匡胤发觉有机可乘，萌发了夺权之想。其三，以含糊的谶语来中伤、排挤张永德，既易使天子产生疑心，被中伤的张永德亦无从自辩，而且在取而代之的同时，又由此制造了"天意"，为自己篡夺大政做舆论准备，可谓一箭数雕。其四，周世宗北征期间，赵匡胤一直率军拱卫左右，大有做手脚的机会。因此，蒋复璁明确指出："三尺木之来，实属可怪，代者为太祖（赵匡胤），不是有很大的嫌疑吗？"

此说貌似有理，但仔细推敲，却颇有破绽，简要而言：一，赵匡胤势力虽已不小，但当时后周军中职位、资历、威望高于赵匡胤的高级将领不止张永德一人，所以即使张永德罢官，殿前都点检一职也不一定即由赵匡胤递补。二，据《旧五代史》、《宋史》等记载，写有"点检作天子"的木牌出现于"世宗不豫"以前，当时年未满四十的周世宗正准备挥师直捣幽州，进而一统天下，意气风发，而作为天子心腹爱将的赵匡胤竟敢于此时野心膨胀，萌发篡国夺位之想，实在太不可思议了。三，周世宗亲征时，赵匡胤虽说一直拱卫左右，但他作为武将，要在四方进奏文书之中做这种手脚，恐怕也不大容易。况且据史书记载，周世宗非常精敏，事必躬亲，"其御军，号令严明，人莫敢犯"，又"勤于为治，百司簿籍，过目无所忘，发奸摘伏，聪察如神"。因此，赵匡胤要做如此手脚而不被察觉的可能性颇小。因此，《旧五代史》中说此"三尺木"，"观者莫知何物也"，如果不是宋初史臣修撰《旧五代史》时为证明"天意"而故作神秘，那就是周世宗有意所为，以尽量淡化由这一"三尺木"带来的政局动荡。从此后周世宗的人事安排上看，周世宗当已猜出此木板出自张永德的对头，即李重进一派所为。

张永德、李重进是后周军中两大势力的代表人物，二人官职、背景等都不相上下。张永德字抱一，阳曲（今属山西）人，乃周太祖郭威的女婿。而李重进是周太祖的外甥，也甚得其信任，且年长于周世宗，故周太祖驾崩之前，特召李重进"入受顾命，令拜世宗，以定君臣之分"。

五代军制，以侍卫亲军司掌管全国禁军。侍卫亲军司长官称侍卫亲军马步军都指挥使（简称侍卫亲军都指挥使）、副都指挥使、都虞候，下设马军都指挥使、步军都指挥使，分统马、步兵。马步军皆下分左右两厢，厢下辖若干军，兵员达七八万之多。由于周太祖是在侍卫亲军司的支持下夺得后汉政权，故为防止他人故伎重演，便创设殿前司，以分散侍卫亲军司的权力。殿前司下辖左右两厢骑兵、左右两厢步兵，每厢各两军，共两万人。至周世宗继位以后，以至亲李重进、张永德分掌侍卫司、殿前司兵权，来辅佐自己，但也隐然含有使两人互为牵制之义。高平之战后，周世宗整顿禁军，命赵匡胤选拔武艺超绝及有身手者，分署为殿前诸班，归殿前司指挥，使殿前司的兵力扩充至近三万人。而侍卫亲军司被精简裁并，兵员有所下降，约为六万人上下。虽然殿前司精兵强将战斗力颇强，但人数远少于侍卫亲军司，而且两司官员级别亦有高低，即殿前都指挥使的地位要低于侍卫亲军马步军都虞候，同于马军都指挥使、步军都指挥使。虽然两司兵力的差距有所减少，但张永德任殿前都指挥使，李重进却升任侍卫亲军都指挥使，使得张永德心中颇为失落，故一有机会就说李重进坏话，拆李重进的台，其矛盾日趋激化。

956年（后周显德三年）十月，淮南战事正紧，李重进率军围攻寿州，张永德屯军下蔡。一日，张永德宴请将史，又乘醉说李重进有奸谋（即谋反之意），将吏们闻言无不惊骇。十一月，张永德甚至派使者携"密表"进京上奏李重进有"歹心"。周世宗对手握重兵的两大将"不相悦"之情洞若观火，但却不予处置，也不加调解，反而置之不理，其用意显然不需再多作解释。南唐主闻知此事，即刻令人给李重进送来"蜡丸"密信，"诱以厚利，其书皆谤毁及反间之语"。李重进随即将南唐的反间信上交给周世宗。大敌当前，为防止李、张两大将矛盾激化，周世宗特意在殿前都指挥使之上设置了殿前都点检一职，以张永德为之，使其权位、声望皆足以与李重进分庭抗礼；同时又增补韩通为侍卫亲军都虞候，以安抚李重进。周世宗还借"他事"诛杀了敢在张永德、李重进两人间游说的濠州刺史齐藏珍，史称周世宗"盖不欲暴其恶迹也"，显然是为避免激怒李重进。当时还是李重进比较识大体、顾大局，主动单骑直入张永德营中开解，"宴饮终日而去，自此人情稍安"，从而化解了当前危机，但两人"嫌隙不相下"的结并未能由此消解。

张永德任殿前都点检后，为与李重进抗衡而努力扩充势力，并主动结恩于下僚，而那些部下眼见张永德位尊权重，也纷纷归附。如苏辙《龙川别志》等宋人笔记称张永德好结交道士，据说有一道士曾对张永德说："若见二属猪人，善事之，则富贵可保也。"张永德多方打听后得知赵匡胤属猪，便倾心相交，凡物品皆预备两副，一自用，一送给赵匡胤。958年（后周显德五年）赵匡胤续娶将军王饶之女，张永德又主动馈赠几千缗金帛以为贺礼。不久，赵匡胤之弟赵匡义要娶大将符彦卿之女（即周世宗符皇后之妹），与其兄商量："符氏大家（指世族大家），而吾家方贫，无以为聘（聘礼），奈何？"赵匡胤说道："张太尉（五代、宋时一般称呼高级将领为太尉）与吾善，弟往以情告之。"当张永德获知前来讨要人情的赵匡义也属猪，十分惊喜，赶忙"倾家助之"。赵匡胤生于后唐天成二年（927

年）丁亥，赵匡义生于后晋天福四年（939年）己亥，二人皆属猪，相差十二岁。张永德此时可谓春风得意之时，位尊权重，却反而以驸马都尉兼殿前司统帅的身份，去主动巴结属下军官，实大不可思议。其事或应是赵匡胤主动结交上司，而张永德馈赠贺礼实是一种示恩下属的行为。故宋人笔记中云云，可能是赵匡胤称帝以后，张永德为攀附天子而附会出来的神话。但这一神话却被宋人编入了"国史"。据《宋史·张永德传》载："初，睢阳书生尝言太祖受命之兆，以故永德潜意拱向。太祖将聘孝明皇后（即王氏）也，永德出缗钱金帛数千以助之，故尽太祖朝而恩渥不替。"

　　有学者由此认为张永德与赵匡胤一样，对于后周帝室有二心，这一说法并不可信。张永德与李重进之间，仅为争权之斗，而张永德作为后周重臣、驸马，应无帮助外姓属下篡夺后周天下的动机。不过，张永德如此热衷于扩充自己势力，肯定不会为强势天子所乐见，于是这"点检作天子"的谶语便应时而生了。周世宗对其中微妙之处自是心知肚明，对此并未过多理会，就如同此前对待张永德密告李重进有"奸谋"事一样。但随着周世宗罹患重病，情况便陡然发生了变化。自唐末以来，由于藩镇们割据一方，依靠军队与中央对立，故必然隆崇手下将士，从而使这些将士们，特别是藩镇身边牙兵渐渐养成骄横跋扈之气，一旦拂违其意，便往往激发兵变以废立其主将。在强悍的藩镇主帅生前，这些骄兵悍将一般还能相安无事，一旦去世，其后继者便很难加以控制。至五代时期，这种废立主将的风气自下而上发展到手握重兵的武将劫夺帝位，并形成一种惯例，即所谓"天子，兵强马壮者为之，宁有种耶"，由此造成了五代政权频繁更易。周太祖当年就是如此登上皇帝宝座的。张永德身任后周职权最重的武官之一，又是周太祖的女婿，官尊权重，声望显赫，此前后晋太祖石敬瑭即作为后唐明宗女婿篡夺了后唐政权，周世宗自己也是以周太祖郭威内侄兼养子的身份继位的，因此张永德颇有条件劫取帝位。当然，对这种可能，正当壮年的天子自信满满，并不怎么放在心上。但一旦至身患重病、前途难测之际，加上"点检作天子"的谶语，周世宗就不得不加深一层考虑。

据《却扫编》卷上记载，当时周世宗自前线南返，至发迹地澶州（今河南濮阳）便留恋不行，驻足养病，宰辅近臣来问疾探望都一概不见，一时军中颇为汹汹不安。此时只有身为周世宗近戚的张永德，能进入天子的寝室中问安。于是群臣对张永德说："天下未定，根本空虚，四方诸侯惟幸京师之有变。今澶、汴相去甚迩，不速归以安人情，顾惮旦夕之劳，而迟回（逗留）于此，如有不可讳（意指皇上驾崩），奈宗庙何！"张永德认为有理，遂相机将群臣的意思告诉了周世宗。周世宗问道："谁使汝为此言？"张永德如实回答："群臣之意，皆愿如此。"于是周世宗朝着张永德脸上审视了良久，叹息道："吾固知汝必为人所教，独不喻吾意哉？然观汝之穷薄，恶足当此！"

周世宗对张永德所言之意甚为隐晦，但结合各方面情况分析，其中有一点可以看出，即周世宗本来对手握重兵的张永德在自己身后是否会篡位颇有忧心，至此见他处事了无心机，毫无主见，知其难成大业，"点检作天子"谶语不会应在他身上。但既然已有了"点检作天子"的谶语，张永德显然也不宜再任此职了。这毕竟是关乎家国命运的大事，故周世宗并不鲁莽行动，在与张永德谈话的当日就命令起驾归京城。

五月三十日，周世宗回到汴京城。自离京北征至此时返回，总计才六十天，但周世宗的健康情况已大不如从前，病情日趋沉重。六月二日，周世宗因爱女夭折而悲恸不已，大大恶化了病情。宋人野史尝记载，传说周世宗未登基时，曾经梦见一位神人赠送他一把色如郁金的大伞和一卷道经，其后周世宗遂即位为帝。等到他在瓦桥关患病之际，又一次梦见那神人，索还了那把大伞与那卷道经，周世宗猛然惊醒，对近侍说道："吾梦不祥，岂非天命将去耶！"遂召来大臣托付后事。是否真有此梦并不重要，但罹患重病的周世宗确实开始考虑起后事来了。《资治通鉴》曾记载周世宗重病归京后，与南唐使臣钟谟的一番对话，可成为此时周世宗心理活动的一个很好注解：

周世宗问钟谟曰："江南亦治兵、修守备乎？"钟谟答道："既臣事大国，不敢复尔。"周世宗便说："不然。向时则为仇敌，今日则为一家，吾与汝国大义已定，保无他虞。然人生难期，至于后世，则事不可知。归语汝主：可及吾时完城郭，缮甲兵，据守要害，为子孙计。"

同样，周世宗自己也开始"为子孙计"了，对身后之事作了精心而缜密的安排：

首先，册立皇后。周世宗即位之初，册立大将符彦卿之长女为皇后。符皇后死于956年（后周显德三年），周世宗未再立皇后。至此，周世宗复册立符皇后之妹为皇后，以利于取得宿将符彦卿家族的全力支持。如赵匡胤弟赵匡义之妻也为符彦卿的女儿，可见周世宗实有通过姻党符彦卿家族的影响以争取更多文武大臣支持的用意。

其二，确立幼子的皇嗣地位。周世宗育有七子，前三子在后汉末年内乱时被后汉隐帝所杀。此时，第四子柴宗训年仅七岁。宰相曾屡次请封诸皇子为王，时当壮年的周世宗回答："功臣之子皆未加恩，而独先朕之子，能自安乎？"然至此下诏封柴宗训为梁王、领左卫上将军，第五子柴宗让为燕公、领左骁卫上将军，确立柴宗训为皇位继承人。

其三，在文臣方面，周世宗托孤于宰相范质、王溥、魏仁浦。

周世宗要任用枢密使魏仁浦为宰相，但有人认为魏仁浦未参加科举考试，不是进士出身，不宜拜相。周世宗力排众议，道："自古用文武才略者为辅佐，岂尽由科第邪？"并为加强文臣权职，周世宗命范质、王溥参知枢密院事，魏仁浦为宰相兼枢密使，使三人皆位兼文武，执掌中枢军政大权，辅佐幼主。周世宗还打算让自己十分信任的翰林学士王著拜宰相，却因为范质、赵匡胤等人悄悄地施用拖延之计而未果。

其四，在武臣方面，周世宗任命吴廷祚为枢密使，并选择韩通、赵匡胤为托孤之臣：殿前司，免去张永德殿前都点检之职，出任澶州节度使，升任赵匡胤为殿前都点检；侍卫司，李重进仍任侍卫亲军都指挥使，但统领所部兵马赴河东备御北汉，而提升韩通充侍卫亲军副都指挥使。周世宗解除张永德的军权，让李重进出京领兵，由赵匡胤、韩通统领殿前、侍卫二司禁军，除有使赵、韩二人互为牵制的因素以外，还与他俩资望较浅，对后周帝位的威胁相对于张永德、李重进来说要小等原因相关。不过，"点检作天子"这一谶语总让周世宗心有不安。当时右拾遗杨徽之也上书天子，称赵匡胤"有人望，不宜典禁兵"。周世宗虽未因此罢免赵匡胤，但还是下令军政主要由韩通裁决，以为防备。

宰相范、王、魏三人"廉慎守法"，以宽厚长者著称；而韩通素称谨厚忠实，无野心，虽脾气不好，人缘较差，然而有勇力，能得军心。故周世宗如此煞费苦心的安排，应该说是十分周详的：文倚靠三相，武依仗韩通，并加上赵匡胤等人对韩通有所牵制，以平衡各方势力，由此维系其儿子的帝位。但从结局上看，周世宗还是漏算了致命的一点，即由自己一手自低级军校提升为禁军统帅、出任殿前都点检的心腹爱将赵匡胤的野心，而忠厚有余、机变不足的文之三相、武之韩通，难以应对突发事变，从而使得周世宗尸骨未寒，

赵匡胤像（宋佚名绘，台北故宫博物院藏），颈部小签
上题"宋太祖点检像"

已江山易色。

六月十九日晚，一代英主周世宗病逝于宫中万岁殿，年仅三十
九岁。次日，年仅七岁的梁王柴宗训即皇帝位，是为周恭帝。八月，
周世宗被尊谥为"睿武孝文皇帝"，庙号世宗。十一月初，被葬于
庆陵。

周世宗大志未酬，英年早逝，让世人扼腕不已，但其所开辟的
统一大业已不可逆转；同时高平大捷与轻取三关，极大地改变了五
代中期以来辽朝对中原政权具有主导地位之局面，在一定程度上，
可说是后周已在对契丹关系中占有战略主动。此也成了北宋建立之
初宋、辽和战关系的一个基调，直至宋太宗对辽作战失败为止。

简　释：

【赵匡胤宿卫及攻占瓦桥关事】《旧五代史·周世宗纪六》云周世宗抵近瓦桥关，"宿于野次。时帝先期而至，大军未集，随驾之士不及一旅，赖今上（赵匡胤）率材官骑士以卫乘舆。癸卯，今上先至瓦桥关，伪守将姚内斌以城降"。然《资治通鉴》卷二九四云周世宗取三关，"宿于野次，侍卫之士不及一旅，从官皆恐惧，胡骑连群出其左右，不敢逼"，未载赵匡胤曾率骑士宿卫。至于降姚内斌，《宋史·高怀德传》称高怀德"克瓦桥关，降姚内斌以归"，乃先锋将高怀德的战功。又宋人王称《东都事略》卷一云赵匡胤"至瓦桥关，降其守将姚内斌。契丹将高模翰率数万骑来援，陈于关城之北，太祖将百余骑御之，虏不敢动，遂引去。关南平"。《太平治迹统类·圣宋仙源积庆符瑞》云："又败北骑数万，遂平关南。"按，此战事《资治通鉴》、《旧五代史》皆未记载。《旧五代史·周世宗纪六》明确指出周收三关，"是役也，王师数万，不亡一矢，边界城邑皆望风而下"。且从当时辽军部署情况来看，也不可能发生数万辽军骑兵南至瓦桥关一线却又不放一箭而北退之事。显然《东都事略》所云赵匡胤逼退"契丹将高模翰率数万骑来援"之战功事属夸饰。而《宋史·太祖纪一》改作赵匡胤"先至瓦桥关，降其守将姚内斌，战却数千骑，关南平"，也不尽属实。

第二章

画策收南北（959—976）

欲出未出光辣达，千山万山如火发。

须臾走向天上来，赶却流星赶却月。

——宋·赵匡胤《咏日》

一 陈桥兵变（*959-960*）

959年（后周显德六年）六月中，周世宗幼子柴宗训（周恭帝）即位，由宰相范质、王溥及大将韩通、赵匡胤等文武大臣辅佐。七月，在宰相范质等主持下，后周朝廷对殿前、侍卫二司统帅作了部分调整：

以侍卫步军都指挥使、曹州节度使袁彦为陕州节度使，免去其禁军之职；以侍卫马军都指挥使、陈州节度使韩令坤为侍卫亲军马步军都虞候；以龙捷左厢都指挥使、岳州防御使高怀德为夔州节度使，充侍卫马军都指挥使；以虎捷左厢都指挥使、常州防御使张令铎为遂州节度使，充侍卫步军都指挥使。其他将校也都各自加官有差。

至此，侍卫、殿前二司将帅为：侍卫亲军马步司都指挥使为李重进，副都指挥使为韩通，都虞候为韩令坤，马军都指挥使为高怀德，步军都指挥使为张令铎；殿前司都点检为赵匡胤，副都点检为慕容延钊，都指挥使为石守信，都虞候为王审琦。然李重进以侍卫马步司都指挥使、淮南节度使统军驻守扬州，以监视、防备南唐军队，所以侍卫司实由副都指挥使、同平章事韩通掌控，而且根据周世宗的生前安排，京城守备也归韩通负责。

由于这份名单中，在京诸将帅除韩通之外，石守信、王审琦皆为赵匡胤的义社兄弟，慕容延钊、韩令坤与赵匡胤的关系十分密切，高怀德与赵匡胤也交往颇深，而张令铎是出名的仁厚之人，所以这样的人事布局对赵匡胤发展个人势力来说甚为有利。此时，因后周王朝出现了"主少国疑"的局面，政局不稳，一时间人心猜疑，谣言四起。加上执掌朝廷军权的韩通乃一介武夫，胸无点墨，且又性格狠暴，人称"韩瞪眼"。由此人心渐归向赵匡胤。自唐代覆亡以来，五代各政权的更替如同走马灯般地进行着，"城头变幻大王旗"，使历来被视为至高无上、神圣不容侵犯的皇位，一变而成了有兵权、有实力的武人可随意抢夺之物。由于五代乱世，礼义沦丧，利益是君臣关系得以维系的纽带，利合则为君臣，利分即成仇敌。因此，贪图于权力递嬗中可以攫取大量财物的禁军将士，很是喜欢拥立新天子。既然现今英主已逝，幼帝在位，于是颇有些不甘寂寞的禁军将士又萌生了效法其前辈贩卖天子宝座的念头，加上别有居心者从中积极活动，使得局面逐渐失控。五代时期的武将，一旦掌握中央军权，往往会萌生篡位野心。统率着禁军殿前司数万精锐的殿前都点检赵匡胤，文有赵普等一班幕府谋士相辅，武有义社十兄弟等一班战将拥护，野心也逐渐生起，其谋士、军中弟兄纷纷活动。

义社十兄弟，据宋人李攸《宋朝事实》卷九载，除赵匡胤外，其他九兄弟为：保静军节度使杨光义，天平军节度使、同平章事兼侍中石守信，昭义军节度使兼侍中李继勋，忠武军节度使、同平章事、中书令、秦王王审琦，忠远军节度观察留后刘庆义，左骁卫上将军刘守忠，右骁卫上将军刘廷让（原名光义，后因避宋太宗赵光义之讳而改名），彰德军节度使韩重赟，解州刺史王政忠。当然，上述九人官职皆为入宋后所封赐，在结义社时，他们的官爵并不高。这义社兄弟当结拜于周太祖镇守河北时，起初以李继勋的官爵最高。显德三年，后周军围攻寿州，寿州南唐守军乘隙偷袭城南营寨，李继勋部作战失利，被贬官，此后即以赵匡胤的官阶最高。义社十兄弟多为殿前司将领，或与殿前司渊源很深，由殿前司出任侍卫司将官的。在周恭帝时，李继勋为安国军节度使、知邢州，石守信为义成军节度使、殿前都指挥使，王审琦为睦州防御使、殿前都虞候；韩重赟为虔州刺史、控鹤军都指挥使，刘廷让为涪州团练使、铁骑右厢都指挥使，乃赵匡胤帐下大将；杨光义、刘庆义、刘守忠和王政忠四人官爵不详。

有学者认为赵匡胤是"蹈袭郭威故智"，通过义社十兄弟来培植自己势力，以为篡位准备。其说实不然，赵匡胤等十人结为义社兄弟，只是唐末五代行伍中通行的做法，即欲因此在军中得以相互照应、援助，并无特殊之处。如郭威早年也曾与李万全、田景咸、王晖等中下级军官结为异姓兄弟，号称"十军主"。如上所说，结义社当在郭威称帝之前，而且在结义的当时，十兄弟中有多人的官级要高于赵匡胤。因为宋人在记载此事时有意无意地突出其"艺祖"之勋绩，遂使后人留下了此十兄弟乃以赵匡胤为核心，惟赵匡胤马首是瞻的深刻印象。

从史书记载上看，赵匡胤当时其实完全笼罩在周世宗的羽翼之下，从而得以快速擢升，投军未及十年，已拜殿前司统帅。而除周世宗外，赵匡胤对枢密使王朴也甚为忌惮。

史书上称王朴"性刚而锐敏，智略过人"，但因性格过于刚强，不大尊重他人意见，每于稠人广座之中高谈阔论，无人"敢触其锋者"。据《五代史阙文》记载，有一天，有一个殿直（低级军官）乘马误冲入执掌禁兵的赵匡胤导从（王公高官出行时在前面引路喝道的仪仗队），颇感不快的赵匡胤就至管理军将的枢密院投诉，要求严厉处罚那殿直。当时同任枢密使的魏仁浦一听，赶紧让手下去"勘诘"，但王朴却从容对赵匡胤说道："太尉（时赵匡胤官检校太尉）名位虽高，未加使相（当时武将以节度使兼同中书门下平章事为最高荣誉称号。同中书门下平章事，简称同平章事，为宰相的正式官称）。殿直，廷臣也，与太尉比肩事主。太尉况带军职，不宜如此。"

赵匡胤一听，唯唯应声而出。此后赵匡胤称帝，有一次经过供奉着后周大臣的功臣阁，正好一阵风来吹开了阁门，便见那王朴画像正面对着门，赵匡胤望见，赶忙停步肃立，整饬衣襟，向王朴像行鞠躬之礼后才离开。左右侍从不解地问："陛下贵为天子，彼前朝之臣，礼何过也？"赵匡胤用手指着自己身上的御袍，正色道："此人若在，朕不得此袍著。"赵匡胤对王朴的敬畏，于此可见一斑。不过，现今王朴已逝，赵匡胤便开始有所行动了，于是自军中逐渐传出密谋推戴赵匡胤为天子的谣言。

赵匡胤等人的异图，被不少官员所察觉，有人明哲保身而观望不语，有官员则挺身而出，如殿中侍御史郑起即上书宰相范质，指出赵匡胤等人言行诡谲，且赵匡胤颇有人望，应引起朝廷警觉，处于今日"主少国疑"之际，赵匡胤不宜再典掌殿前司虎狼之师。但这一意见却并未得范质等重视，所以也就没有采取任何预防措施。此时，侍卫马步军副都指挥使韩通之子也劝父亲要提防赵匡胤。韩通之子因是驼背，故人称"橐驼儿"。别看韩橐驼长得丑陋，却足智多谋。不过韩通也同样未听从，而且毫不在意。对于赵匡胤的夺权传言，刚愎自用而又志大才疏的赳赳武夫韩通略不以为意尚可理解，但是肩负周世宗重托的范质、王溥和魏仁浦三位宰相，也未加防范，甚至都没有引起足够重视，就十分奇怪了。因史料有缺，今日已难以知晓其确实原因了。有学者认为这是因为此前周世宗遗命拜翰林学士王著为宰相，但宰相范质称王著"终日游醉乡"，不可为宰相，并要求同受遗命的赵匡胤"勿泄此言"，从而受制于赵匡胤。此说法与史籍中记载的范质为人显然不符。史书上明言范与王、魏两位宰相皆以"廉慎守法"著称，所以不至于对此全无知觉，不过从事后结果来推测，这大概还是因为这三位宰相的才干是守成有余而应变不足，从而造成这一让人颇感疑惑的局面。

　　此前，周世宗得悉有"点检作天子"谶言，便断然作出罢免张永德殿前都点检的决定，以免人心动摇。然而当"点检作天子"的谣传再次出现，而且赵匡胤诸人行为异常之时，"廉慎守法"的宰相们却不敢效法周世宗行事：一则当初周世宗以疑似之罪名罢去张永德军权，引起了军中将士不小猜疑，故出身文人的三位宰相实在不敢仅凭这些疑似理由，来采取断然措施以阻遏还处于萌芽状态的事变发展，从而冒激怒强将悍卒的风险；二则"点检作天子"谶言的初次出现，实是禁军将领为打击政敌而制造并设法加以广为流传的，所以当这一谶言第二次自军中传出时，人们同样有理由视作是军中大将之间为争夺权力而诬陷、攻讦政敌的产物，因此这一谶言虽然扰乱了人心，但辅佐幼主的大臣们却并不太以为然。因为五代时期凭枪杆子夺得天下的武夫，如后唐明宗李嗣源、后晋高祖石敬瑭、后周太祖郭威等，都有着"一人之下、万人之上"的地位和声望，而这是赵匡胤所远远未能及者。当时赵匡胤虽说贵为殿前都点检，但地位、声望在其之上的将帅有张永德、李重进、韩通等人，就连慕容延钊、韩令坤在军中的资历也较赵匡胤要深。同时在兵马实力方面，殿前司虽有数万精锐在京城，但要少于侍卫司许多，而且按照周世宗生前的布置，调动京城各军之权归于韩通。此外，驻扎扬州以防备南唐的李重进、驻扎河北以防备契丹的韩令坤、驻扎潞州以防备北汉的昭义军节度使李筠等大将麾下都拥有很强的军力，并且二李对赵匡胤的态度颇不友好。因此，赵匡胤要在京城内发动改朝换代的兵变大为不易。

　　如何才能将参与兵变的军队调出京城？这对曾亲身经历周太祖郭威澶州兵变，然后杀回京城夺取后汉政权的赵匡胤来说，大概不算太难之事，即翻版郭威当年做法即可，只是时间、地点有所差异而已。

　　960年（后周显德七年）正月一日春节，当后周君臣在宫中庆贺新年之际，忽然镇州（今河北正定）和定州（今属河北）两地守臣遣人入京城急报契丹南侵，北汉兵马自土门东出与契丹军队会合。五代时期，当中原政局发生剧变之际，契丹兵马往往南侵争利，如当年周世宗即位之初，政局未稳，北汉主刘崇认为正是其夺取中原政权的良机，即联络契丹出兵南侵，结果在高平与周世宗亲统的后周军大战一场。至此"主少国疑"之际，北汉、契丹再次联兵入侵报复，确实甚有可能。因此，后周朝廷于仓促之中不辨真假，急命殿前都点检赵匡胤统领三军将士北上御敌。

　　对于此次北汉和契丹联军突然而恰到好处的南侵，宋朝君臣自然是一口咬定确有此事，基本依据宋朝国史修成的《宋史》，还特意在《北汉刘氏世家》中指出：上一年冬，北汉主刘钧联合契丹南侵后周，但得到赵匡胤发动陈桥兵变夺取了后周政权的消息后，便与契丹兵"皆遁去"。这可太让人意外了。一般而言，敌方将士发动兵变，江山易代，政局不稳，正是出兵夺取中原政权的良机，但一向强悍的契丹、后汉军竟然会在听说中原政权发生了改朝换代的内乱之后，皆不战而遁，实在不合逻辑。而且从五代、宋初南北双方作战情况来看，若有契丹、北汉军队联合南侵，而需要"南朝"派遣统军大将率兵自京城北上抵御，则入侵"北兵"的规模当不小，从而会在辽方文献中留下记录。但遍阅《辽史》等相关文献，完全未见此时辽军会合北汉兵马南下的记载。反而《辽史·萧思温传》记载后周军北上攻占三关时，"京畿人皆震骇，往往遁入西山"，待"闻周丧，燕民始安"，辽军"乃班师"。揆之常理，是时辽人兵败之余，群情震恐，当无力于不久即大规模发兵南下，更何况当时辽穆宗根本就无南侵的意愿。可见此则来自河北前线的敌军南侵情报，实出于别有用心者的作假，其目的即是为了让"黄袍加身"这一幕能顺利上演。但此封假奏章是何人所为，史书无载，仅《宋史·太祖本纪》曾称"镇州郭崇报契丹与北汉军皆通"。据考是时镇州守臣为成德节度使郭崇，定州守臣为义武节度使孙行友。但两人皆非赵匡胤集团中人，而且郭崇为周太祖郭威的亲信将佐，赵匡胤称帝后，郭崇"追感周室恩遇，时复泣下"。因此，兵变之类机密事不可能让他俩参与其中，故所谓"镇、定二州"假奏章当非郭、孙二人所为。

　　二日，赵匡胤升帅帐调兵遣将：调侍卫马军都指挥使高怀德、侍卫步军都指挥使张令铎和侍卫步军虎捷左厢都指挥使张光翰、右厢都指挥使赵彦徽率部随自己出征，而留下殿前都指挥使石守信、殿前都虞候王审琦率兵协助韩通守京城，并派遣殿前副都点检慕容延钊领前军先行北上。从表面上看，赵匡胤如此调遣部队甚为合理，殿前司和侍卫司都是部分出征，部分守城，既是劳逸均沾，又便于相互牵制，而这后一点，对于正担忧"主少国疑"的符太后、范质、韩通等人来说，应是颇为满意的。但赵匡胤如此安排，实在另有深意。如上所言，因为张令铎是出名的仁厚人，张光翰、赵彦徽素与赵匡胤关系密切，故随从出征的侍卫步军就基本为赵匡胤所控制，而高怀德亦与赵匡胤交情不浅，而且纵然他或马军将士不一心，但在随赵匡胤出征的殿前司精锐和侍卫司步军的挟制下，也难有作为，尚且马军中还有部分中下级军校已归心于赵匡胤。留守京城的韩通虽仍掌握着京城军权，但侍卫司大军已分在数处，李重进率一支驻扎扬州，韩令坤领一支巡守河北沿边，另一支随从赵匡胤出征，故留守京城的侍卫司人马已不多了，而且赵匡胤还特命石守信、王审琦率领一支殿前司精兵留在京城内，而石、王二人在非常状况下是不可能听从韩通调遣指挥的。此外，作为殿前副都点检的慕容延钊，资历深于赵匡胤，赵匡胤以兄长之礼待之，让他处身其中终究不妥，所以赵匡胤派遣他领前军先行出发。

就在这一天，京城内外开始盛传即将发生兵变，甚至有士兵在闹市中公然宣称"将以出军之日，策点检为天子"。由于当年周太祖率领兵变将士进入京城时，纵兵大掠，京城百姓财产损失极其惨重，所以流言一出，满城惊疑，下自市民，上至官宦人家，争相搬家出城逃避。直至次日大军出城，军纪森严，城中百姓才稍稍得以安心。

宋人声称当时这策立新天子的流言，除内宫及范质、韩通等数人懵懂不知外，已是路人皆知，满城风雨。此说恐不尽然。因为符太后和小皇帝，如若大臣们有意阻隔宫外消息，确可能有所不知，但执掌朝廷军政大权的范质、韩通等人却不可能丝毫不闻。宋人笔记《闻见近录》说赵匡胤此日曾前往韩通府上辞行，韩橐驼再次力劝其父乘机先下手除掉赵匡胤，并准备动手，但为韩通所阻止。由此可证，韩通不会至此尚不知"策点检为天子"的流言，也不可能不将如此重要的情况告知宰相。因此，范质、韩通等人未采取断然措施以消弭灾祸的原因，大概有二：其一，当年后汉隐帝就因莽撞出手，无罪处死朝中大臣，结果激怒统军在外的大将郭威发动兵变，从而丢失了后汉天下。如若现在因为有流言而匆忙处死统兵大将，一旦激起事变，后患无穷。而且在情况还不甚明了之时，断然采取措施与莽撞行事之间不过一纸之隔，这让平生处事谨慎的范质们实在难下决断。其二，当时赵匡胤"功业日隆，而谦下愈甚"，众望所归，故"老将大校"多已归心，朝中大臣也多相结交，甚至连宰相魏仁浦、王溥也与赵匡胤时有交游，甚至有史料称王溥已向赵匡胤"阴效诚款"。因此，就算"忠于周室，初无所附"的范质与韩通想采取断然措施，也必将遭到多方牵制，而错过那难得易失之时机。

不过，这纷纷扬扬的传言，还是给当事人带来了莫大的惊慌。司马光《涑水记闻》等笔记都记载有这样一个小插曲：赵匡胤得知

"点检作天子"谶言已在京城中广为传布时，其第一反应是"惧"，立即跑回家密告家人曰："外间汹汹若此，将奈何？"其姊正在厨房中，闻言"面如铁色"，顺手举起擀面杖追打赵匡胤，并喝道："大丈夫临大事，可否当自决，乃来家内恐怖妇女何为耶！"赵匡胤默然而出。但据《宋史》等记载，赵匡胤有两个妹妹，其中一个早死，却没有姐姐。所以此处"姊"字或当作"妹"。这"大丈夫临大事，可否当自决"之语，可谓掷地有声，虎虎生色，显示出将家无弱女的本色。同时，这则记载也说明，今有学者认为赵匡胤为夺取政权而制造舆论，派人到处散布"将以出军之日，策点检为天子"，这一说法是不正确的。诚然，赵匡胤及其谋士赵普等人确实在利用这现成的"点检作天子"谶言为自己篡位做舆论准备，游说煽动三军将士，使得本来就惯于拥立天子以谋私利的禁军将士一时胆气颇壮，欲重演故伎，再来一幕"新桃换旧符"的闹剧。但赵匡胤绝对不想将其一手策划的欲实现"黄袍加身"的重大政治阴谋，变成一场路人皆知的"阳谋"，这实在太过儿戏。所幸这自军中密谋者辗转流传到社会上的"预言"，并未引起应变之才颇有不足的范质、韩通们特别警惕，故也未采取任何防范措施，只是让神经紧张的赵匡胤虚惊了一场。

三日，赵匡胤率数万大军自爱景门出京城开封，车骑肃然，北上御敌。宣徽南院使昝居润奉命到郊外安排御宴送行，大臣们纷纷前来，"为一时之盛"。据载翰林学士承旨陶穀在酒宴上"牵衣留恋，坚欲致拜"，赵匡胤再三逊避，陶穀便道："且先受取两拜，回来难为揖酢也。"对此，宋人袁文评论道："则此事当时已知之矣，万一别有变，将如之何，何不谨密如此？"不过还是有惊无险，赵匡胤顺利登程了。

当日行军途中，有一个殿前司军校苗训，曾学过占星术，善于望气观星，在军中颇为知名，与赵匡胤的幕僚谋士、也"号知天文"的楚昭辅搭档，一唱一和，说天上太阳下面还有一个太阳，黑光纵横，磨荡了许久，并煞有介事地指示给其他将士观看，宣扬这是天命有归之征兆。中国古代一向以太阳代表帝王，所谓天无二日，国无二君，现今天上两个太阳相斗，其含义可谓不言自明。既然天意也是如此，那军中将士图谋兵变的信心自然更加鼓舞了。

当晚，出征将士驻宿于陈桥驿。

陈桥驿是当时自京城开封去河北、山东大道上的一个重要驿馆，位于开封东北四十里处（今河南封丘东南陈桥镇）。与今日陈桥镇位于黄河北岸不同，当时黄河从郑州往东北方向流去，陈桥驿所在的封丘、长垣、滑县等县都处在大河之南，自陈桥驿向北走百余里路方能抵达黄河岸边。北宋以后，黄河在河南地区多次改道，约距今

陈桥驿

三百多年前的一次改道，才把陈桥镇从大河之南"割"到了北岸。

　　时近半夜，赵匡胤一改平日带兵时的谨慎之态，乘着酒兴高卧帅帐，但驻扎于陈桥驿兵营中的三军将士之中却是暗流涌动。在"点检作天子"谶言耸动下，那些心中骚动难耐、为富贵欲望所驱使的禁军将士们纷纷汇聚在一起商议道："主上幼弱，未能亲政。今我辈出死力，为国家破贼，谁则知之？不如先立点检为天子，然后北征，未晚也。"从聚议者的说辞上看，在其中起主要作用的当为赵匡胤的亲信。

　　当时在营寨巡视的赵匡胤幕府、都押衙李处耘见众心已动，便与赵匡胤帐下亲校王彦升计谋，再召马仁瑀、李汉超等将校定议，然后回到中军帐内，与掌书记赵普商议下一步安排。赵普作为赵匡胤的谋主，实承担着兵变现场指挥的重任。不一会儿，一大群禁军将领杂沓拥入赵普帐内，欲马上推戴赵匡胤为天子，一时间论说纷纭，乱作一团。赵普似乎还担心军心有反复，故意劝诫说："太尉（此指赵匡胤）忠赤，必不汝赦！"诸将闻听后不明所以，不觉有些气馁，便慢慢散开了。但这只不过是赵普所施的欲擒故纵之计，果然过了不久，众将再次汇聚前来，舞动刀剑，冲着赵普叫喊道："（按军法）军中偶语则族（灭族）。今已定议，太尉若不从，则我辈亦安肯退而受祸！"赵普见火候已到，便假意呵斥道："策立（天子），大事也，固宜审图，尔等何得便肆狂悖！"命诸将坐下听令。赵普为万无一失，再次说道："外寇压境，将莫谁何，盍（何不）先攘却（驱逐外寇），归始议此？"诸将主意已定，一口拒绝："方今政出多门，若俟寇退师还，则事变未可知也。但当亟入京城，策立太尉（为天子），徐引（兵）而北，破敌不难。太尉苟不受策，六军决亦难使向前矣。"赵普见目的达到，就随即转换了口风。由于五代篡位的帝王为取悦将士，有在率军攻入京城时纵兵大掠数日的恶习，称"夯市"

或"靖市"，由此大失民心，故国祚皆不长。赵匡胤为免蹈覆辙，极想改变这一恶习。因此，赵普告诫参与密谋的诸将校说："兴王易姓，虽云天命，实系人心（向背）。（今）前军昨已过河，节度使各据方面，（若将士劫掠，京城必乱），京城若乱，不惟外寇愈深，四方必转生变。若能严敕军士，勿令剽劫，都城人心不摇，则四方自然宁谧，诸将亦可长保富贵矣。"在场诸将领都表示赞同。于是赵普布置诸将任务，遣赵匡胤卫队军校郭延赟连夜驰奔开封，急告留守京城的殿前都指挥使石守信和殿前都虞候王审琦，让他们做好接应大军回京的准备；同时又命令亲军将士守卫在帅帐及营寨中的重要场所，持枪待旦。

事情进展一如预期，醉卧帅帐的主将自然是一宿好睡。

四日清晨，天色还未大亮，兵营中鼓噪声四处响起，声震原野。赵普进入帅帐，禁军将校亦擐甲执兵，一起拥入赵匡胤的寝室，嚷嚷道："诸将无主，愿策太尉为天子。"赵匡胤也就恰好从醉梦中惊起，披衣下床，还未及与诸将应酬，就被人搀扶出了帐门，一件早已准备好的象征天子身份的黄袍（皇帝之衣色黄）披在了赵匡胤的身上，然后众人纷乱跪拜在地，口呼"万岁"。当年郭威发动兵变时，其手下于匆忙中只是撕裂一面黄色军旗权当黄袍，相比之下，赵匡胤的准备可要充分、从容许多。

赵匡胤虽已得到参与密谋的众将校允诺入京城之际不劫掠，但还不知三军士卒是否也持同样心思，故摆出坚决不肯答应之态，然而箭已在弦，不容不发，众将士也不再多言，争相将赵匡胤扶上战马，簇拥着转回京城。赵匡胤于是揽辔驻马，对众将士说道："汝等自贪富贵，立我为天子，能从我命则可，不然，我不能为若（汝等）之主。"众将士一齐下马表示："唯命是听。"赵匡胤遂与众将士约法三章，说：

少帝及太后，我皆北面事之，公卿大臣，皆我比肩之人也，
汝等毋得辄加凌暴。近世帝王初入京城，皆纵兵大掠，擅劫府
库，汝等毋得复然，事定，当厚赏汝。不然，当族诛汝。（《续
资治通鉴长编》卷一）

三军将士拥立赵匡胤代替后周，其主要目的就在于获取钱财，
既然所拥立的新皇帝答应事成之后有重赏，自然应允照办。赵匡胤
的这道命令使得陈桥兵变与五代时期其他频繁发生的兵变有了本质
差异，由此此次兵变成了天下由乱到治的转折点。得到三军将士全
力拥戴的赵匡胤，先遣亲将潘美去京城向宰相等大臣通报兵变之事，
再遣幕僚楚昭辅入城安慰其母亲杜氏等家眷，告诉兵变已获成功，
然后整齐三军直扑守卫空虚的开封城。赵匡胤的殿前都点检公署在
皇城左掖门内，当时已紧闭大门，严设守备，看到楚昭辅到来，石
守信才打开大门"纳之"。

说起陈桥兵变的主要策划者，据《宋史》、《续资治通鉴长编》
等记载，在赵普之外还有赵匡胤之弟赵匡义，即在陈桥驿兵营中，
赵普对图谋兵变的众禁军将领进行劝慰、策动，将兵变消息入告酣
睡的赵匡胤诸事，赵匡义皆积极厕身其间，而且对争取民心起到决
定作用的赵匡胤与兵变将领约法三章之事，也说是赵匡义起先拦在
赵匡胤的马头前"请以剽劫为戒"，然后赵匡胤才与众禁军将领约
法严禁杀掠、骚扰市民。如此则在赵宋王朝的创建中，赵匡义鞍前
马后，立下了殊勋，甚至在某种意义上可以这样说，赵匡胤的天下，
是其兄弟帮着打下来的。然而宋人笔记如司马光《涑水记闻》等大
都称严禁兵变将士"剽劫"都城的命令，是赵匡胤"自行约束"，根
本没有赵匡义什么事，宋太宗初年初纂的《太祖实录》中也未记录
此事，只是到了宋真宗初年重新编纂《太祖实录》时才添入"匡义

立于马前，请以剽劫为戒"诸语的。宋初名臣王禹偁《建隆遗事》甚至称：赵匡胤率领三军将士进入开封城之际，赵匡义等人奔马出迎。也就是说，赵匡义当时待在京城内，根本就不在陈桥驿兵变现场。考虑到兵变出于预谋，故赵匡胤统军出城之前，对家人安全应预有安排。当时赵匡义已二十二岁，其弟匡美仅十二岁，家中多妇女而缺长男，届此非常时期，留赵匡义守家护园不但可能，而且甚有必要。参之宋朝建国之初，潞州李筠、扬州李重进起兵反宋，宋太祖率军亲征时，皆留其弟匡义镇守京城，可证《建隆遗事》所云应有所据。

赵匡胤所派信使将陈桥兵变的急信送入开封城中皇宫之时，早朝尚未散，宰相范质等大臣正在偏房内用点心，范质得悉赵匡胤"黄袍加身"、现正率军回京路上，不由大惊失色，即刻与王溥等大臣觐见符太后，急商对策，却都束手无策，只得先回宰相办公的政事堂再说。在下殿时，范质紧紧抓着王溥之手，指甲深深刺入王溥的皮肤，几乎刺出了血，十分痛悔地叹说："仓卒遣将，吾辈之罪也。"王溥忍痛，一声也不敢出。韩通见宰相们如此，便恨恨而出，跃马奔回侍卫司，集合帐下亲军将士，杀向位于左掖门内的殿前都点检官署，企图劫持或杀死赵匡胤的家人，以挟制赵匡胤。但赵匡胤对此早有防备，守卫殿前都点检官署的石守信预先已在左掖门附近设下伏兵，一见韩通走近，乱箭齐发，韩通亲军人数本就不多，而且听到陈桥兵变的消息后士气不振，见状便四散溃逃，韩通虽然勇悍，但孤家寡人，无计可施，也只得随众而退。

这时已回到开封城下的兵变将士却遇到了小麻烦。因开封城的陈桥门正当陈桥驿来路，所以回城将士直至陈桥门外，招呼守城士兵赶快打开城门。按原先约定，留守京城的殿前都指挥使石守信、殿前都虞候王审琦应当搞定此事，让赵匡胤顺利入城。但不知是何缘故，守卫陈桥门的祗候班士兵在陆姓、乔姓两位军校率领下，严拒兵变将士入城。赵匡胤只得率部队绕到旁边的封丘门，这次没再发生意外，守城者望风大开城门。

据《随隐漫录》记载，赵匡胤登基以后，那忠于职守的陆姓、乔姓两位军校义不臣服新朝，皆自杀而死。此后，为让三军将士忠于自己，已是天子的赵匡胤，曾特意来到陆姓、乔姓两位军校生前所居的营房，赞叹说："忠义孩儿！"命令在此处建造忠义庙，并命令将祗候班改名"孩儿班"，其军帽后垂青、红两条飘带，其粉青色的表示为周世宗守孝，红色的代表祝贺赵匡胤登基。对于守封丘门者，《玉照新志》云赵匡胤称帝后，为表彰忠于职守者，特令"斩封丘而官陈桥者"。此恐怕不是事实。因为那望风打开封丘城门、让赵匡胤顺利入城的士兵，显然是根据原定计划接应城外部队，有功无罪，岂有被新天子斩首示众之理！

当殿前司勇将王彦升率前锋进入城中，正遇到败退下来的韩通，已是孤家寡人的韩通无力再战，便逃回自己家中躲避，不料王彦升不依不饶，跃马直追，闯入韩通家中，杀死韩通及其妻、子多人。据载韩通有四子四女，仅幼子守谅及四女幸免于难。

对于韩通之死，宋人为显示赵匡胤"黄袍加身"乃是奉天行道，兵不血刃，故大多否认开封城内曾发生过流血交锋，认为韩通是得知陈桥兵变消息后，自皇宫中"惶遽而归"，路遇王彦升，从而被杀。但细考其实，赵匡胤在兵变后，先遣将领潘美入城向执政大臣传报兵变的消息，然后再率三军出发，因此，如若韩通从皇宫直接归家，又怎会在半路上碰到王彦升？随着韩通被杀，开封城内后周文武大臣中唯一的反抗行动，就此迅速地冰雪消融了。赵匡胤得知韩通父子已被杀，也算放下了一件心事。不过，此后新天子赵匡胤有一次来开宝寺，看见寺内墙壁上绘有韩通父子画像，便急命除去，可见其心中仍留有不小阴影。

　　赵匡胤进入京城之后，即登高观看，发现麾下诸将率兵迅速散布于城中各要害之处，并遵守先前诺言严禁手下抢掠烧杀，对市民秋毫无犯，"市不易肆"，即市场没有出现关门罢市的情况，开封城内秩序很快得以安定。赵匡胤见一切部署已定，就让其余将士回归自己营寨等候命令，并效法当年周太祖率兵变将士进入京城之后归"私第"，等待朝中百官朝见的做法，回到殿前都点检官署，由守卫官署的石守信等人迎入。

　　不多久，众军士押着宰相范质、王溥、魏仁浦来到殿前都点检官署，范质一见赵匡胤，不肯跪拜，反而责问道："先帝养太尉如子，今身未冷，奈何？"迫使赵匡胤呜咽流涕，述说将士"拥逼"之状："吾受世宗厚恩，为六军所迫，一旦至此，惭负天地，将若之何？"范质等人还未及出声，侍候在一旁的军校罗彦瓌却不耐烦地舞动长剑向前，叫道："我辈无主，今日必得天子！"众将校同声应和，赵匡胤叱之不退。范质见状不好，便要求赵匡胤"事太后如母，养少主如子，无负先帝旧恩"，赵匡胤"挥涕"一口应诺。此时王溥等人已退到台阶下俯拜在地，口呼"万岁"，范质不得已，也只得跟着俯身拜舞听命。随后，赵匡胤在众人簇拥下来到崇元殿，召集文武百官举行所谓的"禅让"大礼，让小皇帝把帝位"禅让"给赵匡胤。但"禅让"大礼毕竟是一桩大仪式，事先毫无预备，所以直到傍晚时分，朝官们才乱哄哄地排好了朝班，叫出惊魂未定的小皇帝来举行大礼。直到这时，人们才想起一件大事未办，即忘记让人以后周皇帝名义撰写禅位诏制，殿上众人不免好一阵尴尬。此时，只见站在一边的翰林学士承旨陶穀，不慌不忙地从袖中拿出事先准备好的禅位诏制，说道："制书成矣。"禅代之礼随即举行，礼官宣读那后周天子的禅位诏制。据《旧五代史》卷一百二十《周恭帝本纪》所载，诏制曰：

天生蒸民，树之司牧。二帝推公而禅位，三王乘时以革命，其极一也。予末小子，遭家不造，人心已去，国命有归。咨尔归德军节度使、殿前都点检赵□□（匡胤），禀上圣之姿，有神武之略。佐我高祖，格于皇天；逮事世宗，功存纳麓。东征西怨，厥绩懋焉。天地鬼神，享于有德；讴谣狱讼，附于至仁。应天顺民，法尧禅舜。如释重负，予其作宾。呜呼钦哉，祗畏天命。

陶穀可谓是作文行家，在禅位诏书内引经据典，瞻前顾后，将用武力篡夺后周政权却又让后周天子做出主动让贤之态的尴尬之事叙述得委婉而又淋漓尽致。大意是说：无论尧、舜二帝出于公心而禅让君位，还是商汤、周武等三王顺应时势而举行改朝换代之革命，其终极目的是一致的。我只是一个卑微小子，遭遇家庭不幸，人心已经离散，国家命运亦有了归宿。归德军节度使、殿前都点检赵匡胤，秉承上圣人之相貌，具有神武之谋略，曾辅佐我高祖和世宗，建立了不朽功勋。当其领兵东征时，西方之民便抱怨为何不先西讨，其功绩实在太多了。天地鬼神，只享用有德之人的供奉；讴歌执法严明公正的诗文，只献给大仁大义之人。我所以应顺天意民心，效法尧禅位给舜的做法。呜呼！我是敬畏天命才这样做的。

禅位诏书宣读之后，宣徽使昝居润引导赵匡胤登上龙墀，北面行礼接受了这禅位诏制，然后宰相范质等人搀扶着赵匡胤升殿，在东偏殿中换好龙袍，再回到大殿坐上了天子龙座，正式接受百官的拜贺。至此，仅仅花了一整天时间，赵匡胤假借民意军心，用长枪大剑从孤儿寡母手中攫取了后周政权，建国称帝，是为宋太祖。

五日，宋太祖因自己在后周时所任的归德军节度使之治所在宋州（今河南商丘），所以定新朝国号为"宋"，建元建隆，按惯例大赦天下，祭告天地、社稷，并遣使者遍告郡国官民。因宋朝定都汴京开封，故习惯上称作北宋，以区别于后来迁都临安（今浙江杭州）的南宋。

因赵匡胤从孤儿寡母手上夺得天下的手段不那么正大光明，所以宋人对此颇为忌讳，想方设法予以粉饰，加以圣人化。如魏泰《东轩笔录》便称"本朝以揖让得天下"。宋代《龟鉴》中宣称宋朝得天下实出自天命，陈桥兵变"黄袍加身"，赵匡胤完全是被迫的，事前毫不知情，临事还"三逊三辞"，实在不得已才接受之，并与将士们订立了"毋虐臣主"、"毋掠民庶"之誓，可证赵匡胤代周开宋实出于天意，是应天顺人，以仁得天下，故可比美于上古圣人舜帝、汤王。但所谓司马昭之心，路人皆知也。在陈桥兵变数十年之后，知郑州李淑在一首诗中写道"弄耜牵车晚鼓催，不知门外倒戈回"，被人告发诋毁开国太祖而获罪罢官。而清人岳蒙泉咏陈桥兵变"黄袍不是寻常物，谁信军中偶得之"之句，查初白《汴梁杂诗》中"千秋疑案陈桥驿，一着黄袍便罢兵"之句，皆点出了陈桥兵变、"黄袍加身"事件的真相。

宋太祖赵匡胤即位当日，即封周恭帝柴宗训为郑王，以奉周祀，正朔服色一如旧制，尊符太后为周太后，迁居西宫。据史书记载，当赵匡胤率兵变将士进入开封城，自知已无力回天的符太后就带着脱下龙袍、换着平民素衣的幼帝出皇宫，来到周世宗的功德寺天清寺，等待胜利者发落。当赵匡胤偕一干亲信将校进入皇宫，宫中太监、宫女赶忙迎拜，只见有两个宫女各抱一个丱角幼童，亦夹在众人中跪拜，经询问，赵匡胤知是周世宗的两个幼子，其一为纪王（即柴宗谨，改名熙谨），便回顾诸将道："此复等待?"左右侍从即将这两幼儿"提去"，在场诸文武大臣都未有异议，只有将军潘美躲在众人身后，用手掐着殿柱，低头不语。赵匡胤便问他："汝以为不可耶？"潘美不敢答，太祖即道："即人之位，杀人之子，朕不忍为也。"
潘美这才表态道："臣岂敢以为不可，但于理未安。"又说："臣与陛
下北面事世宗，劝陛下杀之，即负世宗；劝陛下不杀，则陛下必致
疑。"赵匡胤于是命人追回那两幼童，将其中一人赐予潘美，说："与
尔为侄，世宗子不可为尔子也。"潘美遂把他抱回家，但为遮人耳目，
仍视之为子，名惟吉（一作惟正）。赵匡胤此后不再过问此事，潘美
亦绝口不提。潘惟吉长大后也踏入仕途，为宋朝刺史，但据说还是
与潘美其他儿子有所不同，即在祭祀祖宗三代时，仅列父亲潘美一
人之名，而不及他人；其后代也不与潘美子孙"连名"。据《旧五代
史》，柴宗训有三个幼弟，曹王熙让、纪王熙谨、蕲王熙诲，其中熙
谨死于964年（乾德二年）十月，熙让、熙诲不知所终。因将周世宗
之子赐给潘美，编修于宋太祖朝的《旧五代史》不便明言，故特意
声称不知所终。但不知潘美所领养的是熙让还是熙诲。

　　962年（建隆三年），宋太祖将郑王柴宗训迁居于房州（今湖北
房县）。973年（开宝六年）春，郑王死于房州，年仅二十一岁。周
太后寿命较长，一直活到993年（淳化四年）。苏辙《龙川别志》说，
当初范质曾与受禅称帝的赵匡胤约定"事奉太后如母，养育少帝如
子"。由此赵匡胤十分敬重范质，在范质死之前，周太后、少帝柴宗
训"皆无恙"。按范质死于964年，柴宗训之弟柴熙谨即死于此年，
苏辙的说法大概由此而附会。不过，从苏辙的记载上推测，周恭帝
于青年夭折，恐怕也非善终。

　　当然，宋太祖厚待前朝太后、天子的做法颇为高明，不仅由此
安抚了后周皇室及其亲戚、友朋、部属，也向天下百姓显示了自己
的心胸气度，在历史上留下了好名声。"夺天下于孤儿寡母之手"的
宋太祖，见过许多抢得龙椅的"真命天子"大杀前朝皇室成员，从
而结怨世人，大失民心，成为一个又一个短命王朝。为使国祚长久，

传说宋太祖在祭祀祖宗的太庙偏殿内建立有"誓碑"，刻下誓训，其中第一条便是："柴氏子孙，有罪不得加刑，纵犯谋逆，止于狱中赐尽（自尽），不得市曹（街市）刑戮，亦不得连坐支属。"在后世民间传说中，宋太祖还赐给周世宗的后代"誓书铁券"，即免死金牌。如在《水浒传》里的"小旋风"柴进，就是周世宗柴荣的后人，因此，他敢在自己府宅中收留过不少遭到官府通缉、追捕的梁山好汉，就是仗有宋太祖赐给他祖上的"丹书铁券"。看来大宋历代皇帝对此都很好地遵守了，柴氏子孙获得了很好的照顾，后周皇陵亦设专人守护。宋仁宗还曾特下诏书，命令官府根据柴氏族谱，推举年龄最长者一人，主持每年岁节时的祭祀之事。

简　释：

【赵匡胤《咏日》诗】据《话腴》记载，此诗作于赵匡胤称帝之前。赵匡胤登基以后，此诗被收入宋朝《国史》，史官为"润色之云：'未离海峤千山暗，才到天心万国明。'文气卑弱，不如原作"。

【郑起】宋初官修的《周世宗实录》指责郑起为人"轻俊无检操"。然而特行独立的宋初著名文学家王禹偁颇钦佩郑起的人品、学问，于《五哀诗》中颇为惋惜地评道："太祖方历试，握兵权已重。上书范鲁公，先见不能用。历数不在周，讴谣卒归宋。"故郑起由此遭阴谋者忌恨，入宋后一直受压制，"晚求万泉令，吏资官资冗"，且"无子嗣家声"，然"一旦随晚露，识者弥哀痛"，虽"文编多散失，人口时传颂"。诗中"太祖"指赵匡胤。"范鲁公"指范质，其入宋后封鲁国公。"讴谣"指"点检做天子"之谶言。可见《周世宗实录》对郑起的指责，正说明赵匡胤等人对郑起上书一事的忌恨之深。

【陈桥驿】因宋太祖赵匡胤在陈桥驿发动兵变，黄袍加身，成为"龙兴之地"，声名显赫。宋初，陈桥驿改作"班荆馆"，规模宏大，成为接待契丹国使、过往官员和举行国宴的场所。宋徽宗时，班荆馆又改为"显烈观"，以"显扬祖烈"，成为宋朝皇室及朝廷官员经常活动的场所。北宋末，显烈观毁于金人铁蹄，仅留下一棵老槐树。民间有"赵匡胤拴马时是将军，解马时就是皇帝了"的传说，据说赵匡胤宿营陈桥驿时，将坐骑系于这棵槐树上，故称"系马槐"。该树高丈余，枝叶繁茂，历尽沧桑，成为陈桥兵变的唯一历史见证。

【周恭帝禅位诏制】南宋宰相周必大《文忠集》中收录《史官改定制诏》一文，有云："本朝太祖受周恭帝禅诏，元本载《五代开皇纪》，与今《实录》无一字同"，盖为"本朝列圣《实录》，凡当时所下制诏，往往为史官改易"。其所谓"今《实录》"，乃指《太祖实录》，其所载的禅位诏制，或即源出自《旧五代史·恭帝纪》，已经"史官改易"者。《五代开皇纪》，为真宗、仁宗时人郑向所撰。《宋史·郑向传》云："五代乱亡，史册多漏失，向著《开皇纪》三十卷，撷拾遗事，颇有补焉。"此书久佚，然赵普《皇朝龙飞记》亦载录有一份周恭帝禅位诏制："昨以北戎入寇，边境震惊，遂命讨除，决期平乱。属以方在幼冲，勉荷基业，虽大臣竭力以扶持，然禁旅临歧而不进。殿前都点检、归德军节度使赵匡胤，今月四日，部领内外大军至陈桥驿，军情忽变，天命有归。既务静于寰区，理难违于推奉，宜行禅让之事，以副亿兆之心。布告中外，当体朕意。"对比此两份周恭帝禅位诏制，其文字迥然有异，大体可认定《龙飞记》所载录者当属"元本（原本）"，确与"今《实录》无一字同"，而成为郑向《五代开皇纪》之史源。据《龙飞记》所载周帝禅位诏制，赵匡胤于"今月四日，部领内外大军至陈桥驿，军情忽变，天命有归。既务静于寰区，理难违于推奉"，则与宋廷所宣称的陈桥兵变非"预谋"，"太祖受命之际，非谋虑所及"，乃属"应天顺民"的宋廷官方说法大有不合，故此后被改写，再收入《旧五代史·恭帝纪》、《太祖实录》。且从《旧五代史·恭帝纪》所载周帝禅位诏制已经修改，可知其修改至迟在太祖开宝年间已完成。

【铁券】古代皇帝赐给功臣免死或其他特权时所颁发的凭证。因其文字多用朱书，故也称"丹书铁券"。我国现存最早之铁券实物，乃唐朝末年唐昭宗于乾宁四年（897年）赐于镇海、镇东节度使钱镠。铁券长52厘米，宽29.8厘米，厚0.4厘米。形如盖瓦，上嵌金字333字，内容包括钱镠的爵衔、官职、邑地和受封功绩等，并特加说明可免除钱镠本人九次死罪，或免除其子孙后代三次死罪。

二　雪夜定策（960-962）

通过缜密策划，陈桥兵变一举成功，宋太祖几乎兵不血刃地建立了新王朝，顺利演出了一幕改朝换代大戏，但攫取了九五之尊之后，如何才能赢得人心，却不是一件容易事。对赵宋新王朝而言，此时可说是三面受敌，危机重重：首先是来自拥护后周政权者的反抗，其次是来自北方契丹、北汉政权的军事威胁，其三是来自南方割据政权对中原大地的觊觎。

与所有开国皇帝一样，依仗武力篡夺皇位的宋太祖，于即位次日，即履行了兵变时的承诺，厚赏内外马步军将士，满足他们的发财欲望；参与陈桥兵变的将帅也得到酬答，加官晋爵：石守信拜侍卫马步军副都指挥使，高怀德为殿前副都点检，张令铎为侍卫马步军都虞候，王审琦为殿前都指挥使，张光翰为侍卫马军都指挥使，赵彦徽为侍卫步军都指挥使。本为宋太祖密友的韩令坤正巡防北边，慕容延钊统率北征前军驻扎在真定，在接到新天子诏谕后，都表示效忠听命，于是慕容延钊被擢升为殿前都点检、韩令坤为侍卫马步军都指挥使，仍驻守北边。其他参与兵变的宋太祖旧日帐下将士，也各得升官。同时，宋太祖旧日幕府谋士也论功行赏：归德军节度判官刘熙古为左谏议大夫，掌书记赵普为右谏议大夫、枢密直学士，观察判官吕余庆为给事中、端明殿学士，摄观察推官沈义伦为户部郎中，归德军节度副使张彦柔领池州刺史；皇弟赵匡义（改名光义）为殿前都虞候。后人有言：宋太祖当上皇帝以后，并不急于提拔自己心腹担任宰相、殿前都点检之类军政高官，而只是让赵普出任枢密直学士、赵光义为殿前都虞候，由此称誉"太祖不亟于酬功，赵普等不亟于得政"。此说显然被赵普、赵光义的官名给迷惑了。五代、宋初中枢实权，实际掌握在枢密院，宰相仅处理日常行政事务而已，故宋太祖于登基后不久，即免去宰相范质、王溥参知枢密院事一职，实质上剥夺了他俩参与军国机要决策的实权，宰相魏仁浦虽仍兼枢密使，但也不再多过问枢密院事务，而另一枢密使吴廷祚以"谨厚寡言"著称，所以枢密院实权完全掌握在低调进入枢密院的枢密直学士赵普之手；而宋太祖出身于殿前司，故宋初殿前司地位已高于侍卫司。因此，赵普、赵光义之上虽还有枢密使、殿前都点检、殿前都指挥使等长官，但实际上却是由赵普掌控权力中枢，赵光义控制京城禁军，进而集权于天子。

不过在京城内的原后周官员，虽然突然面对一个强悍的新天子及忠于他的强大武装而一时手足无措，俯首称臣，但仍有不少官员抱着观望态度，甚至心怀贰心。如史载五代末宋初名臣李昉，当后周显德末年赵匡胤声势显赫、朝官纷纷依附之时，即与其保持距离，待赵匡胤自陈桥兵变后返回京城，李昉又独不入朝觐见。因此，宋太祖为争取民心，下令搜捕那些在兵变将士进开封城时趁乱抢劫者，全部在市中斩首示众，并对被害者予以赔偿。同时，宋太祖又采取留用全部后周官员的方法来化解其不满情绪，使改朝换代能在平稳中完成，并派遣使者携带即位诏书招谕四方州府。但除与宋太祖关系密切的忠武军节度使张永德、天雄军节度使符彦卿即刻表示归附外，其他节度使并未马上表态。据陈师道《后山谈丛》载，当时有京东地区的节度使首先向朝廷使者仔细打听了宰相、枢密使、禁军将领和近臣的姓名，在得知一切未改其旧之后，才下拜归顺。

韩通被杀，虽说符合新天子的心意，但为了争取原属韩通麾下将士的归附，宋太祖以表彰忠义为名，称"易姓受命，王者所以应期；临难不苟，人臣所以全节。……言念元勋，将加殊宠，苍黄遇害，良用忱然"，赠韩通官中书令，以礼安葬，并授予韩通之幼子韩守谅东头供奉官之职。

关于韩通被杀，宋人几乎众口一词，说是出于王彦升的擅杀，称宋太祖当初"誓军入京不得有秋毫犯"，及听说韩通被杀，"以建国之始，不及罪王彦升"，但王还是因为"专杀韩通"，虽有拥戴之功，却终身未被授任节度使之官。《东都事略》等更称宋太祖闻韩通被杀，大怒，几乎欲杀王彦升立威，随即将王彦升赶出了京城，出为唐州刺史。此说实大为不然。因为从陈桥兵变前后王彦升的官职变化上分析，实在看不出宋太祖对王彦升有大怒的迹象，反而是重用有加：王彦升于兵变时官散员都指挥使，宋太祖即位后拜恩州团练使、领铁骑左厢都指挥使，随即任京城巡检。京城巡检为负责京城治安之官，后周末年任此职者即韩通，而新登基的宋太祖任用王彦升为京城巡检，可见其甚得重用。史载宋太祖对韩通父子颇怀忌惮，故王彦升杀死率兵抵抗的韩通，当不至于触怒天子。王彦升被贬，实是因为王彦升乘巡夜之机闯入宰相王溥私第"求货"，由此触怒天子而被贬官的，与韩通被杀一事实无关系。虽然王彦升卒于开宝末，官至防御使，但至宋太祖死时，"佐命"功臣官防御使而未拜"节钺"者并不仅有王彦升一人。因此，所谓宋太祖因王彦升"专杀韩通，终身不授节钺"，实有宋人为开国天子粉饰之用意。

随着宋太祖怀柔政策的推行，新王朝逐渐获得士大夫的拥护。但在禁军中仍有对新王朝心怀不满者，并对宋太祖的生命安全带来了直接威胁。宋太祖即位之初，颇喜欢微服私行，以察觉民心向背。史载有一天，宋太祖经过大溪桥，一支冷箭射来，正中其坐车的车盖上，禁卫大骇。虽然行伍出身的宋太祖面不改色，下车拉开衣襟，笑称"教他射，教他射"，并不让左右去搜捕刺客，但此后再也不敢随意外出了，还让左右内侍太监都习练武艺，据说大都武功高强，以备宿卫。以后，宋太祖外松内紧，运用一系列强硬手段，初步稳定了对都城内外的控制。

与京城内如萤火烛光一般甚为微弱的反抗相比，需要宋太祖及其心腹大臣费神多虑的、对赵宋政权真正形成威胁的是拥有重兵的地方节度使，其中尤以兵广将众、声望显赫的昭义节度使李筠（驻屯潞州）和淮南节度使李重进（驻屯扬州）的威胁最大。

宋太祖虽在禁军支持下如愿创立了新王朝，但其所控制的区域却深陷南北夹攻之势，南边的后蜀和南唐仍然对中原虎视眈眈，而北方契丹、北汉对中原的野心更是路人皆知。对宋朝统治而言，李筠、李重进两镇的兵力虽较弱，其威胁却是最直接、致命，因为此时四方节度使之中怀有"二心"者，正视二李的成败为进退。在李筠、李重进两镇中，李重进的态度还有些犹豫，而李筠却是决意放手一搏。宋朝初建，百废待兴，宋太祖自知没有一举剿灭这两大藩镇的绝对把握，而一旦行动失败，则新朝必定覆灭，故决定采用在稳住李重进的同时，激怒李筠早日造反，以便分而治之的策略，最终剪除心腹大患。

李筠，原名李荣，因避周世宗柴荣名讳而改名，并州（今山西太原）人，善于骑射，勇力过人，能拉开百斤硬弓。他于后唐时从军，周太祖时官至昭义军节度使，驻军潞州，防御北汉。李筠性格强项，时以老臣、功臣自居，傲视朝廷，并擅用钱赋招集亡命之徒，曾以私怨囚禁朝廷派来的监军使。因为此类举动实属唐末五代那些强项的节度使之常态，虽然遭致周世宗的不满，但因力有不及，周世宗也只是下诏责备一下了事。宋朝初创，宋太祖为笼络李筠，给他加官兼中书令，遣使宣谕。自恃兵强马壮的李筠自然不甘向出道远晚于自己的后生小子跪拜称臣，但在左右佐僚一再阐明利害、苦苦相劝下，也明白自己并未做好与新朝翻脸的准备，立即动手，实无胜算，这才勉强答应接旨。在宴请使臣、把杯奏乐之际，李筠突然捧出一幅周太祖郭威的画像，对之涕泣不已。宋太祖获报后，仍然隐忍不发。北汉主刘钧获悉李筠心蓄异谋，便捎来欲与李筠结盟的蜡书（蜡封的密信）。李筠当然有心与北汉合兵，不过感觉时机未到，遂将那封蜡书上报朝廷。宋太祖也知李筠并非出于真心，但还是特下手诏慰抚，并任命其长子李守节为皇城使。李守节认为单凭潞州一地兵马，难以与宋太祖对抗，便苦劝其父亲不要谋反，但李筠充耳不闻，反就势让李守节入京任职，以便随时探问朝廷动向。

　　宋太祖已得悉李筠开始与扬州的李重进联络，而自己统治渐趋稳定，遂决意乘众多对手还未及牢固结盟之时，加以各个击破。此时正逢李守节前来觐见，宋太祖便笑道："太子，汝何故来？"李守节一听大惊，赶忙叩头向天子解释："陛下何言！此必有谗人间（离间）臣父。"宋太祖便说："吾亦闻汝数谏，老贼不汝听，不复顾藉（汝安危），故遣汝来（京师），欲吾杀汝耳。盍（何不）归语尔父，我未为天子时，任汝自为之，我既为天子，汝独不能小让我耶？"随即放李守节回去。按常理，天子得知有大臣欲谋反，大都诛杀其家人以立威，或者加以扣留以为钳制的筹码，但宋太祖认为杀死李守节于事无益，而将他放回却有两大好处：其一可向天下人显示自己宽恕胸怀，是李筠负我赵匡胤，而非我赵匡胤负他李筠；其二是迫使李筠按照我赵匡胤的时间表发动反叛。果然，李筠在李守节回来后，也不再遮遮掩掩，索性公开进行反宋准备，并派遣牙将去北汉求援。李筠还遣使臣联络后蜀，但在路过陕西时被宋守将所捕获，未能成功。

　　960年（建隆元年）四月，李筠以效忠周室为名，正式起兵反宋。

李筠一面令幕僚撰写檄文，揭露赵匡胤忘恩负义，通过阴谋诡计篡夺后周的罪状，一面抓捕宋廷派来的监军使，送到太原城，向北汉表示反宋决心。当时，李筠的谋士闾丘仲卿献策道：

> 公孤军举事，其势甚危，虽倚河东之援，恐亦不得其力。大梁（开封，此指宋朝）兵甲精锐，难与争锋。不如西下太行，直抵怀（今河南沁阳）、孟（今河南孟州），塞虎牢（虎牢关，今河南荥阳西北），据洛邑（即洛阳），东向而争天下，计之上也。(《续资治通鉴长编》卷一)

因为潞州一带古称上党，高居太行山之脊，即所谓"居天下之肩脊，当河朔之咽喉"，战略地位重要，自古为兵家必争之地。如若李筠按照闾丘仲卿的计策行事，北联北汉、契丹，可使宋朝多面受敌；如若北汉、契丹不出兵，那李筠进占洛阳，也完全可以东向与宋太祖争夺天下。而战事旷日持久，则各地本在观望的节度使乘乱起兵，如此天下是否还属赵姓就真的很难说了。这确实是李筠与宋朝争胜的最佳方案。但李筠为人刚愎自用，对此不屑道："吾周朝宿将，与世宗义同昆弟，禁卫皆吾旧人，必将倒戈来归。况吾有儋珪枪、拨汗马，何忧天下哉！"这儋珪乃李筠的爱将，颇有勇力，善于用枪；拨汗为李筠所骑骏马之名，能日驰七百里，故李筠以此自夸。李筠命令其子李守节守卫潞州，自率大军三万南下，很快攻占了泽州（今山西晋城），杀死泽州刺史张福，声势大涨。

宋太祖对此虽有所防备，但李筠起兵的消息传来，还是震惊了宋廷上下。枢密使吴廷祚认为"潞城岩险，且有太行（山）之阻，贼若保之，未可以岁月破。筠素恃勇轻脱，（朝廷）若速举兵击之，（彼）必离上党来逆战，兽亡其薮，鱼脱于渊，擒之必矣"。即潞州城形势险要，且倚靠太行山，易守难攻，但李筠性格轻率，恃勇好斗，如我军迅速讨击，他必定会离开巢穴来与我决战，立可擒杀；若让李筠越过太行山，将居高临下，兵锋直指开封城，则大局危殆。此计策得到宋太祖赞同。十九日，宋太祖命令正驻守河北的侍卫马步军副都指挥使石守信与殿前副都点检高怀德率领前军进讨，并告诫说："勿纵筠下太行，急引兵扼其隘，破之必矣。"

在五月朔日，竟然"日有食之"。日者，君也。日食的发生，往往表示君主存在失德之举，或是将发生有伤害君主之事。此时正逢李筠起兵反宋，给宋廷上下带来的震撼可以想知。宋太祖按历代王朝惯例，"降服出次，百官各守有司"。所谓降服出次，乃指宋太祖举行释去冠冕正服、出城至郊外暂住以谢天谴之仪式。但同时宋太祖又继续做着征讨叛军的准备：二日，又遣宣徽南院使昝居润为河北澶州（今河南濮阳）巡检，防御契丹乘乱南侵，然后调遣驻屯真定的殿前都点检慕容延钊、彰德军留后王全斌率兵西行，与石守信部会合；三日，又命勇将郭进兼西山巡检，以防御北汉越过太行山向东攻掠河北，以分宋军兵势。此外，宋太祖又命陕西、京西（今河南西部地区）诸道兵马分路进讨，以分李筠兵势。五日，石守信等传来捷报说在长平南击破李筠之军，斩首三千余级，又攻下了大会寨（今山西晋城南）。从两军形势上看，"斩首三千余级"的战果显属夸大其词，欲以此减轻弥漫于民间的惊恐情绪。

北汉主刘钧接到李筠反宋起兵的报告，打算向辽军求援，但李筠的使者却转告李筠之言，说不必求援契丹，仅凭潞州、太原两地兵力，完全可以一战全歼赵匡胤之军。于是北汉主亲率精兵数千往援，北汉左仆射赵华劝道："李筠举事轻易，事必无成，陛下扫境内而赴之，臣未见其可也。"北汉主甚为不悦，怒目道："朕志已决，卿安能知其必无成耶？卿有长策，顾当如何？"但未等赵华回答，北汉主便翻身上马，绝尘而去。北汉主出团柏谷至太平驿（今山西长治西北），李筠率僚佐以臣礼迎接。北汉主封李筠为西平王，坐于北汉宰相卫融之上，并赐马三百匹以及"服玩珍异"。但李筠因见刘钧兵少将弱，全无王者气象，心中甚为后悔。只是事已至此，李筠无可奈何，但是在北汉主刘钧召见自己议事时，明知北汉与周为世仇，却故意说自己"身受周室大恩，不敢爱死而臣宋"。果然刘钧听后默然不语，心存猜疑，遂命卢赞为李筠监军。李筠对此心气难平，使得与北汉的结盟貌神皆离。

李筠还联络与其关系密切的节镇共同起兵，如建雄节度使杨庭璋，其姊为周太祖妃，当时李筠就遣使来邀。杨庭璋"执其使以闻，仍献攻取之策"，但宋太祖仍然怀疑杨庭璋"有异志"，命郑州防御使荆罕儒为晋州兵马钤辖，"使伺察之"。待李筠起兵的消息传开，本在观望中的四方守臣，亦有人欲起兵响应。为能快刀斩乱麻，宋太祖决定效法周世宗，亲征潞州。宋太祖打算留下赵普镇抚京城根本之地，但赵普权衡形势，深知宋太祖此行关系重大，就通过赵光义向天子表示自己愿意随驾出征："普托迹诸侯十五年，今偶云龙，变家为国。贼势方盛，万乘蒙尘，是臣子效命之日。幸望启奏此诚，愿军前自效。"宋太祖得报，笑道："赵普岂胜甲胄乎？"但还是答应了赵普请求，改命枢密使吴廷祚为东京留守，以殿前都虞候赵光义为大内都点检，镇守京城。确实，当时很多朝臣都不看好此次亲征，如已退居洛阳家中的后周宰相李穀，曾接受了李筠所送钱五十万贯及其他物品，等到李筠兵败后，李穀忧虑而死。但宋人有言李穀死得不明白，故推测李穀当不是因为接受了李筠的赠物忧虑致死，而可能是深深卷入了李筠之事而自杀的。又如中书舍人赵逢侍从宋太祖亲征至河内府，听说李筠已拥兵南下，便假称自己坠马伤足，留在了怀州。此后宋太祖凯旋还京，将他贬为房州司户，以示惩处。

不过在当时，深知与李筠一战关系重大的宋太祖，也明白此行凶险，所以在临行前嘱咐赵光义道："是行也，朕胜则不言。万一不利，则使赵普守河阳（今河南孟州南），别作一家计度。"所谓"别作一家计度"，大概有让潞州独立、而让自己保有河阳以东地区的含义，但从宋太祖嘱咐赵光义"使赵普分兵守河阳"，而非自己亲下命令，则可推知此"万一不利"，大概是指自己"战死沙场"而言。大概是基于同样考虑，宋太祖于亲征前夕又调侍卫马步军都指挥使韩令坤屯兵河阳。

二十日，宋太祖离京西征。据司马光《涑水记闻》记载，宋太祖亲征前夕，有军校献上手樋（策马之手杖），宋太祖便问道："此何以异于常樋而献之？"那军校密言道："陛下试引樋首视之。樋首，即剑柄也，有刃韬于中，平居可以为杖，缓急以备不虞。"宋太祖大笑，将手樋扔在地上，说："使我亲用此物，事将何如？且当是时，此物固足恃乎？"此事宋代史籍中多有记载，但未提其在"太祖将亲征"这一特殊时间节点，遂被世人视为宋太祖率直、仁诚待人的典型事例，如南宋学者林光朝在奏章中引用此故事之后，论云："太祖之于天下，可谓得其远者大者。"其实，宋太祖手中常持柱斧（乃一种作为拄杖之用的长柄斧形之物），平时用如拄杖，但危急时，显然可被出身行伍的宋太祖用作防身武器，只是不太引人注目而已。

二十五日，宋太祖抵达荥阳（今属河南），召见西京留守向拱。向拱劝说宋太祖"筠逆节久著，兵力日盛，陛下宜急济渡大河，逾太行，乘其未集而诛之，缓则势张，难为力矣"，则形势将不容乐观。从征的赵普也说："贼意国家新造，未能出征。若王师兼行，掩其不备，可一战而克。"宋太祖听从其计，急催兵马渡黄河北上，二十七日至河阳，二十九日至怀州。

正如赵普所预料的那样，志满意得的李筠错误估计形势，认为宋太祖刚即位，不敢离京远征，而那些禁军将士都是自己旧部，只要自己出面，他们必定会阵前倒戈。不想事态发展全出自己意料，心理准备不足的李筠在泽州城南与宋军前锋石守信、高怀德部激战，一战大败，北汉节度使范守图被擒，卢赞阵亡，李筠遁入泽州城固守。

六月一日，宋太祖来到泽州城下，指挥三军将士猛攻。此时自泽州城下败逃溃散的潞州将士，听说宋太祖已至泽州督军，知道李筠败局已定，故纷纷投诚降宋，使得泽州城中的李筠麾下将士大为沮丧，士气低落。但泽州城虽小，却城墙高峻，宋军围攻十多天也没能攻破。宋太祖招来控鹤左厢都指挥使马全义询问对策，马全义答道："筠守孤城，若并力急攻，立可殄灭；傥缓之，适足长其奸尔。"于是宋太祖急命诸军昼夜猛攻。十二日，李筠爱妾刘氏问李筠道："城中健马几何？"李筠反问："尔安问为？"刘氏道："孤城危蹙，破在旦夕。今诚得马数百匹，与腹心将士溃围而出，保昭义（潞州），求援河东，犹愈于坐而待死也。"因为潞州城"楼堞坚固，且近河东，易于求援"，确实较困守泽州孤城等死要强。李筠认为此话有理，赶紧点检城中各处见存军马，尚有千匹，遂集合兵马欲连夜出城突围，但左右侍从有人阻止说："今在帐前之人，皆云与大王同心，一旦出城，劫大王降敌，其可悔乎！"李筠一听，大为犹豫。结果次日，马全义率敢死士数十人攀援城堞而上，虽被飞箭射中手臂，流血满身，但马全义拔箭进战，军士呼喊争进，宋太祖亲率卫兵紧跟突击队突入城内。李筠见城池失守，赴火自杀，刘氏欲跟从赴火，李筠"以其有娠，麾之使去"。此后，刘氏生子，李守节因自己无子，就领来其幼弟抚养。李守节年三十二而卒，其幼弟"卒为筠后"。

泽州城被攻破，留在城内的北汉宰相卫融被擒。宋太祖随即麾军进逼潞州，李守节大开城门出降。

卫融被擒后，宋太祖责问他为何极力赞同刘钧帮助李筠造反，卫融从容回答："犬各吠非其主。臣四十口衣食刘氏，诚不忍负之。陛下宜速杀臣，臣必不为陛下用。纵不杀，终当间道走河东耳。"宋太祖大怒，命左右用铁杖狠狠击打其头，卫融被打得满面流血，大呼道："臣得死所矣。"宋太祖闻言，回顾左右侍臣说道："此忠臣也，释之。"并给敷上金创良药。然后，宋太祖遣人向北汉主传话，欲用卫融换回被李筠送到北汉的原泽州监军。北汉主刘钧获知李筠已败，便自太平驿逃回太原，对赵华说道："李筠无状，卒如卿言。吾幸全师而归，但恨损失卫融、卢赞耳。"由此推重文学之士，任命赵弘为宰相，而不敢再轻易出兵与宋交战，但对宋太祖的交换俘虏的建议不予理睬。宋太祖因未得到北汉人的响应，遂任命卫融为太府卿，将他留在了开封。此外，宋太祖对待投降的李筠之子李守节也颇宽恕，不仅未杀他，反而授任单州团练使之职。宋太祖此招，在显示自己宽宏大量之余，也在向反侧不安的原李筠部下发出不究旧恶之信号，从而对迅速稳定泽州、潞州等地局势起到了关键作用。

月底，宋太祖调来义社兄弟李继勋任昭义军节度使，镇守泽州、潞州地区，防备北汉，自己则凯旋开封。回京城以后，宋太祖即以"赏平泽、潞之功"的名义，以皇弟赵光义领泰宁军节度使，擢赵普为枢密副使，名正言顺地执掌着枢密院诸项事务。同时，宋太祖又封皇妹为燕国长公主，出嫁殿前副都点检、忠武节度使高怀德，通过联姻来加深与禁军将帅的关系。

宋太祖仅费时一个多月，漂亮地赢得了登基后的第一仗，于歼灭李筠、解除了身边一大威胁之外，大大震撼了那些心存"二心"的各地原后周统兵将领以及地方官吏，各地方镇随之纷纷上表请求入朝觐见新天子。于是宋太祖乘机让久镇一方的节度使换防，慢于中央禁军强大兵力的这些节度使都敛手听命，走马奔赴新任。淮南节度使兼中书令李重进也接到了改任平卢节度使的诏令。

作为后周国戚和重臣的李重进，当年因与张永德争权，对张永德的老部下赵匡胤也不友好，当赵匡胤篡夺了后周天下的消息传来，自然心中不安。宋太祖即位后，依惯例给李重进加官晋爵，加封中书令，但免去了李重进侍卫亲军都指挥使一职。中书令地位很高，但只是一个荣誉虚衔，并无实权。李重进为探知新天子对自己的真实态度，上表请求依惯例至京城觐见皇帝，但宋太祖却不想与这位老对手见面，就指示翰林学士李昉道："善为我辞以拒之。"意谓找个好的借口以拒绝李重进进京面圣。于是李昉在诏书中写道：

> 君为元首，臣作股肱，虽在远方，还同一体。保君臣之分，方契永图；修朝觐之仪，何须此日。（《续资治通鉴长编》卷一）

本就忐忑不安的李重进得到这份诏书，对自己的处境更为担忧，为求自保，就开始召集亡命之徒，增高并加固城墙，深挖护城河道，悄悄进行着起兵的准备。潞州李筠举兵的消息传来，李重进即派心腹军校翟守珣前往潞州联络。翟守珣与宋太祖为旧日相识，所以途经京城开封时，悄悄通过枢密承旨李处耘求见天子告密。宋太祖问："我欲赐重进铁券，彼信我乎？"翟守珣回答："重进终究无归顺之志矣。"宋太祖正忙于镇压李筠的反叛，为免腹背受敌、兵分势弱的危险局面，就送给翟守珣很多财物，许以官爵，让他回去劝说李重进不要急于起兵，"无令二凶并作，以分兵势"。翟守珣回到扬州后，劝说李重进要"养威持重，不可轻发"。李重进"信之"，按兵未发。按说李重进并非初出茅庐之"雏儿"，多年来一直在战场上领兵厮杀，难道会看不出此时正是难得易失的东西夹击宋廷之有利时机？怎会轻易听信翟守珣之言？显然大家都是明白人，一则是李重进深知单凭扬州一地兵马，难与中央禁军相抗，不到无路可走，实难下决断；二则所谓"养威持重，不可轻发"的劝说，是要李重进隔岸观火，待宋廷与李筠斗得两败俱伤之时，自己可得渔翁之利。此计策颇合李重进的心意，于是暂时搁下了起兵打算，静观时局发展。

宋太祖攻灭李筠回到京城以后，遂回头"将经略淮南"，决意乘势处理掉扬州之事。九月中，宋太祖下令徙李重进为平卢节度使，让他离开经营有年的扬州，移镇青州（今属山东），为减其忧惧，又派六宅使陈思诲携带赐给李重进的"丹书铁券"前往扬州，以示信任，并转去欲让李重进入京觐见的口谕。鉴于五代时期接受铁券者，不是起兵称帝就是被诛杀的"前车之辙"，李重进根本不信铁券的效用，而宋太祖也属反其道而用之，所谓赐予铁券"以安其心"云云，不过是一托词而已，其实质用意乃是逼迫李重进速反，好让自己师出有名，早日除去心头又一大患。李重进得到"铁券"等物后，甚是犹豫，思前顾后，想随陈思诲入朝，但为左右僚佐所劝阻。李重进终究担心自己作为前朝国戚，难以获得新天子的保全，既然已不能入朝，那就只有起兵反宋一条路了。踟蹰再三，不愿束手归附的李重进如宋太祖所愿而仓促据城举兵：拘留陈思诲，整治城池，修缮兵甲，招募兵马，并遣使求救于南唐国主李璟。

当年周世宗三次亲征淮南，南唐损失惨重，江北土地全部丢失，都城金陵（今江苏南京）直接处于北军兵锋之下，故李璟特意将国都迁至洪州（今江西南昌），称南都，以避锋芒。南唐完全不敢主动招惹宋朝，加上李璟并不看好李重进能成事，所以一口拒绝出兵援助扬州。

此时，一向遭到李重进猜忌的扬州监军安友规见事态已无可挽回，担心遭到李重进的毒手，就与亲信数人翻越城墙逃出，赶赴京师告急。安友规逃走后，李重进为防止军心动摇，逮捕了平日不亲附自己的军校数十人。那些军校大呼道："吾辈为周室屯戍，令公（古时对中书令的尊称，此指李重进）苟奉（效忠）周室，何不使吾辈效命（沙场）？"李重进不听，全部处死。不料此举使得扬州士卒一时大为惊恐。

李重进起兵反宋的消息很快传入开封城，早已有准备的宋太祖一面下诏削夺李重进的一切官爵，一面任命侍卫马步军副都指挥使石守信为扬州行营都部署、兼知扬州行府事，殿前都指挥使王审琦为副都部署，宣徽北院使李处耘为都监，率军讨伐李重进。十月四日，逃出扬州城的安友规赶到京师报告李重进起兵的详细情况，宋太祖当即任命安友规为滁州刺史，监护前军讨伐。宋太祖又向心腹大臣赵普询问对策，赵普认为李重进困守扬州孤城，士卒离心，外无救援，内乏资储，虽然"急攻亦取，缓攻亦取，兵法尚速，不如速取之"，以免夜长梦多，易生不测。宋太祖采纳其言，对左右近臣表示道："朕于周室旧臣无所猜闲，重进不体朕之心，自怀反侧。今六师在野，朕当暂往慰抚之。"道理全在自己一边，而将自己有意逼迫李重进谋反的手段一概略去。当时李重进的两个儿子在京城为宿卫官，宋太祖召见，告诫道："汝父何苦而反？江淮兵弱，又无良将，谁与共图事者？汝速乘传（驿马）往谕之，吾不杀汝也。"李重进二子"战汗泣涕辞去"。李重进正与诸军将校议事时，二子忽至，转告宋太祖之言。李重进闻言颇惊恐，众士卒更是心中暗生"向背之意"。宋太祖放行李重进二子的目的，与此前放行李筠之子相同，皆取得了预想的效果。

经周密部署，宋太祖于十月二十一日下诏亲征扬州，再次以赵光义为大内都部署，镇守京城根本之地，吴廷祚权东京留守，旧日幕僚吕余庆为副留守，而改命石守信为行营都部署兼知扬州行府事，潘美为行营都监，宋偓为行营排阵使。

因为已有成算，宋太祖此次亲征行军显得颇为从容。二十四日，宋太祖离开京城，乘船顺汴河而下，三天后抵达宋州（今河南商丘），又过了十一天才至泗州（今江苏盱眙）。宋太祖命三军将士舍舟登陆，击鼓前进。显然，宋太祖将此次南征当作宣扬新皇帝威势的良机。此时宋军前线统帅石守信得知天子亲征，已抵达淮河，便指挥宋军一阵猛攻，很快击溃了李重进军主力，乘势包围了扬州城，随后遣使臣急报天子说："城破在朝夕，大驾亲临，一鼓可平。"于是宋太祖催动三军，连夜进抵扬州城下，即刻攻城。由于李重进为人吝啬，在围城中，还不舍得将酒肉、钱物等赏赐给部下，使得众将士怨声载道，军无斗志，故宋军围攻仅三数日，城守即溃。李重进得知城破，率全家赴火自焚。当时左右臣僚劝说李重进杀朝廷使臣陈思诲泄愤，李重进叹气道："吾今举族赴火死，杀此人何益！"但陈思诲还是被李重进的部下所害。

从当时宋军围攻扬州的态势来看，石守信完全可以不等宋太祖亲临，就直接攻入城去，但他深知既然天子公示天下亲征扬州，怎可提前就把仗给打完，岂非太不顾及天子脸面了。果然，宋太祖前脚刚到城下，宋军后脚就攻占了扬州城。

宋太祖进入扬州城，恩威并施，迅速处理善后事宜：将捕获的李重进死党数百人尽数处死；特地召见曾劝说李重进不要与李筠同时起兵的翟守珣，授官殿直，不久升为供奉官；下令赈济扬州城中百姓，赦免李重进的亲族、部属之罪，逃亡者允许其自首免罪。这些措施有效地安抚了扬州百姓，迅速平定了当地因战乱带来的动荡局势。

当时，禁军将领大多主张乘机南渡长江，攻取南唐，宋太祖听

后颇为心动，便让诸军将士在长江练习水战技能。南唐主李璟得悉
后甚为担忧，派大臣冯延鲁以犒军之名，来扬州探听虚实。在招待
唐使臣的酒宴上，宋太祖发难道："汝国主何故与我叛臣交通？"宋太
祖之意，无非是为进攻南唐寻找一个冠冕堂皇的借口。南唐自兵败
淮南以后，对中原政权的侍奉一直是小心谨慎，不敢有缺，此次李
重进起兵，南唐也未敢出兵救援，所以冯延鲁对宋太祖的潜台词十
分清楚，遂故意以退为进地回答："陛下徒知其交通，不知预其反谋
也。"宋太祖果然追问其事，冯延鲁说道："重进使者馆于臣家，国主
令臣语之曰：'男子不得志，固有反者，但时有可、不可。陛下初立，
人心未安，交兵上党，当是时不反，今人心已定，方隅无事，乃欲
以残破扬州，数千弊卒，抗万乘之师，借使韩（韩信）、白（白起）
复生，必无成理，虽（鄙国）有兵食，不敢相资。'重进卒以失援而
败。"如此说来，南唐不但无罪，实为有功。宋太祖对此一时倒也不
好再说什么，于是使出军人本色，直截了当地发问："虽然，诸将皆
劝吾乘胜渡江，如何？"冯延鲁也不含糊，委婉而明确地表态道："陛
下神武，御六师以临小国，蕞尔江南，安敢抗天威？然国主有侍卫
数万，皆先王亲兵，誓同生死，陛下能弃数万之众与之血战，则可
矣。且大江风涛，苟进未克城，退乏粮道，亦大国之忧也。"宋太祖
当然知道对方所说的皆是实情，而且国家新立，军政大事还未完全
理顺，加上南唐实力的确也不可小觑，所以在准备不足的情况下贸
然进攻江南，确实胜算很少，便笑着自找台阶道："聊戏卿耳，岂听
卿游说耶！"于是宋与南唐之间关系依旧。当时宋太祖命令诸军在迎
銮镇（今江苏仪征）操练战舰，而南唐小官杜著"颇有辞辨"，伪作
商人，由建安渡过江来投奔，彭泽令薛良因事被贬责池州文学，"亦
挺身来奔，且献平南策"，南唐国主甚感畏惧。宋太祖既决定暂时不
对南唐用兵，遂下令将杜著斩首，而将薛良发配于庐州（今安徽合

肥）。于是南唐正式由臣服后周转为臣服宋朝，而宋朝也不对南唐用兵，和平相处。

十二月初，宋太祖任命李处耘权知扬州，处理善后，警备江南，自己再次敲着得胜鼓回转京师开封。

宋太祖即位第一年，通过分而治之的策略，速战速决，迅速削平李筠、李重进两大节镇的起兵反抗，那些实力逊于二李的藩镇眼见无力抗衡中央，虽有对赵匡胤代周不满的，也不敢再生异想，重蹈二李覆辙。由此宋朝在后周境内的统治大为巩固，已腾出手来的宋太祖遂开始着手解决时刻萦绕于怀的两大难题：加强君主专制集权统治与削平割据政权、一统天下。

五代时期"主弱臣强"，"兴亡以兵"，使得禁军将帅掌控着皇帝的废立生杀之权，曾身为后周禁军统帅的宋太祖便是这一现象的受益者，不过他可不希望其他人也步自己后尘，让这一幕在自己或自己后代身上重演，使赵宋政权成为第六个短命王朝。有一天，苦思防止重臣大将篡夺"大政"对策的宋太祖召见赵普议论道："天下自唐季以来，数十年间，帝王凡易八姓，战斗不息，生民涂地，其故何也？吾欲息天下之兵，为国家长久计，其道何如？"颇精通治道的赵普献策说："此非他故，方镇太重，君弱臣强而已。今所以治之，亦无他奇巧，惟稍夺其权，制其钱谷，收其精兵，则天下自安矣。"其意思是说，只有将各地藩镇和禁军将帅手中用人之权、财赋之权和兵权都夺过来，归天子掌握，才能从根本上改变五代时期君弱臣强、藩镇割据对抗中央之问题。宋太祖于言下即悟，便说："卿无复言，吾已喻（明白）矣。"于是宋太祖导演了一场闻名千古的"杯酒释兵权"喜剧。

宋太祖对禁军将帅的调整在荡平扬州李重进之后不久就进行了。

是年末，宋太祖让义社兄弟韩重赟、心腹部将罗彦瓖替代侍卫马军都指挥使张光翰、步军都指挥使赵彦徽，由此殿前、侍卫二司兵权完全掌握在宋太祖亲信心腹之手。此时，殿前都点检慕容延钊、侍卫马步军都指挥使韩令坤虽然职位更尊贵，因统兵在外，其实权已旁移，但宋太祖对声望、资历不在自己之下的慕容、韩二人还是放心不下。961年（建隆二年）闰三月，宋太祖在慕容延钊、韩令坤入朝觐见之际，罢去两人统领禁军的兵权，慕容延钊出任山南东道节度使，韩令坤出任成德节度使，而以义社兄弟石守信升任侍卫马步军都指挥使；并不再设置殿前都点检这个权重位尊的职务，以免人们再生出"点检作天子"的联想，引起社会混乱。

正当宋太祖的计划按部就班进行时，不巧宋太祖的母亲杜太后病逝，释兵权之事便暂时搁下了。

杜太后一共生有五子，长子与幼子早死，次子即赵匡胤，三子赵光义，四子赵廷美。史载杜太后很有见识，治家严格而又有法度。宋太祖登基之初，曾率家人、众臣来朝拜庆贺，杜太后却黯然不乐，左右侍从很不理解，问道："臣等闻母以子贵，今子为天子，胡为不乐？"杜太后回答："吾闻为君难，天子置身兆庶（亿万百姓）之上，若治（国）得其道，则此位可尊，苟或失驭，求为匹夫不可得，是吾所以忧也。"对母亲提醒自己要居安思危，宋太祖大为敬佩。此后杜太后对国事处理的意见，也甚得宋太祖的重视。六月二日，杜太后病死。《续资治通鉴长编》记载杜太后临终前，让一直侍奉在身边的宋太祖将她十分信任的赵普召到病榻前同受遗命，然后问宋太祖道："汝自知所以得天下乎？"宋太祖悲泣着不能回答，杜太后责让道："吾自老死，哭无益矣。吾方语汝以大事，而但哭耶？"于是宋太祖敷衍说："此皆祖考及太后余庆也。"但杜太后不同意，告诫儿子道："不然。政由柴氏（指周世宗）使幼儿主天下，群心不附故耳。

若周有长君（年长之君），汝安得至此？汝与光义皆我所生，汝后当传位汝弟。四海至广，能立长君，社稷之福也。"宋太祖一口答应。杜太后就对赵普说："汝同记吾言，不可违也。"命赵普在床榻之前起草誓书记录此事，赵普并在纸尾写上"臣普记"三字以示慎重。宋太祖就将这份誓书藏在皇宫里金匮之内，命谨慎可靠的宫女保管。

宋太祖之母杜太后像（宋佚名绘，台北故宫博物院藏）

　　这便是宋初众多著名政治疑案之一的"金匮之盟"。对此"金匮之盟"的订立，北宋前期修撰的官史《太祖新录》和《三朝国史》皆称赵光义当时也在现场，但南宋史学家李焘于《续资治通鉴长编》中指出其说错误。不过，李焘认为《涑水记闻》载录杜太后所说的"百岁后当传位于二弟"之"二弟"，乃指赵光义一人而已，即"二"指第二，但司马光《涑水记闻》等私家笔记大都认为"二弟"乃指赵光义、廷美两位弟弟，而且指出赵廷美之后再将皇位交还给宋太祖之子德昭。署名为宋初名臣王禹偁所撰的《建隆遗事》，却说"金匮之盟"是在杜太后康健之时，宋太祖率领皇弟、皇子、皇侄和公主等宴会于杜太后之处，是宋太祖为满足杜太后"一妇人生三天子"的心愿而主动提议的。因有关"金匮之盟"的记载错互参差，各不相同，所以后世或认为宋初确实订立有"金匮之盟"，或认定是后来伪造的，聚讼至今。认定"金匮之盟"伪造的主要理由是：杜太后死时，宋太祖年三十五岁，其弟赵光义二十三岁，赵廷美十五岁，而其子赵德昭已十一岁，杜太后如何能预计到宋太祖死时，赵德昭仍是幼童？如果是按赵光义、廷美、德昭的传位次序，则廷美仅比德昭大四岁，则"国有长君"之说更是无从谈起。不过，这一说法放在太平岁月自然十分有理，但如果考虑到宋初这一特殊时期，就属考虑不周了。因为五代时期社会动荡，危机重重，天子猝死于壮年者甚多。五代时期共计有十三位君主，能够享国十年以上者绝无仅有，而死于非命者却多达七人；尤其是周世宗壮年猝死，由年仅七岁的小皇帝继位，从而被人夺去天下，此一惨痛教训当更是宋初统治者所深深铭刻在心的。而且五代时，也不乏为了国有长君而舍子传弟的先例。如后晋宰相冯道就从立长君考虑，舍晋高祖石敬瑭之幼子而立其侄石重贵。十国中之吴、楚、吴越、南汉等国也多有兄终弟及之例：楚王马殷甚至"遗命诸子，兄弟相继"。南唐主李璟"始嗣位"，以弟齐王景遂为元帅，居东宫，燕王景达为副元帅，在父王灵柩前立下"盟约，兄弟相继，中外庶政，并委景遂参决"；李璟又以"长子冀为东都留守，后又立景遂为太弟，景达为齐王、元帅，冀为燕王、副元帅"。显然，李璟之意是先传位两位弟弟，然后再传回给自己儿子。此类事例，当时并非秘而不宣。乱世行事，皇位始终留在本家族乃属要事，其余诸事则当讲求通变适时，不可固执皇位父子相传的死理。因此，为了不重蹈周世宗未立"长君"的覆辙，避免成为第六个短命王朝，杜太后、宋太祖等仿照当时兄终弟及的成例而预作防范亦就属较为自然之举。考之宋代史书记载，可以证明当时确实有一个传弟的约定，而且德昭也确有继位的资格。由于这个问题甚为复杂，故在下文涉及相关之事再详加述说，此处从略。

　　据《宋会要辑稿·礼》所载，杜太后遗嘱要求皇帝"成服，三日听政，以日易月，一依旧制"，而在京文武百官十三天可释丧服，地方官吏三天可释丧服，且"释服之后，勿禁作乐"。所谓"以日易月"之说，是说天子实际守丧时间可从权，即以一天代表一个月，三年丧期可仅为二十四天的。即杜太后二日去世，三日百官"入临"；四日"大敛，攒于滋福宫，百官成服"；九日，宋太祖见百官于紫宸门；二十五日"释服"。因此，严格意义上的丧期，至六月二十五日已完结。于是因国丧而暂停的解除禁军将帅兵权之事重又得以进行。

关于解除禁军将帅兵权之"杯酒释兵权"一事，宋代文献记载也颇混乱，而以李焘《续资治通鉴长编》所说的为详细：

当时石守信、王审琦等人作为天子故人，皆典掌禁军兵权。赵普数次对天子提出，石守信、王审琦等人兵权太重，皆不可令其主兵，但宋太祖听后大不以为然，认为："彼等必不会叛吾，卿何忧？"赵普回答："臣亦不忧其叛也。然熟观数人者，皆非统御才，恐不能制伏其下。苟不能制伏其下，则军伍间万一有作孽者，彼临时亦不得自由耳。"宋太祖不笨，自然明白其意，即刻接受了赵普的意见。

七月初，宋太祖在宫中设宴招待石守信、王审琦、高怀德等禁军高级将领，酒酣，让左右侍从退下，乘醉说道："我非尔曹之力，不得至此（称帝），念尔曹之德，无有穷尽。然天子亦大艰难，殊不若为节度使之乐，吾终夕未尝安枕而卧也。"众将惊问原因，宋太祖说："是不难知矣，居此位者，谁不欲为之？"众将赶紧磕头辩白："陛下何为出此言？今天命已定，谁敢复有异心？"宋太祖道："不然。汝曹虽无异心，其如麾下之人欲富贵者，一旦以黄袍加汝之身，汝虽欲不为，其可得乎？"石守信等人这一吓可不轻，赶忙磕头如捣，哭求皇上指明解救之法。宋太祖便道："人生如白马之过隙，所为好富贵者，不过欲多积金钱，厚自娱乐，使子孙无贫乏耳。尔曹何不释

元钱选摹绘《蹴鞠图》（上海博物馆藏），上方三人中间为宋太宗，左为石守信，右为党进；右下踢球者为宋太祖，中间为赵普，左为楚昭辅

去兵权，出守大藩，择便好田宅市之，为子孙立永远不可动之业，多置歌儿舞女，日饮酒相欢以终其天年。我且与尔曹约为婚姻，君臣之间，两无猜疑，上下相安，不亦善乎！"这一用高官厚禄来换取军权的条件，立即为禁军将领们所接受。次日，他们纷纷称病辞职，宋太祖很是高兴，赐给他们很多金银礼物。九日，宋太祖解除了他们的统领禁军之职，授予其节度使，出镇地方：殿前副都点检、忠武节度使高怀德改为归德军节度使，殿前都指挥使、义成节度使王审琦改为忠正军节度使，侍卫马步军都虞候、镇安节度使张令铎改为镇宁军节度使。只有侍卫亲军马步军都指挥使石守信兼军职如故，但已无兵权了；此后殿前副都点检一职未再授人。一年后，石守信

自请免去军职，于是侍卫马步军都指挥使也不再设置。当时仅殿前都虞候赵光义职务未动，而侍卫马军都指挥使韩重赟改任殿前都指挥使，刘光义接任侍卫马军都指挥使，崔彦进接替罗彦瓌出任侍卫步军都指挥使。

此即历史上著名的"杯酒释兵权"。由于此后出掌禁军兵权的韩重赟、刘光义仍为宋太祖"义社兄弟"，所以宋太祖如此做的原因，当与司马光所说的宋太祖"更置易制者，使主亲军"有关。

宋太祖通过"杯酒释兵权"成功地解决了大将专制军权的问题，一举将禁军统领权集中于天子手中，并通过分离掌兵权和发兵权，使"兵无常帅，帅无常师"；此后又逐步削夺节度使的兵权、财权和人事权，罢免节度使而代之以文官知州，创建了"强干弱枝"的中央集权政治体系。对于宋太祖大量任命文臣为知州以代方镇的做法，宰相范质曾提出反对意见，认为："臣窃见七、八处大藩方，皆要害之处，近日并未有主帅，皆是儒士懦弱，权轻力小。"但他似乎没弄明白，这"懦弱，权轻力小"，正是宋太祖所希望达到的目的，欲由此结束藩镇割据局面，建立起全新的地方权力结构体制。所以范质虽以宰相的身份提出异议，但文臣知州现象有增无减。为避免地方长官权大难制，宋朝以京朝官出任知州、通判，除军事要害处之外，一般不任用武将，三年一换，使其无法专权。对此效果颇感满意的宋太祖，曾宣称："五代方镇残虐，民受其祸。朕令选儒臣干事者百余，分治大藩，纵皆贪浊，（其危害）亦未及武臣一人也。"由此，赵宋王朝走出了五代时频繁兵变、军阀混战、社会动荡的阴影，纵观整个宋朝三百多年中，兵变再未发展成为一种对赵宋王朝的致命威胁。中国古代历朝开国之君往往以杀戮立威，如汉高祖刘邦、明太祖朱元璋大杀功臣战将。唯宋太祖反其道而行之，于杯觥交错间简单而又直接地解决了历朝开国之君都深感棘手的难题，使宋代君臣得以相对平安相处，对宋朝较为宽松的政治环境的形成起到了重要作用。因此，"杯酒释兵权"也就被誉为"最高政治艺术的运用"，而成为千古佳话。

但与"金匮之盟"一样，也有人认为"杯酒释兵权"之事根本就属子虚乌有，其中一大理由就是"杯酒释兵权"仅载于宋人笔记，其所记载的内容也颇有矛盾冲突之处，很不可信。而且宋初官史如《太祖实录》和《三朝国史》等皆无只字片言的记录，如果真有"杯酒释兵权"这样一件值得当代称颂的大事，宋廷定然不会不加记载。此说也有不然。宋初"国史"未记载"杯酒释兵权"，究其原因，当与皇弟赵光义被解除军权一事有关。世人说起"杯酒释兵权"，大都关注诸禁军大将被解除军权上，而不甚注意当时被解除兵权的三衙长官除高怀德、王审琦、张令铎、罗彦瓌诸人外，还有一关键人物，即殿前都虞候赵光义。

七月二十一日，皇弟殿前都虞候赵光义改任开封尹、同平章事，赵廷美授山南西道节度使。谁来接替赵光义？宋太祖认为"殿前卫士如狼虎者不下万人，非张琼不能统制"，于是擢任心腹悍将、内外马步军都头张琼为殿前都虞候。

对于赵光义改任开封尹，李焘给出的理由是此前宰相范质奏请："光义、廷美皆品位未崇，典礼犹阙，伏乞并加封册，申锡命书，或列于公台，或委之方镇。"得到天子"嘉纳"，故有是命。但辨析相关史料，可知两者间的因果关系并不密切。因为其一，此时殿前都点检空缺，殿前副都点检高怀德、都指挥使王审琦同时被免，据当时情况分析，一般是擢任赵光义补缺；但其二，据古代一般情形而言，亲王执掌禁卫军兵并不利于王朝稳定，而宋太祖登基后即擢任赵光义为殿前都虞候以执掌殿前军马，实出于王朝初创之时政局动荡这一特殊背景，至此形势渐平定，故改命赵光义任开封尹，同时解除其兵权，以免隐患。由于其中隐衷，与日后赵光义继位为皇帝以后一再宣称的太祖"友爱"兄弟之说颇有不合，所以稍后撰修"国史"的史臣也就避而不提了。

五代时期有着以开封尹作为"储君"的惯例，周世宗即是自开封尹登基的。所以赵光义于杜太后死后仅一月余即出任象征"储君"之位的开封尹一职，显然与那个传位"誓约"相关。而且在"杯酒释兵权"一事中，赵普较宋太祖更为积极，此前竭力劝说天子解除石守信等禁军大将兵权，此后又极力阻止赵光义势力染指禁军事务，因此赵光义与石守信等禁军将帅几乎同时被免军职，当也与赵普大有关联。可能因此原因，赵光义与赵普的关系开始疏远，并渐趋恶化。

宋太祖创建的宋朝，承袭了后周统治疆域，其号令所行，不出中原黄河、淮河流域及关中等地，举目四望，皆他人之邦国，而能否结束自晚唐以来的四分五裂混乱局面，大大关系着赵宋王朝的前途和长治久安。因此，当初宋太祖平定潞州李筠之乱后，就想乘胜进攻北汉太原城，开始统一天下之战。宋太祖曾为此私下征求武胜节度使张永德的意见，但张永德认为："太原兵少而悍，加以契丹为援，未可仓卒取也。臣愚以为每岁多设游兵，扰其田事，仍发间使谍契丹，先绝其援，然后可图。"宋太祖听后称善。随即李重进又在扬州起兵，首征北汉的计划遂被搁置。至此，宋太祖既通过"杯酒释兵权"在相当程度上消弭了"内患"，便将其目光转向阃外。据史书记载，当时就设计"一天下之策"，宋太祖与赵普之间发生了一段著名的对话。

是年深冬，一个大雪纷飞的夜晚，宋太祖忽然微服出宫，来到赵普家里，围着火炉吃烤肉，赵普的夫人和氏把盏斟酒。酒过三巡，

雪夜访普图（局部，明刘俊绘，故宫博物院藏）

赵普从容问道："夜久寒甚，陛下何以出？"

　　宋太祖回答："吾睡不能着，一榻之外，皆他人家也。"

　　赵普又问："陛下小天下（以天下过于狭小）耶？南征北伐，今其时矣。愿闻成算所向。"

　　宋太祖道："吾欲先收复太原（此指北汉）。"

　　赵普听后默然不语，过了许久才说道："非臣所知也。"

　　宋太祖询问原因，赵普陈辞说："太原当西、北二边，使一举而下，则二边之患，我独当之。何不姑留以俟削平诸国，则太原弹丸黑志之地，将无所逃矣。"

　　宋太祖大笑："吾意正如此，特以试卿尔。"

　　这就是历史上著名的"雪夜定策"故事。对宋太祖君臣采用这一统一战略的原因及其具体步骤，这段对话中并未明示，但北宋魏泰《东轩笔录》卷一所载宋太祖对赵光义说的一段话，正好回答了这一问题：

　　　　太祖皇帝得天下，破上党取李筠，征维扬诛李重进，皆一举荡灭，知兵力可用，僭伪可平矣。尝语太宗曰："中国自五代以来，兵连祸结，帑廪虚竭，必先取西川（指后蜀），次及荆（指荆南高保勗、湖南周行逢）、广（指南汉）、江南（指南唐），则国用富饶矣。今之勍敌，正在契丹，自开运（后晋出帝年号）以后，益轻中国（中原王朝）。河东（指北汉）正扼两蕃，若遽取河东，便与两蕃接境，莫若且存（刘）继元，为我屏翰，俟我完实，取之未晚。"故太祖末年始征河东，太宗即位即一举平晋也。

称宋太祖"末年始征河东"并不正确。宋太祖所预想的兵取诸国之

次序,《东都事略》卷二三也有记载,然文字却略有异同:

> 昔太祖既平湖湘,尝谓太宗曰:"中国自五代已来,兵连祸结,帑藏空虚。必先取巴蜀,次及广南、江南,即国用富饶矣。河东与契丹接境,若取之,则契丹之患我当之也。姑存之,以为我屏翰,俟我富实则取之。"

结合后周王朴与周世宗商议确定的统一方略,加上宋太祖先取荆湖实是事出预想之举,则可知宋太祖攻取诸国的次序当以《东轩笔录》"先南后北"、"先易后难"的方略为准。虽说宋太祖这一先消灭南方各个割据势力,然后北上消灭北汉的统一策略,大体为王朴一统天下之策的翻版,但宋太祖还是根据现实情况的变化而对原方略进行了修订和完善。因为南方诸割据政权的经济较富庶,但吏治腐败,军事不振,相互间还多有矛盾冲突,如吴越与南唐为死敌,湖南周行逢与南唐也曾交战,其余诸国只图自保,故后周、宋初君臣皆决定先分化南方诸割据势力,再集中兵力各个击破,而南方诸国中以南唐的国力最强,故放在最后攻取,然后移师北征。不过,王朴的方略是先取江南,次下广南、西川,既定南方,再移师攻取契丹燕云地区,最后以强大的兵力制服北汉。而宋太祖和赵普的方略却是先取西川,然后顺长江东下攻灭荆湖、广南、江南诸国,然后再调兵北上攻击北汉。其中与周世宗北上先收复燕云失地、然后攻灭北汉的做法颇为不同,在宋太祖与赵普、与赵光义的对话中,都未提及如何对付契丹。这并不是他们有意不提,更非已放弃收复燕云十六州失地的打算,而是在仔细分析了宋、辽两国政治、经济情况以及双方军事实力对比以后,做出的一个重大变动。宋人有云:"自燕入于契丹,势日炽大。"即契丹占据燕云诸州后,实力大增,而且契丹"兼用燕人治国"，因其俗而治，有效稳固了其在燕云地区的统治。宋朝新立，其军力、国力当还无力与辽国决一死战。当初周世宗收复三关后，欲乘胜北攻幽州，而诸将皆以为未可，认为"今虏骑皆聚幽州之北，未宜深入"。当时赵匡胤正为周世宗帐前大将，当亦为那诸将之一，此也应是宋太祖登基后，决意先平太原、后取幽州的原因所在。史载宋太祖逝世的那一年初，大臣上皇帝尊号称曰"广天应运一统太平圣文神武明道至德仁孝皇帝"，但宋太祖认为太原未荡平，燕云未收复，羞称"一统太平"，故未答应。由此可见宋太祖始终念兹在兹，而只是想在平定北汉之后再全力收复燕云失地。

962年（建隆三年）六月，吴廷祚罢枢密使。十月，赵普升任枢密使，另一位赵匡胤幕府谋士李处耘升补枢密副使之职，负责"先南后北"一统方略的实施。

简　释：

【雪夜访普图】明朝宫廷画家刘俊所绘，藏北京故宫博物院。此图描绘宋太祖赵匡胤雪夜访问大臣赵普商定统一天下大计的故事。画幅层次分明：下部为赵普家大门及院墙，门半启半闭，屋外白雪皑皑，寒鸦栖树，门外站四侍卫，或呵手，或捂耳，更显寒气袭人。门内有一空地，后为厅堂，当中穿龙袍正襟危坐者为宋太祖，左边便服拱手而坐者为赵普，交谈正酣，身边置炭盆，身后一座大屏风，赵普之妻露出半个身子，双手捧酒壶。画面布局平衡而概括，线条秀劲有力，设色精丽典雅，风格上承南宋院体而又有所变化，富有表现力。

三　北守南取（963—971）

当时能真正对宋朝形成威胁的，也只有北方契丹骑兵，所以宋太祖竭力想重占燕云失地，堵上北大门。当时有个军校曾上书"献阵图，请讨幽州"，宋太祖给予他不少赏赐以为鼓励。宋太祖也曾对赵普设想说：他日收复燕京以后，将在长城上主要关隘古北口一带设防。只是当时宋军禁军兵力不足二十万，以步军为主，且连年战事不息，"帑藏（国库）空虚"，根本无法支持宋军大规模北伐作战。而契丹兵力，《辽史》称有精兵三十万，据当今学者考证，此数字有误，但考虑到契丹游牧民族全民皆兵的特点，其军队人数当不会少于宋军，而且多为骑军，剽悍轻捷，利于野战。因此在野外平原上作战，宋军实难占得便宜。既无胜算，老于战阵的宋太祖，当然不会以硬碰硬，而是采用"守北攻南"的战略，密切注视南方诸国动向，积极寻找合适的突破口，以便逐个消灭之；而在北边则采取守势，分派强将劲兵加强西北边境地区防御：

以李汉超屯驻关南（今河北雄县、徐水一带），马仁瑀驻扎瀛州（今河北河间），韩令坤镇守常山（今河北正定），贺惟忠屯守易州（今河北易县），何继筠守卫棣州（今山东滨州），以防御契丹。

以郭进控扼西山（今河北石家庄西南一带），武守琪守卫晋州（今山西临汾），李谦溥戍守隰州（今山西隰县），李继勋驻守潞州（今山西长治），以防备北汉。

以赵赞屯兵延州（今陕西延安），姚内斌戍守庆州（今甘肃庆城），董遵诲驻扎环州（今甘肃环县），王彦升驻守原州（今甘肃镇

原），冯继业驻守灵武（今属宁夏），以监视分布于西北地区叛服不
常的党项蕃族武装。

为让这些守边众将能尽心职守，制御武将极严的宋太祖又煞费
苦心地给与其许多特权。首先，不同于在京畿及内地士卒实行屯戍
法（军队驻屯地按时更换的一种驻军方法，其目的欲藉此使士兵“习
勤苦，均劳佚”），沿边军兵都是久驻一地，亲戚子弟同在兵营，故
守卫城邦即如守卫家乡，临阵不易溃败。镇守边关的将领也久于其
职，有在位长达十多年的，迁升官爵也是升其官而不易其任，因此
他们熟知边塞之事及麾下人马的长短之处，随机调用，不易误事。
其次，宋太祖在收缴各地方镇财权的同时，厚赏边关将士，给与边
帅不少经济特权，可随意动用当地财政收入，并允许从事商品贸易，
甚至有些地区还特许从事边关贸易，免除赋税，以使他们拥有充裕
的钱财来“安边御众”，招募骁勇以为爪牙，奖励将士，收买间谍，
刺探敌情，使得敌方饮食起居动静皆在其掌握之中；若敌兵南侵，
即遭到宋军迎击或伏击。宋太祖于全力经营南方之时，大体便无北
顾之忧。

为巩固西、北边防，宋太祖还注意针对不同对手采取不同对策。
偏处西北的党项蕃部割据势力，在政治上仍对中原王朝保持着名义
上的臣属关系，所以宋太祖对其严加防备之外，又大力施展拉拢、
利诱的政策，开展与这些部族的边境榷场贸易，禁止边境诸州发兵
进入蕃部地区抢掠牛羊，要求边帅悉心安抚，使蕃部“安静”。在确
保西北边区稳定的同时，争取到一支盟军，在与北汉作战中，颇得
其支持和出兵配合。对北汉则采取积极防御之策，宋太祖让与北汉
接壤的诸州不断发兵侵扰其境内，破坏农耕生产，攻击孤立少援的
城寨，削弱其国力，迫使北汉军队龟缩于太原周围，不敢远出进扰
宋境。对付辽国的策略却又有不同，即命令河北边帅谨守疆域，不

主动攻击辽境，但如若辽军进入宋境抢掠，则必定发兵迎击，同时遣将校进入辽境报复。因此，虽然南北之间发生多起小规模的战争，互有胜负，但就这样一来一往，维系着北方边境双方力量的微妙平衡。

宋人宣称宋初"交、广、剑南、太原各称大号，荆湖、江表止通贡奉，契丹相抗，西夏未服"，所以宋太祖"常注意于谋帅"，分命诸战将戍守要害州军以御北、西诸敌，由是"二十年间无西、北之忧。以至命将出师，平西蜀，拓湖湘，下岭表，克江南，所向遂志"。宋人尹洙对此称誉道：虽契丹与北汉相合，"势益张，然（宋廷）止命偏师备御。王师伐蜀伐吴，泰然不以两河为顾"。由上所述可证，其实际情况并不如此洒脱。

在收复燕京这一问题上，还有一个流传颇广但又似是而非的说法。北宋中期宋敏求《春明退朝录》卷上有载：一日，宋太祖在与赵普商议国事时，拿出一张燕云地区形势图，向赵普示意。赵普一见地图，便说："是必曹翰所为也。"宋太祖询问原因，赵普回答："方今将帅材谋无出于翰，此图非翰，他人不可为也。翰往，必可得幽州。然既得幽州，陛下遣何人代翰？"宋太祖默然无言，"持图归内"。稍后之王巩《随手杂录》也载此事，文字稍异：有一天，宋太祖召赵普"于别殿，左右无一人，出取幽燕图示之。赵熟视久之，曰：'此必曹翰所为。'帝曰：'何以知之？'曰：'非翰莫能也。'帝曰：'何如？'赵曰：'举必克之。须世世得曹翰守之，乃可。'帝不语，携图而入，不复言幽燕之讨"。此后引录此段文字并据以发挥者更多，明末清初著名思想家王夫之便据此记载，把赵普骂得狗血喷头。确实，战略地位重要且城高池深的燕京城，在冷兵器时代，一定是易守难攻，怎会一旦攻取之后却担忧无人能守之理？而且从宋太宗此后进攻燕京失败的情况来看，宋军并无攻克燕京的把握，赵普之语实在过于轻率了，难怪遭致王夫之的痛骂。不过，赵普在此却是枉担了骂名，因为这则记载根本就非事实。这大抵是北宋中后期，有人为反对宋神宗、王安石收复燕云失地的努力，故意编造了这则记载，用被宋人视为"圣君"、"明相"的宋太祖、赵普的言行，来证明宋军没有夺取燕云地区的能力，即使侥幸夺得燕京城，也无人能守住。不料这则谎言却被后人视为实录，广为流传，实在有些厚诬前贤，故在此略为辩白一二。

为能对辽之侧后方予以牵制，宋朝还主动联络处于大海之东的高丽国（朝鲜半岛上的一个古国）。高丽王建于918年（后梁贞明四年）建国，此后灭新罗、百济，统一了朝鲜半岛，成为海东强国。辽初，高丽与辽朝之间有聘使来往。934年（后唐清泰元年），辽太祖灭渤海国，渤海国世子大光显率众数万投奔高丽。于是辽与高丽绝交，相互敌视。宋朝建立后，出于共御强辽的考虑，宋太祖主动遣人与高丽联系，面临强辽威胁的高丽也积极响应。961年（建隆二年）底，高丽使臣李兴祐等来宋朝贡，宋太祖下诏册封高丽国王。次年末，高丽采用宋朝年号，即表示臣属宋朝之意。此后高丽多次遣使入宋纳贡，接受宋朝册封。

此外，宋朝还设法与生活于东北地区的女真族保持联络。女真人因不愿接受辽朝统治，常与辽军发生冲突。与高丽遣使通好宋朝的目的相仿，女真人也屡次派使者不远数千里来开封城朝贡，在接受宋廷回赐而获取经济利益的同时，也希望得到宋朝支援来帮助自己抗衡契丹人。对宋人来说，接纳女真人朝贡还有另一目的，即可由此获得产于北方草原的军马。因为契丹地处幅员辽阔的北方草原，生存的需要使得契丹人自小谙练骑术，骑兵成为契丹最大优势。而中原农耕地区不产马匹，宋军只能以步兵为主，与契丹骑兵作战吃亏不小。在宋初女真人的贡品中，名马是必不可少的物品。宋太祖还曾特下诏免掉登州沙门岛（在今山东烟台蓬莱区西北海中）居民租赋，让其专门买船用来装载并运输女真贡马，以备军用。

宋、辽双方军力对比，宋人并不占优，但辽穆宗昏庸，吏治败坏，政局不稳，故宋太祖也曾设想不通过战争、而用金钱财物赎回燕云失地。约在宋军开始进军荆湖地区时，宋太祖在皇宫内的左藏库之外，又在讲武殿后设置封桩库，将所缴获的金银财物收藏其中，此后国家财政收入的盈余部分也被存入封桩库。宋太祖说："石晋（指石敬瑭）苟利于己，割幽燕郡县以赂契丹，使一方之民独限外境，朕甚悯之。欲俟斯库所蓄满三五百万（缗），当议遣使谋于彼国，（幽燕）土地民庶倘肯归之于我，则此之金帛悉令赍往以为赎直。如曰不然，朕特散滞财，募勇士，俾图攻取，以决胜负耳。"并对左右侍臣说："契丹数侵边，我以二十匹绢购一契丹（人）首，其精兵不过十万，止不过费我二百万匹绢，则契丹尽矣。"宋太祖欲用钱财从契丹手中赎回燕云十六州的原因之一，在于燕云诸州是被后晋石敬瑭割让给辽朝，而非契丹骑兵攻战夺取的，当然，力有所不及也是其不敢轻易向辽朝开战的重要原因。

宋太祖确定了"先南后北"统一方略以后，并非机械地执行，而是视实际情况变化予以调整，以寻找合适的时机与突破口。962年（建隆三年）九月，割据湖南十四州的武平节度使周行逢病死，其子周保权年仅十一岁，继任武平节度使之位。湖南周氏虽称臣于中原王朝，并未列于十国之中，却仍是一个称雄一方的割据政权。年幼的周保权继任，军心未服，衡州刺史张文表乘机发动兵变，占领潭州（今湖南长沙），威逼朗州（武平节度使治所，今湖南常德），气焰高涨。周保权惧怕不敌，为求自保，急忙分别遣使臣向荆南高氏以及宋廷求援。不料前门拒狼，后门进虎，宋太祖趁势定下假途灭號，袭占荆、湖之计。

原来荆南高氏政权内部也发生了变故。五代后梁时，高季平割据今湖北西部一带，拥有荆州（今属湖北）、归州（今湖北秭归）、峡州（今湖北宜昌）三州之地，被封为南平节度使，定都江陵（今湖北荆州）城。因高氏偏居江汉一隅，势单力弱，所以一直对中原王朝俯首称臣。宋太祖登基后，高氏"一岁之间三入贡"。是年十一月，南平节度使高保勖病死，其侄高继冲继位。年底，周保权的求援文书送至开封，宋廷派去荆南吊唁高保勖之死的使者卢怀忠也回转京城，遵命报告说荆南府南通湖南，东拒江南，西受后蜀逼迫，北面臣服中原，而其兵马不过三万，且吏治腐败，横征暴敛，民不聊生，显然易于得手。早有吞并荆湖之意的宋太祖认为荆南弹丸之地，四面受敌，"江陵四分五裂之国，今假道出师，因而下之，蔑不济矣"，便一口答应周保权之请，并授高继冲为荆南节度使，同时令荆南先发水师三千名往讨潭州张文表；又于963年（乾德元年）正月下诏，命镇守襄州（今湖北襄阳）的山南东道节度使慕容延钊为湖南道行营前军都部署，以枢密副使李处耘为都监，率领十州之兵，以援助周保权讨伐张文表为名，借道荆南进入湖南。

李处耘来到襄州城，慕容延钊正患病卧床，宋太祖获知后，特下诏令慕容延钊坐肩舆（一种二人抬的小轿）指挥士卒出征。二月初，宋军离襄州南下，李处耘立即遣阁门使丁德裕先去荆南城传谕天子诏书，向高继冲借道，并让荆南准备好宋军所需的粮草物资。高继冲当政后，借口年轻不谙民事兵机，将民政、赋税之事交给节度判官孙光宪处理，军旅调度之事交衙内指挥使梁延嗣负责，此时得知宋军欲借道荆南，即召集僚佐商议对策。这些僚佐也看出了宋军意图，却是议论纷纷，莫衷一是，最后以"民众恐惧"为由，请求将物资运至城外百里处提供给宋军。李处耘自然不允，又遣丁德裕前来施压。有荆南将领主张武力抗拒，荆南兵马副使李景威提出在荆门（今属湖北）道路险隘之处布设伏兵，等宋军经过时发动夜袭，只要将其击败，宋军就会知难而退。但更多官员为保自身地位和财富，竭力劝说高继冲接受宋军的借道要求，孙光宪甚至对高继冲表示，周世宗"已有混一天下之志"，今宋朝"受命，凡所措置，规模益宏远"，其统一天下之大势已成，要高继冲放弃不自量力的抵抗打算。高继冲无可奈何，深知单凭荆南之力，根本不能与强大的宋军相抗，只好答应宋军的要求，派叔父高保寅与梁延嗣前去宋营犒军，并侦察宋军的意图。李景威见大势已去，归家后愤而自杀。

二月九日，满携酒肉的高保寅一行来到距离江陵百余里之外的荆门，与宋军前军相遇。都监李处耘殷勤招待了高保寅等人，解释宋军此行仅仅是借道而已，并让他们明天先还江陵城报告，宋军屯驻此地等待回报。梁延嗣大喜，急忙遣人飞骑急报高继冲不用担忧。当晚，宋军主将慕容延钊在帅帐中设宴为高保寅等人接风，却暗遣李处耘率数千轻骑星夜南下，直趋江陵城。十日清晨，高继冲正等待高保寅、梁延嗣回来询问详情，忽然闻听宋军已来到城外，束手无策，只得惶恐出迎，在城北十五里处遇见一身戎装的李处耘。李处耘与高继冲略为寒暄，便让他在原地等候慕容延钊大军到来，自己则率兵疾速从北门入城，迅速抢占城中要点，士卒布列街巷。等到高继冲随同慕容延钊大军还城，江陵城已完全被宋军所控制，无力回天的高继冲只得低头请降，献上印信、图籍。宋军就这样以迅雷不及掩耳之势，兵不血刃，波澜不惊，将荆南三州十七县、十四万余户民众收入囊中。高继冲奉命率家人入京师觐见天子，被改封为武宁节度使。一同归宋的梁延嗣被授予复州防御使、孙光宪为黄州刺史。高继冲居住徐州近十年后去世，终年三十一岁。

宋军占领江陵后，随即征调荆南兵马万余人，与宋军一起迅速向湖南境内进发。

此前周保权的部将杨师璠奉命征讨张文表，先败后胜，已于正月中攻入潭州城，擒杀张文表。此时见宋军不顾反叛已告平定，于占领荆南以后依然迅疾南下，周保权赶忙遣使请宋军止步，但请神容易送神难，志在必得的宋军岂肯空手而返。周保权大惧，急召臣僚商议。有人认为张文表已死而宋军依然南下，其意图已不容怀疑，而湖南以荆南为北门，现在高继冲不战而降，唇已亡、齿必寒，仅凭湖南军马势难抵御，故主张迎降，以保一方平安，如此则周氏家族也不失富贵。但张从富等将领力主抵抗，并派兵严守关隘，破坏路桥，沉船塞河，以阻止宋军进入湖南，并迫使宋军先锋将丁德裕知难而退。宋太祖得到前线军报，再遣使臣前来劝降周保权道："尔本请师救援，故发大军以拯尔难。今妖孽既殄，是（我）有大功于汝辈也，（汝）何为反拒王师，自取涂炭，重扰生聚（百姓）遭殃!"如此强词夺理、以势压人之语，自然为周保权截口拒绝。

既然不能不战而屈人，宋军就在慕容延钊的指挥下兵分两路，水陆并进。二月底，宋军水师从江陵沿着长江东下岳州（今湖南岳阳），在三江口（今湖南岳阳北）大败湖南兵，缴获战船七百多艘，歼敌四千余人，湖南统军使黄从志等将校十四人被俘。宋军乘胜占领了岳州城。

三月初，陆路宋军由李处耘率先锋前行，慕容延钊统大军随后，出澧州（今湖南澧县），直指朗州。张从富率湖南兵在澧州城南阻截，但两军尚未交锋，湖南兵已望风而溃。宋军紧追不舍，破敖山寨（今湖南临澧东南），杀获颇众。李处耘为恐吓敌人，就挑选了数十个身体肥胖的俘虏，处死烹煮后，当着其他俘虏之面分给众士兵吃掉，并在一部分年轻力壮的俘虏脸上刺字，然后把他们全部放回朗州城。次日，慕容延钊领主力进驻敖山寨。那些被放回的俘虏进入朗州城后，将所见所闻一说，守城士兵大骇，便纵火焚城，驱迫居民一起弃城逃入深山中。十日，宋军长驱直入，占领了朗州城。张从富逃至西山下，被宋军擒杀；周保权等躲入佛寺，被宋军搜出当了俘虏。湖南周氏政权遂亡，宋朝又获得十四州一监六十六县土地。

平定荆、湖之战，是宋太祖统一战争中的第一仗，初战告捷，极大振奋了宋军斗志。同时，因荆、湖地区处于长江中游，东临南唐，西接后蜀，南靠南汉，战略地位重要。攻占荆、湖地区，使宋朝势力伸入到长江以南，有效地割裂江南诸国尤其是后蜀与南唐之间的东西联络，为此后宋军入川灭蜀、进兵南汉和东灭南唐，各个击破，创造了有利条件。

不过，荆、湖之捷，并未给宋军主将慕容延钊、李处耘带来多少好处。

因驻扎各州宋军的军纪不大好，故宋太祖下令大力整顿。当时慕容延钊帐下亲兵校官，也往往仗势犯法犯禁，侵扰百姓。作为天子心腹前来监军的李处耘临事专断，不顾众议，招致主将慕容延钊的不满。因李处耘屡次严厉惩处犯法犯禁的军士，也让慕容延钊感到大失面子。于是在他人挑动下，主帅与都监之间矛盾日深，都不断向天子上奏章弹劾对方。九月，宋太祖将李处耘自宣徽南院使兼枢密副使贬为淄州刺史，而慕容延钊因是宿将，赦其过失。慕容延钊虽未遭处罚，但他带病出征，极大损害了健康，所以又过了数月，至当年底便病逝了。据《宋史》等记载，受到天子严惩的李处耘是"惧，不敢自明"，《续资治通鉴长编》称其"亦恐惧不敢自明"，数年后病逝于贬所。这"惧，不敢自明"或"亦恐惧不敢自明"几个字十分奇怪。宋太祖本人非常痛恨士卒侵扰百姓的行为，而曾为皇上昔日重要幕僚、在陈桥兵变中立有汗马功劳并且官拜枢密副使的李处耘，手奉尚方宝剑前来监军，处置犯禁士卒实属其本分之事。虽然宋太祖看在过去情分上赦免了慕容延钊的过错，但似乎也不该唯独严惩李处耘，并使他"恐惧不敢自明"，这其中定大有蹊跷。其中原因，宋代史书中未见记载，杨亿所撰的《李继隆墓志铭》（李处耘之子）中云"大勋既集，飞语乃生，卒致投杼之疑，且有传车之召。属吏问状，耻于辩明，左迁淄州刺史"，也是语义隐约闪烁。但根据一些散见的史料推测，并结合发生在稍前之八月中殿前都虞候张琼被天子赐死一事，可推知此事当与赵普以及赵普、赵光义之间的明争暗斗有莫大关联。

张琼自少以勇力闻名，善于骑射，后周显德年间，作为帐下亲校随从赵匡胤南征淮南，在围攻南唐淮南重镇寿州城时，赵匡胤率麾下悍卒乘皮船入护城濠攻城，城上守军箭下如蝗，张琼为救赵匡胤，而被弩箭射中大腿，即刻昏死过去。赵匡胤急忙退回。张琼醒来，但那箭头却咬在骨中无法拔出，张琼便饮酒一大碗，令人破骨出之，流血数斗，而神色自若。如此勇悍，怎不令主公激赏？因此在殿前都虞候皇弟赵光义调任开封尹后，宋太祖思量再三，即令张琼接任，可见其得天子宠信。

宋太祖篡周夺位以后，为扼杀任何他人谋逆之可能，就不断暗遣"探事"人四出刺探、监视民间"阴事"。因这些"探事"人依仗天子之威仗势欺人，甚至凌辱朝廷大臣，往往在给天子的小报告中指鹿为马，所以朝廷上下对此做法颇多非议。可宋太祖振振有辞辩解道：此非他的发明，当年周世宗就是如此做的。对此，连心腹大臣赵普也批评说："世宗虽如此，岂能察陛下耶？"也就是说周世宗虽然频频暗遣"探事"人四出刺探、监视民间"阴事"，但陛下还不是依然篡得天下？宋太祖默然无言，但也仅稍有收敛而已。

在这些"探事"人中，以殿前司军校史珪、石汉卿数人最得宋太祖的赏识。史、石二人亦凭借自己有向天子密奏的特权，作威作福，军中诸将大多敢怒不敢言。性格暴躁、好当面使人下不了台的殿前都虞候张琼，作为史、石的上司，又自恃与天子的特殊关系，甚看不惯史、石的如此行径，常在大庭广众之下轻蔑地称他俩为"巫媪"，即"老巫婆"，史、石二人对张琼恨之入骨，伺机报复。

据《宋史·张琼传》载：是年八月，史珪、石汉卿向天子告发张琼曾经擅自选用官马为乘骑，又将叛臣李筠的仆从收归自己帐下，违背禁令私养部曲百余人，平时恣意威福，禁军将士皆十分畏惧；而且他还诋毁前任殿前都虞候赵光义所处置之事。宋太祖即刻下令将张琼召来亲自审问。张琼不伏，宋太祖大怒，喝令左右杖责张琼，石汉卿乘机举起铁杖乱打张琼，张琼被打得昏死后，再被拖出，打入御史府大牢内审讯。被拖到明德门时，张琼苏醒过来，自知天子已有必杀自己之心，便解下自己官服上所系的腰带，托人交给母亲以为留念。果然，御史府审判后，张琼即被赐死于开封城西井亭内。不久，宋太祖听说张琼家无余财，只有家仆三人，不禁大为悔恨，召来石汉卿责问道："汝言琼有仆（部曲）百人，今何在？"石汉卿狡辩道："琼所养者，一敌百耳。"宋太祖于是命令官府给张琼家许多钱物进行抚恤，并擢升张琼之兄张进为龙捷副指挥使以为补偿。

《宋史·太祖纪》记载此事，掩饰道："八月壬午，殿前都虞候张琼以陵侮军校史珪、石汉卿等，为所诬谮，下吏，琼自杀。"李焘《续资治通鉴长编》也同样为天子掩饰说张琼是"自杀"的，但也指出宋太祖并未由此给予史珪、石汉卿任何处分。北宋僧人文莹《玉壶清话》卷七中所载一段文字，似可解释张琼被"赐死"的真实原因：

开宝初，太宗居晋邸，殿前都虞候奏太祖曰："晋王天日姿表，恐物情附之，为京尹，多肆意，不戢吏仆，纵法以结豪俊，陛下当图之。"上怒曰："朕与晋弟雍睦起国，和好相保，他日欲令管勾天下公事，粗狂小人，敢离我手足耶？"亟令诛之。

晋邸即晋王邸，宋人习称登基之前的宋太宗赵光义为晋王。宋太祖一朝官拜殿前都虞候者四人，即赵光义、张琼、杨义（杨信）、李重勋。杨、李二人死于宋太宗时，故此处殿前都虞候当指张琼。如此，则"开宝初"当作"乾德初"。文莹云云点明了张琼被杀的真实原因，是在于其劝说天子要抑制其弟开封尹赵光义的势力，以免不测，不料却反由此激怒了天子。又北宋末学者罗从彦《遵尧录》在称誉宋太祖仁心时说："故开宝之前，惟殿前都虞候张琼以忤晋邸伏法外，未尝辄诛大臣。"可见张琼确实是"以忤晋邸"而被"赐死"的。因此，《宋史》中所言张琼罪状之一，即张琼"又诬毁太宗为殿前都虞候时事"，恐怕不是出于史、石二人诬陷，而当是实有其事，《宋史》等史籍所云，实有隐讳。联系到这一年春天，赵普坚决阻止宋太祖重用大将符彦卿（赵光义之岳父）典掌禁军之举，现在张琼又在言论中攻讦赵光义为殿前都虞候时之事，要求天子抑制赵光义的势力和影响扩大，可见此事背后隐约闪烁着赵普的影子。

再回到李处耘被处罚这件事上来，此次李处耘监军平荆南、湖南地区，一举成功，其功厥伟，按五代时期的成例，宋太祖很可能会因此加以重用，甚至拜他为宰相，这当引起甚恋权位的赵普不快，遂借口主将与都监闹矛盾，进谗言而引起天子的震怒，不赏其功，反予严惩。史载李处耘被贬官后，其子李继隆"亦除籍"，待李处耘死后，才复旧官，"时权臣与处耘有宿憾者，忌继隆有才"。故李继隆"落魄不治产，以游猎为娱"。至开宝后期，因宋太祖赏识李继隆，且"追念其父"，而加以提拔。又史载开宝末，宋太祖追念李处耘，便让赵光义纳李处耘次女为王妃。在宋太祖朝能被称为"权臣"者，大概赵普之外应无第二人，而赵普正是在开宝六年罢相。因此，宋太祖于开宝末擢用李处耘之子、为赵光义礼聘李处耘之女为妃，当是作为李家之补偿。故由此推断李处耘被贬官背后，还深藏着赵普、赵光义暗中争斗因素。再进而推测宋太祖是年春虽然未让符彦卿"典兵"，阻断了皇弟间接插手禁军事务的企图，却还是不欲有伤手足之情，故而甚至不惜"诬诛"爱将张琼以示意；至此又严厉处罚与赵光义关系颇深的李处耘，以为平衡。在如此背景下，李处耘当然是"恐惧不敢自明"了。

随着统治日趋稳固，宋太祖又对中枢机构作出了新的调整。964年（乾德二年）正月，范质、王溥、魏仁浦三位宰相同时被免，赵普自枢密使拜宰相，任命李崇矩为枢密使。自此中枢机构中留用的后周官员全部去职。赵普有机谋，通吏道，慨然以天下事为己任，且与赵家关系非同一般，故深得宋太祖的赏识和信任。赵普拜宰相以后，宋太祖是"事无大小，尽咨决焉"，宠待如左右膀。因继任枢密使的李崇矩号称忠厚长者，与宋太祖关系亦不密切，故中央事权就随赵普自枢密院转至宰相这边。宋太祖专任赵普，见他事务繁杂，想为他配备副手，却又不欲分赵普之权，便于四月始置参知政事一职，以兵部侍郎薛居正、吕余庆为之，并规定：参知政事"不宣制（敕书），不押班（指朝堂上引领百官），不知印（相印），不升政事堂（宰相的办公场所）"，其俸禄待遇等皆仅为宰相的一半。由此参知政事几乎成为宰相的属官，"备位而已"。此后赵普独任宰相十年，大权独断，又由此引起天子不安，故特命参知政事升政事堂，知印、押班、奏事，与宰相同议政事，以分宰相之权。至此，宋代中央行政机构的格局基本确立。

　　宋太祖所制定的"先南后北"计划中，是先取后蜀的，却因缘际会，一举占领了长江中游战略要地荆南、湖南，但攻灭后蜀的准备并未暂停。963年（乾德元年）三月平定湖南，宋太祖于四月即任命华州团练使张晖为凤州团练使兼西面行营巡检壕寨使，勘察川陕地形；同时又在开封城南急造楼船，训练水军，号水虎捷；命西南面转运使筹措军粮物资，并命诸州赶造山地轻车，以备攻战之用。

　　当年后蜀在后周军打击下，被迫从关中西部地区南撤，但仍据有两川、汉中（今属陕西）四十五州，具有相当实力。不过，后蜀国主孟昶却疏于国事，追求奢侈生活，平庸阿谀之辈用事，政治也较为混乱。当宋军攻占荆湖的消息传来，后蜀君臣十分惊恐，宰相李昊主张与宋通好纳贡，令宋朝没有出兵川蜀的借口，作为保全后蜀偏安之策，但遭到知枢密院使王昭远的坚决反对。当年为抗衡后周，孟昶专门组建了一支部队，因周世宗姓柴，便命名此支部队曰"破柴都"；并积极联络南唐、北汉，试图逐鹿中原，夺得关中地区。待宋太祖篡周以后，孟昶逐鹿中原的雄心虽不及当初，但也未完全消磨，所以要他主动向宋朝臣服，自然不肯，于是他决计依托四川险要地势，整兵拒守要隘，拒敌于境外。古代从中原地区进入四川的大路，主要有北线、东线两条。北线自关中平原南越秦岭进入汉中、川北地区，再经过剑门险关深入四川腹地，直取成都。古来中原政权兵取四川，大都走此路，如三国时钟会、邓艾统军灭蜀汉，五代后唐军灭前蜀政权等都是。东线指由鄂西经三峡进入东川，因沿长江溯流而上，不善水战的中原军队作战颇为困难，故取此路者较少。因此，后蜀原来主要在北线设置重兵防御，而东线因隔着弱小的荆南政权，不与中原政权直接对抗，故防备较弱。但宋军占据荆南以后，后蜀东部地区也就置于宋军瞰视之下，后蜀只得调整部署，增派军兵屯驻三峡地区，并在涪州（今重庆涪陵）、泸州（今属四川）和戎州（今四川宜宾）一带训练水军，沿长江层层设置防线。按说蜀弱宋强，后蜀应当谨守边界，尽量与宋和睦相处，避免给宋廷有开战的口实。但执掌军政大权的后蜀枢密院使王昭远却是个不知天高地厚的狂妄之徒，因此有献媚者对他说："公素无勋业，一旦位至枢近，不自建立大功，何以塞时论？莫若遣使通好并门（指北汉），令其发兵南下，我即自黄花、子午谷出兵应之，使中原（宋朝）表里受敌，则关右之地，可抚而有也。"王昭远闻言大喜，力劝孟昶派遣使臣孙遇等人携带蜡书密信，北上太原与北汉联络，相约南北同时发兵攻宋。964年（乾德二年）十月，孙遇等人化装潜入宋境，不料随行的后蜀军校赵彦韬却在途中叛蜀投宋，将孟昶给北汉的蜡书交给了宋廷。

宋太祖此前已不断派间谍深入川中侦察，并根据所得情报绘制了详细的后蜀全境地图。一天，宋太祖召见自川中归来的间谍，问道："剑外（指蜀中）有何事？"那人答："但闻成都满城诵朱长山《苦热》诗，曰：'烦暑郁蒸无处避，凉风清冷几时来？'"宋太祖一听就笑道："此蜀民思我之来伐也。"因此，一见那后蜀给北汉的蜡书后，曾感觉"讨之无名"的宋太祖立即开怀笑道："我西讨有名矣。"当然，即使毫无借口，宋太祖要出兵谁又能说个"不"字，但古圣人曾有"名不正则言不顺，言不顺则事不成"的古训，所以若有借口，宋太祖还是很乐意抓住的。宋太祖逮捕了后蜀密使孙遇等人，以赦免其罪为条件，逼迫孙遇等将后蜀境内山川地形、戍守处所和道路远近方位等一一注明在那后蜀地图上，并结合自己已掌握的情报，制定了详细的进军路线和周密的作战方略。

十一月二日，宋太祖以后蜀主孟昶勾结北汉共谋犯宋为理由，发兵分北、东两路分进合击，约期会攻成都，灭亡后蜀：北路为主力，以忠武节度使王全斌为西川行营凤州路都部署，侍卫步军都指挥使崔彦进为副都部署，枢密副使王仁赡为都监，统率步骑禁军二万、诸州兵万余人，自凤州（今陕西凤县东）沿嘉陵江南下；东路军以侍卫马军都指挥使刘光义为西川行营归州路副都部署，枢密承旨曹彬为都监，统领步骑二万，自归州溯长江西上。

同时，宋太祖为表示此去征讨后蜀必胜，又命令在京城内汴水河畔为孟昶修建一座宅第，大小房屋共五百余间，日常器具一应俱全，宣称待孟昶降宋之后来京城时居住。

三日，宋太祖特在崇德殿上设宴为出征诸将饯行，分别将四川地图等授予王全斌等人，并故意问道："西川可取否？"那些猛将本就十分小觑后蜀军队，但王全斌等人中规中矩地回答："臣等仗天威，遵庙算，克日可定也。"此时龙捷右厢都指挥使史延德听得天子如此激将，便率尔作答："西川若在天上，固不可到，在地上，到即平矣。"天子大喜，特别夸奖了他，又授予王全斌等人禁军方略，并说：后蜀将士大多为后唐时去四川的北方人，可告语他们当弃暗投明，如若能为宋军做向导，提供粮草食物者，或率众来降者，定当赏赐优厚。又叮嘱东路军主将刘光义说：蜀军在夔州（今重庆奉节东）设有锁江浮桥，守备严密，必须先夺取浮桥，再水陆夹击，才能成功。同时，宋太祖严厉告诫三军将士不得"焚荡庐舍，驱略吏民"，违者必军法从事。最后，宋太祖又勉励诸将说："凡克城寨，止籍（登录在册）其器甲、刍粮，悉以钱帛分给战士，吾所欲得者，其土地耳。"宋太祖原意是想用恩威并施之法，激励将士死力进攻，不料那些将士一心抢夺财物，造成军纪大坏，最终激起民变，花费了很大力气才得以平息。此后，宋太祖汲取了教训，在攻灭其他割据政权时，再不敢下达如此命令了。

后蜀主孟昶闻知宋军大举来攻，立即命王昭远为北面行营都统，大将赵崇韬为都监，领兵三万北上扼守利州（今四川广元）、剑门

（今四川剑阁东北）一线关隘；节度使韩保正为招讨使、李进为副招讨使，率兵数万赴兴元（今陕西汉中东），以加强北面防御。孟昶并对王昭远说道："今日之师（宋军），卿所召也，勉为朕立功。"王昭远志大才疏，自恃读过不少兵书，以为是诸葛孔明再世，率军离成都城时，手挥铁如意调动军队，对前来郊外送行的宰相李昊夸下海口说："是行也，非止克敌，当领此二三万雕面恶小儿（脸上刺字的强悍士卒），取中原如反掌尔！"随即趾高气扬地上路了。

十二月初，宋北路军进入后蜀境内，旗开得胜，连克兴州（今陕西略阳）外围各据点，乾渠渡、万仞、燕子等兵寨相继落入宋军之手。十九日，宋军攻下兴州，败蜀军七千人，缴获军粮四十多万斛；又乘胜进军，连克石圌、鱼关、白水军等二十余寨。后蜀招讨使韩保正听到兴州城失陷，也放弃兴元城，退保西县（今陕西勉县西老城）。宋军先锋将史延德率兵尾追而至，韩保正不敢迎击，命部下数万于三泉（今陕西宁强西北阳平关）依山背城，结阵自固。史延德挥军直进，蜀军溃逃，韩保正、李进等将校被擒；宋军追击蜀军溃兵至嘉川（今四川旺苍西南嘉川镇），杀获甚众。蜀军伤亡惨重，余部遂退保葭萌（今四川广元南），烧毁栈道，以阻截宋军深入。

王昭远率蜀军主力驻扎于利州，并遣偏师在城北的大、小漫天寨立寨扼守。利州城位于嘉陵江东岸，群山环立，形势险峻，为关中入蜀的咽喉要塞。因栈道被毁，宋军前进受阻，王全斌采纳部将康延泽的建议，命崔彦进率一部士卒抢修栈道，先取金山寨，又进克小漫天寨；自率主力从嘉川东南之罗川小路迂回前进，夹攻利州。数日后，两路宋军会合于大、小漫天寨之间的嘉陵江渡口深渡，崔彦进遣部将奋击，夺得后蜀军守护的桥梁，突破了嘉陵江蜀军防线。后蜀军连战不利，乘夜色退守大漫天寨（今四川广元东北漫天岭）。次日，王全斌分兵三路夹攻大漫天寨，后蜀大漫天寨主王审超等将校战败被俘，大漫天寨失守。蜀兵精锐在王昭远、赵崇韬的指挥下竭力反扑，但三战皆败，宋军追至利州城北。王昭远被迫放弃利州城，仓惶逃过桔柏江，烧毁浮桥，退保剑门，企图依凭剑门关天险进行抵抗。十二月三十日，宋军占领利州城。当时宋军先锋都指挥使、凤州团练使张晖督兵修复大散关（今陕西宝鸡南）路，且战且进，至青泥岭（在今甘肃徽县东南）因劳累得病而死。

在北路宋军连克城寨之际，东路宋军在刘光义统领下，自归州溯江西上，连破三会（今重庆巫山东北）、巫山（今重庆巫山东）等蜀军营寨，歼灭后蜀水、步军万余人，缴获战船二百余艘，逼近川东重镇夔州。夔州城人称"巴蜀喉吭"，是由长江入蜀之门户。后蜀军在江上架浮桥锁江，上置三重木栅，并夹江列炮，严密封锁。刘光义针对蜀军锁江设防水强陆弱的弱点，按照出征前宋太祖面授的避强击弱战法，在距蜀军水面设防处三十里外弃船登岸，以步、骑兵突袭，先摧毁两岸炮台，然后水陆配合，攻破蜀军防线，一举夺占其锁江浮桥，然后牵船而上，进围夔州城。后蜀宁江节度使高彦俦见宋军兵临城下，主张坚壁固守，不宜速战，而监军武守谦不从，独领部下千余人出战，大败。宋军前锋乘胜登城，刘光义率大军继至，高彦俦力战不支，在州衙内自焚而死，夔州遂陷，川东门户洞开。

965年（乾德三年）正月，蜀后主孟昶见蜀军节节败退，情况危急，十分震恐，急忙任命太子孟玄喆（宋真宗尊道教神仙赵玄朗为先祖，故孟玄喆因避讳而改名称孟元喆）为元帅，武信节度使李延珪等为副，统领万余兵马增援剑门。临危授命的孟玄喆素来不知兵事，却派头十足，军中旌旗都用彩色刺绣，旗杆上缠绕着蜀锦。临出发时，忽然天降大雨，孟玄喆担心绣旗被雨水淋湿不好看，下令将旗子全拆下，一会儿雨过天晴，再下令系上旗子，混乱之中，不少绣旗都挂倒了，引得沿途观看的民众无不窃笑。孟玄喆对此毫不介意，带着成群姬妾和数十个优伶戏子同行，一路游山玩水，日夜嬉戏，却置日趋危急的战事于不顾。

此时宋军已进占了益光（今四川广元西南昭化镇），直向剑门挺进。剑门自古称天险，形势险峻，易守难攻，向有"一夫荷戈，万夫莫前"之说。王全斌与部将商议对策，从后蜀降卒那里得知益光东有一条山路可绕至剑门关南，遂决定让先锋将史延德率一支奇兵翻越峻岭，经来苏（今四川剑阁东）小路渡江迂回至剑门以南二十里的清强店，与王全斌所率主力南北夹击驻守剑门的后蜀军。蜀兵完全没料到宋军会出现在剑门关南，纷纷弃寨而走。王昭远闻讯惊惧，只留下偏将守剑门，自引兵退守汉源坡（今四川剑阁东），等待援兵。王全斌率精锐从正面猛攻剑门，守关蜀兵一哄而散。宋军进迫汉源坡，王昭远惊惶失措，坐在胡床（一种可折叠的轻便坐具）上站不起来，赵崇韬率军布阵，跃马迎击。但蜀军军心已散，甫一接战，就纷纷溃逃，赵崇韬兵败被擒。宋军乘胜占领剑州城（今四川剑阁），歼蜀军万余人。王昭远抛胄弃甲，逃到东川（今四川三台）郊外的一家百姓仓库中藏匿，悲叹流泪，双目红肿，口中只是反复念诵着唐代诗人罗隐的诗句："运去英雄不自由。"也没过多少时候，王昭远就被尾追而来的宋军士兵所擒获。

此时奉命增援的太子孟玄喆一军，才进抵绵州（今四川绵阳），听到剑门天险已失，即刻掉头，仓皇逃回成都城，沿途焚烧房屋，以阻止宋军前进。但宋军根本未受影响，自剑门而下，如入无人之境，迅速进抵成都城北。

宋东路军也自夔州西进，势如破竹，连克万州（今属重庆）、开州（今属重庆）、忠州（今重庆忠县）、遂州（今四川遂宁）等地。当时诸将占领城池，多欲屠城立威，但被都监曹彬所阻止。东路军攻城略地，严肃军纪，始终秋毫不犯，后蜀州县纷纷迎降，所以进军迅速，从东面迫近成都城。

前方兵败消息接踵而至，孟昶惊骇失措，赶忙召集左右臣僚问计，有老将建议坚壁清野，坚守成都城，宋军远来，不能持久，定会退兵。孟昶深知后蜀统治基础不固，将帅战守无方，军无斗志，只得哀叹："吾父子以丰衣美食养士四十年，一旦遇敌，不能为吾东向放一箭。今虽欲闭壁（坚守），谁肯效死者？"宰相李昊便劝他开城出降，孟昶见大势已去，就让李昊起草降表，于七日遣使臣向已抵达成都城下的宋军投降。

后蜀政权建立于五代后唐同光三年（925年），至此灭亡，立国近四十年。准备颇充分的宋军自出师至灭后蜀，前后只用了六十六天，共得巴蜀四十六州二百四十个县及其五十三万余户。

宋太祖命令王全斌将孟昶及其家人、僚属一起押解进京。为人谨慎的东路军都监曹彬密报天子说："孟昶王蜀三十年，而蜀（离京师）道千余里，请族孟氏而赦其臣，以防变。"所谓"族"者，乃灭孟氏一族之谓也。宋太祖对此大不以为然，在曹彬的密报后面批道："汝好雀儿肠肚！"宋太祖的豪爽、豁达气度与超凡自信看来确非臣下所可效仿，如此不以杀戮对待降王，在为自己赢得宽恕之名的同时，也大大安抚了那些灭国臣民之心，有利于新占领地区的稳定。

在宋军押送下，孟昶一行顺江东下，经江陵、襄州，于五月中抵达京师开封郊外，宋太祖派皇弟开封尹赵光义在玉津园慰问。次日，禁军卫士列阵于皇宫前，宋祖在崇元殿备礼召见后蜀君臣孟昶以下三十三人，礼毕，带孟昶等登宫城门楼检阅三军，耀扬武威，然后在大明殿大摆筵席为孟昶接风。六月初，孟昶被授予开府仪同三司、检校太师兼中书令、秦国公，其弟孟仁贽、其子孟玄喆及其宰相李昊等也都授官有差。孟昶虽从一国之君沦落为阶下囚，但一时倒也富贵依旧，住入宋太祖预先建好的府第，差可自慰。然而天有不测风云，仅过了六天，孟昶突然在住所内暴卒。宋太祖闻讯后，按国公之礼暂停上朝五天，赠孟昶官尚书令，追封为楚王，赐谥曰恭孝，并赐给其家布帛千匹，操办丧事所需费用皆由官府供给，也算是享极哀荣。

此时会师成都城的宋军北、东两路兵马，因"诏书颁赏"等利益分配等原因引起"两路兵相嫉，蜀人亦构（挑拨离间），主帅遂不协"。因王全斌等出征时"先受诏，每制置必须诸将佥议"，至此诸事皆得商议决定，故"虽小事不能即决"。史称王全斌"轻财重士，不求声誉，宽厚容众，军旅乐为之用"，但随之而来却是治军不严，军纪不肃。当初出征前夕，宋太祖也曾表态诸如钱帛之类战利品一概用来赏赐将士。但王全斌对部下却是过度放纵，士卒肆无忌惮地抢掠子女财货，从而激起蜀人愤怒。但立下殊勋的王全斌等将帅却在城中日夜饮宴，不恤军务，并仿效唐末五代时期的惯例，私吞了后蜀府库十六万贯钱。当时为稳定蜀中局势，宋廷命王全斌将后蜀降军全部押送京城，并诏令"人给钱十千，未行者，加两月廪食"。但王全斌却擅自削减了路费，故而"蜀军愤怨，人人思乱"，在途中爆发兵变，推举原蜀将全师雄为首领。面对如此严重局势，王全斌又措置不当，派部将刘光绪率七百骑兵前去招抚，刘光绪却尽灭全师雄之族，强纳其爱女，并侵夺其行李财物，于是局势进一步恶化。"遂无归志"的全师雄率军急攻绵州（今四川绵阳）不克，遂转攻彭州（今属四川），杀死都监，据有其城。全师雄自称"兴蜀大王"，置僚属，署节帅，分兵占领灌口、新繁、青城等要地，屡战屡胜，很快兵临成都城下。成都附近州县纷纷起兵响应，很快发展到十余万人，占据了十七个州，形势日益危急。当时成都城内尚有后蜀降兵两万七千人，王全斌害怕他们起兵做内应，就将他们骗入夹城中全部诛杀。残暴的屠杀，致使乱兵的抵抗更为坚决，各地兵变此起彼伏。王全斌一时手忙脚乱，甚为狼狈，只好一面奏报朝廷请求增援，一面遣将领刘光义、曹彬等出击，击溃乱兵，"贼势既衄，余党散保州县"，局势稍得缓和。直至次年（966年）末，全师雄病死，部众散降，蜀地始定，但宋军付出了沉重代价，且带来了严重的负面影响。此后四川王小波、李顺等起兵反宋，也与此次兵乱有着相当关系。

王全斌深知此次兵乱与自己处置失当密切相关，遂对亲信道："我闻古之将帅，多不能保全功名。今西蜀既平，欲称疾东归，庶免悔吝。"但为部将所劝阻："今寇盗尚多，非有诏旨，不可轻去。"王全斌对此犹豫未决。正好此时有人控诉王全斌等将帅"豪夺子女玉帛及擅发府库、隐没货财诸不法事"，为严明军纪，宋太祖将王全斌诸将自成都召回亲自审讯，惩处了一大批对蜀兵叛乱负有责任的将领，但念及诸将战功，并未予以重惩：王全斌被贬为崇义军节度观察留后，随州安置，并令其退还赃物；副帅侍卫步军都指挥使、武信军节度使崔彦进被贬为昭化军节度观察留后，枢密副使、左卫大将军王仁赡罢为右卫大将军。直至宋灭南唐后，宋太祖又特意召见王全斌，说："朕以江左未平，虑征南诸将不遵纪律，故抑卿数年，为朕立法。今已克金陵，还卿节钺。"授王全斌为武宁军节度使，赐银器钱帛甚多。是年，崔彦进也复授彰信军节度使。南宋初洪迈《容斋随笔》中有一篇名《取蜀将帅不利》，说：历来割据四川的政权最多只传两代便会灭亡，而攻取四川的将帅，其结局也大多不佳，如三国的邓艾、钟会，死后还被株连九族，后唐取蜀功臣郭崇韬也被唐庄宗李存勖所冤杀，而王全斌、崔彦进结局稍好，终得善死。

与宋取后蜀相关的，还有那则传播甚广的"宋挥玉斧"故事。据《宋史》载在宋徽宗时，有人上书宋廷，要求在大渡河外建筑城邑，以便与大理国"互市"贸易。宋廷向黎州（今四川汉源）知州宇文常了解情况，宇文常上奏说："自（后蜀）孟氏入朝，艺祖（宋太祖）取蜀舆图观之，画大渡（河）为境，历百五十年无西南夷患。今若于河外建城立邑，虏情携贰（贰心），边隙浸开，非中国（此指宋朝）之福也。"但明人杨慎《滇载记》称：王全斌既灭后蜀，欲因兵威取滇（今云南）地，将地图进呈天子。宋太祖有鉴于唐朝之亡就始于征讨南诏（约与唐朝同时的云南地方政权）之教训，用玉斧于地图上大渡河一线指划道："此外非吾有也。"这即所谓"宋挥玉斧"的传说，但其中颇有后世加工的痕迹。史载宋初灭后蜀时，云南大理政权曾让建昌城（今四川西昌）守将送信到黎州，主动与宋王朝联络。宋太祖未乘势攻取云南，主要还是因为对于遥远的云南地区，宋廷大有鞭长莫及之感，而且宋太祖正忙于稳固政权、平定南方诸割据政权，也无暇顾及远在西南一隅的大理国。至于"画大渡河为境"的说法，当是后蜀与大理国的分界线大体就在大渡河一线，所以宋朝灭后蜀之后，其与大理国的边界自然就定在了那里。

按宋太祖所制定的统一天下之步骤，夺得荆湖、川蜀以后，当着手攻取两广的南汉刘氏政权，但由于意外的后蜀降兵叛乱，此计划迟迟未得实行。至968年（开宝元年），北汉因王位继承问题发生内乱，宋太祖遂改变计划，先调兵北上攻打太原城。

是年七月，北汉主刘钧病死，其养子刘继恩在得到辽朝允准后，继位于太原。刘继恩为人刚愎自用，且又怯弱无能，因愤恨宰相郭无为独揽朝廷，多次想除掉郭无为，夺回权柄。郭无为原是武当山道士，因获北汉主刘钧赏识而得到重用。刘钧病重时，曾与郭无为论及皇位继承人选，郭无为认为刘继恩才干不足，难担大任。故刘继恩即位后，对郭无为怀恨在心，却终因怯懦而迟迟不敢付之行动。

但君臣互相猜忌，使得境内民情汹汹不安。八月，宋太祖认为有机可乘，便不顾"先南后北"的既定战略，任命昭义军节度使李继勋为河东行营前军都部署，侍卫步军都指挥使郭进为副都部署，宣徽南院使曹彬为都监，率领河东诸州精兵分潞州和汾州两路北征太原。

对于宋太祖此次征讨北汉，《十国春秋》记载有宋人流传着这样一个说法：乾德元年（北汉天会七年），宋太祖曾经使邢州人盖留转告北汉主刘钧道："君家自与周氏有隙，何预我事？胡不改图，使一方之人困苦兵战？契丹多诈，终不足恃。君必欲中原，何不下太行，与君匹马较胜负于怀洛川？"刘钧回复道："为我谢赵君，余家世非叛人，欲存汉氏宗祀耳。（河东）土地士马，不足敌君十一，安敢深入？君欲决胜负，当过团柏谷来，（我将）背城一战。"宋太祖闻言笑道："存之何害？"所以在刘钧之世，未再遣大军北伐。《新五代史·东汉世家》、《宋史·北汉刘氏世家》也记有此事，但文字有异同："初，太祖尝因界上谍者谓钧曰：'君家与周氏为世雠，宜其不屈。今我与尔无所间，何为困此一方人也？若有志中国（中原），宜下太行（山）以决胜负。'钧遣谍者复命曰：'河东土地甲兵，不足以当中国。然钧家世非叛者，区区守此，盖惧汉氏之不血食也。'太祖哀其言，笑谓谍者曰：'为我语钧，开尔一生路。'故终其世，不加兵焉。"这一说法大概是因为刘钧一死，宋太祖即遣将大举征伐北汉而附会的。其实当年昭义节度使李筠起兵反宋失败，北汉援军狼狈撤回，此后虽不敢再独自大举南侵，但依然屡屡主动寻衅，或者联结辽军，攻击宋疆。如乾德初年，北汉军会合契丹兵六万骑来攻平晋军（今山西昔阳）。而南方诸国也多次欲联络北汉来抗衡宋军的威胁，如后蜀主孟昶就曾联络北汉，欲南北夹击宋关中之地。契丹兵马虽未再大举南侵，但在救援北汉外，也时在边境侵扰。北线不宁，宋朝就无法全力以赴向南攻战，因此宋太祖将北汉视为首要目标，欲乘机一举击灭之。

　　大兵当前，北汉国内局势却更为混乱。九月中，宰相郭无为先下手为强，让供奉官侯霸荣等十余人持刀闯入北汉主寝宫，杀死了刘继恩。侯霸荣等人见大事已就，便欲逃走，谁知郭无为又暗中遣兵跟随在后，将侯霸荣等人一起杀死灭口，然后将刘钧的另一养子、太原尹刘继元扶上了皇位。

　　侯霸荣曾在与宋军作战中被俘，被授官内殿直，但不久逃回北汉。但据一些记载分析，他当属宋太祖派到北汉的间谍，由此可见郭无为也在暗中与宋人交往，以为自己多留一条后路。宋太祖同时派出的间谍还有惠璘等人，在郭无为安排下，惠璘也成为北汉供奉官。此时，惠璘见侯霸荣被杀，便欲逃回宋境，不料途中被北汉兵抓获，送回太原城。郭无为又设法释放了惠璘，但知晓惠璘底细的北汉将官李超一再要求依法处置，郭无为干脆杀了李超。郭无为种种作为，引起了北汉主刘继元等人愤怒，使得其间矛盾愈加激化。

　　此时宋军已进入北汉境内，连克北汉军寨，直逼太原城下，夺取汾河桥，焚毁延夏门。北汉急遣使臣向辽朝求救。

　　宋太祖再次施展软硬两手，在宋军兵临太原城下的同时，又遣使臣持诏书晓谕刘继元出降，并约定投降后授予其平卢节度使之职；并赐郭无为以下四十多位北汉大臣诏书，许诺授予郭无为安国节度使，其他诸人也均以高官厚禄相酬。郭无为得到诏书后，心为之动，便藏匿其他诏书，只拿出给刘继元的那份，并劝说刘继元降宋，但刘继元一口拒绝。

　　当时辽与北汉因边界利益冲突，矛盾颇深，但却不愿坐视北汉被宋所灭，所以接到刘继元求援后，还是出军驰援。十一月，久攻太原城不下的李继勋等宋将得知辽军来援，担心腹背受敌，引军而退。北汉兵乘机联合辽军，入寇晋、绛二州，大掠一番后北还。

宋太祖不甘心北征无功，打算亲征北汉，特意征求旧相魏仁浦的意见，魏仁浦认为"欲速则不达，惟陛下慎之"。但宋太祖决心已下，于969年（开宝二年）二月下令皇弟赵光义留守东京，并先遣曹彬、党进等人率军杀奔太原，再遣李继勋为河东行营前军都部署、赵赞为步军都虞候，率精兵随后跟进，自己于十九日率大军离开封而行。

为防备契丹骑军乘虚南下进攻河北，宋太祖并没有直接赶赴河东，而是去河北绕了一个大弯，经滑州（今河南滑县东）、相州（今河南安阳）、磁州（今河北磁县），至三十日抵达河东潞州。在经过河北时，宋太祖任命韩重赟为北面都部署，嘱咐道："契丹知我是行，必率众来援。彼意镇、定（州）无备，必由此路入。卿为我领兵倍道兼行，出其不意，破之必矣。"鉴于宋军上次征讨北汉因契丹援兵南来而失败，宋太祖为保证此次御驾亲征的成功，又任命何继筠为石岭关（今山西阳曲东北）部署，屯兵阳曲（今属山西），以阻击辽军自幽州方向西进增援太原。

对于此次亲征可能遇到的困难，宋太祖都安排了相应对策，但却没料到天气也会来作对。当宋太祖率宋军主力进入潞州，却逢阴雨连绵，为此停留避雨竟达十八天。一天，宋军抓住一名北汉间谍，宋太祖亲自审问，以了解太原城中情况。那间谍答道："城中民罢毒久矣，日夜望车驾，惟恨其迟耳。"从此后情况来看，那间谍当是为活命而撒了谎，但宋太祖信以为真，一扫郁积心中多日的烦恼，下令三军催马启程，杀奔太原城。不一日，宋太祖来到南关，接连收到前方传来的捷报，故于三月二十一日亲自来到太原城下。

两日后，宋太祖登上城南高坡，经仔细考察地形，命令征召数万民夫来城下挖壕立栅，号长连城，将太原城重重围住。二十八日，宋太祖又纵马来到城东南高坡，俯观太原城。当时有人提出要增兵攻城，而左神武统军陈承昭在一旁进言说："陛下自有数千万兵在左右，胡不用之？"宋太祖未明白所指，陈承昭便以马鞭指着坡下的汾水。宋太祖恍然大笑，即命陈承昭率众筑堤蓄水，要引汾水灌淹太原城。宋太祖也时常手持宝剑，赤露手脚，坐在黄盖之下亲督工程进度。三十日，宋太祖命李继勋、赵赞、曹彬、党进四将率兵分攻太原城四面：李继勋在城南，赵赞在城西，曹彬在城北，党进在城东。其余诸将还奉令四出，攻打北汉其他州县。

不过，宋军的凌厉攻势，却遇到北汉大将刘继业率领的北汉士卒顽强抵抗，一时难有进展。刘继业即后来的杨家将之杨老令公杨业，因被北汉主刘崇收为养子，故改姓刘。他能攻善守，颇有谋略。刘继业前数日率军前往团柏谷抵御，失利而还。宋军进逼太原，为争夺入城要道汾河桥，与北汉士兵发生激烈交战，北汉军死伤千余人，逃归太原城内。刘继业为此一度被北汉主停职，至此又得复职，再次率北汉军乘夜色从西门突出，偷袭赵赞所在的城西宋军兵寨。赵赞率众迎击，被流箭射中脚掌，宋军一时有些支持不住。因汾河桥在此前战斗中被毁，宋太祖令东寨都监李谦溥率部卒采伐太原西山林木，来重建汾河桥。这时李谦溥听到战鼓声急，便率部赶来增援，才将北汉军击退。刘继业又率精骑数百人突袭东寨，被党进领兵挡回。刘继业被逼退到城下，狼狈地攀着绳篮缒入城中，才免成为俘虏。不过就是如此，北汉守军依然严整。

四月，接到北汉求救，刚刚继承了皇位的辽景宗，虽然首选任务是稳定内政，但还是命令燕京地区的辽军兵分两路：一路辽军南下定州侵扰宋境，在遭到宋军韩重赟部突袭后撤退，宋将马仁瑀为给辽燕京地区施加压力，还率兵杀入边境上谷、渔阳一带，大掠而还；另一路辽军欲经石岭关西进增援太原，却遭到了宋军何继筠部的强力阻击。据说何继筠领命出征前，宋太祖特命人做了一碗麻酱

粉，亲手递给何继筠，说："翌日亭午（中午），俟卿捷奏至也。"何
继筠倍感荣宠，吃完，上马即行。何继筠到石岭关布阵迎敌，在阳
曲县北与辽军大战，擒获辽武州刺史王彦符等百余人和战马七百余
匹，斩首上千级。为瓦解正盼望契丹援兵的北汉军民斗志，宋太祖
命令将宋军在石岭关一战中斩获的首级和缴获的铠甲陈列于太原城
下，太原"城中人夺气"，但仍严守不降。

　　经过围城打援之后，太原已成了一座孤城。宋太祖见时机已到，
于五月八日下令破堤放汾水灌城，顿时太原城内外一片汪洋。十二
日，宋太祖至城东南督战，命水军乘小舟、架强弩攻城，内外马步
军都军头王廷义亲击战鼓，率众登城，被流箭射中脑袋，重伤而死。
十五日，殿前指挥使都虞候石汉卿也在攻城时身中流矢，掉落水中
淹死。二十一日，宋太祖来到城西督战，命诸军急攻西门，虽然宋、
汉双方都伤亡惨重，但宋军仍未能突破城防。在大水的漫灌与多日
浸泡之下，至闰五月二日，太原南城延夏门旁的一段城墙崩塌，大
水冲入城内，宋军驾小船乘着水势发起猛攻，并放火烧毁了南城门。
眼见着城墙豁口越来越大，宋军争先恐后朝那里冲击。不料惊恐不
已的北汉将士虽然处于绝境之中，却仍然拼死抵抗，设法用柴草堵
死缺口，随之修补好崩塌的城墙，宋军攻击再次失利。当天，北汉
军乘宋军主攻城南之际，遣士卒自城西出城偷袭宋军，打算烧毁宋
军"攻战之具"，但被宋军击退。入夜，忽有人在宋军营寨外高呼称
"北汉主降"。宋太祖一听颇喜，遂命宿卫将士列阵，打算大开寨门
受降。宋将赵璲在一旁进言："受降如受敌，讵可夜半轻诺乎？"宋太
祖遂遣人打探，果然是"谍者诈为也"。此时，被困太原孤城的辽朝
使臣韩知璠深惧刘继元出降，自己将成为宋军俘虏，所以也日夜亲
临城头督战，等待契丹军队再次赴援。

　　北汉宰相郭无为见形势危殆，再次苦劝北汉主刘继元出降，并

云州

蔚州

应州

朔州　　　　　　　　　飞狐
陈家谷
武州　　　代州　繁畤
土墱寨

崞县

岢岚军

忻州　　　　　　　　定州

石岭关　　　　　镇州

三交
太原

汾州

辽州

洺州

晋州
绛州　　　潞州
高平　　　　　　　相州

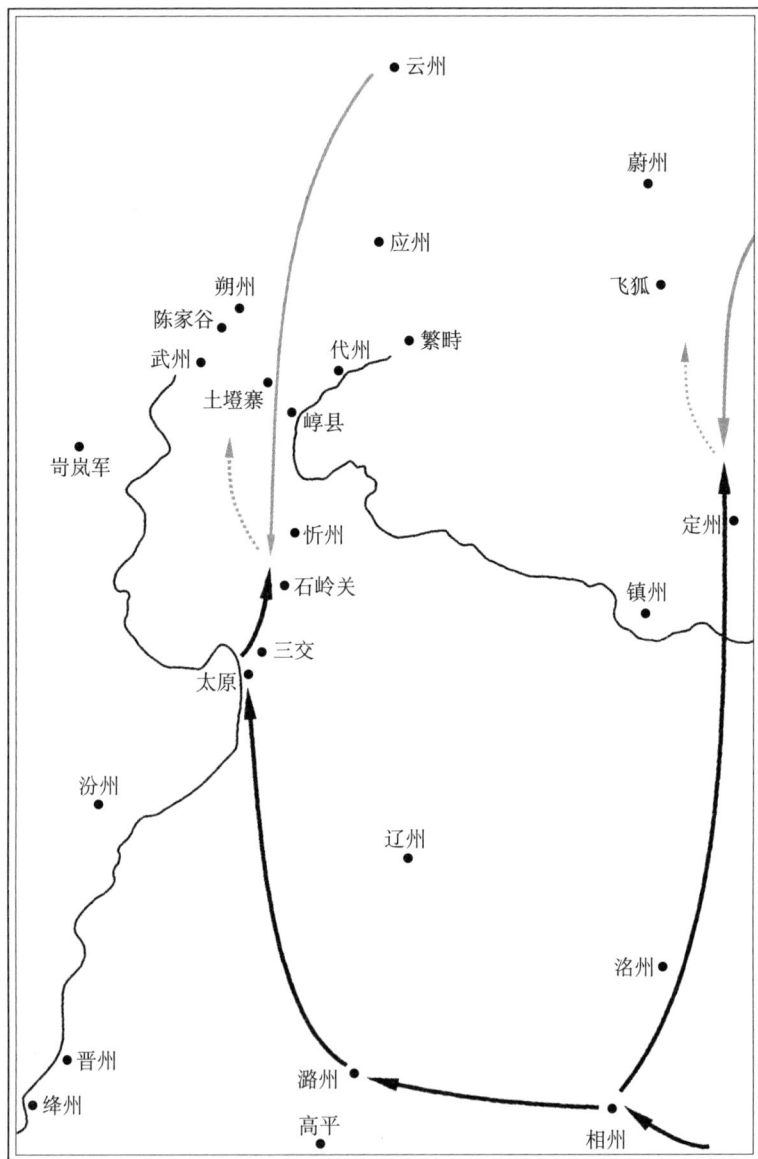

公元969年宋太祖亲征北汉形势图

在刘继元大宴群臣时拔出佩剑装出要自杀的样子，宣称以太原孤城抗击百万大军，何异于以卵击石，与其被俘受辱，不如一死谢先王，但为刘继元所劝阻。一计不成，再施一计。郭无为不久又向刘继元表示要与宋军决一死战，请求率军出城夜袭宋军。刘继元对他已很不信任，但看在扶持自己登基的份上，还是选出一千精兵随他出击，却又派大将刘继业、郭守斌为其副将，以便暗中监视。当晚天气晴朗，忽然间风雨大作，郭无为领兵行至北桥，才发现刘继业已借口坐骑伤足引兵回城，郭守斌也因迷失道路而失去了联系。郭无为本有裹胁众将士降宋之意，此时见身边仅剩数十人骑，无法前行，只得无奈地转回城内。宦官卫德贵早已对郭无为不满，便向北汉主刘继元揭发郭无为的阴谋，刘继元为稳定人心，下令将郭无为缢杀于太原南城城头，向宋军示威。

　　经历四个月的苦战之后，宋军攻势已成强弩之末，而且暑天潮湿炎热的环境，也使宿营野外的宋军士卒痢疾流行，士气不振。宋太祖对此颇感进退两难，亲征太原如以失败告终，实在有损天子的威名，但督师强攻恐也一时难以奏效。此时又传来了辽军再次发大军陆续赶来增援的消息，形势发展渐对宋军不利。太常博士李光赞不失时机上书论事，在找了一大堆客观理由之后，建议天子退兵。宋太祖与宰相赵普商量后，为免腹背受敌，决定撤军。

　　宋军撤退后，北汉主刘继元立即派人排去城内外积水。太原城墙因浸泡时间过久，待积水下落后，接连有多处崩塌。契丹使者韩知璠见状大为感叹宋军"引水浸城也，知其一而不知其二，若知先浸而后涸，则并（太原）人无噍类矣"。此语如若传入宋太祖耳中，不知该是如何感受。

　　宋军北征时浩浩荡荡，撤军时却颇有些狼狈、匆忙，沿途遗留下大量辎重、粮食、布匹等，仅落入北汉手中的粮食就有三十万斛。

北汉于兵火之余,得到这些物品后,才稍解困窘。但北汉经此一战,宋军撤退时又裹胁太原城外的一万余户百姓随之南去,民生更加凋敝,国力大为削弱。

对宋朝"先南后北"的统一方略,辽朝是有所觉察的,如乘机大举南侵,当可以使北宋有腹背受敌的后顾之忧。但辽穆宗即位之后,通过严酷镇压、杀戮,将宗王、大臣的屡次反叛事件都给镇压下去,内乱不已,大大削弱了国力,故"政昏兵弱"的契丹已无力与宋争胜。只有当北汉处于生死存亡之际,才发兵救援,以救一时之急,已无主动大举南侵之事。不但如此,辽廷还命令北汉不得主动生事,攻入宋境。于是宋军指南打北,颇是如意。

辽穆宗依然昏庸不恤国事,残忍暴虐,于是归附辽朝的诸部族又纷纷起事:964年(辽应历十四年)九月,黄室韦部叛;十二月,乌古部叛,掠民财畜。次年三月,大黄室韦部酋长寅尼古叛;四月,小黄室韦部叛。辽穆宗派遣大军多年征战,屡遭败衄,损兵折将,最终才勉强摆平。因内外谋反、叛乱不断动摇其统治,性格残忍的辽穆宗遂采用更为残酷的峻刑酷法。966年(辽应历十六年),辽穆宗诏令"凡行幸之地,必高立标志,令民勿犯,违者处死"。于是生活于燕云地区的汉民不断南逃中原,连驻守南边州郡的将佐也纷纷归附宋朝。辽穆宗狂饮无度,甚至"昼夜酣饮者九日",经常乘醉赏罚,屡次醉后随意杀人,以致亲信近臣也人人深怀恐惧。辽穆宗也知此举颇不妥,曾对左右大臣道:"朕或肆怒,滥及无辜,卿等切谏,无或面从。"甚至明确表示:"朕醉中处事有乖,无得曲从。酒解,可覆奏。"但面对喜怒无常且刚愎自用的暴君,那些"畏懦"之辈实不敢如此"匡救"。辽穆宗晚年暴虐尤甚,左右侍从稍有过失,即遭严惩,甚至被他亲手血刃。其中受害最烈者是那些天子身边的近侍奴仆，据《辽史·刑法志》载，辽穆宗"或以手刃刺之，斩、击、射、燎（火烧），断手足，烂肩股，折腰胫，划口碎齿，弃尸于野"，先后被杀者数以百计。辽穆宗如此嗜杀，据说与女巫的蛊惑有关。女巫肖古所贡献的延年益寿药方，需用男子胆和药，故杀人取胆，成为他杀人动机之一。后来辽穆宗觉得女巫肖古欺骗了自己，就将她乱箭射死，马踏如泥。辽帝的残暴，终于激起了反抗。

969年（辽应历十九年）二月，辽穆宗游猎至怀州（今内蒙古巴林左旗西），一天打猎获熊，遂聚集近臣酣饮庆贺，大醉，索食不得，欲斩庖人，掌膳者十分恐惧。是夜，近侍小哥等六人捧食挟刃以进，辽穆宗被杀于黑山行宫，终年三十九岁。小哥等人直至五年以后方被捕获处死。

史称辽穆宗体质虚弱，"恶见妇人"，为藩王时，由述律太后作主娶内供奉翰林承旨萧知璠之女；及即位后，"嫔御满前，并不一顾"，故并没有生育一子半女。

辽穆宗被弑消息传出，皇族内部有继位资格者纷纷闻风而动。深夜，辽世宗之子耶律贤在飞龙使女里、侍中萧思温（辽穆宗姐夫）、南院枢密使高勋等大臣呼拥下，统领甲骑千人驰赴，在次日黎明时分赶到行宫，占得先机，控制了大局。此后进程，据史籍记载，就十分程式化了：耶律贤在辽穆宗灵柩前恸哭一场，然后群臣依惯例再三劝进，耶律贤遂在灵柩前即皇帝位，是为辽景宗，百官上尊号曰天赞皇帝。辽景宗大赦天下，改年号曰保宁。从此辽朝皇位又一次转到了耶律倍一支，直至辽末。

但新天子登基的实际进程，恐怕并不如此平稳：在辽景宗即位当日，即以"宿卫不严"的罪名处死了辽穆宗心腹禁卫将领殿前都点检耶律夷腊葛、右皮室详稳萧乌里只。三月，辽景宗来到上京，任命萧思温出任执掌契丹军马的北院枢密使。是日，辽穆宗之弟、

太平王罨撒葛逃入沙陀。三天后，夷离毕粘木衮以"阴附"罨撒葛
之罪被诛。夷离毕为契丹官名，相当于宋朝的参知政事，即副宰相。
粘木衮可能欲拥戴罨撒葛以皇弟的资格继承帝位，只因后下手遭殃，
罨撒葛只得逃亡避祸。

　　为尽快稳定政局，辽景宗并未一味杀人立威，而是促使逃亡在
外的罨撒葛入宫朝见新天子谢罪。罨撒葛的低头，使辽景宗渡过了
即位以后的第一个难关。罨撒葛数年后病死，被追册为皇太叔，谥
曰钦靖，可见辽景宗还是承认他有嗣位资格的。但整部《辽史》未
为罨撒葛立传，也可视作辽景宗之后的辽帝对他的一种惩罚。

　　辽景宗统治初定，便授予拥立功臣官爵以为酬答：北院枢密使
萧思温兼北府宰相，南院枢密使高勋封秦王。四月一日，辽景宗为
安抚皇室成员，进封诸皇叔爵位：封太平王罨撒葛为齐王，改封赵
王喜隐（李胡长子）为宋王，封隆先（耶律倍第四子）为平王、稍（耶
律倍第三子）为吴王、道隐（耶律倍第五子）为蜀王、必摄（辽太
宗庶子）为越王、敌烈（辽太宗庶子）为冀王、宛（李胡次子）为
卫王。此后又封萧思温为魏王，北院大王耶律屋质加于越；因喜隐
谋反事件牵连而被罢官的韩匡嗣也复官始平军节度使、特进、太尉。

　　为强化自己的权位，新天子辽景宗又使出了历代帝王屡试不爽
的招术，政治联姻。"翼戴"功臣萧思温生有三个女儿，辽景宗将萧
家大女儿嫁给了罨撒葛，二女儿嫁给了喜隐，以为笼络之策；自己
则娶了萧思温的三女儿萧燕燕。萧燕燕入宫即被封为贵妃，五月中
被册立为皇后。据宋代史书云，萧燕燕"色技过人，且通韬略"，故
被新登基的辽景宗立为皇后。

　　但辽穆宗时政局动荡的余波未息，国丈萧思温身居显要，权倾
一时，引起朝臣不满，矛盾日深。970年（辽保宁二年）五月，萧思
温随从辽景宗去闾山（即医巫闾山，在今辽宁北镇境内）游猎，至

盘道岭（在今辽宁义县境内）宿营，被盗贼所杀。七月，辽景宗以右皮室详稳耶律贤适继任北院枢密使。九月，刺杀萧思温的国舅萧海只、萧海里被抓获，同时被诛，其弟萧神睹被流放于黄龙府；数月后，萧神睹被追诛。不久，封韩匡嗣之弟、南京统军使韩匡美为邺王；又擢任"龙飞"功臣女里为契丹行宫都部署。为严防暗杀事件再出现，辽景宗将自己未即位前的亲信侍从组织起来，称挞马部，以加强宿卫。

忙于稳定内部的辽景宗，无暇顾及与宋争衡。而亲征太原的失利，也使宋太祖重回"先南后北"的既定方略上来。

当初宋军平定荆、湖不久，即乘势攻下了南汉郴州（今属湖南），威慑南方。当时南唐、吴越等国皆表示臣服宋朝，宋太祖也劝南汉效仿，并交出南汉所夺占的楚国十四州，但南汉主刘𬬮不从。宋太祖从郴州俘获的南汉内侍那里得知，建都广州（今属广东）的南汉政权，因久无战事，士兵不识旗鼓，人主不知存亡，加上南汉主荒淫无道，国内宦官当权，通过暴征横敛、严刑峻法来维持统治，所以人心愤怨。但宋太祖此时正集中兵力灭后蜀，无暇他顾。此后，宋太祖又将注意力放在北汉，直至两次大规模攻击未能得手，再调头南下，乘南唐、吴越被慑服之机先灭亡南汉。

969年（开宝二年）六月，宋太祖还在自太原回开封的途中，便任命王明为荆湖转运使，负责调集物资，加紧南征准备。970年（开宝三年）九月一日，宋太祖任命潭州防御使潘美为贺州道行营兵马都部署，朗州团练使尹崇珂为副都部署，道州刺史王继勋为行营马军都监，率潭、朗等十州兵马自郴州向西，避开位于湘粤交界的骑田岭、萌渚岭险道，直插入南汉中部地区。宋军首先攻克富川（今广西钟山），歼灭南汉军万余人，继又占领白霞（今广西钟山西）。

十五日，宋军进围贺州（今广西贺州八步区东南）。

此前南汉主为保住权位，即位后大杀旧将、宗王，任用宦官执掌兵权，而对宋却防务懈怠，战舰器甲都腐败不可用。至此突闻贺州被宋军围攻，南汉君臣大为惊恐。南汉主刘𬬮急招宿将潘崇彻领军出征，但潘崇彻因久受南汉主冷落，便以眼疾推辞。南汉主大恨，即遣大将伍彦柔率舟师万余人，出西江，沿贺水（今贺江）北上救援。二十日，潘美侦知南汉援军将至，令全军佯退二十里，悄悄遣一支精锐设伏于南乡（今贺州八步区南）。当夜，南汉援军战船停泊于南乡水中，翌日晨，方离船登岸，猝遭宋军袭击，死亡过半，伍彦柔也被俘杀。宋军复围贺州，随军转运使王明率百余辆重兵及数千名丁夫，挖土填堑助战，贺州守军遂降。

贺州之捷后，潘美想引诱南汉军主力北上，寻机歼灭，遂扬言要顺着贺水东下进攻兴王府（今广东广州）。南汉主刘𬬮果然十分惊恐，只好起用潘崇彻为内太师、马步军都统，统兵三万进驻贺江口（今广东封开东北），以阻截宋军。十月，潘美为解除侧翼威胁，先后攻取昭州（今广西平乐西）、桂州（今广西桂林），转而向东，于十一月中攻占连州（今属广东）。潘崇彻却拥兵自保，观望不战。南汉主闻听昭、桂、连、贺四州已被宋军攻占，便对左右侍从说："昭、桂、连、贺本属湖南，今北师取之足矣，其不复来也。"不想潘美已乘虚长驱直进，于十二月中攻向位于两水交汇处的粤北重镇韶州（今广东韶关）城。为保韶州，南汉主刘𬬮急遣南汉都统李承渥领兵十余万列阵于莲花峰（今广东曲江南），并集合军中所有象兵列布于阵前，每头大象驮载十余名武士，各执兵器，向宋军推进。潘美严阵以待，命宋军以拒马（可移动障碍物）设障，集中强弓劲弩猛射象阵，大象中箭惊跃，向后狂奔，骑手皆坠落，反而践踏南汉军阵，南汉军大乱。宋军乘势冲杀，大败南汉军主力，斩杀数万人，攻占韶州。971年（开宝四年）正月，宋军又占雄州（今广东南雄）、英州（今广东英德），南汉的北大门洞开。扼守贺江口的南汉大将潘崇彻见大势已去，不战降宋。

前方败报频传，南汉主刘铱无计可施，只得勉强收拢自前线溃败下来的士卒，加上其他部队，凑成六万兵马，由大将郭崇岳、植廷晓统率，进至距离兴王府才百余里之远的马迳（今广州北马鞍山）筑垒列栅，阻击宋军。

潘美率宋军乘胜沿北江南下，经泷头（今广东英德南）、栅口，于二十七日进至马迳，攻占广州之西的双女山，逼近南汉军阵地。潘美数遣游骑前出挑战，郭崇岳避不出战。南汉主刘铱见形势危殆，就将妃嫔和金货宝物分装十余艘海船，准备逃到海岛上去避难，却被宦官及卫兵私自强行驾船而去。被困于广州城的刘铱只得遣人到宋军前乞降。潘美命手下护送南汉使臣去开封报捷，而刘铱久候使臣不回，心中大惧，再命其弟祯王刘保兴率兵增援郭崇岳，抵御宋军。二月四日，南汉大将植廷晓率所部兵马阻水列阵，潘美指挥宋军涉水进攻，植廷晓败死；宋军连夜对南汉军用竹编成的栅垒实施火攻，大败南汉军，南汉大将郭崇岳死于乱兵，刘保兴逃回兴王府。

当夜，陷入绝境的南汉主刘铱下令焚烧府库宫殿。次日，宋军兵临城下，刘铱出城投降。此后潘美遣人将刘铱等南汉君臣送去京城开封，宋太祖斩南汉执政大臣龚澄枢等人，而赦免刘铱，不久又授予刘铱右千牛卫大将军，封恩赦侯；其弟刘保兴被授予左监门卫率府率。宋太宗赵光义即位后，刘铱被改封为卫国公。刘铱死于980年（太平兴国五年）三月，赠官太师、南越王。与被宋太宗用毒药毒死的南唐国主李煜相比，刘铱可算是颇为幸运的了。

宋军经过五个多月的艰苦征战，终于如愿以偿地灭亡了南汉割据政权，占领了整个岭南地区。

简　释：

【宋朝二府】宋朝官制因袭唐、五代，但又为适应中央集权需要，不断对官职及其权限进行调整，形成中书门下（亦简称中书，又称政府、东府）和枢密院（又称枢府、西府）二府对掌文、武"二柄"之制。中书门下设于禁中，称政事堂，其长官为宰相，以平章事、同平章事为名，其意是与皇帝共同议政，设宰相一至三名；为防止宰相擅权，宰相下设参知政事一至三人。枢密院长官名枢密使或知枢密院事，其副名枢密副使或同知枢密院事，资浅者名签书或同签书枢密院事。参知政事和枢密院长官通称"执政"，与宰相合称"宰执"。中书与枢密院的长官可分班奏事，从而形成互相牵制局面，便于天子强化皇权专制体制。

【花蕊夫人】据宋代笔记载，后蜀主孟昶暴卒，与其宠妃花蕊夫人费氏的遭遇相关。五代时被称作"花蕊夫人"者有两人，一为前蜀开国皇帝王建的淑妃徐氏，一即费氏。传说费氏貌美且富才情，孟昶一见如获至宝，封为慧妃。宋太祖久闻花蕊夫人艳名，但初次召见时，叱责其为红颜祸水，使孟昶耽于游乐，荒淫失政而亡国。身为阶下囚的花蕊夫人当场吟出一首流传千古的《述亡国诗》："君王城上竖降旗，妾在深宫哪得知？十四万人齐解甲，宁无一个是男儿！"宋太祖由此极为钟意风流蕴藉的花蕊夫人，而孟昶也就不明不白地暴卒了。花蕊夫人入宫后情况，史书记载不多，但对其死亡经过，野史中却有多种说法：一说是花蕊夫人后来年长色衰而失宠，郁郁而死；另一说是她被赵光义射死；又一说称花蕊夫人乃欲下毒谋害宋太祖而被处死，而被赵光义射杀的是南唐李后主宠妃小花蕊夫人王氏。此外，元初《烬余录》说：当宋太祖病重，半夜，侍夜的赵光义见其兄昏睡不醒，乘机挑逗花蕊夫人，正好宋太祖醒来觉察，大怒，皇后等人到来，赵光义慌忙逃归，宋太祖至次日凌晨即驾崩了。此说大概是根据历史上隋炀帝乘隋文帝病重时调戏其父之爱妃，被隋文帝发觉后逃归，终于弑君父而篡其位的故事，加以附会而成，不能视作信史。

【**宋挥玉斧**】《滇载记》称宋将王全斌平蜀后，欲趁势攻取云南；而宋太祖"挥玉斧"后，"云南三百年不通中国"云云，皆与史实不符。因为宋将王全斌平四川未久，即因激起兵变而被围困于成都城内，待两年后兵乱被平定，即遭贬官而离开四川。而云南大理国自段思平于五代后晋天福二年（937年）立国，至段兴智于南宋宝祐元年（1253年）被蒙古统帅忽必烈（即元世祖）所灭，共二十二王，历时三百一十七年，大体与宋王朝相始终。宋王朝虽未直接治理过云南地区，但大理国与中原王朝却时有往来：如宋太宗太平兴国二年（977年）初，大理首领白万"款塞乞内附"，宋廷封其为"云南八国都王"；政和七年（1117年），宋徽宗又册封大理王段和誉为金紫光禄大夫、检校司空、云南节度使、上柱国、大理国王。此外，宋徽宗政和末年知黎州宇文常奏云"自孟氏入朝，艺祖取蜀舆地图观之，画大渡为境"。至南宋初高宗时，知黎州唐柜也称"自太祖皇帝即位之初，指舆地图弃越嶲不毛之地，画大渡河为界"。所谓越嶲，乃汉代郡名，此指大理国。但仅泛言宋太祖"画大渡河为界"而已，尚未言及玉斧。至南宋中期，楼钥《送王粹中教授入蜀》诗中有"艺祖按图挥玉斧，大渡河外等弃之"之句，说明宋太祖"画大渡河为界"的传说已与玉斧相关联。南宋后期祝穆《方舆胜览》中有云："艺祖得天下，以所持玉斧划舆地图，自大渡为界：'此外吾不有也。'"元人袁桷《清容居士集》卷八《龙尾歌》诗有"建隆天子不用武，玉斧手画大渡河"句，也指此传说。由此推知"宋挥玉斧"故事，经后人屡加"语增"，至南宋中后期已大体定型，并广为传播于后世。

四 金陵降幡（961-976）

五代后期南方诸国，南唐国力最强，南唐国主也颇有平定中原之志，但屡受后周打击，国力大减，其称霸中原的野心大为消减，只思苟安江南而已。不过南唐仍据有土地肥沃的江南十九州，甲马颇盛。因此，宋太祖初篡大政，为免四面受敌，主动向南唐示好，将后周俘获的南唐将领周成等人放归江南。南唐中主李璟可谓喜出望外，立即遣使进贡大批金帛祝贺，并拒绝出兵援助扬州李重进反宋。但宋太祖还是对南唐颇为戒备，攻克扬州之后，有意乘胜渡江南下，南唐官员杜著、薛良乘势叛逃而来，向宋军密告江南防务情况。南唐君臣大骇。宋太祖考虑再三，认为时机尚未成熟，便以"不忠"之罪名，斩杜著，将薛良编配庐州服苦役，示意自己无意进军江南。吓得胆战心惊的南唐主李璟，答应以事后周之礼侍奉宋朝，并每年进献大批贡物。961年（建隆二年）六月，南唐中主李璟郁郁而亡，其子李煜嗣位，史称南唐后主或李后主。李后主才华横溢，北宋大文豪欧阳修《新五代史》中对他评价道："性骄侈，好声色，又喜浮图，为高谈，不恤政事。"面对新兴的强敌和日趋衰落的南唐国势，李后主也无良策，只能学其父通过进贡大量金银财宝换来暂时的偏安局面。有着远大目标的宋太祖，对李煜倒也客气相待，着力安抚笼络，以便腾出手来全力对付其他割据势力。李璟死后，李后主上表宋廷，希望追尊李璟为皇帝，宋太祖慨然允诺。遇到南唐荒年，宋太祖还主动调拨粮食给予救济。只是因每年进献宋朝贡物和防备宋军支出巨额军费，南唐国力已不堪重负。

963年（乾德元年）末，原来朝贡南唐的清源（今福建泉州）割据者陈洪进遣使臣来到开封，"听命"于宋朝。宋太祖一面改授陈洪进为平海节度使，一面又遣使臣赐诏书给李后主，告知此事。李后主赶紧上表言"陈洪进首鼠两端，不可听，乞寝其旌钺"。宋太祖如此举措就是为削弱南唐势力，怎会因李后主一纸上表而罢休，惶恐不安的李后主只得再上表表示赞同，并请宋太祖取消给江南的诏书中不直呼其名的优待，但这一点却未得宋太祖允准。此后，宋朝平后蜀，李后主也遣使朝贡庆贺。甚至史称李后主还曾写信给南汉主刘鋹，劝其归降宋朝。南汉主得书大怒，扣押南唐使臣，并复信大骂李后主。李后主为表忠心，赶紧将南汉主的回信上呈宋朝，于是宋太祖"始决意伐之"。如此解说宋太祖征伐南汉的起因，其意大概一是为宋朝出兵灭南汉寻找冠冕堂皇的理由，二是说明李后主的懦弱与愚蠢。确实，当时宋、南唐双方虽然各怀鬼胎，彼此心照不宣，但还算是和睦相处。但随着荆湖、后蜀、南汉被宋军次第攻灭，南方割据政权仅存南唐以及已唯宋朝马首是瞻的钱塘、清源三家，宋太祖对南唐的态度就逐渐不那么友善了。李后主对此束手无策，但南唐将帅还想抗争一番。南都留守林仁肇对李后主说：

> （宋）淮南诸州戍兵各不过千人，宋朝前年灭蜀，今又取岭表（南汉），往返数千里，师旅罢敝。愿假臣兵数万，自寿春北渡，径据正阳，因思旧之民，可复江北旧境。彼纵来援，臣据淮对垒而御之，势不能敌。兵起之日，请以臣举兵外叛闻于宋朝，事成国家享其利，败则族臣家，明陛下（于宋）无二心。（《续资治通鉴长编》卷十一）

虽然林仁肇为李后主详细分析了宋、唐双方态势，认为此时正是恢复江北旧地的最好时机，并为李后主拟好了一旦失败而开脱责任的话语，但怯弱的李后主害怕一旦失败，宋朝将以此为借口出兵灭唐，故不敢同意。枢密院承旨、沿江巡检卢绛屡率水军与吴越交战，此时也献策道："吴越，仇雠也。他日必为北朝（宋朝）乡导（向导），掎角攻我，当先灭之。"即作为世仇的吴越国，日后必定会帮助宋朝夹攻我，故当先下手灭掉吴越，免去后患。但李后主还是不同意："（吴越）大朝附庸，安敢加兵！"卢绛便说："臣请诈以宣（今安徽宣城）、歙州（今安徽歙县）叛，陛下声言讨伐，且乞兵于吴越，兵至拒击，臣蹑而攻之，其国必亡。"李后主也不敢采纳。李煜只想以卑微而恭顺的言辞和巨额的金银锦绮玩物来讨得宋朝欢心，维持醉生梦死的偏安现状。显然这不符合宋太祖的愿望。

　　971 年（开宝四年）十一月，李后主派遣其弟郑王李从善来开封城朝贡，始将国号从"唐"改为"江南国"，自称"江南国主"，并再次请求宋太祖取消在诏书中不直呼其名的特权。已将经营江南排上议事日程的宋太祖即刻允准了，而且还留下李从善，不让他回江南。李后主大惧，赶紧于次年二月贬损南唐制度，把国主旨令"诏"贬称为"教"，将诸王降为国公，将中书、门下省降称左、右内史府，宰相降称左、右内史，尚书省降称为司会府，御史台降称司宪府，翰林院降称修文馆，枢密院降称光政院等，欲由此博得宋天子的好感，迟缓宋军的进攻。不少南唐大臣已预料到亡国之祸近在眼前，南唐名臣徐锴因"国势日削"而忧愤得疾，却于病逝时庆幸"吾今乃免为俘虏矣"。李后主也知这种表面文章作用有限，为求自保，故在明里遣使向宋朝表示臣服，暗中将兵力部署在长江中下游各要点。

　　一心欲荡平天下的宋太祖怎能容忍这一割据政权长久存在，而且在消灭荆湖、后蜀、南汉之后，宋朝国力大增，灭亡南唐的时机已趋成熟。自972年（开宝五年）起，宋太祖屡次要李后主到开封城朝觐，欲不战即让李后主自动交出南唐政权。但谁又肯轻易放弃权位，李后主将贡物大量增加的同时，只是"称疾不行"，宋太祖一时倒也没辙，只能加紧备战。

南唐南都留守林仁肇骁勇善战，有威名，外号"林虎子"，对南唐忠心耿耿，所以宋朝对他颇为畏忌，必欲除之而后快，故精心策划了一个反间计。宋太祖先派人去江南，贿赂林仁肇左右侍者，将林仁肇供奉在佛寺中的画像窃来，悬挂在宫中偏殿之中。有一天，宋太祖特意陪同扣留在开封的南唐郑王李从善来此殿观览，指着画像故意询问李从善画中人为谁，李从善自然一眼就认出。宋太祖便说："仁肇行且降，先持此为信耳。"又指着一座空宅说："将以此宅赐仁肇。"李从善信以为真，即将此语秘密传回金陵。李后主不知是计，竟用鸩酒毒死了林仁肇。南唐自毁长城，为宋朝除去了兵吞江南的一大障碍。待到李后主成为宋朝阶下囚之后，曾后悔误杀林仁肇，铸成大错，但已无济于事了。

973年（开宝六年）四月，宋廷派翰林学士卢多逊出使江南，待准备渡江北还时，卢多逊遣人转告李后主说："朝廷重修天下图经，史馆独缺江南诸州，愿各求一本以归。"李后主不知是计，赶忙令手下连夜缮写校对，送到江边，卢多逊得到后即发船北归。于是江南十九州之地形、屯戍远近、户口多寡等情况，皆为宋廷所知。深知天子心意的卢多逊回朝后，即向天子上奏分析南唐"可取之状"。宋太祖对卢多逊的深谋远略和政治才干大为赏识，有意重用。

但就在宋太祖准备对南唐动手之时，发生了赵普罢相事件。

当年赵普在"杯酒释兵权"中，设法让宋太祖同意解除赵光义兵权，免去他殿前都虞候一职，由此与赵光义关系趋恶。此后赵光义在开封尹任上十多年，虽然遭到赵普的多方压制，但在宋太祖默许下，其势力得以不断扩大，与赵普的矛盾也不断加深。赵光义在开封府衙内收罗了不少武勇精锐之士，作为自己在宋初政坛上崛起的权力基础，还着力召致文学之士进入幕府，为其出谋划策。同时，赵光义还通过各种方式拉拢朝中官员，"纵法以结豪俊"，而官场中人也纷纷争相讨好权势赫赫的开封尹，使其政治势力大为发展。

不过，宋太祖出于权力平衡的考虑，对赵普仍极为放手，赵普由此独自担任宰相十年。但也因为独相多年，权大位尊，专权太过，招致了同僚忌恨，更引起了天子忌疑，从而罢相。《宋史·赵普传》中，记载了钱俶贿赂赵普瓜子金，赵普私下从秦、陇（今陕西、甘肃一带）购买木材，赵普包庇相府属吏三件事，然后又记述赵普罢相之事，似乎这三件事就是赵普罢相的主要原因。宋太祖虽然严厉惩处贪赃之吏，却少有中枢大臣、封疆大吏因为贪赃而遭致处罚的，而且宋太祖在"杯酒释兵权"时，还曾鼓励将帅们买田置业。也有宋人认为赵普受贿、经商赢利的行为，实是袭用汉初宰相萧何的故智，以释天子猜疑之心。可知此类贪赃枉法之事只是赵普罢相的众多原因之一，实非主要原因。

史载有一次，吴越王钱俶派使者入朝，并送信给赵普，还捎带了"海物十瓶"。赵普未及拆信，正好宋太祖微行出宫，来到赵普家中，看见放置在厅堂角落的这十瓶"海物"，问知来历，就笑着说："海物必佳。"赵普吩咐仆人打开，却见瓶中盛满了瓜子金。赵普大为惶恐，忙向宋太祖请罪，解释自己还未及看信，实在不知是何物。宋太祖让赵普收下这份吴越王送来的重礼，但也留下了一句"彼谓国家事皆由汝书生尔"的冷话。

开宝初年，判大理寺雷德骧向宋太祖告发宰相赵普"强市人第宅，聚敛财贿"等种种不法事，宋太祖的反应却是大声叱责雷德骧，

"引柱斧击折"雷德骧两枚门牙，命左右将他拖出，诏令宰相"处以极刑"。不久宋太祖怒气平息，仅用一个小罪名加以处罚。对此，宋人吕中在《宋大事记讲义》卷二中评论道：宋太祖容忍雷德骧以判大理寺之身份弹劾宰相大臣，"不惟养后日敢言之风，亦可以无大臣专擅之祸"，但又通过责罚雷德骧，以保全朝廷"进退大臣之礼"。但随着时间推移，宋太祖的态度有了明显变化。971年（开宝四年）三月，前权三司使赵玭告发赵普违反朝廷禁止私运秦、陇大木的禁令，到那里购买木料运至京城为自己建造住宅，其属吏趁机冒用赵普名义，私运一批大木到东京贩卖。宋太祖大怒，要治赵普之罪，并询问前宰相王溥等人："赵普当得何罪？"王溥回答："玭诬罔大臣。"宋太祖释怒，转而严厉诘责赵玭，命武士杖责赵玭。赵普力为营救，宋太祖遂放过赵玭，将其贬为汝州牙校了事。

仅仅贩卖木材赢利，是不会使天子勃然大怒而欲罢免赵普宰相之职的，所以一经王溥劝解，宋太祖即刻醒悟，反而处罚了赵玭。赵普对此也未作辩解，反而营救赵玭，很可看出赵普的苦心。当时，赵普在政事堂中放置了一只大陶缸，中外臣僚章奏，凡赵普不想施行的，就投入缸中，放满后以火焚之，由此引来臣僚们的忌恨。一心强化皇权的宋太祖面对"堂帖（由宰相颁行的命令）之施行，与诏令无二"，甚至重于诏令的现状，终于无法容忍。因此，宋太祖此次要治赵普之罪，实属借题发挥而已。

972年（开宝五年）九月，枢密使李崇矩与赵普相厚善，将女儿嫁给赵普之子赵承宗，宋太祖听说后，甚为不悦。此前宰相、枢密使每次候对长春殿时，"同止庐中"，即在一处休息等候，至此宋太祖即令二府长官分开。李崇矩门客郑伸乘机告发李崇矩受贿请托之事，虽有证人指出郑伸乃是诬告，但宋太祖还是免去了李崇矩枢密使之职，出为镇国军节度使，并赐郑伸同进士出身，为酸枣县主簿。由此，宋太祖与赵普之间的裂痕公开化了。

十一月，宋太祖开始扩大参知政事的权力。973年（开宝六年）三月，镇国节度使李崇矩被降职为左卫大将军。这当是宋太祖为削弱赵普的势力而采取的行动。四月，宋太祖下诏重选堂后官（相府属吏），其目的是要替换赵普的旧班子，削去赵普的心腹爪牙，以加强对相府官属的控制。六月，因攻击赵普而被贬为商州司户参军的雷德骧，因与知州不和，被抓住把柄，再遭处罚，流放灵武。其子雷有邻认为是宰相赵普在背后捣鬼，十分愤恨。此时，雷有邻得知相府属吏胡赞、李可度请托受贿、前摄上蔡主簿刘伟伪造摄牒以及宗正丞赵孚前授西川官却称疾不赴任诸不法事，遂上章告发，并称这都是宰相赵普包庇的结果。宋太祖大怒，即下御史府按审，结果刘伟被处死，胡赞以下多人都决杖除名，雷有邻被擢任秘书省正字。史称宋太祖"始有疑赵普之意矣"，即宋太祖开始公开表示对赵普专权的不满了，诏令参知政事薛居正、吕余庆升都堂，与赵普共同知印、押班、奏事，即与宰相同议政事，进一步分割赵普之权。那些早就对赵普忌恨的官员于是纷纷向天子告发赵普的过恶。

赵普对自己的艰难处境甚为明白，也深知种种攻讦大都与隐藏于幕后的赵光义有着或多或少的关系，所以决意反击。此时，宋太祖既对宰相赵普专权太过有所忌疑，也对皇弟赵光义的势力不断扩张有些不放心，对是否按旧盟传位于赵光义心存犹豫。赵普探知宋太祖心中秘密，便进密奏反对赵光义嗣位。对于此事，宋代史书中皆隐讳而少有论述者，仅王禹偁《建隆遗事》中有如下记载：

> 上（宋太祖）将宴驾（逝世），前一日，遣中使急召宰相
> 赵普、卢多逊入宫，见于寝阁。上曰："吾知此疾必不起，要见
> 卿等者无它，为有数事未暇行之，卿等将笔砚来，依吾言写之，

身后切须行之，吾瞑目无恨也。"遂授普等笔砚，上自陈述，普等依上言而写，数事皆济世安民之道，普等因呜咽流涕而言："此则谨依谟训而行之。然有一大事，未见陛下处置。"上曰："何事也？"普等曰："储嗣未定，陛下傥有不讳（死亡的婉转说法），诸王中当立何人？"上曰："可立晋王。"普等复曰："陛下艰难创业，卒至升平，自有圣子当受命，未可议及昆弟也。臣等恐大事一去，卒不可还，陛下宜熟计之。"上曰："吾上不忍违太后慈训，下为海内方小康，思得长君以抚之，吾意已决矣，愿公等善为我辅晋王。"遂出御府珠玉金器赐普等，令归第。翌日，上崩于长庆殿。由是晋王闻普等有此奏议，大衔之。嗣位后，坐多逊事连秦府，贬死于岭表。赵普以妇人取媚于禁中，遂获免。（此书已佚，见《续资治通鉴长编》卷十七考异所引）

由于宋太祖死于开宝九年十月，赵普在开宝六年中已罢宰相，而卢多逊是在宋太宗即位以后才拜宰相的，所以后人大多认为《建隆遗事》所说"尤为舛谬"。不过南宋初人赵彦卫《云麓漫钞》卷十云，北宋皇家藏《建隆遗事》所载宋太祖嘱咐赵普之事，"在前三二年寝疾时，明日着灸乃省，因赐器币，非是临上仙时。或移向后，非元本"。也就是说，《建隆遗事》可能已遭后人改窜，非原本，赵普密奏之事不是发生在宋太祖临终之际，如此则与赵普宰相身份相合。而卢多逊当时官翰林学士，起草天子诏书正是其职责，故得以与赵普一起入宫，知悉宋太祖与赵普的密议。综合种种蛛丝马迹，可推断是卢多逊向赵光义告发赵普密奏内容。自周朝确立了王位传子不传弟的制度，已为史实证明是较好的皇位嗣承方式。虽然历史上屡有幼主嗣位而遭强臣篡夺之事，但传弟更容易引起皇室内部的血腥争斗。但此时宋太祖并无违背母志的决断，又忌疑赵普平日专权太过，加上赵普为朝野臣僚和军中军校所敬重、畏服，其地位、影响皆举足轻重，故其留在宰相职位上，赵光义可能难以顺利继位，于是宋太祖乘势罢去赵普宰相职责。又《辽史》记载是年六月北汉"遣人以宋事来告"。因本年内宋朝对北汉、契丹皆无用兵计划，所以北汉特意遣使告诉契丹的当是宋朝内部重大之事。从宋朝记事推测，其所说的应涉及宋廷内争，或许就是宋太祖急病之事。

八月，独相将近十年的宰相赵普出任河阳三城节度使、检校太傅、同平章事。对于赵普罢相原因，宋太祖在颁行的诏书中说是要"均劳逸"，故授赵普太傅，佩相印，出为节度使，以颐养天年。但这显然属于用来掩饰真相的官样文章。赵普离京赴任时，特意上奏章自辩说："外人谓臣轻议皇弟开封尹，皇弟忠孝全德，岂有间然！"此奏章的真伪，后人颇有疑问，但赵普在此所言实属欲盖弥彰，恰好说明了其反对赵光义嗣位，而与天子之意不合，这就是其罢相的直接原因。

赵普罢相后不出一个月，一直受赵普抑制的皇弟开封尹赵光义封为晋王；同时，山南西道节度使赵廷美为永兴节度使兼侍中，皇子赵德昭为山南西道节度使、同平章事；参知政事薛居正、枢密副使沈义伦同拜宰相；天平节度使石守信兼侍中，归德节度使高怀德、忠武节度使王审琦并加同平章事；翰林学士卢多逊升任参知政事，三司使楚昭辅为枢密副使。数日后，又诏令晋王位居宰相之上，由此完全确立了皇位继承人的地位。卢多逊升任参知政事，得以重用，当与其在攻罢赵普一事中立下汗马功劳相关。而石守信诸人的加官，应是天子表示当年"杯酒释兵权"一事当由赵普负责，故特为他们加官以示慰抚。赵普被贬，为赵光义继位扫清了道路，影响重大。

随着内争的平息，宋军的兵锋再次指向江南。为分化敌人，减少阻力，宋太祖对南、北两边分别出了手。

　　南唐李后主本无心进取，此时面对强敌虎视眈眈，而国内财竭兵微的局面，确实无力回天，便荒殆国务，只思苟且偷安享乐：皇宫寝殿上有销金红罗帐，镶饰白金、玭瑎，并装饰以珍奇宝物、奇花异草，题名"锦洞天"。李后主宠爱的周后，通书史，善音律，尤工琵琶，尝演奏唐玄宗《霓裳羽衣曲》，并自制《邀醉舞》、《恨来迟》等新曲；李后主又宠爱周后之妹，为她于万花丛中建亭阁，上覆红罗，在其上寻欢作乐。传说李后主小词"衩袜步香阶，手提金镂鞋"，即是为她所作。待周后去世，其妹也被册为皇后，人称小周后。又传说当时有一能歌善舞的宫女名窅娘，体态轻盈，以丝绸裹足，纤小弯曲如新月，在金莲花上翩翩起舞，宛如水仙凌波，即所谓"莲中花更好，云里月长新"，引得社会上女子争相仿效，以裹足为美。此即后世女子裹足并称为"金莲"的由来。同时，李后主十分信佛，用宫中金钱募人为僧，金陵僧尼因此多达万人。待退朝后，李后主时常与皇后一起换上僧衣，诵读经书，顶礼膜拜，以致手上生茧，额上起包。宋太祖听说后，精心挑选了一名口齿伶俐聪明善辩的少年，剃度为僧，南下金陵城拜见李后主。李后主和他讨论人生和性命之说，甚为惬意，以为是真佛出世，尊号曰"小长老"，整天在一起念佛论禅，对治国安邦、边防守卫之事更是难得关心了。

　　当时李后主的宠臣张洎参与国家机密决策，因李后主不欲张洎远离左右，遂特为张洎设置一官职，以皇宫后苑中的清辉殿取名，称清辉殿学士。张洎与太子太傅徐邈、太子太保徐游共居于澄心堂，秘密筹划国事。南唐主的敕令，大都由澄心堂发出执行，宰相、枢密使形同虚职。为此，宋太祖再施离间计。974年（开宝七年）南唐使臣陆昭符来开封城入见，宋太祖知道陆昭符与张洎有过节，就故意对他说道："尔国弄权者结喉小儿张洎，何不入使？尔归，可谕令一来，朕欲观之。"陆昭符闻言大为害怕，甚至不敢再归国。

同时，宋太祖又对吴越王、天下兵马大元帅钱俶的使臣说道："汝归语元帅，当训练兵甲。江南倔强不朝，我将发师讨之。元帅当助我，无惑人言，云'皮之不存，毛将安傅'也。"又告诉吴越使臣云：自己已在熏风门外建造大宅第，连亘数坊，栋宇宏丽，日用器什无不备具，"今赐名礼贤宅，以待李煜及汝主先来朝觐者赐之"，并转告钱俶做好征伐南唐的准备。

因南唐为南方诸国中实力最强者，故南征前夕，为免北顾之忧，宋太祖又让河北守将主动派人与辽廷约和。

对于此次"约和"之事，宋人一口咬定是契丹首先提议的，但从实际情况来看，宋朝较辽人更有稳定边境的需要，宋人的说法很可能只是为了替宋太祖遮羞而已。《辽史》中明白记载974年（辽保宁六年，宋开宝七年）三月，"宋遣使请和"，辽景宗因宋朝是以守边将领出面的，也就按对等原则，命涿州刺史耶律昌术加侍中，"与宋议和"。耶律昌术，宋方文献中称耶律琮。

辽廷同意宋人"请和"，实也出于其内政需要。辽景宗登基后，虽通过一系列措施缓和了契丹皇族间势如水火的权力之争，初步扭转了辽穆宗时期"政昏兵弱"、"天下愁怨"的"中衰"局面，但其统治远未能稳固。在北院枢密使萧思温被"盗杀"的次年四月，发生了辽世宗之妃啜里与蒲哥的"厌魅"之事，事情败露后，二人皆被赐死。所谓厌魅，是古代害人巫术的一种，一般指皇宫内的后妃、宫女用巫术来诅咒皇帝、皇后死亡的事件。从《辽史》记载此后数日，辽景宗"祠木叶山，行再生礼"的举动上看，当时啜里、蒲哥"厌魅"之事，给辽景宗带来了很大的心理威胁。就在宋人遣使来"请和"不久，宋王喜隐坐谋反被废，阁门使酌古之子海里因告发有功，官拜防御使。976年（辽保宁八年）七月，辽景宗异母弟、宁王只没之妻安只因为制造鸩毒而被诛，只没也遭夺爵除名的处罚，被流放到乌古部；南院枢密使高勋等人同时遭除名。可见此事绝非只没之妻制造鸩毒如此简单，而实与最高权力斗争相关。此前高勋出任南京留守，曾上奏说：南京城郊多空地，请求朝廷同意开垦成水田以种植稻子。辽景宗欲许之，但对高勋所作所为颇不满的林牙耶律昆却公然在朝堂上宣言：“高勋此奏，必有异志。果令种稻，引水为畦，设（假设）以京（南京）叛，官军何自而入？”辽景宗一听，果然起了疑心，驳回高勋的奏请。不久，辽帝将高勋调回任南院枢密使。这样，已遭受猜忌的高勋以将内置有毒药的食品馈送给驸马都尉萧啜里（其妻和古典，即辽景宗姐妹）的罪名，除名流放铜州。两年后，女里以私藏五百副盔甲的罪名遭到逮捕，法官在讯问时，又从其衣袖中搜得当年暗杀萧思温者的书信。萧思温被暗杀和凶手萧海只等人伏诛已有八九年了，竟然还能搜获作为罪证的信件，实在令人难以置信。不过，高勋、女里等人皆以此罪名被赐死，高勋家产被抄没，全部赐给萧思温家。在这样的局面之中，辽帝不想也无力与宋交战，虽深知宋朝主动“请和”的目的就在于南伐江南，但还是决定接住宋廷抛来的“绣球”。

974年（辽保宁六年，宋开宝七年）十一月，契丹涿州刺史耶律琮署名的回信送到宋知雄州孙全兴手上，文曰：

> 琮受君恩，猥当边任。臣无交于境外，言则非宜；事有利于国家，专之亦可。窃思南北两地，古今所同，曷尝不世载欢盟，时通赟币？往者晋氏后主，政出多门，惑彼强臣，忘我大义，干戈以之日用，生灵于是雁灾。今兹两朝，本无纤隙，若或交驰一介之使，显布二君之心，用息疲民，重修旧好，长为与国，不亦休哉！琮以甚微，敢干斯义，远希通悟，洞垂鉴详。

（《宋朝事实》卷二十）

孙全兴随即将耶律琮回信上呈天子。此时宋太祖已开始命将南征南唐，见辽朝愿意约和，迅即再命孙全兴"答涿州修好书"。975年（宋开宝八年，辽保宁七年）元月一日，宋朝使节至契丹庆贺新春。辽廷决定依礼制回遣使节，并于二月北汉使臣刘继文来朝贡方物时，要刘继文转告北汉主刘继元：契丹将通好于宋朝，告诫北汉"以强弱势异，无妄侵伐"宋境。北汉主获知后十分惊恐，大恸一场，竟然谋划出兵进攻契丹以解心中怨愤，经过宣徽使马峰竭力劝阻方作罢。三月，契丹使臣克妙骨慎思一行来到开封城，受到宋太祖的召见，设宴款待于长春殿，各赐衣带器币有差。待辽使辞别，宋太祖又遣使节"报聘"。为安抚北汉，辽景宗于六月中册封北汉主为"大汉英武皇帝"，并赐御衣玉带鞍马等物。八月中，辽使臣又来到开封城献御衣、玉带、名马，宋太祖也回赠如仪。于是南北双方逢吉凶庆吊，并派遣使臣往还。就这样在宋军攻灭南唐的关键时刻，宋、辽双方结成友邦，和平相处。

长江自古号称天堑，南北争战历来视渡江为难。宋太祖在吞并荆湖时挑选了一批精通造船术和水战的人才，送到开封建造战舰，教练水师。他还多次亲临视察检阅，至此已训练了一支颇为强大的水军。长江水面宽深，大量步骑兵马如何快速过江，将是南渡作战的成败所在，但宋军这一能力显然不足。正当宋太祖犯愁之时，一个名叫樊若水（也写作樊若冰）的江南人为他解决了这一难题。据陆游《入蜀记》载，樊若水为南唐落第进士，曾经上书南唐李后主论议政事，未被理睬，因见南唐国势日趋微弱，遂决意北归宋朝。樊若水深知宋军南下作战已成必然之势，假意削发为僧，在采石（今安徽当涂北）山间结庐修行，于面江的崖壁上"凿石为窍，及建石浮图"，在月夜"系绳于浮图，棹小舟急渡，引绳至江北，以度江面"，即将绳索系在石塔上，坐小船至江北岸，丈量江面宽窄，又以钓鱼作为掩护，反复勘探各段江水深浅，终于获得了准确数据，然后来到开封城上书，献在长江上架设浮桥渡江之策。宋太祖大喜，授樊若水为舒州团练推官，并特为改名"知古"。江南人知道樊若水北投献南征之策时，有人提议"诛其母、妻"，但李后主不敢，只是"羁置池州而已"。其后樊若水自陈老母、妻子被困在江南，宋廷即下令李后主将樊若水的家人送过长江来，李后主虽心中愤切，却不敢有违，听命办理，而且"厚遗而遣之"。此后宋太祖力排众议，于974年（开宝七年）七月下令在荆湖建造大舰和黄黑龙战船数千艘，以备架设浮桥之用。又有传说云，一个自北方南来的僧人在采石矶建造草庵，李后主馈送斋供，那僧人一无所受，且于暗中凿岩为穴，垒石为塔，塔周数围，高数丈。此后宋军南渡，按樊若水丈量数据建造的"浮梁果不差尺寸"，至于樊若水在江崖壁"所凿石窍及石浮图皆不毁"，此后宋军用来绾系浮桥。陆游对此评论说，"李氏君臣之暗且怠，亦可知矣"。

八月，吴越王钱俶遣其妻兄、行军司马孙承祐入贡，待其辞归时，宋太祖将宋军出师日期告诉孙承祐，让他回去后密告钱俶。九月，宋太祖命宣徽南院使曹彬为升州（今江苏南京）西南面行营马步军战棹都部署，山南东道节度使潘美为都监，曹翰为先锋都指挥使，发兵十余万，战船数千艘，联合吴越军，五路并进，会攻南唐：

命曹彬与侍卫马军都虞候李汉琼、判四方馆事田钦祚同领荆湖水军自江陵（今湖北荆州）沿长江顺流东进，攻取池州（今属安徽）以东长江南岸各要地，直指金陵城。

命潘美与侍卫步军都虞候刘遇、东上阁门使梁迥同率步骑军集结于和州（今安徽和县）一带，准备在和州与采石之间渡过长江，会合曹彬军围攻金陵。

命京师水军沿汴河而下，经大运河取道扬州进入长江，会合吴越军队攻取润州（今江苏镇江），从东面威胁金陵城。

以吴越王钱俶为升州东南面行营招抚制置使，率吴越军数万自杭州（今属浙江）北上策应，命宋将丁德裕为前锋，并监其军，从东面攻取常州（今属江苏），配合宋东路水军夺取润州。

命黄州刺史王明为池州至岳州（今湖南岳阳）江路巡检战棹都部署，牵制武昌（今湖北武汉）、湖口（今属江西）方向的南唐军，阻击其东下赴援，掩护宋军主力东进。

这五路水陆大军中，以曹彬、潘美两路为主力，主攻方向选择在金陵西南面，而东路水军与吴越军两路为助攻，从东面牵制守卫金陵城的南唐军，至于西路王明一军主要为牵制江西方向的南唐军。

宋太祖为博取民心，颇为注意维护"王者之师"形象，每次出兵都要求"师出有名"。虽然宋太祖已命令吴越国王钱俶出兵配合宋军南下，又派颍州团练使曹翰先率军进驻荆南待命，在开封的宋军也做好出征准备，但南唐对宋朝异常恭顺驯服，一时没有合适的兴兵讨伐借口。于是宋太祖再次遣使臣至江南催促李后主来开封城觐见。

李后主虽然竭力通过低身卑颜和巨额贡物来讨好宋太祖，以苟且眼前，但事到临头，却也不肯束手就擒。在大臣陈乔、张洎建议下，李后主决定采取坚壁固守以老宋师的策略，欲通过旷日持久的相持作战，来消耗宋军，求得生存，所以把南唐军队部署在长江中下游南岸各要地，重点屯驻于湖口、金陵和润州三处，左右翼卫都城。李后主还写信告诫吴越王钱俶唇亡齿寒之理，说："今日无我，明日岂有君！"欲破坏吴越与宋结盟，以免南唐两面受敌。但此建议被钱俶所拒绝。面对宋朝皇帝以发动战争来逼迫自己入朝的威胁，李后主在低声哀求之余，也不无决绝地表态："（臣）所以归命者，盖望全济之恩。今若此，有死而已。"如若欺人太甚，则只有拼死相拼了。宋太祖经过多年准备，对南唐军力已了如指掌，所以对灭亡南唐政权甚有把握，现在军队已调发完毕，再遣使臣去江南催促李后主来朝，完全是为了给李后主加上一个"倔强不朝"的罪名，使自己"师出有名"。

十月初，宋诸路大军分别开始行动。为保证统一指挥，且鉴于平定后蜀时抢掠百姓、滥杀降卒而激起兵变反抗的教训，宋太祖命令五路大军皆听曹彬节制，并在为诸将饯行时告诫曹彬道："南方之事，一以委卿，切勿暴略生民，务广威信，使自归顺，不须急击也。"并将一把佩剑交给曹彬，宣称："副将以下，不用命者斩之。"在场诸将无不相顾失色。随后宋太祖连续数天登上汴水河堤目送战舰远征，统一江南之战正式展开。

十八日，曹彬率水军出江陵，沿长江北岸东下，令八作使郝守濬率领载运用于架设浮桥渡江的巨竹、绳索的大舰及数千艘黄黑龙战船顺流跟进。屯兵湖口的十万南唐军误以为这只是宋军例行巡江，故闭关自守，未加阻截，等到发觉情况有异，曹彬大军已顺利通过了湖口。二十五日，曹彬大军突然袭占南唐峡口寨（今安徽池州西），擒杀守军千余人。

在各路宋军顺利展开攻击时，潭州（今湖南长沙）方向宋军偏师进入南唐境内，进攻萍乡（今属江西），却为南唐守军击败。

闰十月五日，宋军轻取池州，随即在铜陵（今属安徽）击败南唐军，获战船二百余艘，俘八百余人；此后又连克芜湖（今属安徽）、当涂（今属安徽），迫近采石矶。

采石与和州隔长江相对，是长江下游的重要渡口，金陵西南方的门户，形势险要，南唐马步军副部署杨收、兵马都监孙震率两万多兵马于此凭险据守。二十三日，曹彬挥师奋击，大破采石南唐守军，生擒杨收、孙震等千余人，缴获战马三百余匹，控制了采石矶要隘。

采石矶附近江面水深浪急，为保证长江浮桥架设成功，曹彬让郝守濬率丁匠在水文条件与采石江面相仿的石牌镇（今安徽怀宁）试架浮桥，把数千艘战舰用巨竹、绳索维系，头尾相连搭成浮桥，一举成功。十一月九日，曹彬下令将石牌镇浮桥移于采石矶，系于那座石塔之上，三天后浮桥完成，结集于和州的潘美所部马步军数万人从江北由浮桥顺利过江，如履平地。于此一细节，可见宋太祖战前准备之周密。

当宋军在采石矶江面架设浮桥的消息传入金陵，李后主向大臣张洎询问对策，张洎说："载籍以来，无有此事，此必不成。"李后主也讥笑道："吾亦谓此儿戏耳。"不料三天后浮桥架通，南唐君臣大为惊惧，赶紧派遣镇海节度使郑彦华与天德都虞候杜真分率水、步兵各万人，水陆并进反击。南唐军兵力不足，相互间又不协同作战，先后被宋军击败。

宋灭南唐之战，是继西晋灭东吴之战和隋灭南朝陈之战以后，中国战争史上第三次大规模渡江作战。从战事进展情况来看，宋太祖采纳臣下建议，预先建造架设浮桥的战船，在长江下游成功架通跨江浮桥，突破长江天堑，保障后续部队继续南下，成为保证灭南唐之战成功的一大关键。李后主过分依赖长江天险，从而坐失利用宋军渡江时进行反击之良机，终致局面不可挽回。

宋军主力顺利渡过长江后，水陆并进，连克金陵西南的新林寨、白鹭洲和新林港，进逼金陵城；曹彬还分遣两支偏师进攻溧水（今属江苏）、宣州（今安徽宣城），以扫清金陵外围南唐守军，彻底孤立金陵城。其他三路宋军也接连告捷，分守各地的南唐军自顾不暇，被各个击破。

十二月，金陵城内开始戒严，李后主下令不再奉宋朝"正朔"，去"开宝"年号，只用甲子纪年；招募平民为兵，将城内外十万水陆大军前依秦淮河、背靠金陵城列阵防守。975年（开宝八年）正月十七日，宋军正式开始攻城之战。为不失战机，打敌方一个措手不及，都监潘美不待渡河船只齐备，即令步骑兵涉秦淮河发动强攻；大将李汉琼亦率领本部士卒强渡秦淮河，以大舰满载芦苇，对南唐水寨实施火攻，歼灭南唐军数千人。守护秦淮河的南唐军大败，退入城中。为迫使宋军从城下退军，南唐派水师溯江而上，企图夺取采石浮桥，切断江南宋军的后勤补给线，但也被潘美率军击破，南唐神卫都军头郑宾等将领被俘。二月，宋军又攻克金陵外关城，并击败南唐军多次反扑，对金陵城形成三面围攻的态势。

四月，吴越军兵围常州城，南唐常州刺史禹万成登城拒守，但部将金成礼劫持禹万成，开门出降，常州陷落。不久，江阴（今属江苏）宁远军以及沿长江诸寨南唐守军也不战而降。

南唐亡在旦夕，但李后主自恃金陵城虎踞龙盘，地势险要，只要坚守壁垒，敌疲自退，故将政事交给陈乔、张洎，将兵权交给负责守卫都城的皇甫继勋，自己深处内宫，终日与一批和尚、道士诵经谈道，不问外事。怎奈皇甫继勋本是纨绔子弟，少年骄贵，无能而又怕死，大敌当前，不思御敌之策，却不断散布悲观论调，并遣其子到城下宋营商议投降事宜。直至五月中，李后主偶然登城巡视，才惊骇地发现城外旌旗遍野，金陵城已被重重围困。李后主怒杀皇甫继勋，急调屯驻湖口的大将朱令赟率军入援，并调兵增援作为金陵东面门户的润州城，以阻击宋、吴越联军自东面发起的进攻。

宋太祖眼见江南酷暑，中原将士因久驻坚城之下，水土不服，军营中时疾流行，而南唐凭借有利地形坚守不下，就考虑将围攻金陵的部队北撤至扬州休整，待秋后天气凉爽时再来攻城，故于七月中将此前出使开封被扣的李从镒（李后主之弟）放回金陵城，让他劝说李后主投降。参知政事卢多逊提出不同意见，但未为天子接受。卢多逊设法让知扬州侯陟将金陵城内危殆情况告诉天子，侯陟并说："江南危在旦夕，陛下为何欲罢兵？愿急取之。臣若有误陛下，请诛三族。"宋太祖经详细询问，即刻取消了罢兵休整的命令，并调集其他地区的宋军前来金陵增援。

金陵城内形势愈益窘迫，李后主盼望的江上援兵，却因朱令赟受到宋西路军的牵制，并担心一旦离开湖口，被宋军断绝后路，所以迟迟不敢东进。为抵抗宋军，李后主几乎将境内所有成年男子都征召入伍，因缺乏兵甲，甚至出现了"以纸为甲、以农具为兵器"的"白甲军"。

吴越军在攻克常州后，继续西上，在润州城下会合自扬州南下的宋东路水军，将润州城团团围住。九月间，镇守润州城的南唐将领心怀贰心，打开城门出降。宋东路军攻占润州后，迅速赶赴金陵城下，与曹彬、潘美所率宋军主力会合。

当时宋东路军先锋将丁德裕部送润州南唐降卒数千人赴金陵城下，途中降卒多逃亡。曹彬发檄文招诱，那些逃兵稍稍归来。但曹彬却又担忧这些降兵再度生变，将他们全部处死，然后上奏天子说在金陵城外击败润州南唐溃卒数千人，斩首七百级。

李后主内外交困，一面严令朱令赟火速来援，一面又乘宋朝劝降使臣回去之机，派大臣徐铉去宋廷乞和。十月，曹彬遣人护送徐铉一行至东京开封。

徐铉以博学多才闻名于世，平素以"名臣"自居，此时想学战国时期的纵横家，通过言辞说动宋太祖，以保全南唐社稷，所以在来京城路上，日夜思虑应答言语，考虑甚为周详。深知徐铉学问和为人的宋朝大臣，预先告诉宋太祖说："铉博学有才辩，宜有以待之。"宋太祖却笑答道："第去，非尔所知也。"果然徐铉一见宋太祖就说道："李煜无罪，陛下师出无名。"宋太祖也不答语，只是招呼徐铉上殿，让他把话说完。徐铉就说："李煜以小事大，如子事父，未有过失，奈何见伐？"其论说反复数百言，宋太祖徐徐问道："尔谓父子者为两家可乎？"徐铉不料宋太祖会有如此话语，无法回答，怏怏而归。

徐铉未能带回好消息，而长江上游传来的消息却更为糟糕。在李后主反复催促下，驻军湖口的朱令赟也知形势危急，便率大军入援，号称十五万，分乘长百余丈的木筏和能容纳千人的大舰顺江东下，直扑采石，欲冲断采石浮桥，断绝宋军长江南北的联络。

向湖口方向警戒的宋西路军王明所部就屯驻于独树口（今安徽安庆附近），发觉朱令赟军的动向后，立即奏报天子，请求宋太祖派遣援兵加以阻击，并"增造战舰三百，以袭令赟"。宋太祖说："此非应急之策也。令赟朝夕至（金陵），金陵之围解矣。"于是传令王明在洲浦之间竖立舰桅状木杆以为疑兵。朱令赟望见后，果然怀疑其下有伏兵，不敢贸然轻进。此时正是初冬时节，长江水位浅涸，航道狭窄，不利于航行，南唐水军船高载重，行动缓慢，舰队行距拉长。宋军主将曹彬得知朱令赟率军东下，急遣大将刘遇增援王明。十月二十一日，朱令赟乘大舰航行至皖口（今安徽安庆西南，皖水入江口），遭宋军刘遇部阻截，朱令赟遂用火油攻击宋军，不料正逢北风大起，火反烧向了自己，南唐军不战自溃。朱令赟见败局已定，投火自焚。南唐战棹都虞候王晖等将领被俘，数万件兵器为宋军缴获。南唐君臣日夜企盼的南唐最后一支有生力量就这样烟消云散，金陵旦夕且破。

此时曹彬等宋将分列三寨围困金陵城，潘美驻防城北，并将营寨图奏报天子。宋太祖一见，即指着北寨对使者说："此宜深沟自固，江南人必夜出兵来寇。尔亟去语曹彬等，并力速成之，不然，终为所乘矣。"果然不久后的一个深夜，南唐军出兵五千人偷袭北寨，但宋军严阵以待，将来犯者一举歼灭，其中佩带将帅之印者有十多人。经此惨败，南唐军再不敢出战了。

陷入绝境的李后主只得让刚回金陵的徐铉再次出使开封，苦苦哀求宋太祖缓师："李煜事大（宋朝）之礼甚恭，徒以被病，未任朝谒，非敢拒诏也，乞缓兵以全一邦之命。"言语甚为恳切。宋太祖与他"反覆数四，铉声气愈厉"，宋太祖听得不耐烦，便按剑怒喝道：

> 不须多言！江南亦有何罪，但天下一家，卧榻之侧，岂容他人酣睡乎！（《续资治通鉴长编》卷十六）

如此豪爽之语，直透出军人本色，文士徐铉只得惶恐而退。

曹彬自围城以后，遵循宋太祖"使自归顺，不须急击"的指示，并不急于攻城，而是采用长围久困之法来迫使李煜投降。当宋军攻城时，矢石如雨，士民死伤者众多，又经长期围困，"斗米十千，死者相枕"，已无力再支撑了。十一月，曹彬写信劝告李煜停止抵抗，并明确宣告当于二十七日发起总攻，希望他放弃幻想，早日出降，以免全城生灵涂炭，但仍为其拒绝。李煜为表示至死不降的决心，命人在宫中堆起柴草，扬言城破时将全家赴火自焚。

因为天子多次派来使臣传言，严令宋军入城时不得杀掠，以保存江南财富，故曹彬于是月二十五日假装生病，并对前来探视的众将说道："余之病非药石所愈（医治），须诸公共为信誓，破城日不妄杀一人，则彬之疾愈矣。"众将应诺，一起焚香立誓。然后曹彬起床处理军务，部署总攻金陵事宜。

　　二十七日，曹彬下令攻城，被围攻已一年的金陵城很快就被攻破。曹彬率领宋军整队进城，李煜并无放火自焚的勇气，带着众侍臣走出宫门，奉表向曹彬投降，被俘至开封，南唐灭亡。南唐大臣陈乔自杀，李煜之后妃、子弟以及大臣张洎、徐铉以下官属随从李煜北去。李煜被授予右千牛卫上将军，封违命侯；其子弟皆被授予诸卫大将军，其随从至东京的大臣也分别授予官职，并各赐予器币、鞍马等有差。

　　金陵城破之日，尽管宋太祖和曹彬都严令将士不得滥杀，但并未能制止杀戮。陆游《南唐书》云，当时"王师既入建康，惟后主宫门不入"。即除受到特别保护的南唐宫室外，金陵全城，不论平民蓬门还是官宦朱门，宋军都破门而入肆意抢掠烧杀。如南朝梁时建造的高十余丈的升元寺阁，被纵火焚烧，躲藏于阁中的数百名男女被烧死。李后主降宋以后，江州（今江西九江）守军仍拼死抵抗，直至次年四月才被攻破。宋军攻入江州，主将曹翰下令杀尽全城男女老幼数万人，所掠金帛数以十万计。曹翰为搬运私吞的金帛财物，还调用了百余艘军舰运送，为免物议，曹翰特意将庐山下佛寺内的五百尊铁罗汉装在船上，说是要献给皇上，称"押纲罗汉"。据说宋太祖曾下旨赦免江州城军民，可惜诏令到达的前一天，宋军已经屠城。因此，宋人著作中屡屡夸称的宋军攻破金陵城时未曾妄杀一人，并不是史实，只是与当年灭后蜀时宋军劫掠成都城民，终于激起大规模叛乱相比，此时行动确实要"文雅"一些，但也仅此而已。

简　释：

【林仁肇被诬杀】南唐骁将林仁肇被杀，乃因李后主中了宋太祖的反间计。北宋龙衮《江南野史》、李焘《续资治通鉴长编》等所载同。然宋人马令《南唐书》载林仁肇"与皇甫继勋、朱令赟辈不协，因构仁肇求援皇朝（宋朝），欲自王江西，后主潜使人鸩之"，显然有意回避宋太祖尝施反间计杀林仁肇一事。陆游《南唐书·林仁肇传》综合诸书记载，云："时皇甫继勋、朱全赟掌兵柄，忌仁肇雄略，谋有以中之。会朝贡使自京师回，摘使言仁肇密通中朝，见其画像于禁中，且已为筑大第以待其至。后主方任继勋等，惑其言，使人持酖往毒之。"亦回避明言宋太祖尝行使反间计。又，北宋中期人郭若虚《图画见闻志》卷三称宋太祖乃是遣"工画佛道人物，长写貌"的京师画工王霭去江南"潜写宋齐丘、韩熙载、林仁肇真，称旨"。按，宋齐丘、韩熙载皆尝为南唐宰相，看来宋太祖所欲行反间的尚不止林仁肇一人。

第三章

呜咽高粱河（976—986）

残叶下寒阶，秋风震旅怀。话莼鲈、空自低回。莽莽神州兵气亘，听不得、泽鸿哀。　夕照澹金台，销沉几霸才。对霜天、尊酒悲来。丛菊漫淹词客泪，偏多傍、战场开。

——夏孙桐《南楼令·秋怀次韵》

一　斧声烛影（976）

宋军攻克金陵城，南唐灭亡，南方割据势力仅剩下早已奉宋朝"正朔"的吴越钱俶及割据福建漳州、泉州一带的陈洪进二家了。976年（开宝九年）二月初，群臣上表请为天子的尊号中加上"一统太平"四字，但为宋太祖以"汾、晋未平，燕、蓟未复"，不欲号"一统"为由所拒绝。宋太祖此时所想的是首先攻灭北汉。

当攻占金陵的功臣回到京城，一向行事低调的主将曹彬在觐见天子的奏状上写着："奉敕江南勾当公事回。"如此谦恭地归功皇上，自得主上欢心。宋太祖大赏平定江南之功，以宣徽南院使、义成节度使曹彬为枢密使、领忠武节度使，以山南东道节度使潘美为宣徽北院使，其他功臣也赏官赐财物有差。史称当初曹彬领兵南征前，宋太祖曾许诺说："俟克李煜，当以卿为使相。"所谓使相，是指节度使兼中书令、侍中、同平章事之官，为武官品阶之最。故在攻灭南唐之后，副帅潘美尝预祝曹彬荣升，不料曹彬回答："不然，夫是行也，仗天威，遵庙谟（皇上的筹划），乃能成事，吾何功哉？况使相极品乎？"潘美不解，曹彬便解释说："太原未平尔。"果然，宋太祖在接见凯旋的南征将帅时说道："本授卿使相，然（太原）刘继元还未下，姑少待之。"其意乃谓现今北汉尚未归服，若授卿使相，品位极矣，肯复力战破敌耶？姑且稍待，再为我取太原，再授予使相。潘美听后不禁看着曹彬偷笑，宋太祖问知原委后大笑，特赏赐钱五十万给曹彬。曹彬倒也看得开，回家看着屋子内一大堆钱说道："人生何必使相，好官亦不过多得钱尔。"

　　南唐灭亡后，宋太祖即要吴越王钱俶到开封城相见："元帅（钱俶）克毗陵（常州）有大功，可暂来与朕相见，以慰想望之意。即当复还，不久留也。朕三执圭币（此指礼器）以见上帝，岂食言乎！"吴越政权为钱镠所创立，王位五传至钱俶。吴越国与南唐为世仇，为此实力较弱的吴越国一直以"善事中国"和"保境安民"为国策，通过臣服中原王朝来抗衡南唐。宋朝建立，吴越王钱俶马上遣使称臣纳贡，而宋太祖对他也十分礼遇，封钱俶为天下兵马大元帅，以此来牵制南唐。此后，审时度势的钱俶为能保全祖宗所传家业，只得竭吴越之钱物，并不断派遣自己儿子前往开封入贡，以求得宋天子的欢心。至此，宋太祖虽允诺其入朝后仍可回杭州，但不管宋天子是否食言，钱俶其实并无选择的余地，只能带领妻、子来开封城觐见天子。钱俶要北上入朝，吴越国中一片惊恐，认为此去凶多吉少，为祈求钱俶平安归来，臣僚们特地在杭州西湖边的宝石山上造了一座佛塔，称保俶塔。

　　二月中，宋太祖为表示礼遇，特地派皇子赵德昭前往宋州迎接钱俶。钱俶至开封后，宋太祖即赐予礼贤宅居住，款待优渥，多次在皇宫中隆重宴请，并让次子赵德芳作陪。不久，宋太祖要去西京洛阳巡察，钱俶请求随行，宋太祖未应允，说："南北风土异宜，渐及炎暑，卿可早发。"钱俶叩谢如仪，请求"三年一朝"，但宋太祖表示"川途迁远，俟有诏乃来也。"当时宋朝群臣纷纷上书天子，要求留下钱俶，迫使他交出吴越国土，宋太祖不允，遵守先前诺言让钱俶南还，但在钱俶临行时，拿出一个密封的黄布行囊交给他，嘱咐道："途中宜密观。"钱俶路上打开一看，包裹内全是宋朝众臣请求扣留钱俶的奏章。在南唐灭亡后，对于是否交出吴越国疆土，钱俶也心存侥幸，至此明白宋廷不会让吴越政权长期存在，宋太祖只是想让钱俶自动纳土而已。不久宋太祖猝死，这事就暂时搁下了。

当时，泉州帅陈洪进也按宋太祖的要求登程来开封城朝拜，只是在半路上听说宋太祖猝死，就转回了泉州。

三月六日，宋太祖授予次子赵德芳贵州防御使，标志其已成人，正式亮相政坛。同日，宋太祖昭告天下将西巡西京洛阳城，但与此前亲征时让皇弟赵光义留守京城的做法不同，此次宋太祖任命宰相沈义伦为东京留守、兼大内都部署。九日，宋太祖率领百官离开开封城西行。十三日，宋太祖来到其父陵墓祭奠。宋太祖之父赵弘殷死后，原葬于开封城东南隅，待宋朝创立后，迁葬于今巩义市西南四十里处，称永安陵。

据说宋太祖祭奠完毕告辞时，或许有预感，痛哭道："此生不得再朝于此也！"宋太祖登上永安陵园神墙上的角楼，四处遥望，南有巍峨的少室、太室诸山，东有青龙、石人诸峰，西临伊河、洛水，北靠黄河，不老青山，悠悠流水，实为风水形胜之地，顿起今昔之思，叹息说："我生不得居此，死当葬于此。"取来一支响箭，搭弓射向西北，直飞至四百步开外才落下，宋太祖命随从在箭落处留下表记，说道："即此乃朕之皇堂（指墓地）也。"

十六日，宋太祖抵达洛阳城。此前宋太祖已令右武卫上将军、知河南府焦继勋（赵德芳之岳父）负责西京宫室的缮修。此时宋太祖看见宫室壮丽，甚为高兴，召来焦继勋大加表扬，并加授彰德军节度使。

宋太祖出生于洛阳，颇为喜爱洛阳土风，故有自开封迁都洛阳的打算，但遭到群臣的一致反对。当宋太祖宣布要西巡洛阳时，起居郎李符就上书提出八大反对理由，略曰："洛阳城市凋敝，一难也；洛阳宫阙残缺，二难也；洛阳郊庙未修缮，三难也；洛阳城中百官官署未备，四难也；洛阳城内外民众困穷，五难也；洛阳贮备之军粮不充足，六难也；洛阳缺乏军营、壁垒等设施，七难也；车驾西去，千军万马盛夏从行，八难也。"但宋太祖不为所动。宋太祖又将宰相沈义伦自东京开封召来，于四月间举行了祭祀天地的盛典。当一系列祭祀活动完毕以后，宋太祖仍未有动身东返的打算。群臣见天子铁下心要迁都洛阳，都相顾不敢进谏。一天，铁骑左右厢都指挥使李怀忠找了一个机会进言道："东京有汴渠之漕（运），岁致江、淮米数百万斛，都下兵数十万人，咸仰给焉。陛下居此，将安取之？且府库、重兵皆在大梁（开封），根本安固已久，不可动摇。若遽迁都，臣实未见其便。"这确是宋太祖所深忧的，也是他逗留洛阳月余却未正式宣布迁都的主因，但他仍不愿轻易放弃。

见他人劝说皆未奏效，晋王赵光义便亲自向皇兄表态"迁都未便"，不料宋太祖回答说：迁都洛阳城也只是临时措施，最终要把都城迁至关中长安城。赵光义叩头切谏，宋太祖解释说："我将西迁者无它，欲据山河之胜而去冗兵，循汉唐故事，以安天下也。"赵光义却认为国家能否长治久安，其根本"在德（德政）不在险（地形险要）"。宋太祖默然不答。

开封城位于中原腹心之地，四周河流纵横，沃野陂泽相望，物产丰富，有汴河、黄河、惠民河和广济河四水可通漕运。中国江河大都东西走向，汴河连接黄河、淮河，自隋唐以来就是中原地区最重要的水运交通干线之一，而开封城正处于汴河的中枢位置，向西连接黄河、渭河而直达洛阳、长安，往东南经淮河、大运河抵达长江，连通江淮、两浙、荆湖，并远连巴蜀、岭南地区，有所谓"汴水横亘中原，首承黄河，漕引江南、荆湖，其利远尽南海，半天下之财赋，并山泽之百货，悉由此路而进"的说法，开封城也由此成为经济发达、商业繁荣的水陆都会。但万事有一利必有一弊。因汴京开封仅城北有一条黄河，四周无山川之险，实为四战之地，无险可守。尤其辽朝占据燕云诸州之后，辽军如若南侵，其滚滚铁骑在

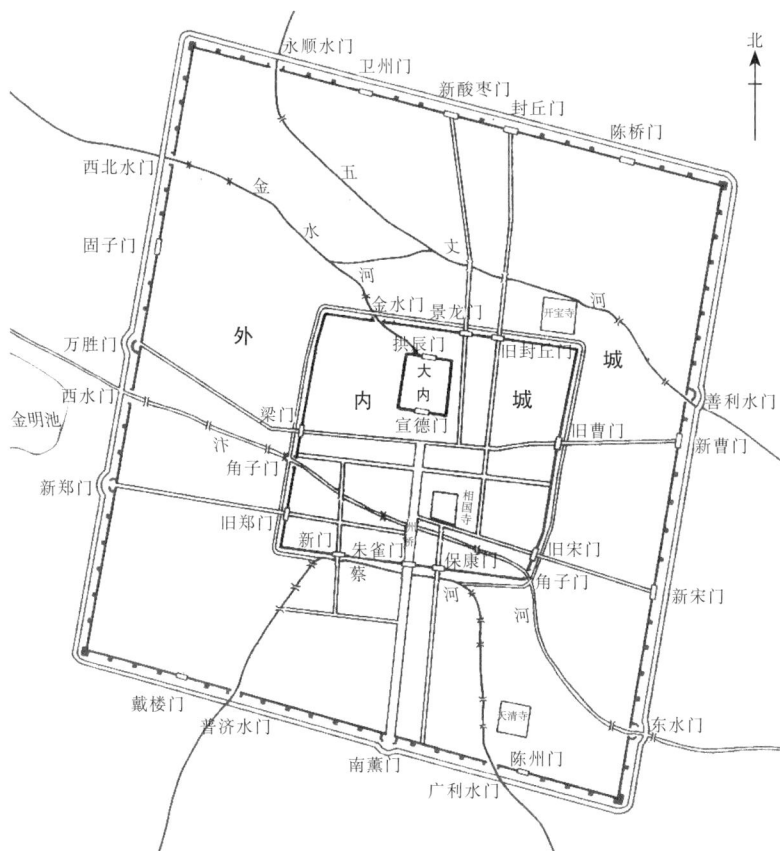

北宋东京城图

一马平川的华北平原上几乎是任意纵横，可长驱黄河北岸，而一旦突破黄河天险，即抵开封城下。北宋末年，开封城被自燕云地区南下的女真铁骑迅速攻破的事实，即是最有力之证明。而洛阳城北依邙山，渡黄河可远通幽州，南据伊阙以临江汉平原，西控潼关、崤山而连接关中，东经汴京而邻齐鲁、江淮，正好扼守古代中国东西南北的交通要冲，地理位置优越，形势险要。古来有所谓"王者治天下，设险以安万国"之说，从军事上考虑，洛阳无疑具有比开封更为优越的条件。但洛阳也存在着明显不足，即自唐朝后期以来，国家经济重心逐渐南移，朝廷用度所需、三军将士及城中百姓所给之粮食、布匹等物品，主要自长江中下游地区水运而来。而洛阳的水运条件远不如开封，故一旦成为国都，则城内外居住军民人口将数以十万计，消耗物资量极大，而本地根本无法满足，由此会给物资供应造成难以克服的困境。宋太祖对此心知肚明，所以待赵光义离开后，向侍臣叹息道："晋王之说固善，今姑从之。不出百年，天下民力殚矣。"因为定都几无险要可守的开封城，必将屯重兵以为守卫，由此造成的冗兵现象，必将给国家带来严重的财政危机。历史的演进，也证明宋太祖的判断颇为正确，但从当时实际情况来看，因物资供应等困难无法解决，故自开封迁都洛阳、进而迁都长安的条件确实不成熟。于是宋太祖下令启程回到了东京开封。

对于宋太祖欲迁都洛阳城及赵光义坚决反对迁都的原因，有一种说法认为，此时晋王赵光义任开封尹已有十多年，经精心培植，已在京城开封形成了一张强大的权力网。宋太祖将都城迁出开封，不需采用激烈手段即可使得这张权力网失效，所以决定迁都与否，实是当时朝中权力之争的曲折反映。从知河南府焦继勋乃皇子赵德芳的岳父上看，这种可能性颇大。结果，放弃迁都计划而回到东京的宋太祖，半年后即离奇死去，反对迁都的赵光义就此坐上了龙椅。

宋军灭亡南唐以后，宋太祖又将目光转向北汉。虽然契丹取得燕云诸州后占得地理之利，但与燕京之南华北平原一马平川、无险可守不同，在河东方向，在辽人所占的云州（今山西大同）以南，尚有雁门关等关隘，相当于今内长城一线，还算是有险可守。出身行伍的宋太祖十分清楚夺得雁门关一线以堵上契丹骑兵南下通道的意义。这大概就是宋太祖屡次中断"先南后北"的进军方略，回头进攻北汉的主要原因吧。然北汉与契丹结盟，为避免同时与辽、北汉交战，宋太祖还是不断遣使北上与辽朝通好。

976年（宋开宝九年，辽保宁八年）初，宋、辽双方互遣使臣庆贺新春。是年，双方又创例互派使臣祝贺南、北天子诞辰。宋太祖的生日称长春节，而辽景宗生日称天清节。二月，贺长春节的辽使抵达了开封城。七月，贺天清节的宋使也来到了辽帝面前。

当年"察割之乱"中辽世宗被弑时，目睹此事的辽景宗年仅四岁，因惊吓成疾，至其登基称帝以后，病情趋于严重，成风痹之症，连骑马都有困难，时常卧于床榻间，直接影响其主持国政。因此之故，萧皇后渐渐参与处置国政。辽朝"刑赏政事，用兵追讨，皆萧皇后决之，辽景宗拱手于床榻而已"。于是朝中别具野心的大臣便暗中活动，欲削弱萧皇后的势力。为此，辽景宗于保宁八年二月诏谕起草圣旨的史馆学士："今后书写皇后之言，亦称'朕'暨'予'，著为定式。"即从制度上确立了萧皇后当朝理政的权位，萧皇后成为辽朝事实上的掌权者。因此，辽人便将萧皇后与辽景帝等观，称之为"宫中二圣"。

辽景宗即位以后，顺应"人人望治"的愿望，常向汉人大臣室昉询问"古今治乱得失"，打算借鉴汉族统治者的历史经验教训，以革新政治。辽景宗的变革收到了一定成效，其中以吏治改革收效较显著。史称辽景宗"任人不疑，信用必赏"，摒弃了此前不少弊政，并重用汉人官僚，成为辽朝统治政策上的一大变化。辽朝初期，当朝柄国之人大都为契丹人，虽在表面上宣称"蕃汉杂用，然汉人无几矣"。此后汉人官员逐渐增多，但主要出任治理汉人事务的南面官。至辽景宗时，汉人官员始被大量重用，出将入相，在统治机构中占有重要地位，甚至如室昉还以南院枢密使兼任向来是由"后族

世预其选"的北府宰相，如高勋、韩匡嗣被授任一直是由契丹皇族
或后族贵戚担任的南京留守这一要职。这一做法，既顺应了契丹社
会经济、文化不断发展的需要，也成为辽朝"中兴"的契机。

当然，因内争尚存，国力未复，辽景宗、萧皇后也不愿此时与
宋朝摊牌。因此，宋朝一面遣使与辽约和，一面遣军攻击北汉；而
辽朝同样在遣使开封还礼的同时，又派出兵马增援太原抵抗宋军。

八月，宋太祖任命侍卫马军都指挥使党进为河东道行营马步军
都部署，宣徽北院使潘美为都监，虎捷右厢指挥使杨光义为都虞
候，统领禁军北征北汉；命骁将镇州西山巡检郭进为河东忻、代等
州行营马步军都监，统军自河北进抵太原城以北的代州（今山西代
县）一带，阻击南援的辽军。数日后，宋太祖又下诏命令与北汉接
壤的诸州兵马分道杀入北汉境内：西上阁门使郝崇信、解州刺史王
政忠率一部出汾州（今山西汾阳），内衣库副使阎彦进、泽州刺史齐
超率一军出沁州（今山西沁县），内衣库副使孙晏宣、濮州刺史安守
忠率一部出辽州（今山西左权），引进副使齐延琛、汝州刺史穆彦璋
率一部出石州（今山西离石），会攻太原。九月，各路宋军进展顺
利，党进率领宋军主力抵达太原城下，大败北汉军数千人。十月初，
夏州（今陕西靖边北）定难节度使李光叡也率本部兵马抵达黄河西
岸，准备到天寒黄河冰封时，渡河杀入河东。

北汉数战连败，赶忙遣使到契丹求救，辽景宗即命南府宰相耶
律沙、冀王敌烈率兵南援。但辽军尚未出境，就传来了宋太祖猝死、
宋军退兵的消息。宋军数路会攻太原，又一次无功而返。

宋太祖意气风发，欲一举灭亡北汉之际，却在"斧声烛影"这
一千古疑案中神秘去世。是年十月二十日（癸丑）夜，宋太祖猝然
离世。对于宋太祖的死因，宋朝正史中未加记载，如《宋史·太祖

本纪》上仅简略记载："癸丑夕，帝崩于万岁殿，年五十，殡于殿西阶。"但宋人野史笔记中却有一些颇为离奇且又说法不一的记载，如僧人文莹《续湘山野录》记载：

> 至所期之夕，上（宋太祖）御登太清阁四望气。是夕果晴，星斗明灿，上心方喜。俄而阴霾四起，天气陡变，雪雹骤降。（上）移杖下阁，急传宫钥开端门，召开封王（开封尹、晋王赵光义），即太宗也。延入大寝，酌酒对饮。宦官、宫妾悉屏之，但遥见烛影下，太宗时或避席，有不可胜之状。饮讫，禁漏三鼓（三更），殿雪已数寸，帝引柱斧戳雪，顾太宗曰："好做！好做！"遂解带就寝，鼻息如雷霆。是夕，太宗留宿禁内，将五鼓，周庐者寂无所闻，帝已崩矣。太宗受遗诏于柩前即位。逮晓登明堂，宣遗诏罢，声恸，引近臣环玉衣以瞻圣体，玉色温莹如出汤沐。

此段文字语气隐约，文辞闪烁，却是所谓"斧声烛影"这一千古之谜的最初文本，在宋代即广为流传。虽然南宋史学家李焘认为这一传闻"未必然"，但在编撰《续资治通鉴长编》时，也不得不加以摘录，并依据宋朝"国史"，参考其他野史笔记所载，删修"斧声烛影"的大致经过如下：

> 初，有神降于盩厔县（今陕西周至）民张守真家，自言："我天之尊神，号黑杀将军，玉帝之辅也。"守真每斋戒祈请，神必降室中，风肃然，声若婴儿，独守真能晓之，所言祸福多验（灵验）。守真遂为道士。
> 上（宋太祖）不豫（得病），驿召守真至阙下。壬子（十

月十九日），命内侍王继恩就建隆观设黄箓醮，令守真降神，神言："天上宫阙已成，玉锁开。晋王有仁心。"言讫不复降。上闻其言，即夜召晋王，属以后事。左右皆不得闻，但遥见烛影下晋王时或离席，若有所逊避之状，既而上引柱斧戳地，大声谓晋王曰："好为之。"

癸丑（二十日），上崩于万岁殿。时夜已四鼓（四更），宋皇后使王继恩出，召贵州防御使德芳（宋太祖次子）。继恩以太祖传国晋王之意素定，乃不诣德芳，径趋开封府召晋王，见左押衙程德玄先坐于府门。德玄者，荥泽人，善为医。继恩诘之，德玄对曰："我宿于信陵坊，乙夜（二更）有当关（大门）疾呼者曰：'晋王召。'出视则无人，如是者三。吾恐晋王有疾，故来。"继恩异之，乃告以故，扣门与俱入见王，且召之（入宫）。王大惊，犹豫不行，曰："吾当与家人议之。"入久不出，继恩促之曰："事久，（皇位）将为它人有矣。"时大雪，遂与王于雪中步至宫。继恩使王止于直庐，曰："王且待于此，继恩当先入言之。"德玄曰："便应直前，何待之有！"乃与王俱进至寝殿。后（宋皇后）闻继恩至，问曰："德芳来耶？"继恩曰："晋王至矣。"后见王，愕然，遽呼"官家"，曰："吾母子之命，皆托于官家。"王泣曰："共保富贵，勿忧也。"

甲寅（二十一日），太宗即位，群臣谒见万岁殿之东楹，帝号恸殒绝。（《续资治通鉴长编》卷十七）

有关宋太祖猝死经过，由于宋代"国史"全无记载，所以李焘大胆引用野史笔记中文字，以还原"斧声烛影"之真相。因《续资治通鉴长编》撰成后曾上进朝廷，故可证明南宋皇室也认可书中所记载者。不过，李焘遇到对宋太宗甚为不利的史料还是不予采录，或加删修后使用，使得相关记载仍然含糊、闪烁，甚至颇有讹误。下面即据相关史料，按时间顺序，对其中关键问题作一简要的辨正。

首先，关于宋太祖因身体"不豫"而召道士张守真来京城及神灵黑杀将军降临之事。道士张守真的生平记载，现见最早者当属张元济（张守真之子）于宋真宗初年所撰写的《圣宋传应大法师行状》。传应大法师，乃宋廷赐张守真的尊号。但《传应大法师行状》中仅记载了张守真于开宝九年十月间自陕西终南山来汴京觐见宋太祖之事，却并未言及张守真于建隆观设黄箓醮、召神灵黑杀将军降临一事。此后，宋真宗大中祥符年间命王钦若纂集《翊圣保德真君传》，翊圣保德真君乃宋廷封赠黑杀将军之尊号，始记载张守真设斋而神灵降临，然后被编修入"国史"：宋太祖听说有黑杀将军事，未甚相信，一日将张守真召至京城询问此事，张守真仍以"上圣降灵事迹闻奏"，宋太祖便让小黄门（小宦官）于一边尖声长啸，然后问张守真道："神人之言若此乎？"张守真抗言道："陛下傥谓臣妖妄，乞赐按验，戮臣于市，勿以斯言亵黩上圣。"于是宋太祖让张守真歇息于建隆观。次日，宋太祖遣内臣王继恩来建隆观举行斋醮活动，那神灵果然又降临，言道："吾乃高天大圣，玉帝辅臣，盖遵符命，降（凡尘）卫宋朝社稷，来定遐长基业，固非山林魑魅之类也。今乃使小儿呼啸，以比吾言，斯为不可。汝但说与官家，言上天宫阙已成，玉锁开。晋王有仁心！晋王有仁心！"王继恩回宫后不敢隐瞒，具录神灵之言上奏，宋太祖听后"默然异之"。此日正是十月十九日，次日宋太祖"升遐"。由上可见，被李焘认为不可信从的杨亿《谈苑》所言"宋太祖闻张守真言以为妖，将加诛，会宴驾"而不果，当非虚言妄语。不过《翊圣保德真君传》并未言宋太祖是因其"不豫"而召张守真入京城的。从现见史料看，最早将宋太祖"不豫"与召张守真入京城举行斋醮活动以招致神灵降临的当是杨亿《谈苑》。此后，李焘采录这一说法修入《续资治通鉴长编》，但删去了宋太祖"将加诛"张守真的说法。此外，李焘所言的"黄箓醮"亦称"黄箓斋"，系道教用以为超度亡灵而举行的度亡道场，于正月十五上元日、七月十五中元日、十月十五下元日举行，"普召天神、地祇、人鬼而设醮焉，追忏罪根，冀升仙界，以为功德不可思议"。宋代道教典籍《云笈七签》中亦称说："黄箓斋，拯拔地狱罪根，开度九幽七祖。"所以宋太祖召张守真入京，于建隆观设"开度九幽七祖"的黄箓醮，似与其是否"不豫"不相干，而且当于十月十五日下元节举行为合适。同时，对撰写《传应大法师行状》的张元济而言，其父被宋太祖召入京城，并为其"设黄箓醮"以"降神"，是何等重要且荣耀之事，但却只字未提。稍后撰成的《翊圣保德真君传》虽已提及宋太祖命内侍王继恩于十八日在建隆观设黄箓醮，让张守真"降神"，并记下了神言"晋王有仁心"等语，但也未有只字提及太祖"不豫"。因此可证所谓宋太祖"不豫"以及神灵降临时声称"晋王有仁心"，当皆非事实，乃属事后编造的谎言，以掩盖宋太祖非正常死亡的真相。

其次，关于宋太祖夜召赵光义入宫饮酒事。文莹《湘山野录》称在二十日当夜，晋王赵光义与宋太祖饮酒后留宿于宫内，是夜宋太祖驾崩。而宋人蔡惇《直笔》云：两人夜饮至"夜分乃退"，宋太祖乃就寝，"侍者闻鼻息声异，急视之，已崩"。但赵光义未留宿于宫内。司马光《涑水记闻》则认为是夜赵光义在开封府廨，待凌晨方在内侍陪同下入宫继位。李焘《续资治通鉴长编》采用了司马光的说法，但将宋太祖召赵光义入宫事系于十九日，并因为要与宋太祖"不豫"之情况相符合，所以未记载宋太祖兄弟夜饮之事。由于宋朝"国史"、野史大多称宋太祖于二十日（癸丑）夜驾崩，且死前曾与皇弟赵光义饮酒，因此根据李焘的说法，则宋太祖当死于二十日凌晨，即十九日下半夜。由此，后人就有了赵光义"入宫一日以后才得以即位，反映出他的继位遇到了一些阻碍，费了不少事才得以成功"的说法。因为唐、宋时期，一日之始在于晨，即一夜分五更（也称五鼓），五更尽方为新的一天。故此处"癸丑夜"，严格而言，当属甲寅日（二十一日）凌晨，而"夜召晋王"当在癸丑日傍晚或上半夜，不当系于壬子日记事中。有学者因此认为，若如文莹所云将太祖"死期"定在"十月甲寅将五鼓时"，将下距赵光义"逮晓登明堂，宣遗诏罢"便即位之时不多于两小时，如此则《涑水记闻》所称宦官王继恩以私意迎赵光义入继大统一事便缺乏"合理"的完成时间，所以李焘便将太祖"死期"前移一天。李焘如此"有乖常理"的叙事手法，是"为后人提供进一步探究事件真相的线索"。此说也属不然。因为两宋宫禁内有"六更"之说，且据南宋周必大云，六更之制始于宋初太祖时，其"禁中四鼓，乃在外三更"。如此则"宦官王继恩以私意迎宋太宗入继大统"，在时间上就无障碍了。李焘将宋太祖召赵光义入宫时间提前至十九日，确为调和《续湘山野录》、《涑水记闻》之记事矛盾，但其实质还是为了开脱赵光义"弑兄"嫌疑。

其三，晋王府中人是否前知宋太祖"死期"。虽然据《涑水记闻》，赵光义未留宿于宫内，但从当时赵光义身边人员的活动上看，晋王府中人确实前知太祖"死期"。据宋初《国史·方技传》曰：赵州平棘人马韶谙熟天文占卜之术，与晋王、开封尹赵光义的亲吏程德玄关系密切，然因当时宋廷严禁"私习天文"，所以程德玄告诫马韶不要到晋王府来。但在十月十九日半夜，马韶忽然造访程德玄，说"明日乃晋王利见之辰也"。程德玄恐骇不已，让马韶藏在一间密室内，急忙入禀赵光义。赵光义让程德玄派人看着马韶，准备随后向天子告发马韶以自解。等到次日清晨，赵光义入宫中拜谒，果然受遗诏登基。此后，马韶被授任为司天监主簿。由此可见，当内侍王继恩疾驰而至晋王府，遇到在门外徘徊的程德玄，显然就是为了等候王继恩的到来。

其四，宋皇后为何要遣王继恩去召宋太祖次子赵德芳进宫？宋皇后为左卫上将军宋偓之女，其母为后汉永宁公主，于968年（开宝元年）十七岁入宫册为皇后。史载宋皇后"性柔顺好礼"，颇得天子宠爱。因此，当宋太祖猝死，"性柔顺好礼"的宋皇后却遣王继恩出宫召皇子德芳，此应非宋皇后一时之想，而当出于宋太祖的平日安排。联系是年春宋太祖欲迁都于赵德芳岳丈焦继勋为知府的西京洛阳，并加焦继勋节度使，显然有欲远离赵光义势力所在的东京城，而于西京培植赵德芳势力的企图。此当也是赵光义至此伺机动手以夺位的直接原因。当时王继恩在晋邸曾用"事久，将为他人所有矣"之语催促赵光义赶紧入宫，正可证明皇位原本所传者并非赵光义。又有多种宋朝史籍中记载赵德芳之孙、左屯卫大将军赵从式于宋仁宗至和年间上献其祖德芳"所藏玉宝，篆文曰'皇帝信宝'，盖太宗所赐也"。按"皇帝信宝"显然非寻常臣下可以拥有之物，宋太宗赐予赵德芳"皇帝信宝"，当含有安抚德芳之义，或直接有着相关承诺。也因为此，宋皇后一见赵光义不请自到，便惶恐地急呼："吾母子之命，皆托于官家！"

《辽史》中记录宋太宗即位之事，用的是"自立"二字，显露出赵光义乃非正常继统的面相。但宋太祖的具体死因，历史上有赵光义以柱斧杀太祖于禁中的传说，如元人杨维桢《金匮书》诗中云："夜阑鬼静灯模糊，大雪漏下四鼓余。床前地，戳玉斧，史家笔，无董狐。"此"玉斧"又称玉柱斧，即史书中所说的柱斧。何为柱斧？据考证宋代柱斧以水晶或铜铁为之，有两种，一为武士所用，一为文房用具，有人认为"斧声烛影"中的柱斧即为文房用具之玉斧，难作杀人之具。《涑水记闻》曾记载有官员上奏弹劾宰相赵普，引起宋太祖大怒，"引柱斧击折其上颚二齿"。能一击落人二齿的柱斧，显然是一种以铜铁或硬木为之、用作拄杖而兼有防身武器之用的长柄斧形之物，而非以水晶或玉石所做的文房用具。此柱斧虽然可用作杀人利器，但宋太祖显然不至于死于柱斧之下，因为据《续湘山野录》载宋太宗继位之际，曾"引近臣环玉衣以瞻圣体"，如非文莹云云属虚伪之词，则宋太祖若死于斧下，实难瞒众人之眼。

有人推断宋太祖是因饮酒过度中毒而猝死，也有学者通过分析宋真宗以下诸宋帝死因，提出其可能因脑溢血去世，属正常死亡。但既然属正常死亡，则完全可以诏告天下、载诸国史，何需宋朝君臣在宋太祖之死、宋太宗嗣位问题上闪烁其辞，讳莫如深？因此，宋太祖猝死，当非疾病不治所致。从宋太祖死前不久曾与赵光义对饮上看，似也能说明赵光义与其兄之死实有着脱不开的干系。在分析宋太祖死因时，当重视在赵光义继位过程中言行颇引人注目的程德玄此人：仅为开封府一僚属的程德玄，竟然于此非常时刻随同赵光义闯入深宫，而且当内侍王继恩要赵光义"止于直庐"以待禀报时，程德玄反对道："便应直前，何待之有！"促使赵光义直闯寝殿，成为赵光义夺位成功的关键因素之一。同时，史称程德玄善医，而赵光义也善于酒中下毒，如南唐李后主即被宋太宗所赐毒酒害死，而宋太祖猝死之夜曾与赵光义对饮，可证赵光义确有下毒机会。而下毒酒中又不被发觉，善医的程德玄便得其用了。《续湘山野录》称宋太祖"圣体，玉色温莹如出汤沐"，似也在告诉世人，宋太祖遗体可能经沐浴处理以清除中毒痕迹，或遗体"玉色温莹"本身即是中毒的结果。从宋人笔记所载逸事来看，当时下毒于酒，让人于不知觉中饮下，却不即刻毒发，并非一件难度很高的事。因此，若赵光义于与宋太祖对饮时乘隙下毒于酒，饮罢出宫，至四鼓时宋太祖于睡梦中毒发而死，从时间上看，并不冲突。所以程德玄深夜待在晋邸门外，其用意也颇可解释了。赵光义继位后，程德玄极得宠遇，当也昭示其在那一夜里曾发挥有重要作用。

十月二十一日，晋王赵光义登基为帝，更名曰炅，是为宋太宗。二十二日，大赦天下，宣示要秉承先帝制度规矩，以安人心："先皇帝创业垂二十年，事为之防，曲为之制，纪律已定，物有其常。谨当遵承，不敢逾越。"随之封宋太祖皇后宋氏为开宝皇后，迁入西宫居住；授其弟赵廷美为齐王，接任开封尹，宋太祖之子赵德昭为永兴节度使，封武功郡王，赵德芳为山南西道节度使、同平章事、兴元尹。同时又诏令宋太祖、赵廷美的子女并称皇子、皇女，以示兄弟三人的后代，一视同仁。数日后，宋太宗又命齐王赵廷美、武功郡王赵德昭皆位居宰相之上。此与宋太宗在宋太祖时期所享受的地位待遇相同，即赵廷美、赵德昭也具有储贰的身份。由此，这一大家子一时倒也相安无事，宋太宗也就初步度过了由"斧声烛影"带来的政治危机，为最后清除政敌赢得了宝贵时间。

宋太宗即位未数日，即任命开封府判官程羽权知开封府，接替自己掌管京城事务，以开封府推官贾琰为枢密直学士，控制了枢密院重地。然后为宰执加官：宰相薛居正加左仆射、沈伦（沈义伦）加右仆射，枢密使曹彬加同平章事，擢拜参知政事卢多逊为宰相，枢密副使楚昭辅擢为枢密使；其他内外官僚皆进爵进秩有差。为强化对地方的控制，宋太宗诏令诸道转运使觉察辖地内州县官员政绩、才干"能否"，于岁末上报，朝廷据此予以赏罚。同时，宋太宗又下令诸州长吏"大索明知天文术数者传送阙下，敢藏匿者弃市，募告者赏钱三十万"，以防有人借天文谶言蛊惑民心。

十一月，宋太宗为加强北方防务，以齐州防御使李汉超为云州

宋太宗立像（宋佚名绘，台北故宫博物院藏）

开封双龙巷

观察使、判齐州，仍领护关南屯兵；以洺州防御使郭进为应州观察使、判邢州，仍兼西山巡检。同时，宋太宗又遣使臣去契丹，将宋太祖驾崩、宋太宗继位之事告知辽朝。按照对等原则，辽廷也分别派遣使臣来开封城"吊慰"先皇帝、祝贺新天子如仪。

　　随着这一切初步处理停当，十二月二十二日，宋太宗下诏改元，以开宝九年为太平兴国元年。按常例，新天子一般于即位之次年才改用新年号纪年。但宋太宗于再过八天即是新年之时就迫不及待地改换年号，如此打破常规，大概只有抢着为自己"正名"这样一个解释了。

简　释：

【南楼令·秋怀次韵】泽鸿哀：沼泽里哀鸣的大雁，多用来比喻哀苦而流离失所的人，此指难民。金台：即黄金台，故址在今河北易县东南，相传春秋战国时燕昭王为招引天下贤士，特于此筑台，上置千金，谓之黄金台。霸才：指成就霸业之才。

【北宋漕运四渠】北宋东京开封府有汴、蔡（惠民）、金水、广济（五丈）四河流贯城内，合称漕运四渠。汴河即隋通济渠，唐时改称广济渠，俗称汴河。自孟州河阴（今河南荥阳东北，故址已坍入河中）西汴口引黄河水东流，经开封城东南流至泗州盱眙（今已沦入洪泽湖，宋时与今江苏盱眙隔淮河相对）汇入淮河。蔡河前身为战国鸿沟、西汉狼汤渠，魏晋时通称蔡水，为南北水运要道，唐末埋废。五代后周显德年间重加疏浚，又称闵河。宋初又引洧水（今双洎河）、潩水（今潩水河）汇入，使蔡河水量大增，"舟楫相继，商贾毕至，都下利之"。宋初开封城西南称闵河，开宝六年（973年）改称闵河为惠民河，东南称蔡河，但有时也通称惠民河。五丈河是后周显德年间开浚，自开封城西分汴水东北流，经梁山泊沿北清河（亦即古济水），以通青、郓诸州之漕运。宋初多次疏浚，又因五丈河以汴河为源，泥沙淤淀，不利行舟，遂自荥阳境内凿渠引京、索二水东流，至开封城西架槽横绝汴河，经城壕汇入五丈河，名金水河。开宝六年改称五丈河为广济河。漕运四渠经宋初疏浚和开凿后，形成以开封府为中心的水运交通网，如《宋史·河渠志》所载：汴都"有惠民、金水、五丈、汴水等四渠，派引脉分，咸会天邑，舳舻相接，赡给公私，所以无匮乏"。但其中汴河最为重要，东南六路（淮南路，江南东、西路，荆湖南、北路，两浙路）漕粮百货，均经此运往京师，开封城内外数十万驻军、百万居民，仰给在此一渠。故宋仁宗时大臣张方平曾说："汴河乃建国之本，非可与区区沟洫水利同言也。"

二　宋帝蒙耻（977–984）

　　宋太宗即位之初，皇室成员忧惧，民心不定，官员心怀异志。宋太宗为此采取了一系列安抚、笼络人心的政策、措施，从而在相对短暂的时间内较为有效地消减了因"斧声烛影"事件造成的负面影响。同时对诸国降王亦颇优待，南唐后主李煜降宋，宋太祖授其"违命侯"以侮辱之，但宋太宗在继位之次月，即封南汉降王刘𬭎为卫国公，封李煜为陇西郡公，"去违命侯之号"。次年初，李煜自言"其贫"，宋太宗又诏赐钱三百万；随即又诏刘𬭎、李煜"常俸外增以它给"。诸国降臣亦多被宋太宗授以重任，南唐大臣汤悦、徐铉、张泊随李煜归宋，宋太祖授以散官，而宋太宗即任汤悦、徐铉并直学士院，张泊直舍人院。宋太宗重用降臣，除有安抚人心之效外，其实还有劝诱吴越、北汉归降之目的。

　　为树立绝对权威，宋太宗除颁行相关法令、政策、制度以外，还采取了一些非常手段。宋太宗为能周知地方官善恶及民间情伪，分命亲信去各地访察官吏善恶"密以闻"。此时岭南使者上奏知封州李鹤"不奉法，诬奏军吏谋反，诏诛之不问状"，即未加审问便处死刑。但如此举措遭到一些州军长吏的抵制。宋太宗当时遣武德司士卒暗中访察地方事务，有远至福建汀州者，知州王嗣宗将他捉住加以杖责，然后捆绑送至京城，并上奏章道："陛下不委任天下贤俊，猥信此辈以为耳目，臣窃不取。"宋太宗大怒，遣人将王嗣宗打入大牢，削去其官爵，随后又压下心中怒气，宣示王嗣宗"直节"，下令升迁其官爵。宋太宗虽知遣武德卒之举为舆论所非议，而不得不表彰王嗣宗，但此后武德卒依旧四出侦察，并未有改变。又宋代笔记中还记载有一件反映宋太宗用心良苦但手段有嫌阴毒之事。

宋太宗刚即位，便思虑如何帖服中外的策略。有一日，京城闹市店铺前有一乞丐因为未能乞讨如愿，便耍无赖当门大骂。店铺主人当众道歉，却久久不得解决。当时围观者有数十百人，忽然有一人跃出，用利刃将那乞丐刺死，然后丢下那刀逃去。正逢黄昏时分，捕吏追捕未能擒获。次日开封府奏闻此事，宋太宗大怒，谓此举犹有五代乱世习气，乃敢于京城内白昼杀人，即令严加搜捕，限期破案。那府官惧怕获罪，费时卖力严侦细查，结果却原来是那店铺主人不胜其怒将乞丐刺杀了。听说案件已破，宋太宗高兴道："卿能用心若是。虽然，第为朕更一覆（再复核一遍），毋枉（冤枉）焉。且携其刀来。"过了几天，那官员再次面见天子奏事，将案卷以及杀人之刀一同上呈。宋太宗问道："审乎？"那官员回答："审矣。"于是宋太宗回头对一边侍立的小内侍说道："取吾鞘来。"小内侍听命，即将那刀插入那刀鞘中，浑然一体。宋太宗拂袖而起，道："如此，宁不妄杀人！"

宋太宗遣人杀人，又严令开封府缉拿凶手，再设计揭露开封府屈打成招、草菅人命的真相，所有一切皆为显示自己英明及洞察细微的能力。不过，当时开封尹虽为皇弟赵廷美，但掌实权者却为晋邸旧人、权知开封府程羽。因此，开封府官吏在此事中的作为，实有配合天子唱双簧的嫌疑。

随着统治渐趋稳定，宋太宗进而思欲建立超越其兄的不世功勋，即完成宋太祖未及成功的一统天下之大业。

978年（太平兴国三年）三月，吴越王钱俶再次入京城觐见天子，贡献巨额金帛宝物，希望能取悦新天子，让吴越国维持原状。但宋太宗却与乃兄宋太祖想法不同，在宰相卢多逊的建议下，宋太宗热情款待钱俶一行，却就是不提让他归国之事。钱俶反复上书请求了三十余次，但都未得宋太宗的明确答复。四月间，割据福建漳、泉两州的平海节度使陈洪进因人少势弱，此前为抗衡吴越和南唐的吞并，主动奉宋朝"正朔"，至此知晓钱俶已入朝觐见新天子，便接受幕僚的建议，主动上表献出漳、泉二州十四县土地；宋廷授陈洪进为武宁节度使、同平章事。史称陈洪进"纳土"。钱俶闻讯大恐，随即于五月一日上表，请求宋廷取消吴越国号和解除钱俶天下兵马大元帅的封号，以换得宋廷同意他回转浙江，但仍被宋太宗所拒绝。钱俶无计可施，而且其身远离家国千里，已在他人掌握中，只得将吴越国十三州一军之"三千里锦绣山川"和十一万带甲将士悉数献给宋朝，以"保族全民"。史称"吴越扫地"。为表彰钱俶忠诚无贰，宋太宗"申誓于山河"，发誓永保钱氏子孙富贵：改封钱俶为淮海国王，此后又改封为汉南国王、南阳国王、许王、邓王等；其子镇海镇东节度使钱惟濬为淮南节度使，奉国节度使钱惟治为镇国节度使，其大臣平江节度使孙承祐为泰宁节度使，威武节度使沈承礼为安化节度使，浙江西道盐铁副使崔仁冀为淮南节度副使。对于抵达汴京的近三千名钱氏族人，宋太宗让其"文武自择其官"，授予官职者有上千人，不少人出任节度使、观察使、将军等职。钱俶之子钱惟演此后还被宋廷擢任为枢密使，官高位显，为其他诸割据国王之后裔所望尘莫及。

因钱俶主动"纳土"，吴越国和平归入宋朝，军民无人员、财产损失，"则其功德大矣"，所以宋太宗曾当面称誉钱俶道："卿能保一方以归于我，不致血刃，深可嘉也。"欧阳修于《新五代史》中也指出："独钱塘自五代时知尊中国，效臣顺；及其亡也，顿首请命，不烦干戈，今其民幸富足安乐。"至此宋廷完成了统一南方诸国的任务，将主要兵力转向了北方。

在积极准备征讨北汉之时，发生了一件在文学史上甚有影响之事，即李后主李煜被宋太宗下毒杀死。

宋太宗即位伊始，以雍容大度之态笼络人心，对李煜尚算礼遇，但随着统治稳固，生性猜疑的宋太宗开始不断羞辱李煜。978年（太平兴国三年）二月，宋太宗到崇文院观看藏书，故意召来降王刘鋹、李煜，并对李煜说道："闻卿在江南好读书，此中简策多卿旧物。近犹读书否？"李煜只得顿首谢罪。南唐亡国后，李煜之妻小周后也随同来到开封城，被封为郑国夫人。小周后以美貌著称于世，宋太宗垂涎已久。按照朝廷惯例，凡有夫人以上称号者即所谓"命妇"，都要在节庆假日入朝觐见天子。但小周后每次入宫，必定盘桓数日方出，归家后嘤嘤啜泣，大骂李煜。作为阶下囚的李煜，除暗自伤心，又岂敢作何表示！昔日南唐旧臣，大多已在新朝为官，李煜这一落魄沉沦的亡国之君，自然少有人来探视。李煜软禁于开封期间，曾前往其家拜访的旧臣，见诸史书记载的仅有三人：一个是旧日南唐大臣之子郑文宝，想来拜见李煜，又怕守门者不答应，就装扮作渔夫，以送水产品为名进入李煜住处。李煜在家中过着几乎与世隔绝的生活，追往抚今，有感于人情冷暖，世态炎凉，往往发之于诗词，流传于京城上下，而诗词中流露出的悲怨，则很可能给他带来危害。因此郑文宝一见李煜，只是反复劝导旧主："圣主宽宥之意，宜谨节奉上，勿为他虑。"被郑文宝不幸而言中，李煜此后就死于口舌文字之上。当初李煜十分信任的张洎也曾不顾嫌疑前来拜访，其目的却在于打抽丰，向李煜称穷告贷，幽居开封的李煜已颇穷愁潦倒，对旧日宠臣如此相逼心中颇为愤慨，但也不敢拒绝，只得拿出一只家传银盆交给张洎，张洎却是十分不满意，悻悻而去。

第三位拜访李煜的徐铉实是奉宋太宗之命而来。可以说，词人本色的李煜，既未能恪尽皇帝之职责，也未能谨守阶下囚之本分，缺乏保全自身的意识。李煜明知徐铉是奉旨来访，却还是在面对故人时触动旧情，痛哭悲叹，并表示后悔当初错杀了林仁肇等良臣猛将。徐铉闻言大骇，敷衍几句，赶紧告辞而出。果然宋太宗随即召见徐铉询问会见情况，徐铉不敢隐瞒，据实回奏。此前李煜所作《虞美人》词等广为传播，其中"小楼昨夜又东风，故国不堪回首月明中"之句已大大触怒了宋太宗。至此宋太宗已不能再容忍李煜，于七月七日李煜生日那天，派其弟齐王赵廷美前往李宅，将天子所饮美酒赏赐给李煜，以为贺生日之礼。李煜饮后毒发而死，年仅四十二岁。据载李煜是被酒中所放的"牵机药"毒药害死的。所谓牵机药，因其服后腹中剧痛，身体抽搐，致头足相就如牵机之状，故名。

当时南方诸国君臣归附宋朝后，大都居住于京城开封，虽说宋朝皇帝对他们尚算优待，衣食无忧，但毕竟与当初无法比拟，故不免生出牢骚不满之意。在即将大举北征之前，这种情绪漫延显然是宋天子所不愿见到的，于是不谙保身之道的李煜便被宋太宗拿来"祭刀"，就几乎是一种必然。自此之后，也确实未再见有降君降臣们发牢骚的记载了。

宋太宗继位之初，仍沿用宋太祖晚年的对辽方略，与北方强邻保持友好往来，每年互遣使节庆贺新年与对方天子的诞辰。977年（太平兴国二年）初，宋太宗还在此前沿边贸易的基础上，正式在镇州、易州、雄州、霸州、沧州设置榷场，派朝官和宦官共同管理对契丹的贸易活动。但对于北汉，宋太宗曾对其弟齐王廷美表示："太原我必取之！"故不断遣军侵扰其边境，攻营拔寨，使北汉军民始终处于临战奔波之中。是年冬，宋军在北汉周围的河东、河北诸州紧张地缮治器械和攻城之具，转运粮草。北汉主刘继元获得此情报后，大为惊恐，于978年（太平兴国三年）正月遣其子刘续为人质，并"纳重币"，向契丹告急，乞求救助。

979年（宋太平兴国四年，辽保宁十一年）正月，辽朝使臣来开封庆贺新年，并询问宋朝欲兴师征讨北汉的原因。此时漳泉陈洪进、吴越钱俶等割据政权已先后"纳土"，宋太宗正欲一战灭亡北汉，扫平天下，所以面对契丹使臣的责让，意气风发地宣言："河东逆命，所当问罪。若北朝不援，和约如旧，不然则战。"可谓豪气干云。

鉴于昔日多次征伐北汉皆无功而返的往事，宋太宗特地召见枢密使曹彬询问缘故："周世宗及我太祖皆亲征太原，以当时兵力而不能克，何故也？岂（太原）城壁坚完，不可近乎？"当年曾参与围攻太原城的曹彬答道："世宗时，史超败于石岭关，人情震恐，故师还。太祖顿兵甘草地中，军人多被腹疾，因是中止。非城垒不可近也。"并建议立即进攻："国家兵甲精锐，人心忻戴，若行吊伐，如摧枯拉朽耳。"此语甚合宋太宗之意，却遭到宰相薛居正等官员的反对，认为："昔世宗起兵，太原倚北敌之援，坚壁不战，以至师老而归。及太祖破敌于雁门关，尽驱其人民分布河、洛之间，虽巢穴尚存，而危困已甚，得之不足以辟土，舍之不足以为患。愿陛下熟虑之。"但宋太宗表态道："今者事同而势异，彼弱而我强。昔先帝破此敌，徙其人而空其地者，正为今日事也。朕计决矣，卿等勿复言。"决计用兵。

宋太宗汲取以前多次征讨无功的教训，在战前准备中制定了不少颇有针对性的措施：以晋王府"旧人"、枢密直学士石熙载为签书枢密院事，执掌军政要务；派遣太子中允张洎等渡海东去高丽国，游说高丽人出兵骚扰契丹侧后方，至少不让高丽倒向契丹，从而达到在契丹东线边境施加压力的目的。同时，兵马未动，粮草先行，宋太宗命令官员分赴诸州军筹措粮草，押运去太原城下，命著作佐郎张润之掌之。在军事上，宋太宗以宣徽南院使潘美为主将，任北路都招讨制置使，河阳节度使崔彦进、彰德节度使李汉琼、桂州观察使曹翰与彰信节度使刘遇等四员猛将分别负责太原城东、南、西、北四面的攻击；以马军都虞候米信、步军都虞候田重进分别为行营马、步军都指挥使，西上阁门使郭守文、判四方馆事顺州团练使梁迥为监军，统帅扈从行营将士；以作战经验丰富的悍将郭进为石岭关都部署，阻击契丹援兵；并安排专人负责攻城器械及后勤补给等。当时宋太宗分派诸将四面围攻太原城时，按诸将领官衔，当以节度使刘遇为西面主将，观察使曹翰为北面主将，但北汉主宫城正在太原城中西部，故此方面北汉兵力众多，防守坚固，形势"尤险恶"，所以宋太宗分派勇将曹翰独当西面，但曹翰认为自己只是"观察使班，宜在节度使下"，欲让刘遇为西面主将，但刘遇不肯，两人争执不下，于是宋太宗对曹翰表态道："卿智勇无双，城西面非卿不能当也。"曹翰才奉诏令，八作使郝守浚受命任西面壕寨都监。

为孤立太原城，宋太宗随后又命将领解晖、折延赟、齐延琛、王僎、王贵等分头攻取太原外围州县。据载此番宋天子亲征太原，"驾前之兵盖十余万"。

二月七日，宋太宗宣告亲征太原，命宰相沈伦为东京留守，宣徽北院使王仁赡为大内都部署，晋王府"旧人"、枢密承旨陈从信为大内副都部署；皇弟齐王赵廷美、皇侄武功郡王赵德昭、皇长子赵德崇以及宰相以下官员多人从征。

十五日，宋太宗统军离开东京城，向北取道河北，然后西进奔赴太原。北汉主很快获知消息，急忙遣使向辽廷乞援。辽廷可能以为宋军此次北伐还与此前数次围攻太原之战一样，有始无终，铩羽而归，所以并未作出激烈反应，仅于十八日派遣南府宰相耶律沙为都统、冀王耶律敌烈（辽太宗之子）为监军，统领援军自燕京去太原，并命南院大王耶律斜轸率领本部将士为后军接应，枢密副使抹只为督军一同前往。从辽廷所遣援军的规模、领军将帅等情况上可以看出，辽帝显然还是低估了此次宋太宗灭北汉的决心以及宋军军力。

十九日，宋太宗在澶州（今河南濮阳）渡黄河时，见一个穿绿衣的官员在道旁号呼，说要上献"封事"，便令人取来，见上写有"临河县主簿宋捷"数字，感到是好兆头，遂即刻授宋捷官将作监丞。随后宋太宗经德清军（今河北清丰西北）、大名府（今河北大名）、洺州（今河北永年东）、邢州（今河北邢台）等地，于二十八日抵达临城县（今属河北），正遇到辽使前来问候宋帝"起居"，即来探问宋军北伐实情，宋太宗下令按惯例予以接见。三月一日，宋太宗来到镇州（今河北正定），在此逗留多日，部署各地宋军分路攻击北汉事宜。

宋太宗在河北地区行军速度颇缓慢，却声势浩大，显然有威胁辽人、诱使辽廷将更多注意力放到燕京一带，以减轻围攻太原城的宋军之压力等用意。果然辽景宗于是月七日诏令北院大王奚底、乙室大王撒合等各统本部军马戍守燕京地区，严防宋军直接进攻燕京地区。十日，因北汉不断遣使告急，辽帝又命左千牛大将军韩侼、大同军节度使耶律善补率本部兵马自大同地区南下救援。

十六日，辽军援兵按计划进至白马岭（今山西盂县北）附近，前有大涧阻隔，对岸宋军郭进部已严阵以待。辽军主将耶律沙打算等后军到来后再发起攻击，但自恃贵显的冀王敌烈与耶律抹只却根本未将宋军放在眼里，主张即刻就要攻击宋军，耶律沙苦劝不听。敌烈等将领率先锋兵马抢先横渡涧水，耶律沙也只得挥军跟进。待辽军半渡之际，宋将郭进率领精兵猛烈出击，战斗异常激烈，辽军不支而溃，冀王敌烈及其儿子哇哥、耶律沙之子德里、突吕不部节度使都敏、黄皮室详稳唐筈等五员战将阵亡，士卒死伤无数。耶律沙与耶律抹只也被困阵中，幸亏耶律斜轸率后军及时杀到，万弩齐射，迫退宋军，二人才得幸免。

白马岭之战是辽军在与宋军作战中第一次大惨败。此后北汉不断向辽告急，但新遭大败的辽军无力于短时间内再出援兵，由此宋军完全控制了战局。《辽史》宣称耶律沙在获救以后，还想率领余兵及耶律斜轸的后军再增援太原，只是路遇北汉驸马都尉卢俊说太原已陷落，才勒兵而归。这恐怕只是一句自饰战败的门面之语。因为太原城陷落已在白马岭之战结束一个多月以后，如耶律沙真欲增援，怎会至此时仍然徘徊在契丹境内？

宋军打援获胜，乘势全线进攻，连克隆州（今山西祁县东）、盂县（今属山西）、宪州（今山西静乐）、石州（今山西离石）、岚州（今山西岚县北）等地，北汉还能控制的州县所剩无几。

宋太宗见宋军形势大好，遂于四月十四日离开镇州城西进，一路上与从臣吟诗唱和，意气风发，至二十二日才抵达太原城下。次日，宋太宗至军前视察，慰劳将士，并下手诏招降北汉主，遭到拒绝。二十四日，天还未亮，宋太宗便亲自来到城西督率诸军攻城。但连日攻城，双方伤亡惨重，宋将荆嗣、李汉琼等皆受重伤。宋太宗甚至表示要亲自到攻城器械洞屋中慰劳士卒，激励士气，被手下死命劝止。五月初，宋太宗接连进至城下督战，宋军越攻越急，北汉朝野上下人心惶惶，感到守城无望，不少人开始自谋退路。北汉宣徽使范超率先出城投降，正奋力攻城的宋军士兵已杀红了眼，突然看见翻城而出的范超等人，还以为是出来反攻的，便立即蜂拥而上，不由分说，立斩于军前。北汉主刘继元得知范超出城投降，也下令将留在城中的范超家人不分老幼全部斩首，将首级抛出城外。宋军这才知道范超是来投降的，却莫名其妙地遭到误杀。不过，北汉将领还是源源不断地相机出城投降，太原城已无法再坚守了。势穷绝援的北汉主见大势已去，在老臣马峰的劝说下，于五日晚遣人向宋军投降。六日晨，北汉主刘继元率百官出城，面见宋天子请罪。宋太宗依惯例对归降的北汉君臣赦罪封赏，以刘继元为右卫上将军，封彭城郡公。此外，宋太宗为消灭太原的"王气"而尽迁其居民，焚其城，改为平晋县，而以榆次县为新并州的治所。这样，前后历经四次的宋军平北汉之战终于修得了正果。

　　史载北汉主刘继元开城门降宋时，据守城东的勇将刘继业仍然苦战不止，宋太宗素知刘继业骁勇善战，欲收降他为自己所用，遂让刘继元派亲信前往告知北汉主已出降，刘继业这才大哭解甲归降。刘继业本名杨崇贵，其父杨信是麟州（今陕西神木北）土豪，在五代混战中占据麟州，自称刺史。因各方势力风云变幻，身为长子的杨崇贵便去太原成为人质，后来又成为河东节度使刘崇的帐下勇将，为避刘崇之名讳，改名杨重贵。刘崇对杨重贵很赏识，遂赐予北汉国姓刘姓，改名称刘继业。由于他骁勇善战，战功卓著，所向无敌，故又被世人尊称云"杨无敌"。北汉对宋朝的数次大战役，刘继业大都参与了，并常常是对宋作战的北汉主将。但他在北汉三十多年里的辉煌战绩却湮没于茫茫历史长河中，宋朝史书中很少记录，而提到的其与宋军几次交锋，皆以刘继业失败而告终，且在战场上表现甚为狼狈，全然不见号称"无敌"的风范。可见这些出自宋人之手的史料不全可信。宋太宗对他的归降十分高兴，令其恢复本姓，称杨业，并授予左领军卫大将军之职。不过，不少史料中仍称他为杨继业，故后世民间戏文小说中多称其名杨继业，其原因也就在于此。又杨业在北汉时官至建雄节度使，民间有以"令公"作为节度使之俗称的习惯，故杨业在小说戏文中也就被称作"杨令公"。

　　当年周世宗取关南地以后，未再进攻幽州即告退兵，宋太祖屡

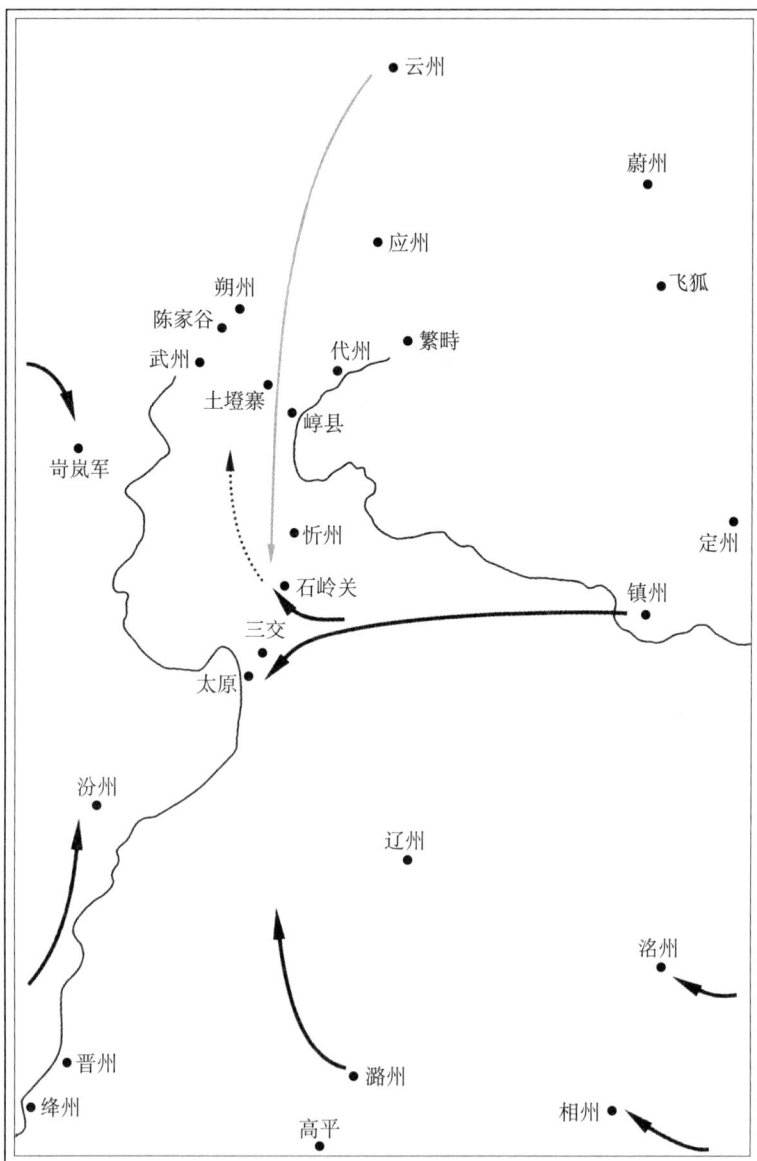

公元979年宋太宗攻灭北汉形势图

次围攻太原而未成功，其根本原因即在于时机不合、力量未备。至此南方诸国相继覆灭，宋太宗得以举军北征，一战击灭北汉，也同样证明了彼此力量消长变化是这一结果的关键所在。北汉被灭，标志着藩镇混战、政局动荡的五代十国历史全部结束。这一结局也是辽、宋力量对比变化的必然结果。自辽太祖建国，尤其是辽太宗占据燕云十六州以来，契丹在与中原政权作战中，凭借铁骑纵横，一向占据着主动地位。随着辽朝内乱相继，国势中衰，虽然辽景宗即位以后，全力稳定内政，发展经济，国力有所恢复，但宋朝结束了南方自晚唐、五代以来军阀割据乱局，经济、人口等方面大为发展，此消彼长，使得宋朝军力大增，在一定程度上已凌驾于辽军之上。同时，晋北地区岭险壑深，并不利于骑军驰骋，再加上宋军有备而来，辽将轻慢无备，作战大败、丢失北汉也就成为意料中事。但丢失北汉，使得辽朝在云州一带失去了缓冲而直面宋军冲击，即宋军可兵出河北、河东两路北逼燕云诸州，严重威胁着辽朝在燕云地区的统治。

　　能一举荡平北汉，宋太宗自然十分得意，创作了《平晋赋》和《平晋诗》，命侍臣唱和。宋太宗还下令将自己在太原的行宫改作佛寺，名平晋寺，自撰记文刻石，竖立寺中，让世人瞻仰。五月二十二日，宋太宗自太原城凯旋东还。二十九日，宋太宗回至河北镇州城。

　　宋军原本没有准备与契丹大规模作战，只将重点放到攻取太原城上，但现在北汉已灭，意气高扬的宋太宗就欲调转兵锋，挟攻克太原之余威，一举收复幽云失地，建立起功盖乃兄的不世殊勋。对于这一计划，宋军将士持何态度，宋代史籍多记载：当时宋军攻围太原城数月，激战之余，士卒疲乏，粮饷不继，而众将士因北汉灭亡，人人有"希赏意"，故对于收复幽燕之举，大多持反对意见，但无人敢向皇上表示。只有殿前都虞候崔翰认为"此一事不容再举，乘此破竹之势，取之（幽州）甚易，时不可失也"。此言大合宋太宗之意，北征之议遂决。但文莹《玉壶清话》所载却有不同：宋军平太原"将凯旋，而三军希赏，诸将遽有平燕之请，未敢闻上"，故殿前都虞候崔翰遂奏请之。从军中常情来看，"希赏"的三军将士当然希望通过取得更大战功来获得天子更多赏赐，况且当时宋军刚攻取太原城，灭北汉，士气正旺，而且从随后将士作战情况来看，所谓"疲惫之师，不肯用命"之说恐非事实。

六月初，宋太宗命枢密使曹彬调发各地屯兵，又遣使督察京东（今山东及河南东北部、江苏一部）、河北诸州军储尽速发赴北面行营。十三日，宋太宗亲督大军自镇州北上征辽，扑向燕京城。虽然宋军在离开太原时留下部分军马驻守，但宋太宗在镇州时又调发各地屯兵至北面行营，所以伐辽之宋军兵马当不少于围攻太原时，也应有十余万人。当宋太宗率军出发时，扈从六军有未能及时抵达集结地点的，宋太宗甚感恼怒，欲皆军法处置，为马步军都军头赵延溥所劝阻。

十九日，宋太宗进入辽境，至金台顿（亦称金台驿，在今河北清苑东）。宋军在当地招募向导百人。是日，宋太宗命先锋、日骑东西班指挥使孔守正等将领率兵直奔岐沟关。岐沟关位于今河北涿州西南拒马河北，辽朝于此置东易州。当夜，孔守正领精兵越过鹿角，直抵城墙下，宣称大军将至，劝说辽东易州刺史刘禹归降。因宋军此次北伐，大出辽朝意料，所以毫无战争准备的辽前线守将只得纷纷开门迎降。刘禹即在孔守正劝说放下吊桥，大开城门，让宋军入城。二十日晨，宋太宗亲率卫士来到岐沟关外，孔守正即赴行营报告详细军情。宋太宗留兵千人守岐沟关，命孔守正率军进击涿州（今属河北）。孔守正与东西班都指挥使傅潜率前锋至涿州城东沙河一线，正遇辽北院大王耶律奚底、统军使萧讨古、乙室王撒合仓促率所部前来阻击。孔守正与傅潜分率御前东、西班列两阵迎战，辽军不支而溃，宋军乘胜追杀二十余里，生擒辽军羽林兵五百余人。次日，宋太宗经过战场，"见积尸及所遗器仗，嘉叹之"，可证此役辽军损失颇为惨重。辽帝也因沙河之败，遣使者前来斥责奚底等辽将道："卿等不严侦候，用兵无法，遇敌即败，奚以将为！"可见辽军对此次北征宋军的情况并不明了，仓促迎敌而吃了败仗。当日，宋太宗进至涿州城下，辽涿州刺史刘原德大开城门降宋。

　　二十二日，宋太宗至盐沟顿（今北京房山区良乡附近）。是日，宋军前锋孔守正与大将高怀德、刘廷翰合兵，一路北上尾追溃败的辽军耶律奚底等部，越过位于今北京市区西南的桑干河，直杀至燕京城下。当地百姓有夺得溃败的辽军战马者，前来行营献纳，宋太宗赐以绸帛作为奖赏。因契丹对燕云地区的统治并不太久，不少当地汉民不愿臣属于辽，对北上的宋军大体持欢迎态度，故随后数日屡有当地百姓来献契丹战马者。二十三日天刚亮，宋太宗也抵达燕京城南，驻跸于宝光寺。

　　宋太宗自十九日进入辽境，至此仅过四天即进抵燕京城下，可谓兵行迅疾。而准备不足的燕京城内辽军此刻陷入混乱态势，辽南京留守韩匡嗣正好不在城内，由其子韩德让代理父职，守卫城池，日夜守御以待增援。被宋军紧追不舍的辽军耶律奚底、萧讨古诸部万余人不敢入城，一路退屯于燕京城北。宋太宗部署宋军围城，并亲督诸军攻击城北辽军，悍将马仁瑀率禁军精兵当先突击，辽军于损失千余人后，不支而溃，耶律奚底、萧讨古等不敢复战，率余军退屯清河（在今北京海淀区清河街道一带）以北。宋军先锋将孔守正又与李继隆等将领在城外湖翟河南大败契丹军数千人。在白马岭作战惨败的那支辽军获知燕京告急，急速东来救援，作为后军的辽南院大王耶律斜轸所部率先抵达燕京城外，正遇见耶律奚底部败退，处境危殆，便让本部军兵打着耶律奚底等败军之青色旗，佯退至得胜口（今北京昌平西北），以引诱紧追不舍的宋军追兵。当宋军乘胜来追，耶律斜轸率兵转出宋军阵后，击败宋军。但鉴于宋军兵锋正锐，耶律斜轸也不敢进兵交战，遂引军驻守得胜口，遥为燕京城声援。不久，耶律沙诸部亦先后赶来增援，与耶律奚底、萧讨古诸军合兵一处。

宋军虽在得胜口小败，但却将驻屯于燕京城北的辽军逐走，从而成功合围燕京城。在混乱之际，辽御盏郎君耶律学古等人受诏令冲入燕京城，担任权南京马步军都指挥使，协助韩德让指挥守城，昼夜不少懈，依靠燕京城高墙坚，顽强击退宋军日趋惨烈的攻击，力保城池不失。由于耶律学古带来了辽军数道来援的好消息，大大稳定了城内一日数惊的民心，并震慑了城中心怀反侧二心之人，使其不敢轻举妄动。

是日，辽渤海酋长大鸾河率所部将卒与范阳军民五百余人来降，宋太宗授大鸾河为渤海都指挥使，以劝诱那些观望形势者。随着宋军攻势猛烈，更多的辽燕京州县官员如契丹铁林都指挥使李札庐存、建雄节度使刘延素、辽知蓟州刘守思等都纷纷来降。

二十五日，宋太宗分遣诸将四面攻城：定国节度使宋偓负责南面，以尚食使侯昭愿为副将；河阳节度使崔彦进负责北面，内供奉使江守钧为副将；彰信节度使刘遇负责东面，仪鸾副使王宾为副将；定武节度使孟玄喆（孟昶之子）负责西面，闲厩副使张守明为副将；命令桂州观察使曹翰、洮州观察使米信率军屯驻城外东南角"以备非常"，即作为预备队。宋太宗命令宣徽南院使潘美为知幽州行府事，为攻破城池以后接管幽州做准备。同时，宋太宗又诏令右龙武

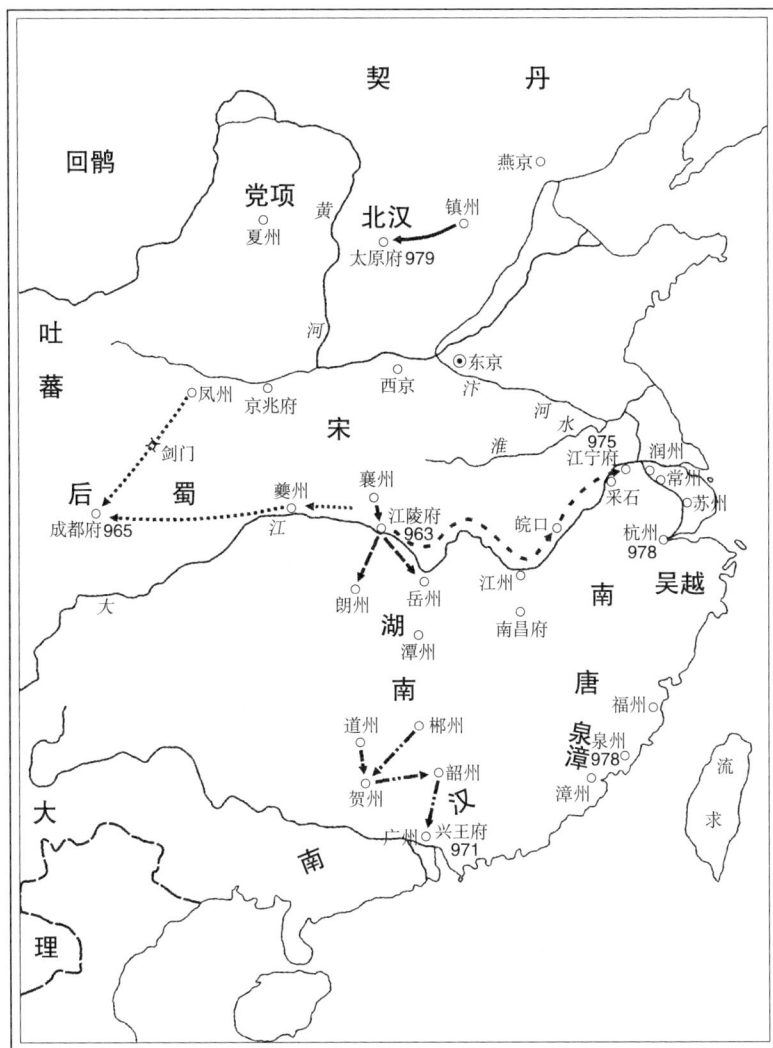

北宋统一略图

将军赵延进督工建造石炮等攻城器械，限于半月内完成，结果仅八天就大功告成，大得天子的激赏。

史称攻击燕京城南面的宋偓领兵万余。因宋军的攻城重点在城西、城北，故在西、北两面的兵马数量要多些，由此估计四面攻城的宋军当有六七万，加上驻扎城东南隅的预备队和在西、北方向警戒辽军的部队约两三万，而扈从宋太宗的禁卫部队当亦有两万余人。

二十六日，宋太宗前往城北，督诸军将士全面攻城。宋军自二十三日进围燕京城，至二十六日始攻城，在此三天间，宋军在肃清外围、调遣兵马、准备攻城器械的同时，亦不断遣人入燕京城劝降。而宋太宗亲至城北督战，当亦有监察、阻击辽援军的意图。三十日，宋太宗坐步辇（一种人抬的轻便轿子）再次来到燕京城下，督诸军攻城。

是日，辽景宗向辽将耶律沙及耶律奚底、萧讨古等诏示"军中事宜"。史载宋太宗北征燕京，实出辽廷意外，所以能乘敌无备而进展迅速。当时辽景宗避暑游猎在外，闻讯赶紧返回"牙帐"商议对策。由于宋军此前连灭南方诸割据政权与北汉，辽军又新遭白马岭惨败，故辽廷上下颇有人主张避开宋军锋芒，放弃燕京城，以重兵防守燕山上的松亭关、古北口等关隘。但燕京实为辽国南部重镇，一旦失去，则云州（今山西大同）一带亦势必难以驻守，由此整个燕云地区将不复属辽，故辽对于燕京城势在必守。辽朝掌管皇族事务的惕隐耶律休哥坚请发兵十万救援燕京，不成功再"退处未晚"，此建议获得了辽景宗、萧皇后的首肯。契丹人虽亦民亦兵，但平日散处游牧，仓促间聚集十万兵马实非易事，加上辽廷对能否击败宋军仍心存忧虑，需调拨兵马守卫燕京以北关隘，以防备宋军得燕京城以后长驱直入，而且白马岭等处作战挫败损失严重，所以只能先将原由北院大王耶律奚底指挥的五院军五千精骑调拨给耶律休哥，由他率领南援。辽景宗诏谕耶律沙、耶律奚底等"军中事宜"，当即指此事。

在宋太宗亲自督战下，宋军不惜伤亡，连日攻城，炮石纷飞，并挖地道穿越城垣，深夜登城偷袭，连屯驻在城东南角"以备非常"的曹翰部亦投入了攻城作战。城内辽军虽昼夜抵抗，未让宋军破城而入，但因兵员不足，人心浮动，汉人居民中颇有怀二心者，形势十分危殆，甚至辽军将士也有翻城出降者。因此，外围辽军加强了救援行动。七月初，耶律休哥所部五千骑兵沿着燕京城西的西山山麓南下，但也不敢直接攻击宋军，只是命令辽军士卒白昼每人手持两面战旗，夜里每骑高举两把火炬，以虚张声势，欲使宋军疑惑来援的辽军众多。宋人笔记野史中就记载有耶律休哥军"乃骑持一帜，由间道邀我归路，周环往来，昼夜不绝。太宗疑救兵大至，宵归定州"的说法。宋太宗宵归定州的原因并非只是耶律休哥大设疑兵，但辽军如此部署肯定对宋军士气有所影响，而更为关键的是这支辽军已自小路穿插到围攻燕京城的宋军主力背后，宋军却未能侦察到，也未对身后方向的防御给予应有关注，从而种下祸根。

四日，宋太宗第三次来到城下督战。六日，宋太宗第四次亲临燕京城西北隅，严督诸将尽死攻城，战斗十分激烈。当夜，宋太宗忽然下令班师。对此中原因，宋方记载颇为隐讳，有人说是当时宋太宗"以幽州城逾旬不下，士卒疲顿，转输回远，又恐契丹来援，遂诏班师。御驾夕发，命诸将领整军徐还"。又有人称"王师既平河东，遂北征，勒兵幽州而还"。对此，清人指出宋人的记载"盖讳之也"。仅个别宋人私家笔记记载了宋太宗曾兵败于幽州城下的事实。结合宋、辽双方史书所载，大体可了解高粱河一战的经过。

即七月六日，辽军耶律沙等部自清河北屯驻地南下增援燕京城，于高粱河（在今北京西直门外）一带与宋军相遇，正在燕京城西北隅督战的宋太宗便指挥宋军精锐逆击来援的辽军。辽军初战不利，不支而退。正当宋军欲追击之时，辽军耶律斜轸部自横斜里陡然杀到，已包抄至宋军之南的耶律休哥部也突然出现在宋军战阵之后，两支辽军分左右翼夹击宋军。对于耶律休哥所率辽军的作战路线，《契丹国志》云其"并西山，薄幽陵"，又"选精骑三万，夜从他道，自宋军南席卷而北"。此"精骑三万"，除耶律休哥所率五院军五千精骑外，当还包括耶律斜轸部、耶律抹只所率奚兵、萧幹所部等。耶律奚底当未参与高梁河之战，萧讨古部当与耶律沙合兵南下。又从高梁河、西山与燕京城等地的相对地理位置分析，辽军应自西南方向杀至宋军背后，分左右翼夹击，而此前已败退的耶律沙部又乘机返身冲杀，正在追杀耶律沙部的宋军不虞有此，仓猝迎战，损失甚大。宋太宗急调攻城部队来迎战。从双方所处相对位置考虑，投入高梁河作战的宋军当属城西、北两个方向上的攻城部队。在宋军急攻之下，守城辽军正力拙难支，危在瞬间，忽见宋军匆忙撤围，便知援军赶到，于是擂鼓呐喊助阵，并大开城门，出军侧击宋阵。于是宋、辽精锐正面碰撞，浴血大战。宋太宗在激战中大腿上被射中两箭，身受重伤，被护送回行营疗伤。辽军虽先败后胜，但伤亡也不小，其主将耶律休哥也在激战中身受"三创"。混战至夜幕将临，见宋军已退，辽军也鸣金收兵。

《辽史·耶律休哥传》称当时耶律休哥"追杀三十余里，斩首万余级"，然据《景宗本纪》，辽军是在次日"击宋余军，所杀甚众"，而且宋朝史料亦载此日夜里，宋军仍驻守大营，可知耶律休哥"追杀"之事当发生在次日。

高梁河一战宋军虽然失利，但遭受的损失并不算太大，只是让军心不安的是皇上身受重伤。《默记》记载："太宗自燕京城下军溃，北虏追之，仅得脱。凡行在服御宝器尽为所夺，从人宫嫔尽陷没。

股上中两箭，岁岁必发，其弃天下竟以箭疮发云。"史称宋太宗晚年
也曾与臣下言说："朕往岁既克太原，观兵幽蓟，方年少气锐，至桑
干河，绝流而过，不由桥梁。往则奋锐居先，还乃勒兵殿后。"由此
推知在高梁河一战中，宋太宗乃是亲率禁卫迎击辽军，所以于激战
中身受箭伤。

是夜，宋太宗忽然抛下宋军将士，率亲卫数人悄然南遁。宋人
对此事的记载仍是扑朔迷离。如司马光称当时"军中尝夜惊，不知
太宗所在"，故有"谋立"从征之武功郡王赵德昭者，"会知太宗所
在，乃止"。结合多种史料，可知当夜因作战失利，加上天子身负重
伤，故军心浮动，流言四起，又逢夜深大风，军中虚惊，疑为敌军
来袭，一时大为混乱嚣杂。而宋太宗不辨真伪，匆忙中与亲信数人
连夜南遁，留下扈从宿卫官御龙弓箭直都虞候高琼在御帐中，让乐
人演奏"引龙真乐"，以免军中将士知晓天子已遁，引起混乱，被辽
军乘隙得利。但军中将士在虚惊之余又不知天子所踪，从而引发"军
变"。因此，宋人史书中所言的"不知太宗所在"，当亦属一婉转的
说法，即当时宋营中将士怀疑天子已伤重而亡，故有动议拥立武功
郡王赵德昭，随即因得悉宋太宗的确切下落而作罢。又宋太宗回转
京城后曾因"失律"之事处罚石守信、刘遇、史珪三将，推知发生
"军变"的即是这三人的部下。

七日，辽军出营再战，因天子南遁而无心恋战的宋军将士竞相
溃逃。辽将耶律休哥等挥军追歼三十余里，斩首万余级，缴获兵仗、
器甲、粮饷、货币不可胜计。但还是有数支宋军并未溃散，而是突
围转战而南，使宋军在大败之余，仍保存有相当实力。而耶律休哥
在获知宋天子的去向以后，急率部下展开追击。

八日，宋太宗南逃至涿州。宋太宗因重伤之余连夜逃命，伤势
更显沉重，无法再骑马，而宋军主力集聚在燕京城下，涿州等地留

守兵员不多，故得知辽军追近，不敢逗留，急忙"变服"换乘驴车，从小路南奔。耶律休哥也因身受重伤，无法骑马，只能乘轻车追击，速度大受影响，追至涿州时，宋太宗已南去远了。《契丹国志》记载，有部将劝说耶律休哥对宋军溃兵赶尽杀绝，耶律休哥不同意，说："吾受命来救燕京，今已得之矣。"遂收兵而归。此说多被后人所引用，然考之其他记载，耶律休哥实曾追杀溃逃之宋兵，且尾追宋太宗至涿州，可见其并非"不复追"。所以有人劝耶律休哥"袭其后"者，当是劝说耶律休哥越过被宋人控制的涿州地区，深入宋境追杀宋军。但由于辽军虽已大败宋军，而自身损失亦颇严重，若引兵越境穷追，祸福难测，故耶律休哥不愿冒险，见好收兵。

九日，宋太宗逃至金台驿。有人来报有数千骑向南溃奔，宋太宗令殿前都虞候崔翰将卫兵千余人追止之。崔翰奏请道："但乞陛下不问奔溃之罪，臣愿请单骑独往，可携之而归。"宋太宗答应。崔翰于是匹马独追，向南溃将士扬鞭大呼："诸君不须若尔，何伤乎！料主上天鉴，处置精明，君等久负坚执锐，卫驾远征，一旦小忿（溃去），岂不念父母、妻子忆恋之苦邪？上特遣吾邀尔辈同还，宜知几速返。"众人遂随崔翰整旅而还，夜半至军营，各还本部宿直，鸡犬不惊。宋太宗对此甚为高兴，悄悄地解下身上佩戴的金腰带赐给崔翰，以为奖赏。又据史载，当时高琼率本部士卒自燕京城下突围，转战来到行营，而六班卫士却不知所踪，宋太宗欲加诛戮以立威。高琼劝谏说："陛下晨夕兼行，令不密下，此乃主将之罪也。今卫士皆以材勇选，从征攻下太原，有功未赏，却欲尽诛之，其可乎？"暗示天子此刻大败之余，如处置不当，容易激起兵变。天子听后，怒气顿解。由上可知，此番所谓向南溃奔者，当为"卫驾远征"的六班禁卫，可能因为未能及时至行营护卫，惧怕获罪而越过金台驿南溃。因此，宋人为掩饰"高梁河之败"，而称此次作战失利曰"金台失律"。

宋太宗继续南逃，于十一日抵达定州，得知辽军已收兵北回，方停下稍作喘息。十三日，诸路宋将汇聚定州城。宋太宗知道此次北征失败，影响甚大，契丹兵马定会南侵报复，为收拾残局，赶紧调兵遣将加强北线州军的防守：命殿前都虞候崔翰及定武节度使孟玄喆等留屯定州，彰德节度使李汉琼屯守镇州，河阳节度使崔彦进等屯护关南（今河北高阳东），允许其有"便宜行事"之特权。此前围攻燕京城时，孟玄喆、崔彦进正是负责进攻城西面、北面的宋军主将，此时率本部留屯定州、关南前线以防御契丹兵马南下，可见其属下兵员仍较完整。宋太宗还对边将叮嘱道："契丹必来侵边，当会兵设伏夹击之，可大捷也。"是日，宋太宗离定州城南下，二十八日回至京城开封。

对于高梁河之败的原因，有人总结有五条：一是战略上轻敌，执意北伐，如南宋洪迈《容斋随笔》认为幽燕非"用武之地"，宋太宗北伐"失于轻举"。二是军纪不肃，如称宋太宗既平太原，"所得北汉嫔妃皆随御，诸将亦掠北汉妇女充军妓，士气不扬"。三是战术错误，顿兵坚城之下，既无统帅统一指挥，亦无打援之部署。四是将士连番作战，已成疲惫之师，而不肯用命。五是辽景宗"务行宽政"，"用人不疑"，并倾全力救援燕京。不过上述说法，还需作具体分析，因为宋太宗北伐失败，虽然确有轻敌之因素，但洪迈认为其"失于轻举"者，实与南宋初期宋廷内部是否收复北方失地的争议有关，而认为幽州非"用武之地"，更是不值一驳。从当时宋、辽战场态势上看，在高梁河之战前，宋军一胜于白马岭，二胜于沙河，三胜于燕京城北，而小败于得胜口，可见在双方军力对比上，宋军绝不处下风。就是在高梁河作战之初，宋军还击败了辽将耶律沙所率援军，所以亦不能说宋太宗未作打援的部署。又史载北征前，宋太宗曾大量调集京东、河北诸州"军储"，又云宋太宗于六月二十五日"诏索炮具八百，期以半月成"，结果"八日而毕"，时在七月三日，离七日班师仅间隔四天。可证宋朝史籍中所谓宋军班师是因为"幽州城逾旬不下，士卒疲顿，转输回远"的说法，当是宋人讳避宋帝亲征惨败的饰词而已。此外，《契丹国志》云"辽兵先守幽州者皆脆兵弱卒，见宋师之盛，望风而遁，又为宋师所遏，进退无计，反为坚守"，待援军至，"宋遂退师"，也属似是而非之论。辽军坚守燕京城不下，确为宋军高粱河作战失利的重要原因之一，但由此以为顿兵坚城之下，乃宋太宗的战术错误，其理由却颇不充分。因为宋军假如不是四面合围，而是网开一面，辽军亦不会轻易弃守燕京城。自古战例，围攻坚城皆是四面重重围困。此前宋军灭北汉，即用大军四面围攻太原城而获得成功。因此，宋军高粱河作战失利，在于对辽军迂回夹击战术疏于防范，而从宋、辽大战的进程上看，宋军由胜转败的最直接且关键之原因，当是宋军主帅宋太宗在战斗中身负重伤，并因而离军夜遁，使宋军将士群龙无首，在辽军追杀下纷纷溃逃，而损失惨重。

　　高粱河作战失败，不但丢失了宋军北伐之初的大好形势，经多年精心生聚教阅而日以精强的宋军主力精兵也遭受重击，丢弃了大量器物、粮饷等，而更为严重的是宋太宗身受箭伤，此后年年复发，最终因箭伤恶化而驾崩，从而成为北宋君臣心底之大痛。因此缘故，辽人对此战胜利之意义十分重视，功臣韩德让拜辽兴军节度使，耶律学古遥授保静军节度使，其他参战将领也各厚赏有差。从一定意义上说，高粱河之捷成为辽景宗"中兴"的重要标志，宋、辽南北对峙的局面由此大体奠定。

　　由于一朝天子亲征"夷狄"失利，且身受重伤，被宋人视为奇辱，而军中"夜惊"引发的从征将士欲拥戴武功郡王赵德昭的举动，更触发了宋廷内部权力之争，使得"金匮之盟"的后遗症渐次爆发。

宋太宗登基后，为消弭乃兄影响，采取了一系列措施，此次北征，虽然皇弟、开封尹赵廷美和自己的儿子也随从出征，但在作战失利、天子重伤的非常时刻，军中竟然动议拥立皇侄赵德昭，显然是对宋太祖之子失位心有不满，使宋太宗颇为心惊。在古代专制社会中，臣下擅自推戴他人为天子，其罪当族诛，但因为此事发生在败军之际，本不宜张扬，且牵涉颇众，加上赵德昭本为"金匮之盟"中人，所以宋太宗虽然闻知此事后心中颇"衔之"，却没有其他表示，更未严究；只是在回到京城以后，"以北征不利，久不行太原之赏"，并低调地对"金台失律"者稍加处罚而已：八月五日，守中书令、西京留守石守信从征燕京因督前军失律，责授崇信节度使、兼中书令；七日，又以从征时"所部兵逗挠失律"之罪名，贬责彰信节度使刘遇为宿州观察使、光州刺史史珪为武定行军司马。不过此后不久，石守信复官，进封卫国公，后来改镇安军节度使，复授守中书令，死后赠尚书令，追封卫王；刘遇也在两年后入朝，改授保静军节度使，因刘遇"纯谨善射"，故天子"待之尤厚"；而史珪被贬未数月，即召为右卫将军，领平州刺史，很得重用。可证此三将对麾下"逗挠失律"，至多负有失察之责，故处罚不重。但宋太宗由此散发的信号颇为明显，只是这信号似乎未为武功郡王赵德昭所感知。

宋太祖之子赵德昭，其母为贺皇后，自宋太宗即位以来，一直小心低调，史称其喜怒不形于色。宋太宗十分恼怒此次北伐先胜后败，所以久不对平定北汉有功的将士颁赐奖赏，军中颇有不悦之言。因宋太宗回京城以后深居内宫疗伤，众臣无由觐见，于是赵德昭利用自己的特殊身份入宫劝说，不料宋太宗听后勃然大怒道："待汝自为之，未晚也。"所谓"汝自为之"，意指等赵德昭你自己做皇帝以后再封赏。赵德昭一听，自知已不为宋太宗所容，惶恐而归，入茶果阁，取刀自刭而死，年仅二十九岁。时在八月二十七日。分析宋太宗回答赵德昭之语，可知：其一，在宋太宗眼中，赵德昭确有继帝位之资格；其二，军中仍存在拥戴宋太祖的势力，隐隐威胁其权威，故宋太宗甚为恼怒；其三，证明宋太宗伤势甚重，且颇有性命之危，不然，宋太宗正当壮年，待其自然老死以后，赵德昭再依次继位，方"行太原之赏"，其时间也相隔过于辽远了；其四，赵德昭所言确实有取誉将士之嫌疑，瓜田李下，确当避嫌，而宋太宗心胸不及乃兄，且又初经惨败、重伤，加上"军中夜惊"至此仅一月有余，故而发出如此怨怼之语。赵德昭自杀，使威胁其皇位之因素去其一，宋太宗自当心中暗喜，但逼死皇侄的恶名却也难逃，况且赵德昭还名列"金匮之盟"，处理不当，极易酿成一场政治风波，所以史书记载宋太宗"闻之，惊悔"，即刻前往抱着赵德昭尸体痛哭道："痴儿，何至此耶！"当亦非全是惺惺作态。宋朝《国史》为掩饰赵德昭的死因，称其"好啖肥猪肉，因而遇疾不起"，正是为宋太宗洗刷恶名。

十月，宋太宗颁发平定北汉的赏赐：齐王赵廷美进封秦王，宰相薛居正加司空、沈伦加左仆射、卢多逊兼兵部尚书，枢密使曹彬兼侍中，其他如楚昭辅加检校太尉，石熙载迁刑部侍郎，潘美加检校太尉，王仁赡加检校太傅，崔翰、刘延翰、米信、田重进皆以观察使迁升为节度使，文武官参与"平太原者皆迁秩有差"。

宋太宗为抚平因赵德昭自刭引起的皇室内部风波，对赵廷美极尽慰抚之策。此前宋军围攻太原城，北汉主刘继元降，宋太宗令殿前都虞候、武泰节度使崔翰先入城慰抚，并禁止"俘略之物"出城。当时赵廷美率数十骑将冒禁出城，被崔翰呵止。赵廷美怨愤，"遂谗于上"，故不久宋太宗便罢崔翰军职，出为感德节度使。次年十一月，宋太宗再次率军巡视河北，即以秦王赵廷美为东京留守，宣徽北院使王仁赡为大内部署，枢密承旨陈从信为大内部副署，以示宠信。于是一场政治风波暂得平息。

但又过了不到半年，981年（太平兴国六年）三月，宋太祖次子赵德芳猝死，年仅二十三岁。对于赵德芳死因，宋代史书中全未见记载，《宋史·宗室传》仅称赵德芳"寝疾薨"，即是卧病而亡，却又未载其得何病。因在"斧声烛影"之夜，宋皇后曾遣太监去召赵德芳，宋太宗即位后曾赐赵德芳"皇帝信宝"，因此赵德芳的存在，当使宋太宗如鲠在喉。可以说，赵德芳死得颇不分明，但宋太宗祭祀如仪，亲往灵堂吊唁，废罢上朝五天，追赠赵德芳为中书令、岐王，谥曰康惠。

宋太宗继位之初，皇弟赵廷美被授任开封尹兼中书令，封齐王，并位在宰相之上，俨然享受着宋太宗即位前的待遇，静心等待着宋太宗遵依"金匮之盟"传位给自己。而宋太宗亲征太原、燕京，让其长子赵德崇从行，已有培育其阅历，为传位做准备的含义。至赵廷美目睹赵德昭、德芳兄弟俩相继夭亡，心中大为不安，便开始自救，与宰相卢多逊厚相结交。

宋太宗登基以前，曾多方笼络翰林学士卢多逊，共同对付宰相赵普。赵普被罢后，卢多逊如愿升任参知政事。宋太宗继位后，擢任卢多逊为宰相。卢多逊因深得宋太宗宠信，权重一时，甚至众臣所上奏章，都必须先交卢多逊审阅，然后才呈送给天子。宋太宗为人忌刻多疑，对卢多逊的威福自用、专权太甚的作风渐感不满。卢多逊对此也心知肚明，便以宋太宗箭伤年年复发、病情难测为由，与皇弟赵廷美结盟，欲凭藉"金匮之盟"使赵廷美顺利继位，进而保障自己的权位。自赵德芳死后，赵廷美成为宋太宗传子的最大障

碍，史载宋太宗的心腹旧僚柴禹锡、赵镕、杨守一等人曾出面告发
赵廷美"骄恣，将有阴谋窃发"。是年六月，首相薛居正病死，次
相沈伦告病休养，仅卢多逊一相独当国政。其他大臣如枢密使曹彬、
楚昭辅以谨慎著名官场，枢密副使石熙载虽为宋太宗"晋邸旧人"，
但声望不足，显然皆非宋太宗所能依靠以对付赵廷美、卢多逊之人。
于是宋太宗决意重新启用赵普这位开国元老重臣，欲借助他的声望
和影响来铲除赵廷美的势力。

　　曾在太祖朝十分风光的赵普，当老对手宋太宗为皇帝以后，日
子过得颇艰难。宋太宗继位不久，曾对左右侍臣说起："若还（赵）
普在中书，朕亦不得此位。"为避祸难，宋太宗一即位，赵普就主
动提出解除节度使一职，留住京师。但卢多逊仍是不依不饶，每每
向天子进言，说赵普当初反对宋太祖传位给弟弟。宋太宗甚为愤怒，
欲置赵普于死地。不但如此，连赵普亲党也屡遭压抑，其妹夫侯仁
宝即受牵累而死。

　　侯仁宝为宿将侯益之子，娶赵普之妹，官太子中允。侯家在洛
阳有大第良田，侯仁宝优游自适，不想出外任职，故赵普为宰相时，
就让他在西京任职。赵普罢相前夕，与赵普有隙的卢多逊说动宋太
祖，让侯仁宝出知邕州（今广西南宁）。宋朝制度，州县官员三年
一任，但侯仁宝为邕州知州历三任，朝廷却未安排接替的官员。侯
仁宝担忧自己将死在岭南，便趁交州（今越南北部）内乱，上疏请
求北归京城面见天子，详议攻伐交州事宜。宋太宗大喜，即刻下令
征召侯仁宝归京城，却为卢多逊所劝止。卢多逊上奏道："若召仁
宝，其谋必泄，蛮夷增备，未易取也。不如授仁宝飞挽（运输）之
任，且经度之，别遣偏将发荆湖士卒一二万人，长驱而往，势必万
全。"得到了天子首肯。980年（太平兴国五年）七月，任命侯仁宝
为交州路水陆计度转运使，兰州团练使孙全兴、八作使郝守濬、鞍

綼库使陈钦祚、左监门卫将军崔亮为邕州路兵马都部署，宁州刺史刘澄、军器库副使贾湜、阁门祇候王僎为廉州路兵马都部署，水陆并进，讨伐交州。次年初，前方传来宋军于白藤江口击破交州军万余人，斩首千余级，获战舰二百艘，于是侯仁宝率前军进发。但宋将孙全兴等将领为等待刘澄部到来，在花步逗留七十天。刘澄部至，与诸军一起由水路抵达多罗村，未见敌军，便擅自还屯花步。由此造成侯仁宝孤军深入，遇敌军大至，援兵不继，遇害死江中。后孙全兴、刘澄等伏诛，其他将官皆被贬官。侯仁宝死未半年，赵普子、知潭州赵承宗娶燕国长公主（宋太宗姐）之女，宋太宗下诏让赵承宗回京城成婚。但婚礼举行之后未满月，卢多逊就让天子下令命赵承宗归潭州（今湖南长沙）。赵普由是大为愤怒。不过，此举表面上是卢多逊故意打压政敌赵普，然其实恐怕还是天子之意，卢多逊不过"希旨行事"而已。

　　因此，郁郁不得志、"日夕忧不测"的赵普忽然遇到宋太宗的主动笼络，自是感激涕零。作为元老重臣，赵普对天子主动召见自己的用意颇为明了，故表态道："臣愿备位枢轴，以察奸变。"退下后，又上密奏说："臣忝旧臣，为权幸所沮。"并打出"金匮之盟"这张牌，诉说当年杜太后"顾命"之事，表示愿以帮助天子扫除传子障碍来换取自己的复出。不过如此赌注能否为昔日对头所接受，实在难言，所以出现了宋太宗看见赵普密奏之后"大感悟"，急遣使召见赵普，而赵普却留下遗书与家人告别后入宫觐见天子的"惶恐"局面。但从结果上看，赵普的赌注并未下错。宋太宗一见赵普，便直接询问"传国意"，赵普明确回答："（先帝）若听臣言，则今日不睹圣明。然先帝已错，陛下不得再错。"表态自己当年反对的并非你皇上，而是传弟不传子的做法，今天我的意见依然如此。从历史经验教训上看，嫡长子继位制度，在皇位传承过程中，要比兄终弟及制更容易平稳过渡，从而大大减少政局动荡的可能性。从这一角度而言，宋太祖传弟不传子的做法，确实是一个严重失误。因此，赵普劝说宋太宗不要重蹈覆辙，犯同样的传弟不传子错误。宋太宗闻言，坚定了传子决心，感叹道："人谁无过，朕不待五十，已尽知四十九年非矣。"故在召见赵普的当天，即九月十七日，宋太宗复授赵普为司徒兼侍中，即拜首相，封梁国公，主持政务。同日，宋太宗又任命枢密副使石熙载为枢密使。显然宋太宗为对付赵廷美而进行布局了。

赵普复拜宰相的真实用意为何，赵廷美、卢多逊心中也很明白。秦王赵廷美有意培植自己势力，结交宰相卢多逊，不过是效法宋太宗即位前的故智，以保证自己能依据"传弟"之约顺序继位，所以赵普复相之次日，赵廷美便主动表示赵普为"勋旧"，请求天子同意自己列班居于首相赵普之下，以示谦恭，马上得到了宋太宗的同意。赵普为减小剪除赵廷美势力的阻力，曾多次讽喻卢多逊主动辞官，全身而退。其实此也当是天子的意思。但卢多逊对自己所面临的危险并无充分认识，恋栈不去。

与宋太祖末年众多官员依附晋王赵光义的情况相似，此时依附或交结秦王赵廷美、宰相卢多逊的官员也不在少数，如翰林学士李昉、知制诰李穆即与卢多逊交往颇密切。因此，宋太宗、赵普并未即刻出手，而是先逐步削弱赵廷美的势力。十一月，枢密使楚昭辅以患病家居时久，罢为骁卫上将军。次年二月，任判三司之职已近十年，一向颇得宋太宗信任而处事强横的宣徽北院使王仁赡突然遇到属下非议，闹到宋太宗面前评议，结果是天子震怒，王仁赡被罢为右卫大将军，附议王仁赡的三司官佐也都被贬官。楚昭辅、王仁赡皆是宋太祖开宝年间与赵普有嫌隙者，自宋太宗继位后，已执掌枢密院、三司多年，从此后事态发展来看，他俩并未倒向赵廷美，但很可能取消极观望的态度，故先被罢官。

982年（太平兴国七年）三月初，有人向天子告发秦王赵廷美欲趁金明池水心殿建成宋太宗泛舟游玩之际作乱，如若不成功，就诈称患病，待天子来秦王府探望时下手。十一日，赵廷美被罢免开封尹，改授西京留守。按制度，任免宰相、亲王之类大诏书是由翰林学士"锁院"（即禁闭学士院大门以免泄露）起草的，但赵廷美平常自开封府衙入朝，路过学士院看见锁院，必定令人隔窗询问，学士院门吏即将诏书内容告诉他。是日当值的翰林学士因担心赵廷美询问而难以答复，便令门吏大开院门，等赵廷美一行经过后，再"锁院"起草诏书。可证罢免赵廷美开封尹事出突然，赵廷美全无预料。随即以右正谏大夫李符权知开封府，接替赵廷美之任。

此时卢多逊仍在相位，赵廷美势力也未被剪除，故宋太宗暂时未使用太过激烈的手段。二十日，任命秦王官属太常博士王遹判河南府事、开封府判官阎矩判西京留守事。赐秦王赵廷美袭衣、通犀带及大量钱银、绢帛等，并赐西京甲第一区（住宅一所）；又赐阎矩、王遹钱各百万。四月一日，枢密使曹彬奉旨在京城琼林苑设宴为赵廷美践行。

宋太宗随即擢用"晋邸旧人"出任要职，为消除赵廷美势力、罢免卢多逊做准备：擢任左正谏大夫枢密直学士窦偁、中书舍人郭贽为参知政事，以兵部员外郎宋琪通判开封府。又以奖赏告发赵廷美"阴谋"之功的名义，擢任如京使柴禹锡为宣徽北院使兼枢密副使，翰林副使杨守一为东上阁门使充枢密都承旨，赵镕迁六宅使领罗州刺史，随即为东上阁门使；而将与秦王赵廷美交通或接受其财物的左卫将军、枢密承旨陈从信罢为左卫将军，皇城使刘知信贬为右卫将军，弓箭库使惠延真贬为商州长史，禁军将校皇甫继明、范廷召、王荣皆遭贬斥。由于告发赵廷美"阴谋"的柴禹锡、杨守一、赵镕皆为昔日"晋邸旧人"，而在此后宋太宗曾对宰执说起金明池赵

金明池争标图（传为宋张择端绘，天津博物馆藏）

廷美"窃发之谋"，宰执们表示"涪陵悖逆，天下共闻，而宫禁中事，若非陛下委曲宣示，臣等何由知之"，可见此事当时并未公开宣布，而所谓"密告"更可能出自晋邸旧人"希旨"诬告。同时那些因"交通"赵廷美而被贬责的官员中，陈从信、惠延真等也属晋邸旧人，可见赵廷美为"嗣位"而施展的手段，与当年晋王赵光义的做法如出一辙。

既然卢多逊至此还"不能自决"，于是赵普便查获了卢多逊与赵廷美相互交通勾结的证据，上奏天子。宋太宗果然十分震怒，罢去卢多逊宰相之职，授兵部尚书，下御史狱审问，并逮捕宰相府、秦王府吏员多人，命翰林学士李昉等审讯。卢多逊随即伏罪，自称：曾多次遣吏员赵白将政事堂机要事密告赵廷美。去年九月中，又令赵白告诉赵廷美道："愿宫车（代指皇上）早宴驾（死亡），尽心事大王。"赵廷美也遣心腹吏人樊德明回报卢多逊说："承旨（当作'丞相'）之言正会我意，我亦愿宫车早宴驾。"并私下将弓箭等物品送给卢多逊。樊德明等又曾帮赵廷美以财货结交朝中官员、禁军将校，也皆伏罪。由于此案牵涉皇弟与宰相，为显示公正无诬，宋太宗让百官集议卢多逊、赵廷美之罪，于是太子太师王溥以下七十四名文武官员一致认为：

> 谨案兵部尚书卢多逊，身处宰司，心怀顾望，密遣堂吏，交结亲王，通达语言，咒诅君父，大逆不道，干纪乱常，上负国恩，下亏臣节，宜膏铁钺（诛杀），以正刑章。其卢多逊请依有司所断，削夺在身官爵，准法诛斩。秦王廷美，亦请并同卢多逊处分。其所缘坐，望准律文裁遣。(《宋史》卷二百六十四）

然而天恩浩荡的宋太宗却又表示要网开一面，免其死罪："尚念（多逊）尝居重位，久事明廷，特宽尽室之诛，止用投荒之典。实汝有负罪，非我无恩。"下诏：

> 其卢多逊在身官爵及三代封赠、妻子官封，并用削夺追毁，一家亲属并配流崖州，所在驰驿发遣，纵经大赦，不在量移之限；期周已上亲属，并配隶边远州郡，部曲奴婢纵之。余依百官所议。中书吏赵白、秦王府吏阎密、王继勋、樊德明、赵怀

禄、阎怀忠并斩都门外，仍籍其家，亲属流配海岛。（同上）

卢多逊被削夺官爵，全家都被流放崖州（今属海南），后来死于流放地，终年五十二岁。赵廷美被勒归西京私第，其儿女不再称皇子、皇女，女婿也被取消"驸马都尉"称号，一同发遣去西京居住。

赵廷美的秦王府官吏和卢多逊的亲信或贬或诛，遭到彻底清算。当时受赵廷美、卢多逊一案牵连的官员还有：宰相沈伦因患病已上表求致仕，但宋太宗认为卢多逊"包藏逆节"，沈伦与其同为宰相，却不能觉知，中书舍人李穆与卢多逊相亲厚，为西京留守秦王廷美起草"朝辞笏记"，故罢去沈伦宰相，责授工部尚书，李穆责授司封员外郎。又著作佐郎、知粮料院刘锡"擅以米数千斛借秦王廷美"，被宋太宗诘问，怒命"左右持梃者挝刘锡数十下，委顿而止"。西京留守判官阎矩被贬为涪州司户参军，前开封府推官孙屿贬为融州司户参军，两人皆为秦王府官属，"坐辅导无状也"。而赵白之兄著作佐郎赵和、光禄寺丞赵知微及其亲属皆流放沙门岛服役。但总的说来，牵连尚不算广泛。

五月，知开封府李符又秉承赵普之意上奏，说赵廷美心怀"怨望"，不宜居住京城附近，宋太宗遂降秦王赵廷美为涪陵县公，房州（今湖北房县）安置，子女随行，并派亲信官员充任房州知州、通判，就近监视。此后不久，赵普担心李符"泄言"，就以李符"用刑不当"的罪名，免去其知开封府，贬为宁国军行军司马。史载卢多逊被贬官崖州时，李符曾向赵普建议："朱崖（崖州别称）虽远在海中，而水土颇善。春州（今广东阳春）稍近，瘴气甚毒，至者必死。不若令多逊处之。"赵普听后未表态。此后宋太宗因事厌恶李符"朋党"，令贬李符去岭南，赵普就命李符知春州，李符至州一年多即病卒。对于李符上言，宋人皆说是出于赵普所教，此说似不然。因为对赵廷美居住于西京最为忧心的当属宋太宗，而史称李符"好希人主意以求进用"，并于赵廷美之后接任知开封府，显然颇为天子所信用。况且此时赵普刚修复与宋太宗的关系，当不大可能主动交结知开封府以招来猜疑。此外，从赵普处置李符贬官时的态度上看，赵普若曾唆使李符上言，也只是秉承天子旨意而已。

除去赵廷美以后，宋太宗念赵普有忠效之功，对他比较尊宠，但毕竟存有猜忌，小心地提防赵普擅权。983年（太平兴国八年）十月，完成了历史使命的赵普再次被免去宰相，出任武胜军节度使。与此同时，宋太宗封其子元佐为楚王、元祐为陈王、元休为韩王、元隽为冀王、元杰为益王，并拜同平章事，轮日入政事堂"视事"，加紧培植自己儿子的势力。

赵廷美在房州，忧虑惊恐成疾，于984年（雍熙元年）正月病死，年仅三十八岁。宋太宗如愿听到赵廷美的死讯，一面追封赵廷美为涪王，谥曰悼，并授其子德恭、德隆为刺史，婿韩崇业为静难军司马，以示关怀，一面却又呜咽流涕地向宰相表白道："廷美自小刚愎，长益凶恶，朕以同气至亲，不忍置之于法，畀（使）居房陵（房州），冀其思过。中心念之，未始暂忘。方欲推恩复旧（官爵），遽兹殒逝（离世），痛伤奈何！"因而"悲泣，感动左右"。

对于赵廷美被贬死，宋人皆归咎于赵普。宋朝以后，因身处异代，世人议论较少忌讳。元人陈世隆就认为赵廷美、卢多逊之罪名，"皆一时廷臣罗织成之"。明人归有光也认为赵普、卢多逊之间"徒以势利相倾，邪正之实，予未知所定也"。但他们仍视赵普为元凶，未敢公开谴责宋太宗。其实赵普只是"奉旨行事"而已，负决策之责者仍为宋太宗。

此后有一天，宋太宗又从容告诉宰相说："廷美母陈国夫人耿氏，朕乳母也，后出嫁赵氏，生军器库副使廷俊。朕以廷美故，令廷俊属鞬（此指随从）左右，廷俊泄禁中事于廷美。日者西池（指金明池）窃发之谋，若命有司穷究，则廷美罪不容诛。朕止令居守西洛（洛阳），而廷美不悔过，益怨望，出不逊语，始命迁房陵，以全宥之。至于廷俊，亦不加深罪，但从贬黜。朕于廷美，盖无负矣。"说完，恻然欲泣。宰相李昉应答道："涪陵（代指廷美）悖逆，天下共闻，而宫禁中事，若非陛下委曲宣示，臣等何由知之？"宋太宗称赵廷美为庶出，自是为了向世人宣示赵廷美实无继位资格，而"金匮之盟"传弟之约自然也与赵廷美无关。但据李昉答语，说明宋太宗所说的"廷美母陈国夫人耿氏"与"金明池阴谋作乱"二事皆属外人不知的"宫禁中事"。由于宋人笔记野史等大都指出赵廷美乃杜太后之子，宋太宗的同母弟，为此，李焘曾详加考辨：因为杜太后于建隆二年死时享年六十岁，此时赵廷美十四岁，逆推杜太后当于四十七岁生赵廷美，而此乃属颇不可能之事。如若赵廷美真是杜太后所生，而宋太宗因其有罪而加以废黜，于儒家提倡的"亲亲之道"并无损害，宋太宗又何必特意造假以"自欺"，故可肯定赵廷美是庶子，杜太后断然不会舍弃仅比赵廷美小四岁的嫡孙赵德昭，而立庶子的。李焘虽是宋代著名史学家，但毕竟身为宋人，入仕宋廷，故在论述十分敏感的本朝皇家秘史时，如此为本朝"圣明天子"开脱实可理解。故李焘此种观点，不论可矣，因为古往今来，妇人年近五十岁生子现代多有，即使在古代亦非罕见之事。其实不但赵廷美乃杜太后所亲生，据史料记载，在赵廷美之下，杜太后还生有一子名赵光赞，但幼年夭折了。因此，宋太宗诬称赵廷美庶出，乃如元人所言，是"一时为涂面之言，以遮饰谋杀廷美之故"。

因后人大多将赵廷美之贬死归罪于赵普，所以宋世还有一个与此相关的传说流行颇广：赵普七十一岁时，因久病不愈，就把自己所喜爱的双鱼犀带交给亲随甄潜，至终南山上清太平宫设醮斋，"以谢往咎"。上清宫中道官姜道元即为赵普请神灵（即黑杀将军），神灵传语道："赵某乃开国忠臣，奈何有冤累，不可逃。"姜道元又叩问所冤累之人，神灵即拿出一巨牌，上罩浓烟，仅那牌子底下可见一个以淡墨书写的"大"字。甄潜归来，赵普涕泣听受神语，听见那牌子上书有"大"字后，即说道："我知之矣，此必秦王廷美也。然当时事，曲不在我，其自与卢多逊遣堂吏赵白交通，其事暴露，自速其害，岂当归咎于我？但愿早逝，得当面辩白于幽都之狱，曲直自正。"当晚，赵普即卒。此则故事也被收入李焘《续资治通鉴长编》和《宋史·赵普传》。

在宋初"金匮之盟"事件中，赵普是一个关键人物。宋朝史书大都称太平兴国六年赵普复相与"金匮之盟"的公布密切相关，因为此份"金匮之盟"内容仅是宋太祖传位其弟宋太宗赵光义一人而已，而非原先的宋太祖传位宋太宗，再依次传位赵廷美、赵德昭之盟约，显然有利于证明宋太宗继位的合法性。为此，后人多认为此份"金匮之盟"是由宋太宗、赵普伪造的，或由赵普一人所凭空虚构，其目的就在于通过曾反对宋太宗继位的开国元勋赵普来证实杜太后、宋太祖生前已定下传弟一人之约，故宋太宗继位乃属合法传授，并非力夺。而赵普由此得以复拜宰相，东山再起。由于宣称此"金匮之盟"深藏内宫，秘而未宣，故不为外人所知，外人也无从揭破其真相。此说为世人所熟知，但考之诸史书，在太平兴国六年以后宋太宗与臣下对话议论中，皆未见涉及此"单传"宋太宗的"金匮之盟"。又宋太宗曾于赵廷美死后对宰相声称，赵廷美生母乃自己乳母耿氏，"后出嫁赵氏"。但宋太宗为取消赵廷美继位资格的这一说法，实有损于其母杜太后、其兄宋太祖之形象，即在夫君赵弘殷死后，杜太后作为一家主母，却不能容纳已有生子的侍妾在家，而作为已为朝廷高级将官的赵匡胤不能留住庶母，而让其出嫁外人，实在不是一件荣誉之事。因此，如若当时已公布或确实已编有杜太后、宋太祖生前约定"单传"宋太宗赵光义的"金匮之盟"，完全可以用来指出宋廷美不具继位资格及其阴谋篡夺皇位之罪，而不需再说出这种有损家族形象之语，而对话的宰相们也丝毫未提及"金匮之盟"或"昭宪顾命"之事。由此可证，仅传位宋太宗一人的"金匮之盟"当时尚未被公布，或甚至尚未编造成。此后，986年（雍熙三年）五月，时为武胜军节度使的赵普针对北征燕云战事再次失利，进《上太宗请班师》书，其所附之《手札子》有云："伏自宣祖皇帝（赵弘殷）滁州不安之时，臣蒙召入卧内；昭宪太后（杜太后）在宅寝疾之日，陛下唤至床前，念以倾心，皆曾执手温存抚谕，不异家人。"若说赵普被"陛下唤至床前"，即指宋朝诸史籍所谓订立"金匮之盟"的"昭宪顾命"之时，便同于宋真宗初年修撰的《太祖新录》所载：赵光义与宋太祖、赵普同受杜太后"顾命"。此一说法，李焘已辨析其误。因此，从赵普所云上下文意分析，此当是"昭宪太后在宅寝疾之日"，赵普被允许至"床前"探视而已。但赵普此文中仍无只言片语述及"金匮之盟"。直至992年（淳化三年）七月赵普卒，宋太宗御撰《赵普神道碑》，碑文中还是没有涉及"金匮之盟"。"金匮之盟"对宋太宗、对赵普而言，皆属人生一大事，但两人均避而不谈，确实颇为奇怪。但据北宋人吴处厚记录：王禹偁作诗"多记实中的"，其作《赵普挽词》有云："玄象中台折，皇家上相薨。大功铭玉铉，密事在金縢。"这是因为赵普"尝密赞太祖传位太宗"，所以此"大功铭玉铉，密事在金縢"之诗句显然与"金匮之盟"相关。可证在赵普去世前后，有关赵普与"金匮之盟"直接相关的说法已在私下流传。至宋真宗初年纂修《太宗实录》，收入赵普的"自诉章"以及宋太宗"已尽知四十九年非"之语，随后修撰《太祖新录》时又添入"昭宪顾命"时赵光义也在场的内容，宋仁宗时期修撰的《三朝国史》沿袭《太祖新录》的说法，从而与《太宗实录》以及其他史籍记载相冲突，而被李焘认为"遂失事实"。说明直至宋真宗初年所编造的文字还未完备，但所述之"金匮之盟"内容已是仅"单传"宋太宗一人，而非顺序传位赵光义、赵廷美及赵德昭。

随着"金匮之盟"中人赵德昭、赵德芳兄弟和赵廷美先后去世，宋太宗传子已成必然，但其后遗症并未因此完全消融，时见波澜。同时，由高梁河之败带来的恶果也次第展现。

简　释：

【熙陵幸小周后图】因宋太宗死后葬于永熙陵，故宋人常以熙陵代指宋太宗。传说宋人曾画有《熙陵幸小周后图》，画中宋太宗戴着幞头，面色黝黑而体态肥硕，正恣意调戏小周后，而小周后肢体纤弱，被数个宫女抱持着，显出不胜痛苦之态。元人冯海粟尝题诗画上曰："江南剩有李花开，也被君王强折来。怪底金风吹地起，御园红紫满龙堆。"此后两句是说北宋灭亡时，攻占开封城的金兵恣意侮辱宋朝妃、宫女与公主等，这些宋太宗的后裔们，也同当年小周后一般委顿求哀。此颇含因果报应之说的诗句，在感叹世事轮回的同时，也包含着对宋太宗如此行径之谴责。

【八贤王赵德芳】在杨家将故事中，那位正气凛然、仗义执言，在关键时刻往往助杨家将一臂之力的八贤王即名赵德芳。虽是文学作品中人物，但并非完全凭空虚构：其姓名肯定取自宋太祖之子、秦王赵德芳，但因其死时，杨家将中老令公杨业还活着，杨六郎杨延昭也未出任边关统帅，故历史上的赵德芳与杨家将无关。有人认为八贤王应指赵德芳之兄赵德昭，传说宋太祖曾特"赐金简一柄，如不法之属得专诛戮"，但此说也于史无据。因此，又有人指出八贤王之名号出自宋太宗第八子元俨。据说此人"广颡丰颐，严毅不可犯，天下崇惮之，名闻外夷"，深得宋太宗喜爱。宋太宗不愿赵元俨过早出宫，至其二十岁时才封王爵，又因赵元俨兄弟排行第八，故宫中戏称为"二十八太保"。到宋真宗、仁宗时，赵元俨贵为皇弟、皇叔，故被尊称为"八大王"。虽赵元俨的作为与八贤王的故事相距甚远，但八贤王之名，显与"八大王"之称有关。因此，"八贤王"实是由宋初宗室的一些轶闻，加上民间百姓的感情倾向，经艺术加工而成，并不存在一个能与之对应的历史人物。

【金明池】始凿于宋太祖开宝九年（976年），位于北宋东京西外城顺天门外路北，与路南琼林苑相对，用于训练水军。太平兴国三年（978年），宋太宗亲临视察凿池情况，赐名金明池。宋王应麟《玉海》卷一四七载："太平兴国元年，诏以卒三万五千人凿池，以引金河水注之，有水心五殿，南有飞梁，引数百步，属琼林苑。每岁三月初，命神卫虎翼水军教舟楫，习水嬉。西有教场亭殿，亦或临幸阅炮石劲弩。"此后逐渐成为京城游人赏玩水战表演之处。

三　燕燕当国（979-983）

979年（宋太平兴国四年，辽保宁十一年）七月高梁河一役，可谓是宋、辽之间攻守互易的转折点。此前，各有内忧的辽、宋之间，除宋军征伐北汉、辽军驰援太原，以及在边境上时有小规模扰击之外，大致和平相处。宋方史籍曾记载云，970年（宋开宝三年，辽保宁二年）十月，契丹聚集骑兵六万南下攻掠定州，宋将田钦祚奉命领兵三千抵御，激战于满城（今属河北）一带，辽骑稍却，宋军乘势进至遂城（今河北保定徐水区遂城镇），至夜入保遂城，辽骑围城。数日后，田钦祚忽然大开南城门，突围而出，全军而归。于是宋人传言"三千打六万"，似乎宋军打了一个大胜仗。辽军一次出动六万骑兵，作战规模不小，但遍查《辽史》，是年根本就无辽军南侵的记录，可见此番宋、辽之役，至多是边境上一次小冲突而已。宋人所云，实属宋方将领夸大战功使然。这一不战不和的态势，至宋太祖于征伐南唐前夕、主动遣使联络辽朝而告结束，此后双方互遣使节来往通好。但如此和平景象也未能坚持几年，随着宋太宗大举围攻燕京，宋、辽间战火复起，契丹骑兵开始年年大肆南侵作战。

宋太宗自燕京城下败归时，也明白契丹兵马必将南下报复，所以特意留下部队、布置好河北防线以后再回转京城。八月，宋太宗任命宣徽南院使潘美为河东三交口（今山西阳曲南）都部署，驻军屯田，负责河东防御。不久，宋太宗又以宿将郑州防御使杨业为知代州兼三交驻泊兵马部署。此前杨业作为北汉大将，在长达二十余年间，时常与辽军作战。北汉虽自甘为契丹的"儿皇帝"，但辽与北汉之间还是存在着不少矛盾，有时还很尖锐。如《辽史》即记载北汉民有被辽军"误掠者"，因北汉遣使请求，辽穆宗"诏悉归之"。所谓"误掠"，当然只是一句为掩饰辽军掳掠北汉百姓之事的门面话。为此，北汉在地势险阻、为北边咽喉要害之处的宁化堡（今山西宁武县境内）设置固军，又在太原城北设置雄勇镇（今山西阳曲县境内），说是为防备后周，实质亦兼有防辽之意。史载开宝二年宋太祖亲征北汉失利而归以后，契丹南大王统领的援军才姗姗而来，屯军太原城下。杨业便向北汉主刘继元建议："契丹贪利弃信，他日必破吾国。今救兵骄而无备，愿袭取之，获马数万，因籍河东之地以归中国（宋朝），使晋人免于涂炭，陛下长享富贵，不亦可乎？"但刘继元不肯答应。待杨业归附宋朝，因他此前主要守卫北边，"老于边事，洞晓敌情"，所以未久即被宋太宗重用，成为三交口驻泊兵马都部署潘美麾下主要战将。潘美到任不久，即遣军偷袭固军，占领其地，然后积粟屯兵以守，河东北线边防由此得以安宁。

为避免进一步激怒契丹，宋太宗又诏令河东忻州（今属山西）、岚州（今山西岚县北）、宪州（今山西静乐）沿边诸军寨不得放纵士卒进入敌境内劫掠，如若是报复敌军前来侵略，则需先报请批准方可。但此时辽朝已决定大举兴兵南掠，以报复宋军围攻燕京。

九月，辽景宗调集辽军十万精锐，任命燕王韩匡嗣为都统，南府宰相耶律沙为监军，统领惕隐耶律休哥、南院大王耶律斜轸、权奚王抹只等将领大举南攻河北镇州地区，并命大同军节度使耶律善补率领所部兵马攻向河东，作为西路偏师牵制宋军。宋军闻讯，集聚关南、镇州、定州三地八万兵马迎击。十月，辽军进至宋境满城以西集结，遭遇闻讯北上巡边的宋军前锋镇州都钤辖刘廷翰部。正当辽军排布战阵之时，宋将赵延进、崔翰、李继隆、李汉琼等也率主力赶到，在满城北徐河附近布阵。宋军出征前，宋太宗曾将有关作战布阵的阵图授予诸将，让他们布成八阵迎敌。至此，赵延进登高眺望敌阵，见辽军骑兵蜂拥而来，在田野上东西横列，不见其首尾，而崔翰等宋将按照阵图布下八阵，各阵相隔百步，众将士一见如此阵势，兵力分散，在作战中肯定吃亏，心中疑惧不定，皆无斗志。赵延进就向崔翰等将领建议："主上委吾等边事，盖期于克敌尔。今敌骑若此，而我师星布，其势悬绝。彼若乘（攻击）我，（我军）将何以济（抵抗）？不如合而击之，可以决胜。违令而获利，不犹愈于辱国乎！"崔翰等人不同意："万一不捷，则若之何？"赵延进便表态道："倘有丧败，延进独当其责。"但崔翰等将领仍然担心此举违背诏旨，不敢答应。此时，镇州监军李继隆也表示："兵贵适变，安可以预料为定！违诏之罪，继隆请独当之。"因为赵延进之妻即宋太宗已故皇后尹氏之妹，而李继隆乃是宋太宗皇后李氏之兄，有这二人肯承担责任，崔翰等众将遂决定集中兵力，改八阵为前后两阵，互相呼应，士心遂定。为免宋军变阵之际，辽军乘机进攻，宋军派人去辽军前诈降。辽军主将韩匡嗣轻信其投降为真，大喜，认为宋军经高粱河一战，已心胆俱裂，不敢再与辽军作战，不逃便降，故未再做迎战准备，一心等待宋军解甲来降。在一旁的耶律休哥提醒道："彼军气甚锐，疑（诈降）诱我也，可整顿士卒以御。"但韩匡嗣不听。就在辽军迟疑之间，战机已失，调整好战阵的宋军突然擂动战鼓，战尘漫野，兵将突出，直冲辽阵。而宋军崔彦进部也自关南悄悄北上，出黑芦堤北迂回至辽军侧后的长城口（今河北徐水西北）一带，形成夹击之势。韩匡嗣赶紧命令诸将迎敌，宋军接连发起了三波冲锋，仓促应战的辽军抵挡不住，阵脚动摇，纷纷溃退。宋军诸部合力追杀，直至遂城之西，宋军崔彦进部投入战斗，截断辽军退路。辽军兵败如山倒，阵亡者万余人，多名将校及千余匹战马被宋军俘获。韩匡嗣见势不妙，丢弃作为统帅信物的旗、鼓而逃走，其他诸军也损失惨重，纷纷逃入易州（今河北易县）境内山林之中，方才摆脱宋军追杀；只有耶律休哥所部，因对宋军诈降之计有所提防，故得以血战突围，全军而归。十一月，自大同（今属山西）南下的辽军进至代州（今山西代县）一带，也遭到宋将折彦赟部痛击，大败而退。

辽景宗对此次反攻企望甚高，不料满城一战结果却是如此之惨，极度失望之下，召来韩匡嗣怒责道：

> 尔违众谋，深入敌境，尔罪一也；号令不肃，行伍不整，尔罪二也；弃我师旅，挺身鼠窜，尔罪三也；侦候失机，守御弗备，尔罪四也；捐弃旗鼓，损威辱国，尔罪五也。（《辽史》卷七十四）

激怒之下，辽景宗喝令帐下卫士把韩匡嗣拖出砍了。由于韩匡嗣与辽景宗以及萧皇后的关系非比寻常，故萧皇后率领众贵族内戚前来求情。韩匡嗣是辽景宗登基的功臣，而且据说萧皇后萧绰当初曾许嫁韩匡嗣次子韩德让，即将举行婚礼，正逢辽景宗继位，求婚于萧氏，于是萧思温便将萧绰嫁与天子，册为皇后。经萧皇后等人劝解，辽景宗也想到韩匡嗣终究非将才，让其担当主将，自己确实也有失察之处，故怒气稍息，免其一死，将韩匡嗣杖责之后，免去他都统、南京留守之职，降封秦王。不久，辽景宗封皇叔蜀王耶律道隐为荆王，接任南京留守；此后又以耶律休哥为北院大王，总掌南边戍兵。

满城之败，固然有韩匡嗣不谙兵法、指挥失误等原因，但究其实，也正说明此时辽军虽守御燕京本土颇有余力，但主动出击却力有不逮。因为高梁河一战虽已伤及宋军元气，不过其实力犹在，并不在辽军之下。但辽景宗不甘战败，不断大举出兵南征。

雁门关

　　980年（宋太平兴国五年，辽乾亨二年）三月，号称十万兵马的辽军南侵河东代州一带，进攻雁门关，宋将潘美自率主力正面阻击，而令杨业领麾下数百骑兵，绕道雁门关西侧的西陉山险路转到辽军侧后，与潘美南北夹击辽军，辽军大败，辽节度使、驸马都尉、侍中萧咄李阵亡，马步军都指挥使李重诲被俘，大量兵甲、战马被宋军缴获。杨业因此战功升迁云州观察使，仍镇守代州。自雁门一战后，杨业威镇北境，辽军畏惧其善战，"杨无敌"之号传布辽境内，时常望见其战旗就不战而走。

　　愤于两次南征失利，辽景宗决定亲统重兵攻宋。十月一日，辽景宗命令巫师祭祀天地和军神；十一日又祭祀军旗战鼓。十三日，辽景宗进抵南京，发兵南侵。二十日，辽景宗亲至固安（今属河北）

督军，以青牛白马祭祀天地，命诸军展开杀入宋境。

契丹人游牧生活于北方寒冷地区，一般歇夏以后，于秋深冬初人马俱壮之际，拥兵南下，至来年春季收兵北归。对于契丹兵这一习性，宋人也颇为了解，所以刚入十月，宋太宗就忙命增兵屯守关南、镇州、定州，以防备辽军南下；不久，又令马军都指挥使米信等将领指挥定州屯守诸军加强战备。同时，宋太宗下令修护京城开封至雄州（今河北雄县）的道路，以备自己亲征时使用。

是月二十九日，辽军进逼宋瓦桥关（即雄州），正遇宋朝中使（奉天子圣旨出使四方的宦官）在城外视察营垒，便展开兵马包围攻击。十一月一日夜，宋军前来偷营，被辽将萧干等击退。三日，耶律休哥在瓦桥关东击溃宋军，进围瓦桥关，守关宋军出战，宋将张师战死，余部退守城内。九日，宋关南、镇州、定州诸军派兵前来解围，列阵于界河之南。辽景宗见势，即令耶律休哥率精骑渡水猛攻，宋军伤亡甚大。入夜，宋军溃散，宋将荆嗣率本部兵乘混乱突围南走莫州（今河北任丘北），辽将耶律休哥紧追不舍，至莫州而还，斩获甚众。十日，宋军再次赴援，仍被辽军击败。

同日，宋太宗在开封城下诏亲征河北督军御敌。十三日，宋太宗离京城北上。十四日，前线传来在雄州一带大败辽军的捷报，于是宋太宗任命河阳节度使崔彦进为关南兵马都部署，统一指挥雄州战事。十七日，宋太宗抵达澶州。是日，辽军见形势发展渐对自己不利，主动班师。十九日，宋太宗进抵大名府，雄州传来辽军已退军的消息，随征从臣皆来庆贺。二十六日，辽景宗北还燕京城，随即拜耶律休哥为于越，大享将士。

十二月，宋太宗因自己亲征御敌，方至河北，辽兵即自退去，就想再次北征燕京，收复失地，便下诏云：

> 朕祗膺景命（天命），光宅中区。右蜀全吴，尽在提封（版
> 图）之内；东渐西被，咸归覆育之中。常令万物以由庚（顺德
> 应时），每虑一夫之不获。瞡（眺望）此北燕之地，本为中国
> 之民。晋汉以来，契丹窃据，迄今不复，垂五十年。国家化被
> 华夷，恩覃动植。岂可使幽燕奥壤（沃壤），犹违礼义之乡；冠
> 带遗民，尚限边荒之俗。爰兴师律，以正封疆。拯溺救焚，聿
> 从于民望；执信获丑（俘获敌人），即震于皇威。凡尔众多，宜
> 体兹意。今遣行营前军都部署曹彬等振旅长驱，朕当续御戎军，
> 亲临寇境，径指西楼（辽上京）之地，尽焚沙漠之庭。灌爝火
> （火炬之火）之微，宁劳巨浸（大湖）；折蟊蠡（蝗虫总名）之
> 股，岂待隆车！应大军入界，百姓倍加安抚，不得误有伤杀，
> 及发掘坟墓，焚烧庐舍，斩伐桑枣，掳掠人畜，犯者并当处斩。
> （《宋朝事实》卷二十）

宋太宗还任命保静节度使刘遇充幽州西路行营壕寨兵马部署、睦州团练使田钦祚为都监，威塞节度使曹翰充幽州东路行营壕寨兵马部署、登州防御使赵延溥为都监。但自此后事态演变来看，宋太宗欲再征燕京之说，大体可以认定是虚张声势以挽回脸面而已。果然，宋太宗随即又命宰相咨询翰林学士李昉、扈蒙"此事可否"，李昉等人上奏反对，宋太宗于是顺势下诏南归京城。据说宋太宗凯旋途中曾作诗一首，传示行营众臣，其中有"一箭未施戎马遁，六军空恨阵云高"之句，真不知是自夸还是自嘲？

次年中，辽上京汉军欲拥立因谋反而被囚于此地的宋王耶律喜隐，未能成功，就迎奉喜隐之子耶律留礼寿为首领作乱，结果被上京留守耶律除室所镇压，留礼寿被处死。不久，辽景宗罢南院枢密使郭袭为武定军节度使，命辽兴军节度使韩德让接任其职。忙于处

理内乱的辽景宗无暇南下攻宋，但为"防秋"烦心的宋太宗为争取外援，遣使臣携带"诏书"赐予位于东北今吉林地区的渤海国王，以宋军"将大举讨伐契丹，令其发兵以应王师"，答应"剪灭"契丹以后"幽蓟土宇复归中朝，沙漠之外悉以相与"。宋太宗的设想固然不错，但渤海国早就被辽太祖耶律阿保机所攻灭，宋帝至此竟然还想要他们出兵配合自己与辽作战，可谓荒唐之至。

进入 982 年（宋太平兴国七年，辽乾亨四年），大概因去年秋冬未能南下，辽景宗此番一反常规，于四月初夏时节发兵征宋。据宋方记载，此次辽军总兵力有三万多人骑，分三路南下：主力随辽景宗进攻高阳关（今河北高阳东旧城）；一路由统军使耶律善补指挥，自大同军攻向雁门关；再一路为偏师，进扰府州（今陕西府谷）。结果进攻府州的辽军被宋将折御卿击败，耶律善补所部在行军途中遭到宋军的伏击，三千多人战死，耶律善补幸得耶律斜轸的救援而逃出重围，但宋军乘胜追袭，突入辽境，攻破城池多处，俘获老幼万余口、牛羊五万多头。辽军主力在辽景宗的指挥下直逼高阳关。但辽景宗方到满城附近，就接报其前军在唐兴口（今河北雄县南）与宋军作战失利，守太尉萧瓦里中箭身亡，辽景宗只好于五月间收兵北还。

辽景宗北归后来到坝上避暑，入秋后西巡西京云州（今山西大同）。辽景宗虽然一直体弱多病，艰于行动，但身为契丹人，却始终热衷于游猎活动，只要条件许可，便出外围猎。由于契丹人有四时游牧习俗，故辽朝皇帝也不长住京城，春天东去钓鱼，秋天西行围猎，夏季至塞上凉爽之地避暑，冬季南下避风向阳之地过冬，称"四时捺钵"。此外，辽景宗还时常纯为游猎而外出，就是在例行视察途中也围猎不止。萧皇后以下的契丹贵戚大臣对此习以为常，但汉人大臣却认为辽景宗沉湎于游猎将影响其健康以及朝政，南院枢密使兼政事令郭袭即认为"伏念圣祖创业艰难，修德布政，宵旰不懈。穆宗逞无厌之欲，不恤国事，天下愁怨。陛下继统，海内翕然望中兴之治，十余年间，征伐不已，而寇贼未弭；年谷虽登，而疮痍未复。正宜戒惧修省，以怀永图（长久谋略）"，然而"侧闻（陛下）恣意游猎，甚于往日，万一有衔橛之变（指摔下马来），搏噬之虞（指被猛兽所伤），悔将何及！况南有强敌伺隙而动，闻之得无生心乎"？故上言谏劝天子要对畋猎之事有所节制，"为生灵社稷计，则有无疆之休"。辽景宗看过奏章，满口称善，即赏赐郭袭"协赞功臣"之称号，此后又拜武定军节度使，但游猎之事却并未有明显减少。982年（辽乾亨四年）九月十六日，辽景宗去云州祥古山秋猎，因劳累过度，病情加重，二十四日死于焦山行宫，年仅三十五岁。

　　史称辽朝自辽景宗时"中兴"，但当时政局仍时有动荡，就是辽景宗于病死前不久的七月中，还处死了被囚禁数年且谋反之心始终不息的宋王耶律喜隐，以除后患。因辽景宗长期患病，处理朝政只是画诺而已，国事一决于萧皇后之手。当时诸王宗室二百余人拥兵握政，盈布朝廷，不过辽景宗在世时，群臣各安其位，而不大敢萌生别念。待到辽景宗忽然驾崩，"事出仓猝"，而皇长子耶律隆绪年仅十二岁，临朝的萧皇后因"少姻媛助，诸皇子幼稚"而在诸强臣的虎视眈眈之下处境险恶，"内外震恐"。史载随从天子在焦山一带秋猎的韩德让，获悉辽景宗病危，不等诏令来召，即密召其亲属等十余人，奔赴皇帝"行帐"，以武力协助小皇帝顺利继位。当时，萧皇后泣告道："母寡子弱，族属雄强，边防未靖，奈何？"南院大王耶律斜轸、南院枢密使韩德让闻言齐声表态："信任臣等，何虑之有！"耶律斜轸为辽初开国功臣、于越耶律曷鲁之孙，性明敏，有远志，因北院枢密使萧思温举荐，而深得辽景宗器重。辽景宗并将萧皇后的娘家侄女嫁给耶律斜轸为妻，由此耶律斜轸成为萧皇后"益见委任"的心腹契丹大臣。韩德让建议萧皇后更换执政大臣，将不可靠的大臣调离要职，并敕令诸王各自归第，不得私下聚会和宴会，因而削夺其兵权。此时有宗王多人留守上京，并未随天子来到秋猎之地，故韩德让又奏请萧皇后悉召"其妻子赴阙"，使这些宗王因妻子、儿女在萧皇后的掌控之下，而有所顾忌。待一切布置已定，萧皇后、韩德让方于辽景宗驾崩后的第二天，即二十五日，招集契丹、汉大臣百官至行帐，宣布辽景宗"遗诏"，共同拥立皇子梁王耶律隆绪即位，是为辽圣宗；军国大事由年方三十的皇后萧燕燕裁决。

十月一日，萧皇后始与辽圣宗一同临朝听政。三日，群臣上辽圣宗尊号，尊萧皇后为皇太后，大赦天下。萧太后以耶律斜轸、韩德让分掌北、南枢密院，参决国家大政，并让韩德让"总宿卫事"，执掌宫卫禁兵；留任枢密使兼政事令室昉，以维持朝政稳定。萧太后又命南院大王勃古哲总领山西诸州事；北院大王、于越耶律休哥为南面行军都统，奚王和朔奴为副都统，与同平章事萧道宁分领本部军马屯驻南京。不久，南京留守、荆王耶律道隐病死，萧太后便以于越耶律休哥接任南京留守，并赐南面行营总管"印绥"，总领南面"边事"，强化对宋防务。此后，萧太后以惕隐化哥为北院大王、解领为南府宰相，以大父帐太尉耶律曷鲁宁接任惕隐一职，以枢密副使耶律末只兼侍中、为东京留守，吴王耶律稍为上京留守等。同时，萧太后还颁行措施强化社会控制，如"禁所在官吏军民不得无故聚众私语及冒禁夜行，违者罪之"；以奉行"遗诏"为名，召见被贬责的辽景宗之庶兄质睦（即只没），复封宁王，以缓解皇族内部矛盾；将皇女延寿公主下嫁国舅宰相萧婆项（萧幹）之子萧恒德，以加强与后族贵戚的联络。

通过这一系列果断措施和缜密安排，萧太后在契丹、汉人心腹大臣鼎力支持下，基本控制了朝廷内外大权，于是群臣以"太后预政，宜有尊号"为名，让有关官署"详定册礼"。983年（宋太平兴国七年，辽统和元年）五月，辽圣宗诏令近臣商议皇太后"上尊号册礼"，枢密使韩德让便根据东汉时期皇太后垂帘听政之"故事"拟定了相关典礼，上奏施行。六月中，萧太后、辽圣宗等至太庙祭祀。随后辽圣宗率领大臣百官上皇太后尊号曰承天皇太后，群臣上辽圣宗尊号曰天辅皇帝，大赦，改元统和。七月一日，萧太后正式临朝听政，参决军政大事。

十月中，辽景宗病死消息，通过秘密渠道传至宋东京开封。宋太宗以当初契丹违背盟好，兵援太原，遂亲征燕京，欲收复"中国旧地"，随后兵火连年不息，臣僚"多请息民"，故特意下诏宣示"北边州军"云：

> 朕受天景命，奄宅中区，以四海为家，兆民如子，冀咸登于富寿，岂务胜于甲兵？况与契丹，本通邻好。昨以河东刘继元不尊朝化，盗据一方，念彼遗民，行兹薄伐，素非渎武，惟切吊民。而契丹转举干戈，辄来救援。一鼓既平于晋垒，六师遂指于燕郊。靡辞六月之征，聊报东门之役。虽彼曲可见，而罪己良多。今闻边境谧宁，田秋丰稔，军民所宜安堵，无或相侵。如今后辄入北界掳掠及盗窃，亦仰所属州军收捉重断，所盗物并送还之。（《宋朝事实》卷二十）

向契丹新天子传送了明确的约和信息。

十二月，南京留守、荆王耶律道隐上奏宋朝遣使来献犀角腰带，并请约和。小皇帝刚即位，内政未稳之际，萧太后不会贸然南征作战，但也不想就此马上改变先帝辽景宗的对宋政策，于是萧太后就以宋朝使臣所带来的不是正式国书为名，拒绝接受。约和无门，宋太宗只得又考虑战了。

虽说辽景宗时期初步逆转了辽朝中衰局面，但契丹社会矛盾仍然十分严重，而且"族属雄强，边防未靖"，如处置欠妥，必将引发激烈的社会动荡。因此，萧太后摄政之后，在政治、军事、经济诸方面进行了一系列变革，以强化集权统治。萧太后首先设法夺回诸宗王的兵权，将军队牢牢控制在手。辽朝诸王、外戚、大臣及诸部首领可将在战争中所俘掠的人口，于潢河流域契丹本部设置州县集中居住、奴役，称为"头下"（即投下）。辽制规定，仅皇族诸王、公主和后族贵戚所领有之"头下"可建州城，其他只能聚集为若干堡寨，即所谓"不能州者谓之军，不能县者谓之城，不能城者谓之堡"。萧太后通过将头下军州所领有的部曲落籍于州县、奴隶编为部民以及取消部分头下军州等方法，限制大首领部落军的规模，以削弱其对皇权的威胁。辽廷还规定头下州县改行赋税制，头下户向州县官府交租，向头下领主交税，故被称为"二税户"，以有效削弱贵族们的实力及其对头下户的控制力。萧太后又改革兵制，自己亲统国内精兵，如《契丹国志》所云，契丹"国中所管幽州汉兵，谓之神武、控鹤、羽林、骁武等，皆太后自统之"。萧太后为保持禁军的精悍骁勇，还多次下令简汰禁军士卒，诏令北皮室军（皮室军为契丹部族精兵之一）士"不能任事者免役"，命诸道军将勇健者之名上报朝廷。萧太后还下令州县官吏不得曲从贵族大臣的意旨，而必须忠诚于朝廷，此后又在"东边"诸部族中增设都监，大大强化了中央机构对地方州县和部族的控制。

传说萧燕燕成为辽景宗皇后之前曾许嫁韩德让。虽然辽制规定皇族、后族互为姻族，但随着燕云诸州归入契丹，汉人在辽朝政坛上势力日增，契丹贵族与汉人上层的联姻也日趋增多，所以出身后族的萧家欲与宫分人出身的汉人韩家论婚议嫁，也非过于异常之举。韩德让年长萧燕燕十二岁，为人厚重谨慎，智略过人，明治国道理，喜建功立业。在辽景宗死后萧太后迅速掌控政局的过程中，韩德让的鼎力辅佐起着非常重要作用。对于萧太后与韩德让的亲密关系，当时就有不少传说，并传入宋境：即萧太后为稳定政局、庇护年幼的新天子，曾下嫁大臣韩德让。贵为国母的萧太后下嫁臣民韩德让，让长期浸润于儒家文化中的汉人深感不可思议，后人也常为之辩诬，称此事乃属宋人的污蔑之辞，出于涂黑敌国帝后之政治目的。其实萧太后此举合乎古代北方少数民族如契丹族的婚俗，故契丹族人并不以为异。宋人路振于1008年（辽统和二十六年）使辽，将耳目所闻见者笔诸文字，其中包括萧太后下嫁一事，成《乘轺录》。轺者，指古代轻而小的马车，一般指使者所坐之车。细辨《乘轺录》所载萧太后下嫁之事，显然出于了解对方秘事之考虑，或作为一件奇闻传说，并未有过分恶意攻讦之辞：

> 萧后幼时，常许嫁韩氏，即韩德让也。行（礼）有日矣，而耶律氏（即辽景宗）求妇于萧氏，萧氏夺韩氏妇以纳之，生隆绪，即今虏主（辽圣宗）也。耶律死，隆绪尚幼，袭虏位。萧后少寡，韩氏世典军政，权在其手，恐不利于孺子，乃私谓德让曰："吾常许嫁子，愿谐旧好，则幼主当国，亦汝子也。"自是德让出入帏幕，无间然矣。既而（萧后）酖杀德让之妻李氏，每出弋猎，必与德让同穹庐而处，未几而生楚王，为韩氏子也。萧氏与德让尤所珍爱，乃赐姓耶律氏。

当然路振所载不无道听途说之辞，但主要内容还是可与其他史料相印证的，并非向壁虚构。辽统和元年（983年），南院枢密使韩德让因拥立、辅佐之功加封开府仪同三司。三年，韩德让兼政事令。四年，韩德让随从萧太后出师南下燕京，大败宋军三路北攻，以功加守司徒，封楚国公；师还，韩德让与北府宰相室昉"共执国政"。是举意味着韩德让正式亮相前台，以南院枢密使兼政事令即宰相的身份执掌朝廷政务。

　　但韩德让的"宠幸用事"，也招致不少契丹贵族的忌恨。史载萧太后摄国次年，诏令"禁所在官吏军民不得无故聚众私语"。宋人也传说："戎主、太后寝帐内事不论大小，若传播出外（而被）捉获者，其元传播人处死，接声传播人决沙袋五百。"又说："部族有窃议者，为其党所告，萧氏尽戮之。"所谓沙袋，乃契丹所用刑具，"以牛皮夹缝如鞋底，内盛沙半升，柄以木作，胎亦用牛皮裹，约长二尺，打数不过五百"。宋人认为萧太后所欲禁止的就是有关她与韩德让的帷幄之私，其实除此之外，萧太后更要禁绝和防范的是不满韩德让煊赫权位的舆论倾向。为此，萧太后对胆敢蔑视韩德让的契丹权贵大臣也毫不容情。如统和初年，涿州刺史耶律虎古被召赴朝廷，与韩德让议事相忤，韩德让恼怒之余，拿起兵杖猛击，耶律虎古当场毙命。耶律虎古为六院夷离堇觌烈之孙，可谓出身显贵，而且此前虎古曾得罪韩德让之父韩匡嗣，所以韩德让击杀虎古，不无报复之嫌，但并未被萧太后追究罪责。统和六年（988年）四月，萧太后巡视燕京，观看韩德让等人打马球，贵族胡里室将韩德让"横突"落马，萧太后大怒，即处死胡里室。有人认为胡里室是无辜的，不过是在打球中误撞韩德让坠马。事情大概并不如此简单，所谓"横突"者，恐怕是胡里室有意为之，由此激怒萧太后而开杀戒。

　　是年九月，萧太后"幸韩德让帐，厚加赏赍，命从臣分朋双陆以尽欢"。双陆为古代一种博彩游戏。萧太后于"幸韩德让帐"之时让从臣博采尽欢，可能是正式公开她与韩德让之关系的仪式之一，即等于公开宣布改嫁韩德让。此后，萧太后与韩德让"同卧起如夫妻，共案而食"，甚至在宋朝使臣面前也不加掩饰。宋人苏辙《龙川别志》即记载：当宋、辽双方澶渊议和时，宋朝使臣曹利用前往辽军大营面见萧太后，当时萧太后与韩德让"偶坐驼车上，坐利用车下，馈之食，共议和事"。所谓驼车即"奚车"，张有毡幕之车。习惯于游牧生活的契丹君臣，并不在京城内建馆舍居住，而是"于城外就车帐而居"。至于"偶坐"，即并排而坐也。若非夫妻，谁敢与太后"偶坐"？太后又岂肯与臣下"偶坐"？萧、韩"偶坐"，恰好明示了两人之间有着非同寻常的亲密关系。此外，近年出土的一件辽代盘龙纹盝顶纯金方盒，盒内铭文作"太平五年臣张俭命功造成，又供养文忠王府太后殿前"。"文忠"为韩德让死后谥号，在文忠王府内设置供奉萧太后神主的"太后殿"，也显明地表达了两人间的密切关系，且这种关系还是公开的。《乘轺录》还说萧太后曾与韩德让生子，被封为楚王。史载萧太后育有三子，楚王即第三子隆裕，但隆裕于辽景宗乾亨初年即封郑王，可证隆裕生于辽景宗生前，非韩氏之子。故《乘轺录》所云，当系传闻而误。当然，亦有可能因辽朝史书的有意讳饰而造成记载之混乱。

权势煊赫且得到萧太后完全信任的韩德让，"孜孜奉国，知无不言，忠孝至诚，出于天性"，成为萧太后摄政及其对宋和战的最主要支持者和执行者。

简　释：

【大辽·大契丹】宋人史籍如《续资治通鉴长编》《契丹国志》等云统和元年，萧太后又改国号"大辽"为"大契丹"，此后至辽道宗时复改称"大辽"。然经今日学者研究，此乃反映了辽朝"双国号制"。因契丹语"辽"读为"哈喇"，所以"哈喇契丹"即"辽契丹"之意，即辽朝使用"辽契丹"与"契丹辽"两种国名称谓，当汉字文献称其国名为"契丹"时，在契丹文字中则写作"契丹哈喇"，即"契丹辽"，"契丹"一词置于"辽"之前；当汉字文献中称其国名为"辽"时，在契丹文字中则写作"哈喇契丹"，即"辽契丹"，由此形成"双国号制"。

四　岐沟溃败（984-986）

高梁河作战失败，引来辽军连年南侵，烽火不绝，使得宋朝内部为继续作战以收复燕云还是就此休兵争议不休。当时赞同"速取燕云失地"的廷臣甚多，宋太宗也倾向此意见。但左拾遗张齐贤上疏坚决反对，他通过分析南北双方士卒、粮饷转输、地理等情况的优劣，认为"家六合者以天下为心，岂止争尺寸之事，角强弱之势而已乎！是故圣人先本而后末，安内以养外，人民本也，疆土末也。……民既安利，则远人敛衽而至矣"，如此"则契丹不足吞，燕蓟不足取"，即主张与辽约和。宋太宗采纳其部分建议，一面诏令沿边州县谨守边防，不得擅自出境作战，一面借辽景宗已死、小皇帝新继位之机，遣人去契丹请和，但未得到辽廷回应。于是本就十分在意"高梁河之败"的宋太宗，又开始为第二次大举北征进行精心准备，欲由此挽回"圣主明君"的名声。

983年（太平兴国八年）底，为强化对朝中军政的控制，宋太宗罢去宰相赵普，拜参知政事宋琪、李昉二人为宰相，擢任翰林学士李穆、吕蒙正、李至三人为参知政事，枢密直学士张齐贤、王沔二人为同签书枢密院事，责成枢密院拟订北征方略。

不久，河北高阳关出兵深入辽境内捕得契丹领兵官，供称"契丹种族携贰（心怀忧虑），虑王师致讨，颇于近塞筑城为备"。宋太宗一听，得意地对宰相说："戎人以剽掠为务，（今）乃修筑城垒，为自全之计耳。曩者刘继元盗据汾、晋，周世宗及太祖皆亲征不利，朕决取之，为世宗、太祖刷耻，亲擒（刘）继元，今日视之，犹几

（案）上肉耳。当其保坚城、结北鄙为援，岂易制乎？"宰相宋琪应和道："臣少陷狄庭，备知戎马之数，自晋末始强盛。然种族蕃多，其心不一，自石岭关之败，平继元，缘边诸郡频有克捷。以臣度之，其部下携贰必矣。国家不须致讨，可坐待其灭亡。"过些时日，宋太宗又告诉宰相道："数有人自北边来，侦知契丹事。自朝廷增修边备，北人甚惧。……晋、汉微弱，边陲无尽节之臣，率张皇事势，以要恩宠，为自利之计。今之边将，皆朕所推择，咸能尽心，无复袭旧态也。幽州四面平川，无险固可恃，难于控扼。异时收复燕、蓟，当于古北口（在今北京密云东北）以来据其要害，不过三五处，屯兵设堡寨，自绝（其）南牧矣。"契丹游牧民族，视作战如游牧狩猎，故宋人往往将契丹兵马南侵称作"南牧"。宋琪早年曾在燕京生活过，对北方情况颇为熟悉，闻言便建议道："范阳（幽州）是前代屯兵建节之地，古北口及松亭关（在今河北宽城西南）、野狐门三路并立堡障，至今石垒基堞尚存。将来平定幽朔，止于此数处置戍可也。况奚族是契丹世仇，傥以恩信招怀之，俾为外御，自可不烦朝廷出师矣。"野狐门也称野狐关，所在位置不详。古北口、松亭关、野狐关皆是古长城上的重要关隘，地势险要，易守难攻，如能控制这几处要地，确可有效阻挡契丹骑兵越过燕山南下幽州，进而侵入中原。而奚族乃古代北方兼游牧、农耕之民族，活动于今内蒙古老哈河流域，辽初被契丹所征服，设奚王管辖。可见宋太宗君臣对收复燕云失地一事甚有信心，所以开始讨论占领燕京之后如何防御契丹兵马南下的问题。

986年（宋雍熙三年，辽统和四年）正月，知雄州贺令图上言："自国家伐太原，而契丹渝盟，发兵以援，非天威兵力决而取之，河东之师几为迁延之役。且（今）契丹主年幼，国事决于其母，其大将韩德让宠幸用事，国人疾之。请乘其衅，以取幽、蓟。"宋太宗深以为然。此后，岳州刺史贺怀浦（贺令图之父，为宋太祖贺皇后之兄）和文思使薛继昭、军器库使刘文裕、崇仪副使侯莫陈利用等相继上言，皆建议乘此机会，直取燕云。刘文裕、侯莫陈利用等人皆是宋太宗心腹，而宋军进攻太原时，契丹背盟支援后汉，一直作为宋太宗决意出兵燕云的借口，可见这些将领建议出征燕云，当是乘承天子之旨而已。其实此时辽朝已度过了辽圣宗年幼新立、萧太后专权而带来的国内政局不稳的危机，宋太宗至此方发兵北征，可以说已错失了良机。

宋太宗对第二次大举北伐燕云的准备和部署还是比较周密充分的。为使北征更有把握，宋太宗还乘高丽国王遣使臣来朝贡而归国之机，特命监察御史韩国华出使高丽，要高丽出兵配合宋军北征，夹击辽国，并答应灭辽之后，"应掳获生口、牛羊、财物、器械"，并赐予高丽将士，"用申赏劝"。高丽虽遭受辽军严重威胁，屡次遣使臣入宋朝贡，希望得到宋朝援手，并且为能博得宋人好感，还曾多次表态欲出兵配合宋军攻击契丹，但实质上，高丽只想通过结交宋朝以自保，并无主动攻辽的实力和胆量，现在见宋帝真的遣使臣前来命其发兵，便不断敷衍推诿。韩国华屡屡催促发兵，高丽国王只得答应到时出兵，韩国华"得报发兵而还"。但实际高丽并未发一兵一卒，所谓"发兵"承诺，仍只是敷衍而已。

见到宋太宗态度坚决，那些原先对北征燕云持反对意见的宰执大臣，遂转而为北伐胜利出谋划策。参知政事李至认为幽州乃"戎之右臂，王师往击，彼必拒张"，而我军粮草、军械消耗也将极为巨大，然现今"圣心独断，睿虑已成"，故献上、中、下三策，云："京师天下根本，愿陛下不离辇毂（指京城），恭守宗庙，示敌人以闲暇，慰亿兆（万民）之瞻仰者，策之上也。大名河北之咽喉，（陛下）或暂驻銮辂，扬言自将（亲征），以张兵势、壮军威者，策之中也。若乃远提师旅，亲抵边陲，北有戎援之虞，南有中原之虑，则曳裾之恳切，断鞅之狂愚，臣虽不肖，耻在昔贤之后也。"意谓若不取上、中二策，则非臣愚所能逆料者也。宰相宋琪也上疏献宋军进攻方略云：

伏以国朝大举精兵，讨除边寇，灵旗所指，燕城必降。而（预料）敌所趋径术（路径），或落其便，（我军）必欲取雄（今河北雄县）、霸（今属河北）路直进，未免更有阳城之围。盖界河之北，陂淀坦平，北路行师，（如）投戈散地。（《孙子》云"诸侯自战其地，为散地"，其意谓诸侯在自己领地内作战，其士卒于危急时容易逃亡离散，故名。）况军行不离于辎重，敌来莫测其浅深，必冀回辕，西适（行）山路。望令大军会于易州（今河北易县），循狐山（今北京房山西南）之北、漆水以西，挟山而行，援粮以进，涉涿水（今拒马河），并（依傍）大房（山），抵桑干河（今永定河），出安祖寨（在今北京石景山区），则东瞰燕城，裁及一舍（古代三十里为一舍）。此是（五代后唐）周德威收燕之路。自易水距此二百余里，并是缘山，村墅连延，溪涧相接，采薪汲水，我占上游。东则林麓平冈，非戎马奔冲之地，内排枪弩步队，实王师备御之方。然于山上列白帜以望之，戎马之来，二十余里外可悉数也。从安祖寨西北有卢师神祠（在今北京西八大处卢师山），是桑干河出山之口，东及幽州，四十余里。（后唐）赵德钧作镇之时，欲遏西冲，曾堑此水。况河次半有崖岸，不可径渡，河壖（河滩）平处，筑城护之，守以偏师，此断戎之右臂也。仍虑步奚为寇，可分雄勇兵士三五千人，至青白军以来山中把截。此是新州（今河北涿鹿）、妫山（即妫州，今河北怀来）之间南出易州大路。其桑水属燕城北隅，绕西壁而（南）转。大军如至城下，于燕丹陵（在今北京西老山、八宝山一带）北横堰（断）此水，灌入高粱河，高粱（河）岸狭，桑水必溢。可于驻跸寺（位于今北京阜成门外三里河一带）东引入祁亭淀，三五日弥漫百余里，即幽州隔在水南。王师可于州北系浮梁以通北路，戎骑来援，已隔水矣。视此孤垒，浃旬（十日）必克。幽州管内（州县）洎山后（今山西北部）八军，闻蓟门不守，必尽归降，盖势使然也。然后国家命重臣以镇之，敷庆泽以怀之。（《续资治通鉴长编》卷二十七）

宋琪还对宋朝如何收服臣属契丹的奚、霫、渤海、沙陀、吐浑诸部族以及云（今山西大同）、朔（今山西朔县）等州民众提出对策，建议收复燕云以后当招集边地民众为军，"厚给衣粮料钱，别作禁军名额，召募三五万人，教以骑射，隶于本州。此人生长塞垣，谙练戎事，乘机战斗，一以当十，兼得奚、霫、渤海以为外臣，乃守在四夷也"。宋琪于上奏"平燕之策、入燕之路"以后，又上疏逐一详介契丹车马兵员、山川形势与诸军种类、作战特点等，以及宋军调发兵马粮草、临阵破敌之策。

宋太宗对李至、宋琪的献策甚为重视，尤其是此后宋军三路北征，涿州一路宋军的行军作战方案，即充分汲取了宋琪的建议。

辽圣宗继位后，萧太后虽未再遣军南下，以回避与宋军发生大规模冲突，但对宋朝欲夺取燕云诸州的企图还是十分明了的。为此，萧太后在稳固国内政局的同时，一是强化南边防线守御，二是乘宋军暂未北上作战之机，发兵征讨边疆地区桀骜不驯的部族，以免将来与宋军决战时，这些部族武装又来添乱。

辽南京留守耶律休哥受命总领南面军政事务以后，十分注意对南面宋军动向的侦查和防范。耶律休哥莅任之初，涿州刺史奏报宋人在辽、宋界河以北修筑城堡，作为北进基地，耶律休哥即让边将出兵挠袭，迫使宋人无法完工而退。耶律休哥还改革成制，根据地势险易、道路远近均衡安排成守士卒，订立"更休法"，让成边将士得以轮番休整以保持战力，并缮修城池、堡塞与兵器军械以备战。耶律休哥劝农桑，发展经济，安定百姓，上请辽廷同意"每岁诸节度使贡献方物，应如契丹官之例，止进鞍马"，以减轻地方负担；针对燕京地区连年水旱灾害，民众艰食，上请辽廷同意放宽和暂停居庸关等关、市所征收的商税，以便于粮食等货物能容易地南北流通贸易，有效地缓解了水旱灾所带来的损害，也有利于燕京辽军粮饷的筹集。这一系列措施的实行，大大改善了南面边境局势，为此后辽军完胜北征宋军奠定了物质基础。

当时在契丹人居住地四边，主要生活有奚、党项、阻卜、敌烈、乌古、室韦、女真、渤海诸部族。其中奚族于辽太祖时已尽归附契丹，以渤海人为主体的渤海国亦被辽太祖所灭。党项部族散处于今陕西西部、北部以及宁夏、甘肃等地，此后大多归属西夏。其余部族活动于契丹边境地区，叛服不常，对契丹政权形成相当威胁，内中又以阻卜、女真两部实力最为强劲。

阻卜又被称作"术不姑"、"直不古"等，是辽、金时期对鞑靼的另一种泛称，其狭义仅指塔塔儿部，广义则包括漠北诸部。阻卜早在辽初即已向辽廷朝贡，辽朝设置官府，由契丹人和本部酋长出任官长。阻卜各部族需每岁向辽廷贡献马、驼等物品，战时还要集合人马随同契丹军队出征，由此引起阻卜各部不满而时有反抗。至辽景宗时期，"人多散居，无所统壹，惟往来抄掠"的阻卜诸部逐渐形成强大的部落联合体，时常向外掳掠人畜财富。随着实力增强，阻卜诸部于982年（辽乾亨四年）底，乘辽圣宗新即位、国内政局再次动荡之际，发动了叛乱。辽将军耶律速撒奉命征讨，次年初，耶律速撒击溃阻卜，"献俘"辽廷，得到萧太后的手诏褒赏。984年（辽统和二年）底，耶律速撒和左皮室详稳萧排押等将领再次讨伐阻卜，击杀其酋长挞剌干等。阻卜部于是再次归附辽朝，连年遣使贡献。

女真，辽人为避辽兴宗耶律宗真之讳，一般称作"女直"。女真部族分布甚广，各部族社会经济发展程度亦相距颇大，有"生女真"、"熟女真"、"长白山女真"等区别。早在辽初，辽太祖耶律阿保机即用武力迫使女真人归附于契丹，居住在今辽宁、吉林南部地区的女真人，因被编入辽朝户籍，故称"系籍女真"，在向辽朝交纳贡献之余，还常常需出动兵马协助辽军南征北宋，东讨高丽，但女真诸部中仍时有"不用命"者起兵反叛。辽穆宗、辽景宗时，内争不断的辽廷对女真诸族的控制有所减弱，逐渐强大的女真部族与辽朝的冲突亦随之增多。为能全力对付南方宋朝，辽廷屡遣精兵强将东征，廓清后方。

983年（辽统和元年）十月，因活动于长白山地区的女真诸部联络高丽、不断侵扰契丹东境，萧太后遂命令吴王耶律稍为上京留守，检阅东京留守耶律末只所部兵马，欲亲率兵马东征高丽。此时恰好传来宋军欲自五台山北上侵入灵丘（今属山西）境内的消息，萧太后的关注点转至南面，故改命宣徽使兼侍中耶律蒲领为辽东路行军都统、林牙萧恒德为都监，赐予旗鼓及银符，率军作为东讨女真的前锋，以威慑高丽以及其他东面部族。次年二月，耶律蒲领、萧恒德奏告征讨女真获胜，萧太后遣使臣持其手诏往前线褒谕。四月，东征将领凯旋，上献战利品，萧太后令授耶律蒲领兼政事令、萧恒德为神武大将军，并各赐金器诸物以为褒赏。八月，女真酋长术不直、赛里等八族迫于辽军打压，向辽廷请求"内附"，以脱离"不用命"的长白山女真部,萧太后令东京留守耶律抹只收纳安置。

985年(辽统和三年)七月初,萧太后再次命令东京诸路辽军整顿兵马,准备东征高丽,以切断高丽与长白山女真部的联络;并遣使检阅东京诸军兵器及东征道路情况。八月初,东征将帅上奏辽东地区秋雨不绝,道路泥泞难行,萧太后于是下令罢征高丽,随即命令枢密使耶律斜轸为都统、驸马都尉萧恒德为监军,统兵讨伐女真叛兵,并向高丽示威。但由于东行之路仍然较泥泞,耶律斜轸所率东征辽军至岁末方启程,而以都统萧挞凛、菩萨奴为前锋先行。次年正月,耶律斜轸、萧恒德等征讨女真得胜而归,获"生口"(此指平民)十余万人、马二十余万匹及诸般财物,萧太后遣近侍持手诏旌表其战功,并赐酒果犒劳。二月,耶律斜轸等将领来朝,"行饮至之礼,赏赉有差"。

此次东征胜利,对辽廷来说应该是相当及时和关键的。首先,是年宋太宗指挥宋军三路北征燕云地区,而辽军东征女真得胜,避免辽朝南北两面作战的窘境。其次,东征长白山女真获胜,亦大大震慑住了其他女真部人,使其在此后若干年中对辽朝保持恭顺,甚至在辽军南攻宋朝时,女真部人还请求出兵从征。其三,东征辽军及时得胜还朝,大大有利于萧太后的调兵遣将,东征将领枢密使耶律斜轸、林牙萧恒德、林牙耶律谋鲁姑、彰德军节度使萧挞凛、统军使室罗、侍中耶律抹只、奚王府监军迪烈以及将领安吉等及其麾下士卒,皆及时被调至燕京、云州两大战场,耶律斜轸更是担任西线主将,在击败河东宋军的战斗中发挥出重要作用。

986年(宋雍熙三年,辽统和四年)初,宋太宗兵分三路对辽发动大规模进攻:以天平军节度使曹彬为幽州道行营前军马步水陆都部署,河阳三城节度使崔彦进为副都部署,率军取涿州道北上;侍卫马军都指挥使、彰化军节度使米信为幽州西北道行营都部署，代州观察杜彦圭为副都部署，率军取道雄州（今河北雄县）北上：此为东路宋军。以侍卫步兵都指挥使、静难军节度使田重进为定州路行营都部署，蕲州刺史谭延美为副都部署，出飞狐（今河北涞源北）道北进：此为中路宋军。以忠武军节度使潘美为云、应、寰、朔等州行营都部署，云州观察使杨业为副都部署，出雁门关北进：此为西路宋军。

宋太宗嘱咐东路主将曹彬道："潘美之师，但先趋云（今山西大同）、应（今山西应县），卿等以十万众声言取幽州，且持重缓行，不得贪利。彼闻大兵至，必悉众救范阳，不暇援山后矣。"这一北伐方案，应该说还是相当符合战理与当时宋、辽双方实际情况的，所以甚具可行性：即由曹彬等率领十万兵马作为东路宋军主力，自雄州、涿州等地正面展开北进，采取持重缓行战术，虚张声势，保持直取燕京城的势态，但避免主动与敌军交战，从而将辽军主力吸引、牵制在燕京地区，无暇分兵救援其他战区，尤其是山后战区。田重进等率中路军数万自定州（今河北正定）出飞狐口，攻向蔚州（今河北蔚县）方向，以阻断辽燕京地区与山后云州等地的联络。而西路军由潘美、杨业率领出雁门关，谋取辽西京大同府（即云州）、朔州（今属山西）、寰州（今山西朔州东马邑镇）、应州等地，速战速决，吃掉辽军右翼，然后会合中路军东进，与东路主力合击攻取燕京城，将契丹骑兵驱赶到燕山要隘之北。辽廷虽知宋太宗并不甘心高梁河之败，对宋军北征有所准备，但从接战初期的战果上看，这种准备还是很不充分的，故而面对三路宋军大举来攻，一时间颇有些手足失措。

三月初，三路宋军正式出发北进，攻向预定目标。五日，宋军东路先锋将李继隆击溃辽边境戍兵，攻取了辽之固安县（今属河

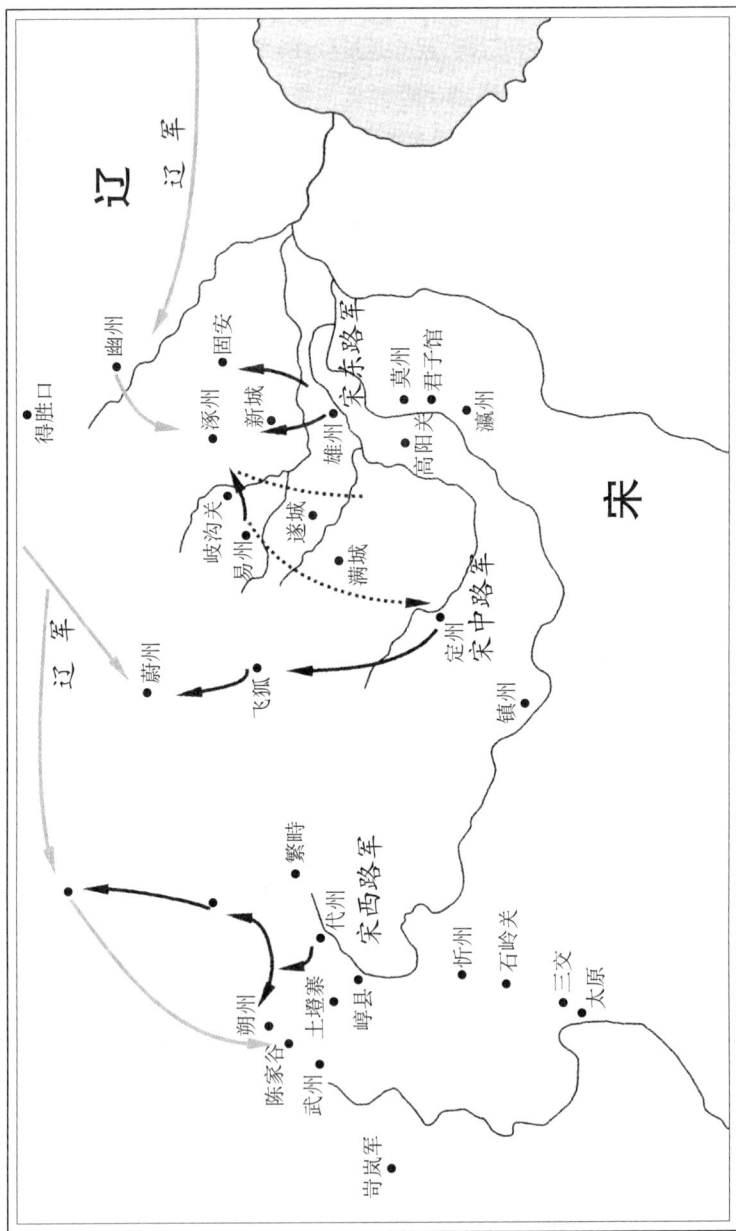

公元986年宋军三路征辽形势图

北），旗开得胜。六日，辽廷接到南京留守、于越耶律休哥快马急报，称三十万宋军兵分三路北伐。针对宋军分进合击之势，萧太后当即采取了对应部署：首先集中诸地兵力抵御宋东路军对燕京的进攻，由耶律休哥统一指挥，耶律斜轸率军增援云州地区的辽军，而自己与辽圣宗、韩德让等率禁卫军南下屯驻燕京城北，以为诸军后援。萧太后又诏令宣徽使蒲领迅速驰赴燕京城南辽军大营，与耶律休哥商议抵御宋军事宜；分遣使者去各地征召诸部族兵马增援燕京，又命令东京留守耶律抹只统率辽东兵马继进，并赐予尚方宝剑，特许耶律抹只拥有先斩后奏的"专杀"特权，以震慑违令不遵、临阵脱逃者，统一军前号令。次日，萧太后以亲征御敌之事祭告皇陵、祖庙和山川神祇。

八日，辽军反攻固安城，辽统军使耶律颇德击破宋阵，耶律休哥另命将校袭击宋军辎重部队，擒获甚多。但随着宋军蜂拥而至，辽军作战不利，不得不先后撤出固安、岐沟关（今河北涿州西南）、新城（今属河北）等地。

九日，田重进所率宋中路军直出飞狐道，于飞狐城南遭遇辽军，斩杀数百人。

西路宋军在大将潘美指挥下，自代州北出雁门关后快速展开，经西陉险隘进入敌境，即与辽边境戍兵遭遇，一战击溃。宋军乘胜追击至寰州城下，再败辽军，斩杀五百余人。宋将神卫右第二军都指挥薛超作战负伤，血沾战袍，却神色自如，挥军进击。十二日，迫于宋军压力，辽寰州刺史赵彦章打开城门出降，被宋廷授任寰州团练使，以劝诱其他辽守臣归降。

十三日，宋西路军一部进围朔州，辽知朔州军节度副使赵希赞举城迎降。同日，宋军东路主力也进围燕京南面要地涿州城，曹彬在涿州城东设置帅营，指挥将士攻城，战斗十分激烈，大将李继隆、

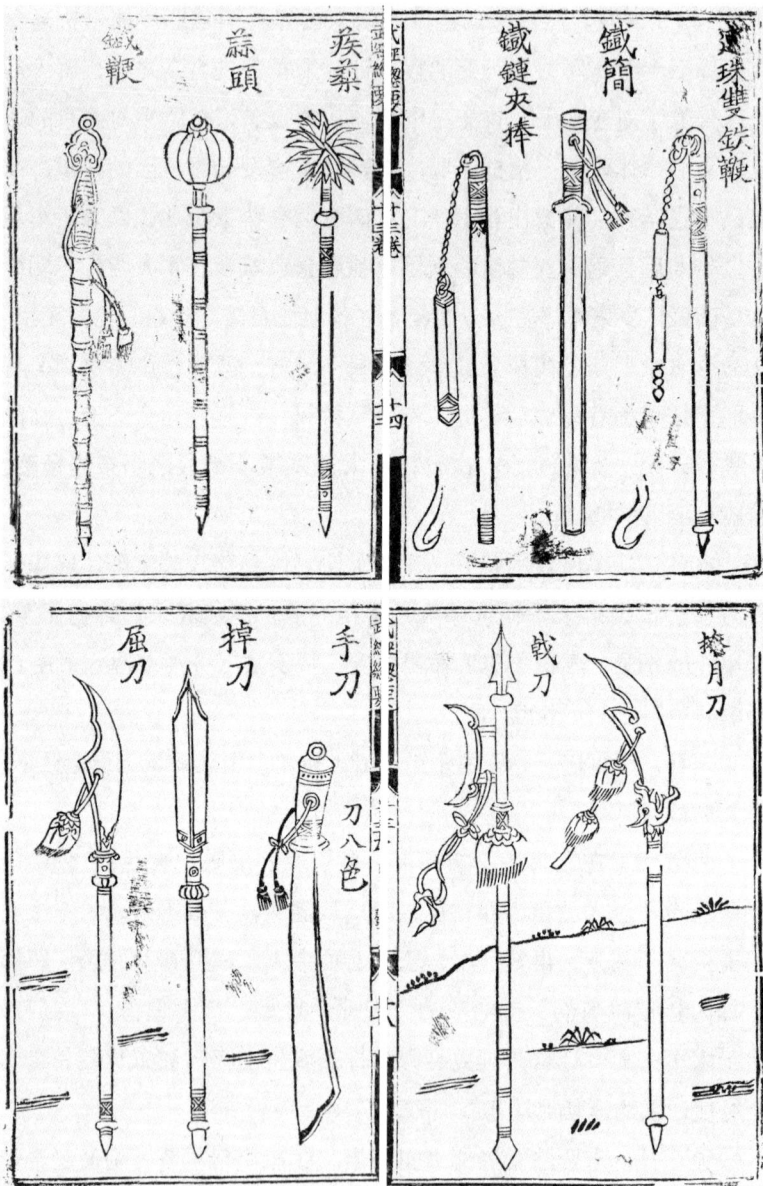

《武经总要》（前集卷十三）中所绘兵器

宋画《免胄图》(传为李公麟绘，台北故宫博物院藏）中的盔甲与兵器

范廷召等先后中流矢重伤。曹彬督战越急，辽兵不支，宋军攻陷城北门，占领了涿州城。

此时，萧太后、辽圣宗等率行宫兵马已驻跸于燕京之北的驼罗口（今北京南口），见形势危急，急诏辽东辽军兼程来援。十四日，萧太后再诏林牙勤德以所部兵马守备平州（今河北卢龙）海岸，防备宋军自海上来袭；命令平州节度使迪里姑再遣人催促勤德部及时到达防守位置，如若战马缺少就搜括民间马匹充用，铠甲不足就打开显州（今辽宁北镇）城内铠甲库取用，不得延误。

中路宋军进至飞狐北界，辽军悍将西南面招安使大鹏翼等率骑军数千，号称两万人来援。宋将袁继忠提议："敌多骑兵，利于平地，（我军）不如乘险逆击之。"蔚州刺史谭延美也认为"敌恃众易（轻视）我，（我军）若出其不意，可克也"。于是主将田重进列阵于山麓之东迎战，激战数回合，胜败未决。时近黄昏，田重进命令部将龙猛副指挥使荆嗣率勇士从阵西攀登山崖，用刀斧等短兵器接战，斩杀百余人，守山辽兵支持不住，投崖而下，逃散于山野间的溃兵皆缴械投降。大鹏翼等率众退屯土岭，宋裨将黄明接战失利。荆嗣对黄明说："汝第（只要）顿兵于此，为我声援，我当夺此岭。"遂进兵力战克之，追奔五十余里，直抵苍头而还，顺势攻拔小冶、直谷两座兵寨；荆嗣遂留屯直谷寨中。数日后，辽兵再次进逼飞狐，遣骑挑战，兵势甚盛，田重进急召荆嗣回军退敌。辽军乘势夜围直谷、石门二寨，田重进只得再遣荆嗣前往救援。荆嗣因为自己所部才五百人，众寡不敌，故建议"谭延美方屯小冶（寨），有兵二千，（吾）愿间道（小道）往邀其策应"。田重进同意，荆嗣遂驰至小冶寨，但谭延美颇为畏惧："敌势如此，何可当也？"荆嗣便道："但愿（只要汝）以全军就平川列队树旗，别遣三二百人执白帜于道侧。我乃以所部五百人疾驱往斗，彼见旗帜绵亘远甚，疑大军继至，敌虽众，可破也。"谭延美答应。十五日，荆嗣率本部力战，一日交战五七回合，辽军不胜，田重进见势指挥大军夹击，敌阵崩溃，数千人阵亡，辽将大鹏翼与监军马赟、副将何万通等以及契丹、渤海兵千余人被擒。大鹏翼以勇健闻名边寨，一战被擒，辽军为之"夺气"。

曹彬占领涿州城后，按既定部署，并不急于北上，只是派部将李继宣为前锋，率轻骑渡过涿河侦察敌情。十七日，契丹兵马前来反击，欲夺回涿州城。李继宣等回军夹击辽军，大战于城南，歼灭辽军千余人，斩辽将奚宰相贺斯。

十九日，萧太后再调遣兵马增援燕京耶律休哥，以抵御宋东路军，任命出征女真刚归朝的北院枢密使耶律斜轸为山西兵马都统，任命宣徽使蒲领为南征统领，为耶律休哥的副将。萧太后随即又赐耶律斜轸密旨及彰国军节度使"杓宓印"，速赴前线指挥御敌。所谓

"杓宼印"，是指以鸷鸟为印纽的官印，取疾速之义，每遇行军作战，辽廷即赐与领军将帅以为印信。但西线形势持续恶化，就在耶律斜轸就任山西辽军主将的当日，宋军又转攻应州城，辽应州守臣彰国军节度使艾正、观察判官宋雄归降宋朝。

二十三日，田重进率军进围飞狐城，并令大鹏翼至城下劝降，辽守将还欲坚持，田重进便挥军急攻，辽定武军马步军都指挥使、郢州防御使吕行德与副都指挥使张继从、马军都指挥使刘知进等人出降。宋太宗升飞狐县为飞狐军，并授予吕行德等人官职有差。二十八日，田重进又进围灵丘县（今属山西），迫使辽灵丘守将步军都指挥使穆超举城出降。

四月三日，宋西路军进逼云州城，辽云州守将大同节度副使赵毅、节度判官张日用等迎降，皆被授予宋官。

萧太后此时已率领行宫禁卫进驻燕京城北郊，并不断调兵遣将，命飞龙使亚剌等检阅、选择战马以供给先出发的诸援军，让驸马都尉萧继远负责此事；赐林牙谋鲁姑旗鼓四、剑一，率领禁军之骁锐者南援燕京。四日，萧太后又命令耶律抹只、谋鲁姑、勤德诸将率偏师增援耶律休哥。由于当时辽廷所能调遣增援燕京的北院、南院以及奚部兵马，皆距离燕京颇远，未能及时赶至，故屯驻燕京地区的辽军兵马不足，耶律休哥也不敢正面出战强抗，只是想方设法迟滞宋军的行动，夜晚则遣轻骑袭扰，袭杀病弱落单的敌军士卒以打击其士气，白昼则出精锐虚张声势，相机攻击小支宋军，使宋军将士不断处于防御状态，疲惫不堪。耶律休哥还派出部分骑兵四出分散活动，利用山林地形设伏于宋军侧后，断其粮道。是日，辽军一部数百人前来侵扰新城，被宋将米信击败。不多时，辽军千余人重新聚集来战，米信所部仅有龙卫精兵三百骑，接战不支，被围数重，箭下如雨。米信发箭射死多人，但麾下将士多战死。天色将晚，米信乘机挥舞大刀，率领从骑百余人大呼突围。正好曹彬遣部将李继宣等赴援，遂于新城东北大破辽军，辽军退去。五日，耶律休哥向萧太后报捷，辽圣宗遂亲自设酒脯祭告天地。其实新城之战辽军是先胜后败，但为了激励士气，便作为胜仗报捷了。萧太后还诏令林牙勤德赶紧驻军平州一带，加强沿海守卫，以安人心。

东路宋军占领涿州城以后，为牵制辽军主力，据守涿州达二十余天，未再出兵北进，果然迫使各地辽军持续增援燕京，大大有助于中、西路军的作战。不过，粮道遭到辽军不断侵扰，给十万大军的后勤供应造成了巨大困难。九日，曹彬因粮食将尽，决定全军南撤保白沟（今河北雄县北）以解决粮饷难题。但如此一来，正因兵力不足而苦苦支撑的耶律休哥便获得了十分宝贵的喘息之机，等到来援的生力军，为此后聚歼宋军赢得了时间。

十日，萧太后得到"敌军引退"的战报，即派遣使者去军前犒赏三军，同时又调整了作战部署：命耶律抹只统率诸军赶赴天子所在的行宫听令，令将军老君奴率禁卫在居庸关一带巡逻守卫。由于山西军情日趋危急，而宋东路军南撤后，燕京方向所受压力一时大为减弱，萧太后遂命令两部突骑西赴蔚州（今河北蔚县），以助萧挞凛作战；将军化哥统令平州兵马，黄皮室都监奴哥、北府都监谒里各率本部步兵赴蔚州，统归耶律斜轸指挥。十二日，萧太后又颁布命令，以耶律斜轸为山后诸路兵马都统，萧挞凛为兵马副部署，耶律题子为都监，由斜轸全面指挥山后蕃汉诸军，反击宋西、中两路兵马的进攻。

曹彬等率军南还雄州，与米信部会合。因中路、西路宋军进展颇为顺利，故宋东路军获得粮饷供给后，决定再次渡过拒马河北上作战。曹彬命令士卒携带够吃五十天的军粮，直奔涿州城。十五日，宋东路军再次北渡拒马河。由于辽诸道援兵纷纷赶到，耶律休哥遂加紧攻击宋军留守的涿州城，同时布置兵马于正面沿路阻击曹彬所率主力，在宋军扎营饮食、休息时，不停骚扰、偷袭，并截杀脱离大部队的小股宋军。此时萧太后、辽圣宗的行营已进驻涿州以东五十里处，督察诸军作战。萧太后诏令耶律休哥、奚王筹宁、宣徽使蒲领以及南、北院二王等部严备水道，无使宋军得以潜行进入涿州城增援。十八日，辽军攻占了涿州城。

在敌军不断侵扰下，东路宋军将士只得结成方阵，且行且战，有时还得在两旁挖出深壕以防辽军骑兵的突击，加上时值酷暑，天时炎热，途中缺乏水井，士卒只能漉出泥浆水解渴，人困马乏，故区区一百里路，竟然花了整整二十天时间才走完。有一天，米信所部与一支辽军对阵，相持不下。忽然辽将遣使乞降，随军督运粮饷的官员柳开认为是诈降，若"急攻之，必胜"，但米信迟疑不决。过了两天，那支辽军又前来挑战，米信急遣人侦探方得知，此前辽军箭矢射尽，等待从燕京运来，实以诈降为缓兵之计。

宋军主力逼近涿州城后，辽军也不硬拼，主动撤出了涿州城，转而进攻宋军北征初期占领的城寨。此前的二十四日，辽军经一天激战，收复了固安城。重新攻占涿州城的东路宋军发觉已陷于孤军深入之势，而士卒所携带的口粮又将告罄，鉴于局势发展日趋不利，曹彬等将帅又一次决定自涿州南还宋边境一线，以免断粮崩溃，遭到辽军围歼。当时曹彬想留下部将卢斌率军万余人守城，掩护宋军主力南撤，但卢斌深知独守孤城凶多吉少，便向曹彬恳切进言："涿州深入北地，外无援，内无食，丁籍残失，守必不利。不若以此万人结阵而去，比于固守，其利百矣。"曹彬也不愿轻易损失此万余名百战精兵，遂同意卢斌团聚城中老幼民众，取道狼山下南行。曹彬留下一部兵马坚守城池，自己率领主力急撤。当时，暴雨如注，道路泥泞，撤退的宋军将士艰难跋涉，士气低落。获悉宋军逃遁，萧太后即调发帐下精锐士卒增援耶律休哥，耶律休哥率领精骑连夜大举追击。五月三日，辽军在岐沟关北追及南撤的宋军主力。遭到四面围困的宋军已成疲惫之师，无力决战，只好把装运粮食的牛车在宿营地外环成一圈，以抵挡契丹精骑的冲击，自卫待援。至夜，曹彬、米信率军突围，但在辽军骑兵紧紧追杀下，霎时崩溃，"无复行伍"。曹彬、米信仅率数骑卫兵脱身而逃，连夜抢渡拒马河，收拢溃兵，扎营于易州（今河北易县）之南。尾追而至易州东郊的耶律休哥听说有数万宋师正在沙河岸边埋锅煮食，急遣辽军进袭。惊魂未定的宋军士卒忽闻追兵杀到，望尘奔窜，慌乱中人马自相践踏而亡或堕下河岸溺死者甚多，连沙河也因尸体堆积过多而断流。幸得宋将李继宣殊死力战，迫退敌追兵，那些宋军残兵才得以侥幸逃生。此番曹彬率领东路军主力从涿州城南逃，连败于岐沟关、沙河等地，前后死者数万人，连随军出征的文官也死亡多人，知幽州行府事刘保勋、开封兵曹刘利涉父子死于乱军之中，殿中丞孔宜溺死于拒马河中。宋军大败时，有辎重兵万余人藏匿于岐沟空城中，被辽军重重围困。五日，耶律休哥以时逢"皇太后生辰"而不宜多有杀伤为由，解散长围，放宋兵逃出生天。战后，辽军打扫战场，见宋师所弃"戈甲若丘陵"。休哥还收拢宋军将士的尸体筑为"京观"，以扬辽军之威。所谓"京观"，是中国古代战争中，战胜方将战败方阵亡者的尸体堆积在大路两侧，覆土夯实，形成如金字塔形的高土堆，号为"京观"或"武军"。

岐沟关大捷，辽廷上下大喜，萧太后班师燕京，封赏立功将校有差，并进封契丹主将耶律休哥为宋国王。

曹彬、米信等收拾溃军奔回高阳，即被宋太宗召至京城。岐沟关宋军惨败，对于做了长时间北伐准备且势在必得的宋太宗来说，打击极大。据载宋太宗闻知北伐失败时，恨恨地对身边谋臣说道：

公元986年宋东路军攻取涿州及师溃岐沟关略图

"卿等共视朕，自今复作如此事否？"但败讯传来，朝野哗然，开国老臣赵普上书委婉批评宋太宗"信任邪谄"而妄动干戈，认为应当先修德政，再议征伐。对此，宋太宗却又文过饰非，在赐予赵普的"手诏"中诿过于人：

> 朕昨者兴师选将，止令曹彬等顿兵于雄、霸（诸州），裹粮坐甲，以张军声，俟一两月间，山后平定，潘美、田重进等将会兵以进，直抵幽州，共力驱攘，俾契丹之党远遁沙漠，然后

控扼险固，恢复旧疆，此朕之志也。奈何将帅等不遵成算，各
骋所见，领十万甲士出塞远斗，速取其郡县，更还师以援辎重，
往复劳弊，为戎人所袭，此责在主将也。况朕踵百王之末，粗
致承平，盖念彼燕民陷于边夷，将救焚而拯溺，匪黩武以佳兵，
卿当悉之也。(《续资治通鉴长编》卷二十七)

恨恨不已的宋太宗将那些败将羁押大狱，准备下令处死，后经
工部尚书扈蒙等竭力相救，曹彬等又"素服谢罪"，才收回成命，贬
官了事。其实，曹彬等将领不过是做了宋太宗的替罪羊而已。

宋太宗高梁河一战重伤之后发生的一系列政治事件，使其猜忌
之心大盛，对臣下甚不放心，大权独揽，事无巨细，皆要插手过问。
宋太宗自称"朕自君临，未尝一日不鸡鸣而起，听四方之政，至于
百司庶务，虽细微者，朕亦常与询访，所以周知利害，深究安危之
理，故无壅蔽凌替之事"，并曾自夸道："有司常职，米盐细事，朕
亦不惮劳苦，并躬亲裁断。"于是宰相也只能表态"臣等待罪庙堂，
曾无裨益"，甚至"止于奉行圣旨"而已。宋太宗对于兵权向来牢抓
在手，此次雍熙北伐作战策略，全由宋太宗与枢密院长官秘密制定，
直接下发诸军执行，宰相也无由过问。史书皆称曹彬为人忠谨厚重，
行军作战皆不喜冒险，其率领东路宋军主力，自三月初出敌不意进
入辽境，经十多天才至涿州城下；入涿州城以后又停留了二十余天，
正是执行了宋太宗"持重而动"命令的结果。但对辽军截断粮道之
举，曹彬缺少有力对策，迫于断粮危机，而回师就粮。不过，曹彬、
米信等人皆是老于战阵的行伍惯将，对于"敌人在前"而"反退军
以援刍粟"的"失策之甚"的后果，应有着本能的警惕。出现如此
不合常理的行为，可想见当也是出自习惯"居中指挥"的宋太宗"手
笔"。曹彬回师就粮之后，再次违反兵法常理，督军盛夏裹粮往攻

涿州，史称其主要原因在于东路军将校获知西、中路潘美、田重进两军连战连捷，累建战功，对己军重兵在握不能有所攻取，一无功勋，深感耻辱，遂声称"朝廷三路出师，如不急取幽、蓟，恐落人后"，于是"谋画蜂起，更相矛盾"，纷纷主张再次北进，尽速攻取燕京城。为人谦让有余而智略不足的曹彬"不能制"，遂"不遵成算"，将天子所下达的大军"勿前，急引师缘白沟河与米信军会，按兵养锐，以张西师之势。俟（潘）美等尽略山后地，会（田）重进之师而东，合势以取幽州"的急令置于脑后，结果惨败而归。这大概仍然是曹彬等将领在替宋太宗背黑锅。能够让曹彬不遵天子预定"成算"而冒险北进的，恐怕除了天子本人外，不作第二人想。宋太宗推翻原先计划，使曹彬等"领十万甲士出塞远斗"的原因，应该还是在于宋太宗本人看到西、中两路宋军进展顺利后，求功心切，企图一击成功。宋朝史书所载，实为宋太宗开脱过失而大有讳饰。一向忠谨而深谙天子心理的大将曹彬，因主动替天子承担了败战之责，故仅被贬为右骁卫上将军，不久就得到赦免，并又擢任枢密使要职。由此世人已可推知这所谓诸将不遵天子"成算"的"违诏失律之罪"之本来面目究竟如何了。岐沟关之战最终辽胜宋败的重要原因之一，就在于萧太后的"知人善任"。与宋太宗"将从中御"、动辄干扰前线将帅指挥权的做法相反，萧太后是用人不疑、疑人不用，虽然驻跸燕京督战，但又能将倾国军力交给大将耶律休哥全权统领，不加牵制，给予前线指挥官应有的战场主动权，以应对一日百变的战场形势。

　　岐沟关之战对辽、宋双方都具有重要意义，宋军主力遭受歼灭性打击的结果，大大改变了整个辽、宋战争态势，即所谓"岐沟之蹶，终宋不振"，宋廷基本丧失了战略进攻能力，被迫转入战略防御，宋朝"守中虚外"的格局最终形成。

　　在宋东路军与燕京辽军对峙期间，中路、西路两军战果连连，田重进中路军攻占了飞狐道要地，潘美所率的西路军也连下寰、朔、应、云四州，迫使萧太后在曹彬率领宋军东路主力南下就粮的间隙，赶紧调兵西援。四月十七日，辽蔚州（今河北蔚县）守臣眼见宋军田重进部迅速逼近，兵锋甚锐，而辽援兵相距仍远，为求自保，发生了内讧。辽蔚州监城使、同州节度使耿绍忠等见城中人怀贰心，便打算尽杀守城汉军将吏，统率契丹人马向辽军主力靠拢。但此图谋被蔚州左右都押衙李存璋、许彦钦所窥知，于是李存璋等人先下手为强，杀死蔚州节度使萧啜里及城中契丹士卒千余人，执耿绍忠归降于宋。这耿绍忠出身于辽地著名汉人世家，其父为奉圣军节度使耿美，其弟为三司使耿绍雍。耿家与韩德让家为儿女亲家。当宋军三路北征的消息传至萧太后、辽圣宗行营，耿绍忠正好在行营中，便被派遣至离前线颇远的蔚州为监城使，不料想被部下绑归宋朝。田重进命勇将荆嗣率数十壮士入城，指挥守城事宜。当时，田重进部缺粮，荆嗣便让士卒将城中所储粮食送至宋军大营，以解燃眉之急。

　　西路宋军连下山后诸州之后，各以兵守护，主将潘美驻云州，勇将杨业屯代州。但因宋东路主力军惨败，如此大好局面随即付之东流水。辽军击败宋曹彬主力军后，萧太后进抵固安城，以青牛白马祭天地，并于五月十三日调遣详稳萧排押率弘义宫兵及南、北皮室、郎君、拽剌四军同赴山西应、朔二州界，与惕隐瑶升、招讨韩德威等军会合，一同抵御宋军向纵深发展。于是移师西线的辽军号称十万大军，实施反攻，很快扭转了不利局面。

　　因辽大军逐渐进逼，宋蔚州将荆嗣守城不出。辽大将耶律斜轸便在布帛上写上招慰宋人的文字，射上城头以劝降。城内那些归降宋朝的原辽军士卒遂怀贰心，副都指挥使江谦暗地联络军士欲翻城出降，被荆嗣侦知。荆嗣以"妄言惑众"之罪名斩江谦，以稳定军心，登城固守。耶律斜轸探知宋军来援，便令都监耶律题子连夜在半路险要处埋伏精兵。次日，蔚州守城宋军见救兵已至，大开城门出击，却遭到辽军前后夹击，于是守城、来援的两支宋军同时溃败。守蔚州城的士卒随即叛宋归辽，荆嗣几番杀入城中，救出陷入围攻的不愿归辽的将士，但最终不得不弃蔚州，转战而退，随行校官五人，四人战死。经血战，荆嗣终于率余部回归田重进大营。辽军乘胜又攻下灵丘、飞狐等地。十六日，耶律斜轸遣判官蒲姑至燕京奏报收复蔚州，斩首二万余级，萧太后甚喜。此处"斩首二万余级"之语，大有夸大战绩之嫌。二十一日，宋将贺怀浦、潘美又率兵分路进击蔚州。耶律斜轸正屯军附近，得知宋军来袭，便设伏半路，出敌不意，纵兵逆击，于飞狐道再次击败宋军，并控制了飞狐关。飞狐关作为外三关之一，形势险要，实为进入河东的门户。二十五日，萧太后因辽将瑶升、韩德威临阵畏怯，不尽追杀来犯的宋兵，特降诏诘责，并下令敌军"据城未降者，必尽掩杀，无使遁逃"。六月初，萧太后命南京留守耶律休哥派遣炮手等西援耶律斜轸，大大增强了山后辽军攻城拔寨的能力。

曹彬东路军惨败的消息传来，宋太宗急令河北边地诸将在雄州一线再设防线，欲借助西、中两路宋军所取得的战果，再与辽军周旋。但眼见宋军主力溃不成军已极大影响了士气，且辽军连克蔚州、灵丘、飞狐等地，败局已定，宋太宗又急令西、中两军回撤，中路军退守定州，西路军退屯代州，并要潘美遣军掩护云、应、寰、朔四州的民众内迁。

耶律斜轸察觉宋军欲南撤，遂自飞狐鼓行而西，十七日攻入寰州城，杀宋守城吏卒千余人。驻守浑源（今属山西）等地宋军弃城

云州

蔚州

应州

朔州　　　　　　　　　　　　飞狐

陈家谷
　　　　　　　　　　　繁畤
武州　　土墱寨　代州

　　　　嶂县

崞岚军

　　　忻州　　　　　　　　　　　　　定州

　　　石岭关

　　　　　　　　　　　　镇州
　　三交
　　太原

汾州

　　　　　　　辽州

　　　　　　　　　　洺州

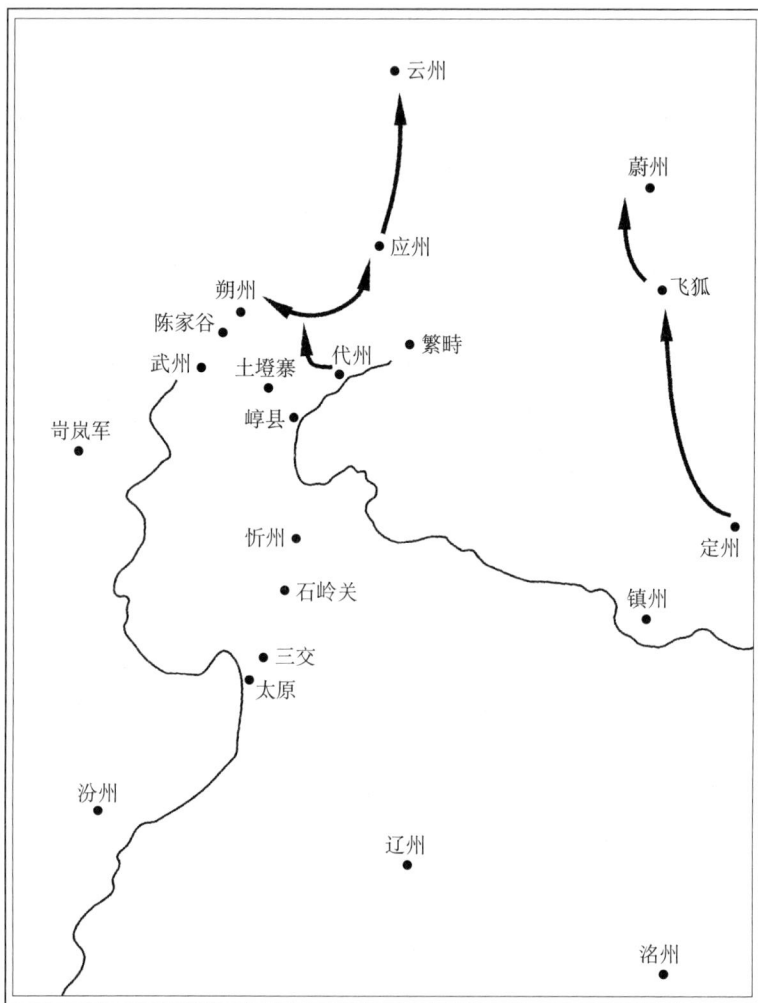

公元986年宋西路军攻取山后形势图

而走。迫于形势而回驻代州的宋军主将潘美，急遣勇将杨业出兵接应。与辽国交锋多年且深谙边境地势的杨业，鉴于辽军已占据寰州，形势对宋军大为不利，故向主将建议应避辽军锋锐，分兵应州以诱开辽军主力，保证民众安全南撤：

> 今寇锋益盛，不可与战。朝廷止令取数州之民，（我军）但领兵出大石路（今应县大石口，为繁峙至应县之重要通道），先遣人密告云、朔守将，俟大军离代州日，令云州之众先出。我师次应州，契丹必悉兵来拒，即令朔州吏民出城，直入石碣谷（今山西朔州南），遣强弩（手）三千列于谷口，以骑士援于半路，则三州之众，保万全矣。（《续资治通鉴长编》卷二十七）

但杨业声东击西以掩护四州民众南撤之计，却遭到了监军王侁的质疑，并讥讽杨业道："领数万精兵而畏懦如此！但趋雁门北川中，鼓行而往马邑（今山西朔州东）。"顺州团练使刘文裕也赞同王侁与辽军正面作战的主张。深悉敌情的杨业当即反驳："不可，必败之势也。"王侁诬蔑杨业畏敌避战，是别有居心："君素号'无敌'，今见敌逗挠不战，得非有他志乎？"杨业归宋后，虽在对辽作战中多立战功，但屡遭主将忌妒、小人排挤，故闻听王侁之语，不禁大为愤慨，瞋目怒言道："业非避死，盖时有未利，徒杀伤士卒而功不立。今君责业以不死（不以死报国），当为诸公先死耳。"主将潘美不对争议表态，杨业只得同意率兵自石峡路直趋朔州，冒险出击。在路口与主力分别时，杨业悲愤地向潘美表示道："此行必不利。业太原降将，分当死，上不杀，宠以连帅（此指地方长官，唐代也指观察使、按察使），授之兵柄。（我）非纵敌不击，盖伺其便，将立尺寸功以报国恩。今诸君责业以避敌，业当先死于敌（以自明）！"杨业并手指陈家谷口（今山西宁武北）说："诸君于此张步兵强弩，为左右翼以援，俟业转战至此，即以步兵夹击救之。不然者，无遗类矣。"潘美亦久经沙场，情知杨业所说是实，便指挥诸将在谷口设伏。

辽军主将耶律斜轸获闻杨业率兵出代州而来，即令悍将萧挞凛伏兵于要路。因为杨业以骁勇自负，多年来一直与辽军作战，此次北伐又是一举攻占云、应诸州，所以辽军将士对杨业颇为忌惮，耶律斜轸也不敢掉以轻心，亲自率军迎击。次日清晨，宋、辽两军相遇，耶律斜轸指挥众军列阵挑战，杨业麾兵进击。两军甫交，辽军佯败而退，宋军追击，辽军伏兵突然发动，耶律斜轸也回帜反攻，将杨业一军团团围住，杀声震地。宋军孤军奋战既久，难以支撑，只得且战且退，来至朔州城以南三十里的狼牙村。传说杨业因为自己姓杨，而此村却称狼牙，"羊入狼口"，岂有幸理，心底大为厌恶，所以不肯进村，但后有追兵，又无他路可避，加上左右将士固请，杨业乃行，随即被尾追而来的辽军重重包围。此时，守备在陈家谷口的潘美等人，自寅时（三时至五时）等到巳时（九时至十一时），王侁派人登上附近山上托逻台了望，未见前方动静，自以为辽军已经败退。为争功，王侁率领本部兵马离开陈家谷口前进，潘美见状，亦以"不能制止"王侁行动为借口，也离谷口而去，顺着灰河（今山西朔县境内恢河）河谷向西南走了二十里。此时传来了杨业兵败消息，潘美不但未派兵救援，反而慌忙率领所部后撤而去。众寡不敌的杨业一军浴血奋战，突出重围，从日中杀到日暮，且战且走，果如前所料，转战至陈家谷口。本想利用伏兵突袭挽救败局的杨业，见到谷口已无一兵一卒把守，不禁"拊膺大恸"，悲愤异常。当时随从杨业作战的战士尚剩百余人，平日"御下有恩"的杨业深知败局不可挽回，便对众士卒说道："汝等各有父母、妻子，倘鸟兽散（分散逃命），尚有得还报天子者。毋与俱死！"但众军士皆为杨业的忠义所感激，无一人逃走，誓与俱死。于是杨业率领这百余哀兵反身冲入辽军中血战，除个别士卒幸免外，杨业之子杨延玉以及部将王贵、贺怀浦等将校及帐下战士都力战而死。七十三岁的老将王贵在辽兵重围中，仍然张弓射杀数十人，箭尽，又挥舞空弓击杀多人，最终死于乱枪之下。杨业在激战中负伤数十处，仍力战不止，前后所杀百余人，因坐骑受伤不能驰骋，遂走入密林中匿避。辽将耶律奚底紧追不舍，远远望见杨业袍影，张弓一箭，射中杨业。辽兵一拥而上，生擒了伤重堕马的杨业。

贺怀浦是宋太祖皇后贺氏之兄，时任岳州刺史，屯兵三交口。雍熙北伐由他首倡，结果遭受惨败，故宋代史书对他多加嘲讽。其实此次失败，宋太宗要负主要责任，归咎贺怀浦，实有为天子推卸罪责之意。

杨业被擒之日，史籍中未有记载，《辽史》称七月九日，耶律斜轸遣人奏告辽廷"复朔州，擒宋将杨业"。萧太后于六月二十一日去凉陉避暑。所谓凉陉，也称陉头，即山后炭山，为辽朝传统夏捺钵之地，位于今河北沽源境内。考虑到朔州至凉陉的距离，以及快马骑行速度，可推知杨业被擒约在此日之前三五天。对于杨业被擒后情形，宋、辽两国史书所载颇不一致。《宋史》称杨业被擒后叹息道："上遇我厚，期讨贼捍边以报（皇恩），而反为奸臣所迫，致王师败绩，何面目求活耶！"因而"不食三日而死"。但《辽史》却记载耶律斜轸见到被擒的杨业时谴责道："汝与我国角胜三十余年，今日何面目相见！"而杨业"但称死罪而已"。如此胆怯卑微的言行，与"以骁勇自负"、闻名北边数十年、人号"杨无敌"的形象大相径庭，且亦与杨业死后，辽人依旧十分敬重杨业之现象大不相符，可知《辽史》中所言实是契丹人为鼓舞己方士气、打击敌人军心而编造出来的。今日大都认为杨业是绝食三日而死，但据《辽史》所云，杨业是中箭重伤，"疮发不食，三日死"，即伤重不能进食，导致三天后死亡。此从辽将耶律奚底的遭遇也可得证明：战前"辽军颁军令务必生擒杨业"，但杨业因耶律奚底一箭射中而被俘，并因此重伤而死，耶律奚底由此"不能为战功"。

宋军驻守云、应诸州将士闻知杨业战死，即刻弃城南遁。于是宋军北征前期所攻占的州县，全部被辽军收复。

辽、宋两国对杨业之死皆十分看重。《辽史》中对杨业之死大书特书，可见其对杨业的忌惮心理。七月二十四日，耶律斜轸遣人向萧太后正式奏告已收复朔州，擒杀宋将杨业，及上所获宋朝将校印绶、诰敕等，并将杨业的首级函献给萧太后和辽圣宗。萧太后特地诏命详稳辖麦室将杨业的首级传送至燕京耶律休哥处，晓示诸军，并将朔州之捷宣谕南京、平州将史。辽人对被擒杀的一代"战神"杨业十分敬重，传说萧太后特令人于燕京之北的古北口上修建杨业祠庙，以示旌表，并供人四时祭拜。同样，杨业死讯传来，宋地军民皆扼腕叹息，悲愤难抑。此后辽、宋订立和约，宋朝使臣出使辽国途经古北口时，多入此庙祭拜，留下多篇诗作以抒发感慨。如宋仁宗时刘敞奉命出使贺契丹太后生辰，撰有《杨无敌庙》诗：

> 西流不返日滔滔，陇上犹歌七尺刀。
> 恸哭应知贾谊意，世人生死两鸿毛。

杨业从未到过古北口，且战死于朔州附近，所以有人对古北口建有杨业庙甚感奇怪，认为只是出自后人依托。其实，此当与杨业死后曾被"传首"于燕京辽军中有关。由于北方草原民族向有敬奉被自己所杀死的敌方战将为"贵神"的传统，因此被"传首"的杨业头颅很可能即被埋在古北口一带，而后在附近修造庙宇以为祭拜之所。

对于杨业败死之原因，杨业于被俘后曾愤慨表示是被"奸臣"所害，因历代戏剧小说的传播渲染，世人大都以为杨业口中的"奸臣"即指宋西路军主将潘美。世人也颇有为潘美洗雪者，认为害死杨业的"奸臣"是监军王侁，而非主将潘美。但从当时情况来看，虽然确实是王侁逼迫杨业冒险出兵而败军被俘，而且王侁作为监军有着很大权力，但潘美身为天子旧将，久经沙场，深得宠信，且此时作为主将，对陈家谷口之败显然负有主责。而且当时即有杨业战功甚著，而"主将戍边者多忌之"之说，此"主将"当然不是指王侁，而且王侁作为后周世宗枢密使王朴之子，也不可能获得宋天子的充分信用。因此，宋人也普遍认为潘美当为杨业之战死负主责，大文豪苏轼之弟苏辙在出使辽朝路过古北口杨无敌庙，也曾赋诗一首，其最后二句云："我欲比君周子隐，诛彤聊足慰忠魂。"周子隐即西晋建威将军周处，当时氐族首领齐万山起兵反晋，有众七万，西晋梁王彤、安西将军夏侯骏派周处领兵五千去进攻齐万山，周处认为"军无后继必败，不徒亡身，且为国取耻"，但梁王彤、夏侯骏不听，结果周处苦战一日，箭尽援绝，力战而死。这杨业之死与周处的情况类似，而主将潘美又与梁王彤的地位相当。故苏辙在末句中暗示应当诛杀主将来告慰冤死的忠魂于地下。因此，起初还有人刻意掩盖杨业败死的真相，今有学者考证：宋朝制度，凡观察使卒，赐钱三百贯、绢布各二百匹、酒五十瓶、羊五十口。但杨业官云州观察使，死后朝廷仅赐绢布各百匹、粟十石，其待遇远不及同时阵没之刺史贺怀浦。其待遇如此之薄，则"知杨业此时必为人所谗谤矣。其后赠官赐厚赙，并严谪潘美等，是必有人为之申雪矣"。而为杨业"冒死申雪"者为一个名叫刘吉的中级武臣，其"证杨业忠赤，为奸臣所陷"。宋太宗这才下诏厚恤杨业家属，赠杨业官太尉、大同军节度使，谥忠武；并对相关责任者进行惩处。诚然，潘美因杨业枉死而遭到后世百姓千指唾骂也并不算太冤，但实事求是而论，潘美的确也不能算是一个阴险无耻、一心陷害忠良的"大奸臣"。潘美等敢于陷杨业于死地，有其深刻的政治背景。清初思想家王夫之指出宋太宗的为人是："忌大臣之持权，而颠倒在握；行不测之威福，以固天位。"即杨业之冤死的根本原因，就在于宋太宗的忌刻、猜疑。因此，宋太宗为平息人心愤怒而处罚有关官员，也只是重罪轻罚，大事化小：潘美被天子斥以"道路非遥，军士亦众，不能申明斥候，谨设堤防，临此生民，失吾骁将"，却仅被削去官秩三级，责授检校太保；王侁、刘文裕都被除名发配，王侁发配金州，刘文裕发配登州。不过，刘文裕时隔不久就被天子召回；潘美被削去的也只是检校太师之类虚衔，仍是驻节河东的宋军主帅，而且仅过一年，就又官复检校太师了；此后潘美的女儿又嫁给了宋太宗儿子（即宋真宗）。可谓官高位显。在宋太宗刻意掩饰下，害死杨业的罪责也就由王侁一人承担了。

第四章

拉锯战未休 (986-997)

拒马河边古战场，土花埋没绿沉枪。

至今村鼓盲词里，威镇三关说六郎。

——清·无名氏《白沟店题壁

二绝》之一

一　血沃大野（986-989）

宋东路军惨败岐沟关之际，辽军主将耶律休哥上言辽廷，请求同意乘宋军新败势弱尾追溃逃的宋军杀入宋境，南向掠地河北州县，直至黄河为界。但萧太后鉴于燕京一带刚经历一场惨烈大战，虽说大败宋军，不过已方也损失巨大，加上云州方向的战事正激烈进行，胜负未定，实无暇亦无力即刻大举南侵，于是以时当盛夏不利行军为由予以拒绝，但还是命令耶律休哥整顿兵马，准备器甲，储积粮草，待秋季风高天清、弓劲马肥之时再大举征宋。

萧太后此招，宋太宗倒也预料到了。986年（宋雍熙三年，辽统和四年）六月初，宋太宗即起用久罢节镇的诸宿将，命张永德知沧州、宋偓知霸州、刘廷让知雄州、赵延溥知贝州等，以防备契丹骑兵南下报复，并命"独以所部振旅成列而还"的东路军将领李继隆知定州。七月，因李继隆安抚招集自前方溃散下来的士卒处置有方，被宋太宗擢任侍卫马军都虞候。宋太宗又因"雍熙北征"中独有中路军主将、侍卫步军都指挥使田重进之师"不败"，故擢任田重进为侍卫马步军都虞候，以激励士气。因为代州杨业已死，宋太宗又命签书枢密院事张齐贤出知代州，与都部署潘美同领河东沿边兵马，抵挡辽军南侵。

九月，萧太后为儿子辽圣宗娶皇后萧氏，然后举行"再生礼"。十月初，萧太后再次举行"再生礼"，为辽圣宗"祭神祈福"。九日，萧太后南出居庸关，诏令各地兵马前来会集，准备南征，"诸细务权停理问"。二十日，萧太后驻跸燕京。十一月八日，萧太后在燕京宫殿内设宴大会将校。十一日，萧太后携辽圣宗统率大军南伐，于狭底埚检阅随军辎重兵甲。为严肃军纪，萧太后颁行了一系列命令：以耶律休哥出任先锋都统；以北院大王蒲奴宁居奉圣州，与节度使蒲打里共同裁决山西五州公事，作为河北辽军的声援。又置诸部监军，勒令所部各守营伍行列，"毋相错杂"；诏令驸马都尉萧继远、林牙谋鲁姑、太尉林八等固守封疆，毋漏宋军间谍潜入境内；严令军中无故不得驰马等。

是月二十七日，辽军进至唐兴县（今河北任丘西北），宋军先已屯守滹沱桥北，阻止辽军进逼。耶律休哥命偏将带着弓弩手上前乱箭齐射，迫退宋兵，然后放火烧断河桥，阻断了宋军往来要道。次日，萧太后行营渡过沙河，召见耶律休哥商议军情。辽楮特部节度使卢补古、都监耶律昐在泰州（今河北满城）与宋军作战失利，萧太后以卢补古临阵遁逃而贬官一级，其判官、都监等各受杖责，并命御盏郎君化哥权楮特部节度使、横帐郎君佛留为都监，代卢补古掌领其军，以整饬军纪。十二月四日，耶律休哥于望都（今属河北）小胜宋军。七日，萧太后驻跸于滹沱河北，诏令耶律休哥率骑军阻绝宋军进入祁州（今河北安国）。

此时，宋大将刘廷让率领数万步骑，与宋沧州都部署李继隆合兵，欲自河北东部北上，"声言取燕"。萧太后获知此信息，急令耶律休哥回兵与南院大王所部会合，阻击宋军，并命宰相安宁率领迪离部及三克军作为后军接应。耶律休哥派遣兵马扼守要地，九日在君子馆（今河北河间北）遭遇宋军，发生激战。当时正逢天气大寒，宋军列阵野外，士兵都被冻僵了，连弓弩也无法顺利张开，而萧太后统领辽军主力恰好赶至，将宋军层层包围攻击，形势危殆。战前，刘廷让曾将部分精兵分给李继隆作为后军，"缓急期相救"，不料李继隆接到刘廷让一军陷入辽军重围的急报后，赶忙退兵屯守乐寿（今河北献县）以自保。宋军悍将桑赞率本部士卒浴血死战，自辰时（上午七时至九时）杀至申时（下午三时至五时），眼见辽军援兵不断涌来，取胜已无望，便引众突围而去。宋军士卒见状，军心大乱，终致全军覆没，阵亡者数万人。刘廷让得到帐下卫兵之马，率数骑乘乱逃脱，宋高阳关部署杨重进被俘。

在此之前，耶律休哥获知宋知雄州贺令图是力劝宋太宗北伐的首谋之一，而且其性贪功生事，处事又轻率无谋，便遣间谍去诱骗道："我获罪于契丹（太后），愿归朝（宋朝），无路自拔，幸君少留意焉。"贺令图不防有诈，认为这是一件大功勋，便私下与耶律休哥密切来往，赠送贵重礼品。至此，耶律休哥令人宣言说："愿得见雄州贺使君。"贺令图闻言，深信耶律休哥要来归降，为独占大功，立即率帐下数十骑出城迎接。抵达辽军大营，贺令图一行通行无阻，直至主帅帐前，却见耶律休哥斜靠在胡床上大骂道："汝尝好经度边事，今乃送死来耶！"喝令左右杀尽贺令图的从骑，将贺令图擒归辽国。

君子馆大败的消息传来，河北宋军皆无斗志，辽军乘胜攻占了杨团城、冯母镇，祁州城守军出降；辽军又攻拔深州（今属河北）城，并以深州宋守军不开门迎降为由，下令将守军将士全部杀死。次年正月，辽军破束城县（今河北河间东北），纵兵大掠；再克文安城（今属河北），也因守军将士不即迎降，杀尽城中丁壮，掳掠妇女老幼而去。辽军兵锋所向，竟然南至博州（今山东聊城）等地。

在此同时，辽军又一次进攻代州，因宋副部署卢汉赟只是保壁自固，宋将马正只能以本部士兵列阵于代州城南门外迎击，但众寡不敌，于是知代州张齐贤选厢军两千人，慷慨誓众，增援马正，众将士皆一以当百，击退辽军。此前张齐贤遣使去并州（今山西太原）请河东主帅潘美出兵夹击敌兵。不料使者为敌军所获，不久潘美也遣密使来，称大军至柏井（今山西阳曲北），接到天子密诏云河北宋军大败于君子馆，命河东宋军不得出战，故潘美大军已退还并州。张齐贤认为敌军知潘美要来而不知潘美已退，遂将密使藏于密室，以封锁消息。入夜，张齐贤先命两千厢军埋伏于土磴寨，然后发兵二百，一人手持一面旗帜，背负一捆木柴，在州城西南三十里处树立旗帜，点燃木柴，使辽兵误认为宋军并州援兵大至，惊慌而退。辽军退至土磴寨，遭到宋军伏击，伤亡甚重，国舅详稳挞烈哥、宫使萧打里等数百将士战死，失陷战马两千匹、器械无数。获悉山西辽军进攻代州失败，萧太后与耶律休哥即率兵马北归，以免遭到河东宋军自太行山东出夹击。

河北宋军连遭岐沟关、君子馆大败，军士"亡死者前后数万人"，使得沿边戍兵"不满万计，皆无复斗志"，各州城只得纷纷招集毫无作战经历的乡民守城，还缺乏刀兵器械。于是辽兵纵横旷野，破城杀降，如攻城不克，便大肆掳掠城外乡间士民、金帛财物北去，使得北宋河北一带州县严重残破，百姓困苦不堪。为此，宋太宗在下令缮修河北诸州城池的同时，于雍熙四年（987年）初特颁诏令以安民心：

> 应（河北）行营将士战败溃散者，并释不问；缘边城堡备御有劳可纪者，所在（州军）以闻；瘗暴骸；死事者，廪给其家；录死事文武官子孙。蠲河北雍熙三年以前逋（拖欠未交）租，敌所踩践者给复（免除徭役或赋税）三年，军所过二年，余一年。（《宋史》卷五）

宋太宗为防秋季辽兵再次南侵，打算先下手为强，调发大军北伐契丹，但因宋军连战惨败，河北沿边州军屯驻兵员损失过多，故命令河南、河北四十余州征集壮丁以充义军，"凡八丁取一"。但京东转运使李维清认为此举不妥："若是，天下不耕矣。"三次上疏力争。宰相李昉等也反对道："河南百姓不同被边之民，世习农桑，罔知战斗，遽兹括集，皆匪愿为，或虑人情动摇，因而逃避，相聚为盗，更须剪除。如此则河北闾阎既困于戎马，河南生聚复扰于萑蒲（指强盗出没之区），矧当土膏之兴，更妨农作之务。"实在"非计之得"。连皇子开封尹、陈王赵元僖也上疏力争，认为"河北累经戎马，颇有娴习驰射，或可选置军中"，建议只在"河朔缘边诸州点集，止令本处守捍城池，河南诸州一切停罢"。宋太宗声言要大发兵北伐本来就只是一个姿态而已，现见众臣纷纷反对，就顺势下诏"独选河北，而诸路皆罢"，给了陈王赵元僖一个大面子。

六月，宋太宗召见并州都部署潘美、定州都部署田重进等将领，向他们出示御制的《平戎万全阵图》，亲自传授此阵图要点以及进退攻击之略。为强化对军队的控制，宋太宗每每于战前先制定阵图以及进退方略，严格执行纪律，遥控指挥，让"主帅遵行，贵臣督视"。宋太宗总结《李靖兵法》等历代兵法而制成《平戎万全阵图》，指出此乃兵家大法，"非常情所究，小人有轻议者，甚非所宜"。按"平戎万全阵"，据北宋兵书《武经总要》记载，乃是一个巨型方阵，正面宽达17里，外围有少量兵力警戒，机动部队位于方阵中心，共计用兵140930人，其中：步兵110280人，骑兵30650人（内650人充探马），战车1440乘。中央排成三个方阵，各相去1里；每方阵周长7200步，分1440个地分，每地分以战车1乘、步兵22人防守，阵内另有机动兵5000人和"望子"80人。方阵前后各有两列骑兵，前列62队，每队50骑，后列62队，每队30骑，另有五路探马50队共275骑和少量机动兵；东西侧翼两阵也各有两列，前列125队，每队50骑，后列125队，每队30骑，另有三路探马30队共165骑和少量

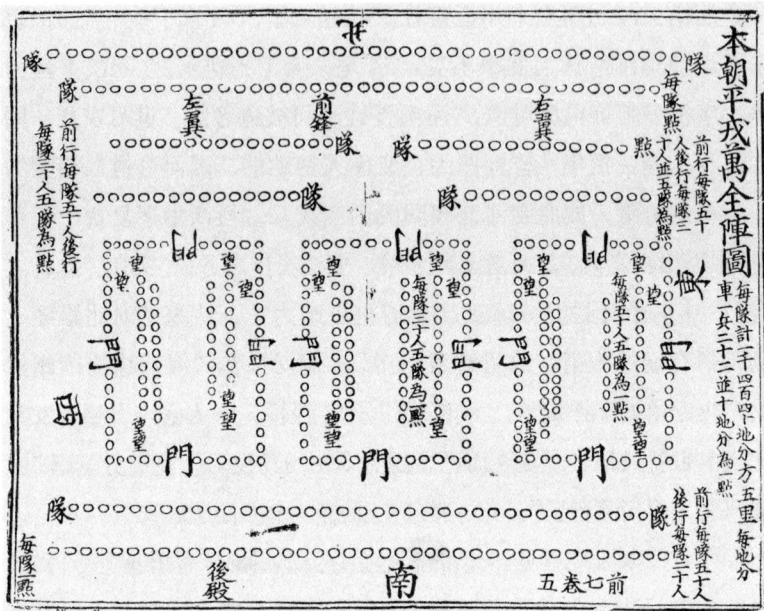

《武经总要》(前集卷七) 中的《平戎万全阵图》

机动兵。这一阵法的核心是"以步制骑":将主力步兵配置在方阵正
中,依托战车保护,抗御骑兵突击,而外围配置的骑兵主要担负警
戒侦察任务。可见这一阵法所强调的是单纯防御,缺少机动性,但
这也是缺少骑兵的宋军出于无奈之产物,为保护步军不至于被契丹
骑兵一冲即溃。但宋天子闭门造车的发明,虽然自我感觉良好,但
如此庞大又缺乏机动性的军阵,毕竟无甚实用价值,因而也就难以
被"阃外"的将军用于实战。

　　是年末,草木皆兵的河北沿边诸州又纷纷上奏说"敌将犯边,
急设备",谍报纷纭,宋太宗赶紧准备率军亲征河北,以为防御。河
北转运副使王嗣宗急忙上奏称"敌必不至之状",宋太宗这才罢亲征
之议,而边境果然无事。

　　此前辽军虽说取得了君子馆大捷，但"歼敌一千，自损八百"，辽军伤亡也颇严重，所以萧太后本年度为休养兵马，未有南下的打算。萧太后、辽圣宗自年初北归燕京城，即大赏将士，至三月初去春捺钵长春宫，"赏花钓鱼，以牡丹遍赐近臣，欢宴累日"；四月初回到燕京，随后又去凉陉消暑，至七月于平地松林狩猎，九月再到燕京过冬；至开春正月，又离开燕京城游猎。988年（宋端拱元年，辽统和六年）三月，南京留守耶律休哥奏告"宋事"。四月，萧太后移驾燕京城，筹划再次南征；六月，诏谕诸道兵马准备南征攻城器械；七月，赐耶律休哥、萧排押部诸军战马，命增设涿州路驿站。不久，耶律休哥与萧排押等率一支精骑南下"捉生"（捉俘虏），在易州城外遭遇宋兵，杀宋将指挥使而还。

　　八月中，宋太宗为加强镇州一线防务，对河北前线主将作了调整，命宣徽南院使郭守文为镇州路都部署。郭守文赴任前，宋太宗特加召见，并当面告诫道：

　　　　夫用兵者，先须知敌强弱，明于动静，赏罚必当，但戢兵清野，此大意也。且朝廷以镇、定、高阳（关）三路控扼往来咽喉，若敌无所顾，矜骄而来，则出奇兵掩之，万不失一。且于骑士一指挥（宋军制以五百人为一指挥）内拣骁勇者，间以弓矢、枪剑，分为十队，乃至三四百队，皆可制也。又选廷臣押队。敌若敢逾镇、定（二州），汝但勿战，阳为怯势，骑置其事（以骑士驰报战况），朕即以驾前精锐，径发格斗，仍窃取敌号，俟有必胜之策，则分布队伍，纵兵击杀，若其未捷，各保城寨，此百战百胜之谋也。（若汝）自能随机设计，为之便宜（应事制变），即不系（拘泥）此。（《续资治通鉴长编》卷二十九）

看来岐沟关、君子馆之败的教训，也让宋太宗有所反思，深切感到天子居中遥控指挥的危害，故而暂时有限放权给前线将帅，以便随机制变。

九月十九日，萧太后祭旗鼓，发兵南伐。二十六日，萧太后进抵涿州城下，将劝降的帛书射入城中，但宋将据城坚守，未予理睬。十月二日，辽军四面围攻涿州城，大将萧挞凛等中流矢重伤，但涿州城孤立无援，终被辽军攻破。前来增援的宋军获知涿州城已落入辽人手中，即刻退兵。萧太后一得到消息，急命大将耶律斜轸、萧排押等追击，大破之。五日，辽兵转攻沙堆驿，驸马都尉萧恒德（也写作萧勤德）独当一面，督军士登城血战，破之。但萧勤德亦被流矢射中，归营后，萧太后亲自为他敷药，并将天子所乘坐的辇车送他回后方疗伤。萧太后将归降的宋军士卒分置七指挥，号"归圣军"，以补充辽军兵员。行军参谋、宣政殿学士马得臣认为这些士卒"恐终不为用"，终留后患，"请并放还"，但不为萧太后所接受。此次南下亲征，萧太后的一些做法与以前颇有不同：一反此前攻破城池以后屠城立威的做法，而遣人抚谕民众，将投降的士卒编入辽军，以图改变宋朝百姓心目中"北夷好杀"形象，为日后招降更多的宋地守城军民作一铺垫。此外，萧太后对士兵劫掠百姓的行为也稍有禁止，如横帐郎君达打里"劫掠，命杖之"；在扎营时，有士卒出营劫掠，萧太后当众施行笞刑，并将其所劫掠来的财物分赐给左右。

此时，分路进攻的诸部辽军也纷纷奏捷：破宋狼山寨（今河北易县西南），败宋兵于益津关（今河北霸州），进军长城口（今河北徐水西北）的辽军击败来增援的定州宋军，并进围长城口。

十一月七日，萧太后和辽圣宗亲临长城口外，督诸将四面围攻。宋长城口守军无力支撑，只得弃城突围南逃，却遭到耶律斜轸的拦截。耶律斜轸遣人招降，宋军不听。此时，辽圣宗要亲临前线过过战斗之瘾，萧太后让韩德让率精兵侍从保护。结果，突围至此的宋军全军覆没，投降的宋军士卒被分隶燕京诸军。辽军铁骑闯入北宋河北腹地，四处出击，连下数城：八日攻围满城，十一日破其城，宋军士打开北门而逃，萧太后遣使招降其将领；十五日攻下祁州城，纵兵大掠；十六日拔新乐（今属河北）；十七日破小狼山寨。辽军耶律休哥麾下一部又深入莫州境内掳掠。二十四日，宋军千人出益津关逆战，遭到了辽国舅郎君桃委、详稳十哥的袭击，宋副将一人阵亡，余众退回关内。

十二月中，辽军主力进至唐县（今属河北）西三十里的唐河以北地区，遇到宋将都部署李继隆、监军袁继忠所部的强力截击。当时宋军诸将见辽军大举南侵，欲根据天子诏书旨意从事："坚壁清野，勿与战。"但定州监军袁继忠认为："契丹（兵马）在近，今城中屯重兵而不能剪灭，令长驱深入，侵略它郡，谋自安之计可也，岂（国家任用将军）折冲御侮之用乎？我将身先士卒，死于敌矣。"袁继忠词气慷慨，众将皆服其勇，愿率军出战。但监军太监却手持天子诏书加以阻止。于是定州都部署李继隆表态道："阃外之事，将帅得专（其责）焉。往年河间（此指君子馆之战）不即死者，固将有以报国家耳。"便与袁继忠率兵出城迎战。李继隆麾下有一支精兵称静塞骑兵，由易州（今河北易县）勇士组成，作战骁勇敢战，故李继隆令这支骑兵侍从帐下，而他们的妻儿留在易州城中。袁继忠进谏道："此精卒，止可令守城，（不然）万一寇至，城中谁与捍敌？"但李继隆未听从。此时涿州沦陷，易州隔在敌后，信息不通，传言纷杂，说易州已被契丹攻陷，其妻儿皆为契丹所掠，故军心大动。为免意外，李继隆欲将此支骑兵分散归属诸军。袁继忠认为不妥，指出："不可，但奏（朝廷）升其军额，优以廪给，使之尽节可也。"李继隆听从袁继忠的建议，并让袁继忠统率这支骁勇之师，众军士皆感奋，纷纷请战。当两军对垒，袁继忠率静塞骑兵冲锋，直杀入辽阵内，辽兵大乱溃退。宋军追击不舍，直杀过曹河。

宋方史书称宋军捷报于十一月己丑（六日）至天子前，群臣称贺。然据辽军作战情况来看，唐河之战不可能发生于十一月，此"己丑"当为"乙丑"之误。乙丑日乃十二月十二日，检《辽史》记事，于十二月丁巳日（四日）以后即云"是月，大军（辽军）驻宋境"，再无其他文字，可见其因讳避败仗而未记载唐河之战。由此推知唐河之战当发生于十二月五日至十一日之间。宋人称是战斩首万五千级，获马万匹。此数字显然大有水分，但可以确定的是，辽军在宋军追杀之下，损失颇大，于是萧太后决定班师，经长城口北还。

989年（宋端拱二年，辽统和七年）正月十一日，辽军诸部向易州集聚。二十一日，萧太后指挥诸军四面围攻易州城，并遣铁林军击溃自遂城（今河北保定徐水区遂城镇）北援的宋军，擒获宋军指挥使五人。二十二日，辽军四面齐进，攻破城防，陷入援绝力竭的宋易州刺史刘墀投降，部分守城士卒欲杀出重围南去，却被辽军截回，不得已降辽。次日，萧太后进入易州城，登上五花楼抚慰士庶百姓，迁易州居民去燕京，并任命马质为易州刺史、赵质为兵马都监；又因辽将夏仙寿在进攻易州城时首先攻上城楼，立下头功，故授予高州刺史。

萧太后此次亲征，虽遭受了唐河之败，但收复了作为燕京地区南大门的涿州、易州，基本消除了河北宋军对燕京城的直接威胁，可谓战果辉煌。因此，萧太后回到燕京后大宴将士，爵赏有差：枢密使韩德让进封楚国王，驸马都尉萧继远拜同政事门下平章事，而于越、宋国王耶律休哥更被赐红珠筋线，命进入内神帐举行再生礼，并获得萧太后、辽圣宗的厚赏。

　　自岐沟关大败以后，宋廷上下对契丹骑兵的恐惧心理颇为严重，将对辽方略由战略进攻调整为战略防御，但军中尤其是宋天子仍未完全放弃收复燕云失地的念想。辽军虽然利用骑军优势，在与宋军屡次作战中掌握了战场主动权，取得了君子馆等数次大捷，但也遭到了唐河之战等败仗，损失颇重。因此，辽朝君臣对宋军是否再一次大举北征还是颇怀忧虑的。989年（辽统和七年）五月初，为防范宋军的报复，萧太后在派遣宣徽使蒲领等率辽军分路守备的同时，又采用以攻为守之计，不断出兵扰击宋境。数日后，耶律休哥引军至满城，招降北宋戍卒七百余人。当时，宋军为"防秋"，也在边境上调整兵马部署，修缮城寨，补充粮饷。为避免自己的行动被辽军着意南侵所破坏，宋军便将部队前置，以为掩护。辽人对此大为紧张，燕京守臣还特意向萧太后奏报道：宋兵已进至沿边州军，然因时逢酷暑，故我军未敢出兵与战，且驻守易州，待彼行动则我进击，彼退回则我亦班师。此策略获得萧太后的允准。六月，辽将耶律休哥、萧排押等部又破宋兵于泰州。

　　为防御契丹骑兵南下攻掠，宋军在河北沿边地区增设城寨，屯兵戍守。其中威虏军（即遂城）即设置于与辽界相接的平川上，粮饷需从后方调运，而运送辎重的宋军往往遭到辽军骑兵的越界截击。由此，宋军往往出动成万人的大兵团护送辎重至前线城寨。七月中，耶律休哥获得宋军向前线威虏军运送大量辎重的情报，便亲率精骑数万南下偷袭，不料却在徐河反遭宋将尹继伦的偷袭，惨败而归。

　　《辽史》中称誉契丹名将耶律休哥身经百战，每战必胜，但却未记载徐河之败。对于是年耶律休哥与宋作战经过，《辽史》卷八十三《耶律休哥传》如此记载道：

　　　　（统和）七年，宋遣刘廷让等乘暑潦来攻易州，诸将惮之；

> 独休哥率锐卒逆击于沙河之北，杀伤数万，获辎重不可计，献
> 于朝。太后嘉其功，诏免拜、不名。自是宋不敢北向（争锋）。
> 时宋人欲止儿啼，乃曰："于越至矣！"

由于契丹人的称呼较纷杂，有汉名、字，有契丹名、小字，中原人往往不易分别，故有以其官称代指其人的习惯，此处"于越"即代指耶律休哥。上述《辽史》记载中问题不少。其一，"免拜、不名"是指古代优待高官勋臣的一种礼仪，即拜见天子时，不需行跪拜之礼，天子亦不直呼其名。《辽史·圣宗本纪》称是年三月"赐于越宋国王红珠筋线，命入内神帐行再生礼，皇太后赐物甚厚"，但这是萧太后为赏耶律休哥取得君子馆大捷以及擒获宋将贺令图等战功，与所谓的"沙河之捷"无涉。其二，又《圣宗本纪》称五月燕京辽军曾奏报说"宋兵至边"，但因天暑而未进兵交战，只是留驻易州以便监视宋军进退而已，并得到萧太后的认可。可见易州方向宋、辽两军并未发生较大规模激战。其三，据《宋史·刘廷让传》载，君子馆惨败时的宋军主将、知雄州兼兵马部署的刘廷让，已于987年（宋雍熙四年，辽统和五年）秋天死于被贬责途中，故不可能在统和七年盛夏再次率军北攻易州，而在沙河再次惨败于休哥之手。可证《耶律休哥传》所载之沙河大捷是不实的，是为讳饰一代名将之惨败而虚构的。

宋朝文献中有关徐河之战的记载亦颇纷杂，但加以考辨，可知此战经过：

当时宋威虏军内粮草俱缺，辽廷欲乘机夺取这一宋朝边防要塞。宋太宗获知情报后，诏令定州路都部署李继隆调发镇州、定州两地万余兵马，乘暑夏辽军活动较少之机，护送数千车粮草辎重至威虏军。但宋军此一计划亦很快被辽人所侦知，辽大将于越耶律休哥决

定亲率数万精锐骑军，越界南下，深入宋境，欲于半路邀击李继隆部，打乱宋廷的边防部署。七月十五日，萧太后批准耶律休哥遣兵南征计划；十九日，于发兵前"劳南征将士"。二十二日，宋北面缘边都巡检使尹继伦率步骑千余人在边境线上巡逻，恰与南下的辽于越大军遭遇。不料辽军将士竟然视尹继伦所部宋军如无物，只是迅疾南行，未加攻击。目送契丹将士绝尘而去，尹继伦对惊愕不已的麾下军士说道："寇蔑视我（犹鱼肉）尔，彼南出而捷，还则乘胜驱我而北，（若）不捷，亦且泄怒于我，（我）将无遗类矣。为今日计，（我）但当卷甲衔枚以蹑之，敌锐气前趣，不虞我之至，（我）力战而胜，足以自树（功业）。纵死，犹不失为忠义（人），岂可泯然而死，为胡地鬼乎！"众军士闻言皆激愤从命。尹继伦命令军中秣马会食，等到夜晚，即人持短兵器，悄悄追踪辽军之后，急行军数十里，来到唐河、徐河之间。二十三日凌晨，天色尚未明，辽军在距离李继隆所率宋军四五里之外扎营休息打尖，准备吃完早饭后即列阵攻击宋军。当时辽军将士光注意警戒列阵在前的李继隆部宋军，根本未料到尹继伦竟敢统领区区千余兵士，来偷袭数万骑精锐辽军，因此当尹继伦部出敌不意从辽军阵后杀入之际，辽军一片惊乱，辽将号"皮室相公"者阵亡。正在用早餐的于越耶律休哥闻报慌忙弃去手中匕箸，欲麾众迎战，却被杀入的宋军将士用短刀砍中手臂，伤势甚重，只得跳上快马抢先遁去。辽军随之大溃，混乱中因践踏而死者众多。尹继伦与镇州副都部署范廷召各率所部越过徐河追杀，俘获甚众。

　　皮室相公，当即皮室详稳。皮室，乃契丹军名，《辽史》云"皮室：军制，有南、北、左、右皮室及黄皮室，皆掌精兵"。统领皮室军的长官即名详稳，宋人有时写作音近之"相公"。宋人别称宰相为"相公"，故宋方文献有误云"皮室者，契丹相也"或"皮室者，敌相也"。据《辽史》记载,当时随同于越耶律休哥作战的皮室军详稳有萧排押(排亚)和乞的(也写作"乞得"、"意德里")二人,因萧排押此后被封为东平王,并非死于此年,而"乞的"之名自徐河之战以后未再出现,故推知于徐河之战中战死的辽将皮室详稳或即是乞的。

此战死伤惨重,契丹将士谈之色动,所以此后数年皆未再大举南下,又因尹继伦面容黝黑,故平日相互告诫道:"当避黑面大王。"耶律休哥此番惨败的原因,说来还是在于轻敌。自岐沟关大胜宋兵以后,耶律休哥几乎每年或随萧太后南征,或自己统军南下攻击,每有斩获,所以甚为轻视宋军。至此在徐河遭受宋将尹继伦如此痛击,并身负重伤,对于身经胜仗无数、威震一时的一代名将耶律休哥来说,实在难堪,《辽史》中对徐河之战未有只字之记录,其原因当在于此。

宋军徐河之捷,尹继伦战功第一。但当时宋军主将李继隆上报徐河战功时,有意隐瞒事实,声称契丹于越率八万骑军南下袭击宋护粮军,李继隆指挥宋军列阵逆战,辽军兵败北遁。故宋人有李继隆"一万打八万"的说法。于是尹继伦仅被授予洛苑使、领长州刺史。直至一年以后,宋太宗方得知徐河之捷的经过,而"遽加"尹继伦官职,迁尚食使,领长州团练使,"以励边将"。此后宋仁宗时大臣富弼也称誉"尹继伦以千余之兵破敌众数万,可谓奇功也",但对徐河之战的意义似乎并无充分认识。考之《辽史》记载,此前连年参与或主持南征的辽于越耶律休哥,自是年以后至其病死的998年(辽统和十六年)止,虽宋、辽之间仍处于拉锯战中,却未再举兵南下作战,而且其任南京留守所负责的河北战区也未再发生大的战事。可以说,徐河之战是耶律休哥所经历的最后一场大战。又据《辽史》所载,惯于跃马舞兵、主张强硬对宋的战将耶律休哥,此后却主张与宋和平相处：以燕京百姓疲敝不堪为由，减省赋役，抚恤孤寡，告诫边境戍兵不得随意侵入宋境，虽然有南境牛马逃逸到北界者，亦令人驱赶送还，于是"远近向化，边鄙以安"。耶律休哥的这一改变，当与徐河之战有着相当之关系，也从而使不少契丹贵族逐渐认识到，宋朝虽连遭败仗而对辽取守势，但辽也无消灭宋之国力，南北相持、化戈为犁当是双方最佳的选择。亦因此缘故，当萧太后此后再次举国南侵之时，亦没有拒绝互遣使臣往来，故从某种意义上可以认为，此后宋、辽双方订立澶渊之盟以和平相处的基础，即经此战而被奠定。

简　释：

【白沟店题壁二绝】近人张伯驹编《春游琐谈》卷三中稼庵《诗话两则》曰：河北定兴县北河店，即古河阳渡，以在固城之北，故名北河。此河之下流，曰白沟，有六郎堤，宋杨延昭尝在此边防。今新城东北有孟良营，雄县有焦赞墓。旧传白沟店有题壁二绝云云。其《题壁》诗之二曰："亚古城荒焦赞墓，桑干河近孟良营。行人多少兴亡感，落日秋烟画角声。"

二　守内虚外（989-995）

自岐沟关、君子馆连战惨败以后，宋军已从进攻转为守势，如何抵御不断兴兵南侵的辽军，就成了宋廷上下首要考虑的事宜。989年（端拱二年）正月，宋太宗命众臣各陈"备边御戎"策略。当时众人议论纷纷，有建议加强边备、扩大沿边武将兵权以迎战辽军南侵的，也有主张与契丹修好、弭战息兵的，但共同的主旨是不要轻易用兵，即主守，而少有人提出主动北征以收复燕云。其中如户部郎中张洎认为契丹连年出兵南侵而宋军疲于应付的原因，就在于宋朝"失地利，分兵力，将从中御，士不用命故也"，略云：

> 夫中国所恃（御北戎）者，险阻而已。……（今）自飞狐以东，重关复岭，塞垣巨险，皆为契丹所有。燕蓟以南，平壤千里，无名山大川之阻，蕃汉共之。此所以失地利，而困中国也。……今河朔郡县，列壁相望……咸婴城自固，莫敢出战。……所以犬羊丑类，莞然自得，出入燕、赵，若践无人之境。及其因利乘便，攻取城壁，国家常以一邑之众，当戎人一国之师，既众寡不侔，亦败亡相继，其故无他，盖分兵之过也。……臣今伏请悉聚河朔之兵，于缘边建三大镇，各统十万之众，鼎踞而守焉。仍环旧城，广创新寨，俾士马击戎逐寇，便于出入。然后列烽火，谨晨夕之候，选精骑，为报探之兵，千里之遥，若视掌内，敌之动静，我必先知。仍命亲王出临魏府（今河北大名），控河朔之要，为前军后屏。自余郡县，则

选在城丁壮，授以戈甲，俾官军统摄而城守焉。制敌之方，形势斯验，三镇分峙，隐若长城，大军云屯，虎视燕、赵，臣知契丹虽有精兵利甲，终不敢越三十万之众而南侵贝、冀（诸州）矣。（《续资治通鉴长编》卷三十）

张洎又针对"将从中御，士不用命"等现象，建议天子"申命元帅，自裨将以降有违犯命令者，并以军法从事。其杀敌将校所得鞍马财货等，悉以与之，仍优加锡赍。严刑以制其命，重赏以诱其心，示金鼓进退之宜，谨三令五申之号，将不中御，众知向方，而不能震大宋之天声，制单于之族类者，未之有也"。史称张洎为人佞谄，但上述建议却点中了宋军对敌作战时屡屡兵败的要害所在，不过不能收复幽云，则失地利之问题无从根本解决，而"将从中御"、"分兵权"之做法，则是宋太祖用以消弭禁军大将兵权过大而威胁皇权的不二法门，所以至多在军情危殆之时予以一些调整而已；反过来，因兵权不在，自然也无法以军法严责失职甚至畏敌而遁的将帅。

右拾遗、直史馆王禹偁也献御戎十策，其对外五策：其一要解决"兵势患在不合，将臣患在无权"问题；其二是"侦逻边事，罢用小臣"，以免误国事；其三是"风闻契丹中妇人任政，人心不服，宜捐厚利，啖其部长以离其心"，故宜"行间谍以离之，因衅隙以取之"；其四是利用"夷狄伐夷狄"，即调动党项武装威胁契丹，使"敌人惧而北保"；其五是"下哀痛之诏以感激边民"，因为此前"吊伐燕蓟，以收复汉疆，而边民愚蒙，不知圣意，皆谓贪其土地，致北戎南牧，故陛下宜下哀痛之诏，告谕边民，则三尺童子皆奋臂击敌矣。其有得一级者赐之帛，得一马者还其价，得部帅者与之散官，如此，则人百倍其勇而士众一心也"。王禹偁的建议深得宋太宗和宰相赵普的赞许，但其第一条涉及宋朝基本国策，不会改变，第二条

所云"小臣",多为手奉"圣旨"的中使,为天子监视方镇武将,自
然也不可能罢去,第三、第四条大致只是空想而已,而第五条主要
是为天子收买民心考虑,故为天子所乐意接受。此外,大臣宋琪在
提出相关抵御北敌的建议后,又说:"若选使臣通好,弥战息民,此
亦一良策也。"大臣李昉也以"修好"为言,为宋太宗所接纳。但通
好是一件两厢情愿之事,宋人虽有此意,萧太后却以兵马滚滚南下
作为答复,于是宋太宗也只能将"战"字放在前头,擢用"极言北
边利害"的左正言、直史馆寇准为虞部郎中、枢密直学士;又因赵
普推荐,再任用知代州张齐贤为刑部侍郎、枢密副使。至徐河之战
以后,虽辽朝仍未接受宋人"通好",但不再大举南侵,边境上战火
稍息,宋朝也逐渐接受了契丹将长久占据燕云地区,而自己无力收
复的现实,采取守势,在河北平原上与辽方对峙。

　　当时六宅使何承矩上疏建议将河北中部一些河道加以疏浚,筑
堤挖塘储水,开水田,种榆柳,欲利用当地水网交织的地理特点来
遏制契丹骑兵的驰骋奔冲:

　　　　臣幼侍先臣关南征行,熟知北边道路、川源之势。若于顺
　　安寨(今河北高阳东)西开易河蒲口,导水东注于海,东西三
　　百余里,南北五七十里,资(利用)其陂泽,筑堤贮水为屯田,
　　可以遏敌骑之奔轶。俟期岁(一年)间,关南诸泊悉壅阗,即
　　播为稻田。其缘边州军临塘水者,止留城守军士,不烦发兵广
　　戍,收地利以实边(储),设险固以防塞(要塞)。春夏课农,
　　秋冬习武,休息民力,以助国经。如此数年,将见彼弱我强,
　　彼劳我逸。此御边之要策也。其顺安军以西,抵西山百里许,
　　无水田处,亦望选兵戍之,简其精锐,去其冗缪。夫兵不患寡,
　　患骄慢而不精,将不患怯,患偏见而无谋。若兵精将贤,则四

境可以高枕而无忧。(《宋史》卷二百七十三)

宋太宗甚以为然，遂命何承矩为制置河北沿边屯田使，调发诸州镇兵一万八千人，于河北沿边的雄州、莫州、霸州、平戎军、顺安军等地兴修堤堰六百里，设置斗门，引淀水灌溉。数年后，经济收益颇为丰饶，"民赖其力"，而沿边河道工程也得以完工：西起保州（今河北保定）西北沉远泊，东达泥沽海口（今天津塘沽附近），东西屈曲九百里之地，筑堤贮水，遍布塘泊；沉远泊以西至太行山东麓一线则种植榆柳林木，设置寨铺，派兵戍守，由此构建了一条颇能遏制契丹骑兵优势的防线，初步稳定了河北边境。为此，宋太宗也颇为得意地诏告河北军民：

> 朕今立法，令缘边作方田，已颁条制，量地里之远近，列置寨栅。此可以限其戎马，而大利我之步兵。虽使彼众百万，亦无所施其勇。自春至秋，其功告成。持重养锐，挫彼强敌，如此，则复幽蓟、灭胡虏有日矣。(《宋朝事实》卷二十)

就实际作用而言，这条由河道塘泊、榆柳林带构成的防线，也只是给契丹骑军奔冲增添些困难而已，并未根本解决防御辽兵南侵问题，更无论收复燕云"灭胡虏"了。但外患稍平，宋太宗的目光便及时转向内部。991年（淳化二年）初，宋太宗在与宰执议论将帅优劣时，即颇自得地表示："前代武臣难为防制，苟欲移徙（换防），必先发兵备御，然后降诏。若恩泽始息，稍似未徧，则四方藩镇如群犬交吠。周世宗时，（节度使）安审琦自襄阳来朝，（世宗）喜不自胜，亲幸其第。今且无此事也。"宰相吕蒙正附和道："上之制下，如臂使指，乃为合宜。傥尾大不掉，何由致理！"确实，宋天子收复汉唐失地无方，但对控御武将、稳固皇位却甚有心得："国家若无外忧，必有内患。外忧不过边事，皆可预防。惟奸邪无状，若为内患，深可惧也。帝王用心，常须谨此。"此"内患"虽说包括民众骚乱、起兵反抗等事件，但宋天子更在意的却是朝中大臣贵戚威胁其权位的阴谋。于是"守内虚外"便成了宋太宗首要考虑的国策，也成为此后宋代皇帝治国理政的指导思想。

988年（端拱元年）六月，前吴越国王钱俶卒，追封为秦国王，葬于洛阳。据宋代野史所载，钱俶是在生日那天饮用了宋太宗所赐御酒之后暴卒。钱俶归宋之后，小心低调，奉天子惟谨，但还是未能善终，其原因大概与当时"吴越之民，追思钱氏"，从而使天子感到了某种威胁有关。看来钱俶乃是宋太宗实施"守内"政策的牺牲品。

为实现"守内"目标，宋太宗不但收武将的兵权，而且还不断设法削弱相权。如早在981年（太平兴国六年）九月，已设置考核少卿监以下京朝官劳绩、"品量材器"的差遣院以分割宰相用人权；991年（淳化二年）八月，又置审刑院以分宰相司法权，凡有案件"上奏者"，先经审刑院登录，交付大理寺、刑部"断复以闻"，再下审刑院详议裁决，然后上呈相府。为避免强势宰相与自己争权，宋太宗擢用才能相对平庸、阿顺听话者为宰相，如宰相李昉，宋太宗就曾经评价道："其自知才微任重，无所弥纶，但忧愧而已。"为此，宋太宗一面责备责怪二府宰执大臣"竞为循默，曾不为朕言事"，以显示自己勤政、"圣明"，一面又事无巨细、事事插手：民政上或"躬亲听断，京城诸司狱有疑者，多临决之"；财政上"孜孜庶务，或亲为裁断"；选任官员上则"亲选多士，殆忘饥渴，召见临问，以观其材，拔而用之"。不过，宋太宗因高粱河之战中身受箭伤，年年复发，使得"金匮之盟"后遗症不断显现，虽说迫死了皇侄赵德昭、赵德芳和皇弟赵廷美，但其精细设计的传子计划却一波三折，烦心不已。

宋太宗长子赵德崇自幼聪颖，长得又颇像其父，所以深得父皇钟爱。宋太宗还曾让他随从出征太原、幽蓟，以培养其阅历。不过，当宋太宗将皇弟秦王赵廷美驱逐出京时，众人皆不敢出声，惟有赵德崇力加营救，向父皇讨要赵廷美的罪名，宋太宗为此极为愤怒。此后宋太宗为"传子"方略的施行，封皇长子赵德崇为卫王，次子德明为广平郡王，并同平章事，命兄弟二人轮日"赴中书视事"，学习处理政务。次年，宋太宗为五子改名，德崇改名元佐，德明改名元佑，德昌改名元休，德严改名元隽，德和改名元杰，并封王爵、加同平章事。此番改名以后，宋太宗诸子之名的排行字与宋太祖、赵廷美之子有所区别，"以别大统"。待赵廷美贬死以后，颇不满父皇作为的赵元佐突发狂疾，往往不上朝觐见皇帝，甚至因小过失而用刀刺伤侍者。985年（雍熙二年）九月重阳日，宋太宗召诸子入宫赴宴会，射箭取乐，但赵元佐却未被召见。傍晚，赵元佑等兄弟前来探视，遭软禁的赵元佐得知设宴一事，便恨恨道："汝等与至尊宴射，而我不与焉，是为君父所弃也。"遂发狂饮酒，至半夜，一把火烧毁了自己所居之王宫。宋太宗大怒，将赵元佐"废为庶人，送均州安置"。陈王元佑及宰执群臣以元佐"心疾"为名，请天子同意元佐留京师疗疾。辅佐元佐的臣僚也请加处分，但宋太宗以"朕教训犹不从，岂汝等所能赞导耶"为由，"并释不问"，然后将患"心疾"的赵元佐幽居于南宫，"使者监护，不通外事"。看来宋太宗君臣对赵元佐致"疯"的原因十分清楚，但因事涉赵廷美，难以明言而已。因此，苏辙《龙川别志》就明言"当时以为元佐狂，而实非狂也"。

赵元佐废为庶人之事，对宋太宗打击甚大。宋太宗曾对宰相曰：

"比者内外安宁，方思自适，而元佐纵火，实挠朕怀。"长子被废，宋太宗随即属意于次子赵元佑。986年（雍熙三年）七月，赵元佑改名元僖；十月，以陈王元僖为开封尹兼侍中，而成为"皇储"。因雍熙北伐失利，山南东道节度使赵普曾上《谏雍熙北伐疏》，颇得宋太宗嘉赏。次年，赵普来京城觐见天子，赵元僖上疏请父皇重用赵普。宋太宗也有意借助老臣赵普的威望来稳固元僖的地位，故于988年（端拱元年）二月第三次拜赵普为宰相，并进封陈王赵元僖为许王、韩王赵元侃为襄王、冀王赵元份为越王。按五代、宋初惯例，亲王任开封尹即为"皇储"之位。不过，许王、开封尹赵元僖虽深得天子钟爱，但毕竟未正式册立为皇太子，故部分官员遂鼓动宋太宗举行册立之礼。991年（淳化二年）九月，左正言、度支判官宋沆等五人伏阙上书，请册立许王元僖为皇太子，"词意狂率"，宋太宗大怒，将宋沆等五人全部贬斥至岭南，"以惩躁妄"。由于宋沆为宰相吕蒙正妻宋氏之族人，为吕蒙正所擢用，故宋太宗怀疑此事乃吕蒙正暗中操纵，"怒甚"之余，即以"援引亲昵，窃禄偷安"之罪，将一向甚为信用的吕蒙正罢相。宋太宗如此反感册立太子的原因，据其对近臣所言：

> （今）屡有人言储贰事，朕颇读书，见前代治乱，岂不在心！且近世（人情）浇薄，若建立太子，则（东宫）宫僚皆须称臣。宫僚职次与上台等，人情之间，深所不安。盖诸子冲幼，未有成人之性，所命僚属，悉择良善之士，至于台隶（仆从）辈，朕亦自拣选，不令奸险巧佞在其左右。（诸子）读书听书，咸有课程，待其长成，自有裁制。何言事者未谅此心耶?(《续资治通鉴长编》卷三十二）

不过此时元僖年已二十六岁，故所谓"诸子冲幼，未有成人之性"云云，显属藉口而已，其真实原因恐怕还是"若建立太子，则宫僚皆须称臣。宫僚职次与上台等，人情之间，深所不安"，即担忧若册立太子以后，将威胁其权位。多疑的宋太宗虽然甚不愿正式册立太子，但并未因此影响许王赵元僖的"储君"地位。赵元僖在任近六年，政事未有缺失，不料却于992年（淳化三年）末意外猝死。

许王赵元僖娶功臣李谦溥侄女为妻，但并不喜欢，而宠爱号称"张梳头"的侍妾张氏。赵元僖私下与张氏有废嫡妻而立其为夫人的约定。张氏于是恃宠骄横，奴婢稍不如意即予重罚，甚至有责打致死者。当时开封城节日民俗，有冬至日阖家为家主人"上寿"的礼俗，张氏先前已花费万金请工匠做了一把关掞金注子（装有暗机关的金酒壶），内中分为两格，一放美酒，一放毒酒。十一月冬至日早上，夫妇间先行"上寿"之礼，张氏举酒注子先给许王赵元僖斟酒，然后将毒酒斟入夫人李氏的杯内。一会儿，赵元僖夫妇对行礼，按礼俗需两人互换酒杯饮酒，而斟入毒酒的杯子也就交换到赵元僖的手中。张氏正立在屏风之后窥视，见状大惊，抓耳挠腮，却已无法补救。赵元僖饮罢出门去上朝，来到宫殿庐中等候时，即觉体中难受，遂不入殿觐见，被人扶上马，径直归去，但至东华门外，从马上跌下，被人抬回府中。宋太宗闻讯急忙来探视，元僖病情已十分危殆，但对他人的呼喊还有所回应，不一会儿就不行了，享年仅二十七岁。宋太宗极为哀恸，追赠元僖为皇太子，谥曰恭孝。此后宋太宗"追念不已，或悲泣达旦不寐"，并作《思亡子诗》给近臣看。不久，有人告诉天子其中缘故，并告发了张氏逾越制度葬其父母等事，宋太宗大怒，命缢杀张氏，掘烧张氏父母之墓，其亲属皆流放远恶州军；逮捕造酒注子的工匠等人，处死于东华门外。同时，停止举行追尊许王元僖为太子的仪式，贬斥王府僚属。

宋太宗因所钟爱并寄予厚望的长子、次子一废一死，深受打击，哀伤不已，臣下由此皆不敢再上言建立"嗣君"之事。至994年（淳化五年）中，深得天子信任而"敢言外事"的崇仪副使王得一和以敢言任事闻名的知青州寇准入朝论及此事，宋太宗这才让第三子襄王赵元侃出任开封尹，为皇位传授做准备。

995年（至道元年）四月，开宝皇后宋氏（即宋太祖之宋皇后）死，其梓宫（灵柩）只是停放在已故燕国长公主（宋太宗之姐）的旧日宅第中，群臣也未按照皇后的礼仪治丧。颇得太宗赏识的翰林学士王禹偁看不过去，悄悄对宾客说："后尝母（母仪）天下，当遵用旧礼。"结果被人告发，王禹偁遂以"轻肆"之罪名免去翰林学士之职，出守滁州（今属安徽）。宋太宗还悻悻然对宰臣说："人之性分固不可移，朕尝戒勖禹偁，令自修饬。近观举措，终焉不改，禁署（指翰林学士院）之地，岂可复处乎？"宋太宗于此实属借题发挥，借以警饬诸大臣在这一敏感问题上保持慎默，果然众臣对此再也不敢有所表示。

古人有"天下未乱蜀先乱，天下已治蜀未治"之说，果然，当宋太宗为顺利"传子"而殚精竭虑之际，四川地区发生了声势颇为浩大的王小波、李顺起义。

四川土地富饶，后蜀孟氏割据之日，府库储积充溢。宋军灭蜀以后，将后蜀所有仓储财物都运送汴京开封。此后四川官员竞言功利，于规定的"常赋"之外，又设置博买务，主管民间物资收购交易，并严禁民间商旅私自买卖布帛。在百姓日常向官府缴纳赋税时，吏人又吹毛求疵，横加诛求，百姓往往要上缴数倍于"常数"的财物才能过关。由于四川"地狭民稠，耕稼不足以给"，加上"兼并"之家乘机"籴贱贩贵"来谋取厚利，故百姓贫困，无以聊生。淳化初年，新知成都府吴元载为政苛察，禁止民间游乐宴请之事，百姓怨声载道。当时川峡地区大旱，官府又借机以贱价强购茶叶，造成茶农大批失业，而自耕农也苦于苛捐杂税，不堪忍受。993 年（淳化四年）二月，青城县（今四川都江堰市东南）民王小波聚众起兵，宣称："吾疾贫富不均，今为汝均之。"这当是中国农民战争史上，第一次明确提出的"均贫富"口号。于是附近民众争相前来归附。王小波率众转战于蜀州（今四川崇庆）、邛州（今四川邛崃）等地，南下攻占青神（今属四川）、彭山（今属四川）等县。彭山县令齐元振以"清白强干"获得宋廷"赐玺书奖谕"，但其实颇为贪婪，为政又甚残暴，在得到"诏书"表彰后更加恣横，并将受贿所得的大量金帛寄存在民家。王小波遂因民众怨怒，在攻下彭山县城后，将齐元振敛积的金帛散给百姓，杀死齐元振，"恶其贪得无厌"，所以剖开他的肚子，将钱币塞满其中，以震慑贪官污吏们。此后四方响应者更为广泛，众至万余人。十二月，王小波在攻占江原县（今四川崇庆东南）时，被宋西川都巡检使张玘射中，但张玘随即被义军杀死，宋军溃逃。王小波伤重身亡，部众便推举王小波妻弟李顺为帅。李顺率众接连攻陷邛州、永康军（今四川都江堰市）诸城，杀官吏无数，众至十数万。994 年（淳化五年）正月，义军进攻成都城，虽焚毁西城门，但作战失利，遂转攻汉（今四川广汉）、彭（今属四川）二州，随后又于成都新、旧知府交接之际再次猛攻成都城，终于成功夺占了城池。西川转运使樊知古、知成都府郭载等官员逃奔梓州（今四川三台）。李顺在成都城建立大蜀政权，自称大蜀王，年号"应运"。义军分兵四出，攻占了北至绵州（今四川绵阳）、东至巫峡之地，拥兵数十万，两川大震。

川峡农民军攻城略地，极大地震动了宋廷，宋太宗起初打算派大臣前往招安，但参知政事赵昌言力请派兵急剿，于是宋太宗命亲信宦官、昭宣使王继恩为西川招安使，率领京师禁军入川镇压，军事由其全权指挥，可先斩后奏。二月一日，成都城陷落的消息又传至京城，宋太宗方知情况如此严重，再遣少府少监雷有终、监察御史裴庄为峡路随军转运使，工部郎中刘锡、职方员外郎周渭为陕西至西川随军转运使，又命马步军都军头王果率援军赶赴剑门，崇仪使尹元率兵自三峡西上，会攻西川，并归王继恩指挥。宋太宗还特意改封儿子益王赵元杰为吴王，以免被人恶意利用。

　　李顺分遣数千众北攻剑阁（今属四川），而剑阁宋军仅有疲弱士卒数百人，由都监上官正统率守御。正交战之际，成都监军宿翰领麾下士卒自成都投奔剑门，与上官正部会合迎敌，义军大败溃逃，仅三百余人奔还成都城。宋廷十分担忧剑门栈道被义军所控制，自陕西南下的宋军将无路入川，故得知上官正等人守住剑阁，宋军主力得以长驱而入，宋太宗大喜，即擢任上官正、宿翰官爵以为奖励。四月，王继恩率宋军在绵州境内连败义军，攻克了绵州、阆州（今四川阆中）、巴州（今四川巴中）等城，进逼成都城。五月，宋军攻破成都城，李顺等八名首领被俘杀，部众三万余人战死。其余部万余人汇聚在将领张余麾下，转战于成都以南及川东地区，攻占嘉（今四川乐山）、戎（今四川宜宾）、泸（今属四川）、渝（今重庆）、涪（今重庆涪陵）、忠（今重庆忠县）、万（今属重庆）、开（今属重庆）八州，宋开州监军秦传序被杀。由此义军声势复又大张。

　　宋太宗降成都府为益州。八月，因昭宣使王继恩镇压义军有功，宰执建议授予王继恩为宣徽使，宋太宗表示："朕读前代史书多矣，不欲令宦官干预政事。宣徽使，执政之渐也。止可授以他官。"宦官干预政事为唐朝弊政，但宦官领军同样是唐朝一大弊政，宋太宗此言可谓是五十步与一百步之区别，但其目的就是通过如此表面文章让天下知晓自己"圣政"无过误。不过宰相似未领会天子深意，反而恳切力言"王继恩功大，非此不足以赏"。宋太宗大怒，深责宰相等人，命翰林学士等官员商议别设立一官名，于是授王继恩为宣政使。

王继恩手握重兵，却并不积极"平叛"，反而以战乱未息而久留成都城，日夜宴饮，每次出府衙，皆有乐手演奏音乐，又令骑兵手持博局、棋枰自随，其仆从皆骄横肆虐，又放纵所部将士剽掠子女金帛，安坐"玩寇"；粮饷供给也不按时发放，于是军士也无斗志。当张余率义军攻城掠寨，守卫州县的宋臣遣人乞救，王继恩一概置之不理。宋太宗闻知，屡次遣使督战，但并无显效，心底甚是郁愤，便任命坚决主张"发兵捕盗"的参知政事赵昌言为川、陕两路都部署，自王继恩以下并受其节度；九月，又授任枢密直学士、虞部郎中张咏知益州，得"便宜从事"。此时，有一个深受天子宠信的峨眉山僧人茂贞密告宋太宗说："赵昌言鼻折山根（鼻梁），此反相也，不宜委以蜀事。"待赵昌言离京城西行十余天，又有官员密奏："昌言素负重名，又无嗣息（子嗣），今握兵入蜀，恐后难制。"宋太宗猜疑心因此大盛，即刻召见宰相道："昨遣昌言入蜀，朕徐思之，有所未便。盖蜀贼小丑，昌言大臣，不可轻动，宜令且驻凤翔（今属陕西），为诸军声援。但遣内侍押班卫绍钦赍手书往指挥军事，亦可济矣。"此时赵昌言已至凤州（今陕西凤县），被追还凤翔，就这样被留在了关中。

张咏至益州，见城外义军到处活动，而王继恩只是紧闭城门，无意发兵征讨。因宋军马匹所食草粟，皆由地方官设法筹措供应，张咏命令只供给铜钱，王继恩怒道："国家征马，岂食钱耶？"张咏便说："城中草场，贼既焚荡，刍粟当取之民间，公今闭门高会，刍粟从何而出？若开门击贼，何虑马不食粟乎？咏已具奏矣。"王继恩不敢再言，而卫绍钦也正好携诏书来督捕"余寇"，王继恩只得令麾下将士出城讨伐。张咏又以"王继恩御军无政，其下恃功暴横"，而"恐军还日或有意外之变"，乃密奏天子"遣腹心近臣可以弹压主帅者，亟来分屯师旅"。十二月，宋太宗命枢密直学士张鉴、西京作坊副使冯守规以安抚之名前往益州，分遣王继恩部分将校东回京城，削弱王继恩势力，并督促其加紧镇压。995年（至道元年）二月，张余率众进攻眉州（今四川眉山），为宋四川都监宿翰击败，张余逃到嘉州（今四川乐山）被俘杀。轰动一时的王小波、李顺起义至此失败。王继恩被召还，上官正、雷有终续任四川招安使。

在内患频仍的背景下，经历两次北征惨败的宋太宗虽然口头上仍时常放豪言收复燕云，但内心已决意由攻转守，施行"守内虚外"国策，所以在河北平原上大修塘泊，疏浚河道，种植树木，设置寨铺，以求缓解契丹骑兵南侵之危害；同时在其他方向上也改变策略，对西北新崛起的党项势力步步退让，对南方交州、海东高丽等也不断遣使"通好"。

交州（今越南北部）一向奉中央王朝"正朔"，当五代、宋初战乱，乘机割据自雄。宋太祖开宝年间，其首领丁氏入贡，被封为静海军节度使、交阯郡王。宋太宗初年，交州内乱，大将黎桓篡政，宋太宗遣军南征，结果失败，知邕州侯仁宝战死。此后黎桓屡次上表请求宋廷册封，皆未得宋天子同意。至986年（雍熙三年）宋军再次北伐燕云失败，已"不欲用兵"的宋太宗遂同意授予黎桓为静海军节度使，并遣左补阙李若拙、国子博士李觉为使臣，携诏书去交州以赐之。988年（端拱元年）宋廷再遣户部郎中魏庠、虞部员外郎李度出往；990年（淳化元年）又遣左正言宋镐、右正言王世则出使。至993年（淳化四年），宋廷终于进封黎桓为交阯郡王，确立了黎桓的政治地位。黎桓虽不断遣使节北上朝贡，却又时常遣兵侵扰两广海疆，掳掠居民、财物，"渐失藩臣礼"。两广州县屡次上奏朝廷请发兵惩罚，但困于北戎及内患的宋太宗"志在抚宁荒服，不欲问罪"，只是派遣使者南下交阯告诫，黎桓也就阳奉阴违如故。

对于海东高丽国，宋太宗曾于雍熙北征之前遣使东行，要求高丽出兵协助攻辽，但未获得响应。虽是如此，高丽仍频频遣派使臣入宋京城朝贡，欲借助宋朝力量以与辽朝抗衡。为牵制契丹，宋太宗也于988年（端拱元年）、990年（淳化元年）、993年（淳化四年）多次遣使东渡，以造成宋、高丽结盟之观感，让辽朝担忧东境的安全。淳化四年初，高丽进奉使白思柔来朝贡，其孔目吏张仁铨上书献"便宜"，白思柔认为张仁铨是将高丽国内"阴事"告诉了宋天子，张仁铨为此"惧不敢归国"。宋太宗在遣秘书丞直史馆陈靖、秘书丞刘式出使高丽时，让陈靖等将张仁铨送归其国，并诏谕高丽国王王治勿对张仁铨治罪，王治遵命。从各方态度上分析，张仁铨上奏宋天子的内容，大体是针对共同敌人契丹以及高丽未出兵协助宋朝攻辽的隐衷之类。由于宋太宗已无第三次武力收复燕云的雄心，故对热心上奏的张仁铨也只有送归本国一途了。

居于中原西北方的党项人，趁唐末战乱而兴起，占据秦陇以北的银（今陕西榆林横山区党岔镇）、夏（今陕西靖边北白城子，即历史上著名的"统万城"）、绥（今陕西绥德）、宥（今内蒙古鄂托克前旗城川镇）、静（今陕西米脂）五州之地，被唐朝赐姓李氏。五代后周显德年间，李彝兴被授为定难节度使，封西平王。宋太祖建国当年，定难节度使李彝兴即遣使入贡，加官太尉。因李彝兴助宋防御北汉有功，所以死后被追封为夏王。宋太宗攻灭北汉时，李彝兴之孙李继筠也出兵助战，以张军势。980年（太平兴国五年），李继筠死，其弟李继捧继立，为定难军留后。因"亲族不和"，李继捧无力控御，索性于982年（太平兴国七年）五月入朝天子，献出其世据银、夏、绥、宥四州之地，并表示愿意留居汴京。夏州自唐末以来，其首领虽尊奉中原王朝，却始终处于割据状态，从未曾亲往京城觐见天子。因此，对李继捧入朝之举，宋太宗甚喜，即授李继捧为彰德军节度使，其兄弟十二人也各授官有差，并将李继捧亲属都送至开封居住，而以曹光实为四州都巡检使，控御其地。

李继捧之族弟李继迁时为夏州管内都知蕃落使，居住银州，不愿归宋，于六月中借口为乳母出葬，与其党徒数十人逃入夏州东北三百里之地斤泽（在今内蒙古鄂托克旗境内），聚众抗宋。虽然此后李继迁给宋朝带来了极大烦恼，但宋廷起初对他并不太在意，只令地方官持诏敕"招谕之"，但李继迁不服，声称要"复兴祖业"。984年（雍熙元年）九月，知夏州尹宪侦知李继迁营帐所在，会同都巡检使曹光实，发精骑夜袭地斤泽，斩首五百级，烧四百余帐，擒获李继迁的母亲、妻子以及牛羊、器械无数，李继迁"仅以身免"。此次地斤泽之战对李继迁打击甚大，但李继迁"转迁无常"，躲避宋军追击；同时，李继迁又"连娶豪族"，加上当地"部落蕃人"因李氏家族"世著恩德"，多归附李继迁，使李继迁的势力渐得恢复。李继迁又向众人宣言道："李氏世有西土，今一旦绝之，尔等不忘李氏，能从我兴复乎？"众人允诺。于是李继迁又谋划起事。

985年（雍熙二年）二月，李继迁与其弟李继冲等赴夏州诈降，诱俘宋都巡检使曹光实于葭芦川（今陕西佳县），袭据银州；又攻陷会州（今甘肃靖远），焚毁城郭而去。宋廷获知李继迁又已起兵，即遣知秦州田仁朗等将兵讨伐。李继迁得知宋军来讨，遂进围三族寨（在今陕西米脂境内）。三族寨寨将折遇乜杀死宋朝监军使者，与李继迁合兵。田仁朗帅军行至绥州，请求朝廷增兵，并停留月余等候指示。此时田仁朗得到李继迁乘胜进攻抚宁寨（今陕西米脂西）的消息，大喜道："戎人逐水草，散保岩险，常乌合为寇，胜则进，败则走，无以穷其巢穴。今继迁啸聚羌戎数万，尽锐以攻孤垒，抚宁（寨）虽小而固，兵少而精，未可以旬浃破。当留信宿，俟其困，以大兵临之，分强弩三百邀其归路，必成擒矣。"田仁朗部署已定，又为迷惑李继迁，故意在营中纵酒赌博，显示其无进战之意。于是副将王侁等人遂乘机向天子告状。这个向天子告黑状的王侁，即是随后在雍熙北征时陷勇将杨业于死地的那个监军，宋太宗便是利用他们来控制领兵将领的。宋太宗闻听三族寨已陷落，大怒，即征召田仁朗还京，下狱劾问"请益兵及陷三族寨"之罪状，田仁朗解释道："所召银、绥、夏（三州）兵，其州皆留防城不遣。所部有千余人，皆曹光实旧卒，器甲不完，故请益兵。况转输刍粟未备，三族寨与绥（州）相去道远，非元诏所救。昨臣已定擒继迁策，会诏代臣，其谋不果。"并因而进言道："继迁得（羌戎）部落情，愿降优诏怀来之，或以厚利啗诸酋长密图之；不尔，恐他日难制，大为边患。"宋太宗闻言愈怒，特将田仁朗贬窜商州。五月，王侁等率宋军进至银州北，攻下悉利等寨，斩其将折罗遇。于是麟州（今陕西神木）诸蕃族皆请出兵征讨李继迁，王侁便率诸蕃族兵进入浊轮川（今陕西神木北），杀敌五千，李继迁与折遇也等人遁去。勇将武州团练使郭守文又与尹宪等合兵攻击夏州盐城诸蕃十四族，焚千余帐，由是银、麟、夏三州蕃人一百二十五族一万六千余户悉"内附"。

李继迁连遭宋军重击，便欲利用宋、辽对峙之机，投靠契丹以抗宋。986年（宋雍熙三年，辽统和四年）初，李继迁请降于契丹。萧太后深知李继迁欲结辽自保之意，不过此时正是宋军雍熙北征前夕，所以也颇乐意联络李继迁，以牵制宋军：授李继迁为定难军节度使、银夏绥宥等州观察处置等使、特进检校太师、都督夏州诸军事。辽廷还授予另一位西蕃首领瓦泥乞移为保大军节度使、鄜坊等州观察处置等使。十月，李继迁遣使朝贡辽朝。年底，李继迁又率五百骑至边境，乞婚于契丹，表示"愿永作藩辅"，辽廷同意。

987年（雍熙四年）四月，宋知夏州安守忠率兵三万出击，在王亭镇（今内蒙古乌审旗西南）与李继迁激战，败绩，李继迁追击至夏州城门而返。因李继迁不肯归降，而且不断袭扰陕西边州，正与北方契丹对峙的宋太宗苦无对付李继迁的良策，就不断遣人去招抚李继迁以及归附李继迁的蕃部首领。李继迁阳奉阴违，虽曾遣部下张浦向知环州程德玄（宋太宗心腹）口头表达"归顺"之意，但实际上却变本加厉地侵扰边地。鉴于诸将讨伐无功，宋太宗遂接受宰相赵普的献策，于988年（端拱元年）五月授命李继捧为定难军节度使，管辖夏、银、宥等五州土地、钱粮，用来对付李继迁。为表示对李继捧的信任，宋太宗特赐李继捧国姓赵，改名保忠，并命战将王杲率精兵千人护送他前往夏州。李继捧当初乃因无力制御李继迁，故奉银、夏、绥等州之地归附宋朝，此时宋太宗放虎归山，让他去劝降李继迁，实属大大的失策，结果赵保忠至夏州后，反而与李继迁同流合污，暗抗宋朝。

李继迁见赵保忠归夏州，心不自安，便遣使辽朝，"乞与通好"，即请求辽廷同意自己与赵保忠"和好"。萧太后看出这是李继迁借赵保忠与宋朝之力来要挟自己，但自己既无意直接出兵帮李继迁火中取栗，又不想李继迁倒向宋朝，故只得落实早已允诺的联姻之事，于989年（宋端拱二年，辽统和七年）三月封王子帐节度使耶律襄之女为义成公主，下嫁李继迁，以为安抚。既然一直未能获得辽朝的实质帮助，李继迁遂向赵保忠表示愿"悔过归款"。宋太宗接到赵保忠的上奏，即授予李继迁洛苑使、银州刺史。

李继迁本无归降之心，故不久便与赵保忠发生严重冲突，990年（宋淳化元年，辽统和八年）三月，双方大战于夏州以北的安庆泽，李继迁中箭逃去。此后李继迁不断遣使辽廷：九月遣使献"宋俘"；

十月"复以败宋军来告"；十二月"以克宋麟州、鄜州（今陕西富县）等来告"。其实李继迁的捷报中多为虚妄，但辽朝也难以细究其实，为笼络李继迁，遂遣使节来册封李继迁为夏国王。李继迁北附契丹，使得原本仅属宋朝一地方叛乱势力，利用身处于对峙状态中的宋、辽之间而翻云覆雨，左右逢源，从而势力坐大，逐渐成为宋、辽之间一大搅局者，并进而成为三足鼎立中稍弱之一足，参与宋、辽间之角逐。夏国因处于宋地西北，故一般被称作"西夏"。

李继迁被辽朝封为夏国王，大大提高了他的政治地位，故991年（宋淳化二年，辽统和九年）初又纠集兵马围攻夏州城。赵保忠不敢出战，请求宋军增援，宋将翟守素将兵来援。七月，李继迁见形势不利，又奉表归顺宋朝，被授予银州观察使，赐姓名曰赵保吉；其子德明为银州管内蕃落使。已被辽朝封为夏国王的李继迁，自然对宋朝所授予的银州观察使一职不会太在意，况且归宋本出无奈，故于当年十月，即将宋朝所赐的官告上献给辽朝，以便向辽讨价还价。不但如此，赵保忠也被李继迁说动，归附于辽廷，复姓名为李继捧，封西平王。不过，萧太后对李继迁朝秦暮楚的行为也颇为恼怒，诏令西南道招讨使韩德威严肃告诫李继迁。不料李继迁对携诏而来的韩德威是"托故不见"，韩德威甚怒，挥军大肆掳掠一番后撤归。李继迁随后遣使向辽廷诉说此事，萧太后也不想轻易失去这张可借以打压宋人之牌，便下诏安抚，于是李继迁"潜附于宋"之事也就不了了之。李继迁就这样通过"叛服无常"，分别从宋、辽双方讨得便宜，而势力日强。

此后，因四川王小波、李顺起义，声势浩大，宋太宗更是对西夏一退再退，对辽也频频示好。994年（宋淳化五年，辽统和十二年）六月，高丽国王遣使臣入宋，诉说契丹大兵压境，请求宋朝发兵夹击契丹，但宋太宗以"北边甫宁，不可轻动干戈，为国生事"等理由加以拒绝，只是赐诏书"慰抚，厚赐其使遣归"而已。高丽受此冷落，一怒之下数年未入宋朝贡，而依附了契丹。宋朝又于是年八月、九月两次遣使臣北上"求和"，以缓解北边、西北两面受敌的困境，皆遭到萧太后的断然拒绝。但宋太宗并未气馁。995年（宋至道元年，辽统和十三年）二月，辽西南面招讨使韩德威会合党项、勒浪等部族武装万骑南下进攻宋麟州，但在子河汊（今内蒙古伊金霍洛旗）被宋将折御卿击败。勒浪等部族乘乱反攻辽军，辽将突厥太尉、司徒、舍利等二十余将领被杀，韩德威仅率少数卫兵遁去；于是勒浪等族人皆内附宋朝。此后，不肯善罢甘休的辽将韩德威获知折御卿病重，赶紧率军再次南侵，欲报复子河汊之败，但闻知折御卿不顾病重，亲率兵马迎战，韩德威不敢再进。相持数日后，折御卿病死于军中，辽军也不战而退。因辽人封锁败报，宋雄州刺史何承矩就在城内张榜大肆宣扬子河汊之捷，有意让四方来州城商贸者将此捷报传入契丹境内。契丹方面接获谍报，自然大为羞怒，便欲袭取何承矩以雪耻。四月，辽军数千骑兵夜袭雄州城，何承矩整军出斗，两军酣战，结果辽军败走，辽将铁林相公阵亡。不过，决意对辽取守势的宋太宗听说此事后，认为何承矩"轻佻生事"，将他调离雄州，改任沧州刺史。

大概作为回报，是年三月，萧太后便以武清（今属天津）百余人进入北宋境内剽掠，"命诛之"，并将他们所掳掠的人、畜和财物还给北宋边民。萧太后如此一面严拒宋廷求和，一面又主动平息边境纠纷，这似乎自相矛盾的行为，其原因大概有三：其一，辽军虽然在与宋人作战中掌握主动，胜多败少，但宋朝数次北伐和契丹屡年南侵，也极大地耗损着辽朝国力，燕云地区破坏严重，需要休养生息以恢复实力，故也不愿因边民侵入宋境掳掠而引起宋、辽之间再次爆发大规模战争。其二，萧太后于宋、辽战事稍趋缓和，即将目光转向东面边境，东击高丽，故无意也无力两面作战。992年（辽统和十年）底，萧太后命令东京留守萧恒德率军征讨高丽，在边境上击溃高丽戍兵，攻拔其边城，责难高丽"越海事宋"，迫使高丽国王王治遣使奉表称臣请罪。辽军前后数次东征的主要目的就在于镇住高丽，稳定东部边境，现见目的已经达到，萧太后便又施怀柔政策，下诏将高丽屡次乞求的女真鸭绿江以东数百里地赐给高丽。既惧于契丹武力、又得辽廷所赐好处的高丽国王，遂连年入贡辽廷。996年（辽统和十四年），高丽国王王治又请婚于契丹，萧太后诏封东京留守萧恒德之女为越国公主，出嫁高丽。安抚高丽之后，萧太后得以全力南下。其三，当时南京留守耶律休哥认为燕京百姓已因多年战火而疲敝不堪，故主张与民休息，告诫边境戍兵不要随意侵犯宋境而无端引发兵争，若有宋地放牧的牛、马逃入北界者，耶律休哥亦命令全部遣还，于是"边鄙以安"。据宋臣张洎上奏天子时说："今契丹嬖臣擅轴，牝鸡司晨，单于幽闭，权归母后，于越强大，处于嫌疑。"其中"嬖臣"显指韩德让，"牝鸡司晨"指萧太后当国，而"于越强大"则说明于越耶律休哥权力甚大，有左右国政之威。因此，宋太宗与辽修和的图谋虽未能实现，但因宋、辽边境大体处于休战状态，其"守内虚外"之国策基本得以施行，对内控御大为强化。但不少契丹贵戚大臣认为宋朝武备较弱，自己可以通过武力获取更多、更大收益，故反对与宋议和。从此后实际情况发展来看，萧太后实摇摆于战与和两者之间，所以当主和的于越耶律休哥一死，第二年辽军便又大规模南侵，战火重开。

简　释：

【李顺之死】关于宋初四川义军首领李顺的最后结局，历来说法不一：

其一即宋朝官史所云，于淳化五年成都城攻陷后被俘杀。《宋史·太宗本纪》云是年"五月丁巳，西川行营破贼十万众，斩首三万级，复成都，获贼李顺"。至"丙子，磔李顺党八人于凤翔市"。宋代笔记杂史如《宋朝事实》、《程史》等皆持此说。其二云李顺实于宋仁宗景祐年间方在广州被捕遇难。沈括《梦溪笔谈》卷二五曰："至景祐中，有人告李顺尚在广州，巡检使臣陈文琏捕得之，乃真李顺也，年已七十余，推验明白，囚赴阙，复按皆实。朝廷以平蜀将士功赏已行，不欲暴其事，但斩顺，赏文琏二官……文琏家有李顺案款，本末甚详。"其三云李顺兵败逃匿，下落不明。南宋陆游《老学庵笔记》云："及王师薄城，城且破矣，顺忽饭城中僧数千人以祈福，又度其童子亦数千人，皆就府治削发，衣僧衣。晡后，分东西门两门出，出尽，顺亦不知所在，盖自髡而遁矣。明日，王师入城，捕得一髡士，状貌类顺，遂诛之，而实非也。有带御器械张舜卿者，因奏事密言：'臣闻顺已逸去，所献首非也。'太宗以为害诸将之功，叱出将斩之，已而贷之，亦坐免官。及真庙天禧初，顺竟获于岭南，初欲诛之于市，且令百官贺，吕文靖为知杂御史，以为不可，但即狱中杀之，人始知舜卿所奏非妄也。"然据宋扈仲荣等编《成都文类》卷四八刘锡《至道圣德颂》有曰："李顺力屈势穷，藏于群寇，乱兵所害，横尸莫知，既免载于槛车，亦幸逃于枭首。"刘锡曾参与镇压王小波、李顺起义，可知宋军占领成都之时确未捕获李顺，《宋史》等所言似不确。只是《梦溪笔谈》、《老学庵笔记》所载也颇有猜测之词，但也说明颇有宋朝官员认为李顺并未死于成都城破之时。

三　真宗继位（995–997）

　　自开封尹、许王赵元僖猝死以后，宋太宗因十分悲哀，故多年未再议"嗣君"之事。但宋太宗在高梁河一战中所受箭伤，累年复发，身体健康每况愈下，于是皇位继承问题又一次浮出水面。994年（淳化五年）中，有一位"以方技进"的河南术士王得一，因深得天子信任而授官崇仪副使，数被天子召见谈话。王得一颇敢言外事，又"潜述人望"，即请立皇第三子赵元侃为太子。约于此前后，以敢言任事闻名的知青州寇准被召入京城。宋太宗向来很器重寇准，史称宋太宗"足创甚"，一见寇准，遂"自襄衣以示准"，并诘问道："卿来何缓耶？"寇准回答："臣非召，不得至京师。"于是宋太宗论及"嗣君"之事："朕诸子，孰可以付神器者？"寇准回答："陛下为天下择君，谋及妇人、中官，不可也；谋及近臣，不可也；惟陛下择所以副天下望者。"宋太宗俯首沉思良久，屏退左右后问道："襄王可乎？"寇准回答："知子莫若父，圣虑既以为可，愿即决定。"于是九月中，宋太宗以第三子襄王元侃为开封尹，改封寿王。宋太宗随即又拜寇准为参知政事。上述宋太宗与寇准的对话，见载于宋"国史"，在宋人私家著述中，其内容又有所不同。两宋之际的理学家罗从彦在《遵尧录》中记载道：

　　　　太宗久不豫，时（寇）准在魏（今河北大名），驿召还（京），问以后事，准谢曰："知子莫若父，臣愚，不敢与也。"帝曰："以卿明智不阿顺，故以问卿，卿不应辞避。"准再拜请曰：

宋丞相寇莱公像

寇准像（中国国家博物馆藏）

"臣观诸皇子，诚无不令，至如寿王，得人心深矣。"帝大悦，遂定策，以寿王为太子。

罗从彦所记载的寇准回答天子之语，颇符合宋人笔下所记的寇准敢言任事之性格，而宋"国史"中云云当已经过史臣修润。宋太宗之所以决定让襄王元侃出任有"储君"之位的开封尹，实是因为自己箭伤日甚、"久不豫"而必须为"后事"有所考虑的缘故。

为培养赵元侃的行政能力，并为巩固其地位，宋太宗又煞费苦心选用厚重老成官员为开封尹属僚，以左谏议大夫杨徽之、右谏议大夫毕士安为开封府判官，兵部郎中乔维岳、水部郎中杨砺、司封员外郎夏侯峤为开封府推官，并亲自召见杨徽之诸人，"谕以辅导之旨"。995年（至道元年）四月，宋太宗罢免宰相吕蒙正，擢拜参知政事吕端为宰相。吕端此时已六十一岁，因信奉黄老清静无为思想，从政以清简为务，并无显著政绩，所以不少人反对吕端拜相，说他为人糊涂。但宋太宗认为吕端是"小事糊涂，大事不糊涂"。据说在任用吕端之前数日，宋太宗曾作《钓鱼诗》一首，其诗末两句云："欲饵金钩深未达，磻溪须问钓鱼人。"磻溪钓鱼人，乃指周文王亲自选拔并倚重的姜太公吕尚，此以吕氏先贤吕尚作比，显见宋太宗对吕端寄予了很高的期望。吕端处理政务持重，识大体，甚合天子之意，故宋太宗虽已拜吕端为宰相，却仍"每恨擢任吕端之晚"，而特出手札谕告诸参知政事："自今中书事必经吕端详酌，乃得奏闻。"

是年八月，宋太宗正式册立开封尹寿王元侃为皇太子，并改名赵恒，大赦天下。宋太宗又诏皇太子兼判开封府，并任用尚书左丞李至、礼部侍郎李沆为太子宾客，左清道率府副率王继英为左春坊谒者，以辅佐皇太子。九月，宋太宗于朝元殿举行册立皇太子之礼。史载"自唐末天祐年间以来，中国多故，不遑立储贰，斯礼（册立皇太子礼）之废，将及百年，上（太宗）始举而行之，中外胥悦"。宋太宗以非常手段继承大位以后，经过六七年谋划，先后逼死了皇侄、皇弟多人，方扫清"传子"之障碍，但其传子进程却颇为不顺，直至此时举行已废罢百年的册封皇太子之典礼，确立了第三子赵恒的"储贰"地位，也意味着正式废除了杜太后、宋太祖订立的"三传"之"金匮之盟"。不过，"金匮之盟"事件的后遗症并未因此完全消除。

据说寿王赵恒被立为皇太子之后，尝举行祭告宗庙仪式，往还途中，京师之人见到太子欢呼道："真社稷之主也！"宋太宗得知后甚不高兴，召来寇准责问道："四海心属太子，欲置我何地？"贪恋权位、疑忌戒备他人之心昭然若揭。寇准果然甚有胆气，闻言即向天子祝贺道："陛下择所以付神器者，顾得社稷之主，乃万世之福也。"宋太宗默然不语，却回转宫中告诉皇后、嫔妃等，那些后妃也都向宋太宗称贺，宋太宗这才释然，复出见寇准，并宴请寇准，一醉而罢。

然宋人笔记云，当时宋太宗诏立太子，祭告宗庙，及还禁中，"六宫皆登御楼以观之"，闻听百姓看见皇太子歌呼："吾帝之子，年少可爱。"李皇后"不悦"，归去告诉宋太宗，故宋太宗即召寇准"责之"："万姓但知有太子，而不知朕，卿误朕也。"寇准祝贺道："太子万世祀社稷之主，若传之失其人，诚为可忧。今天下歌其得贤，臣敢以为贺。"此李皇后号明德皇后，乃宋太祖时功臣李处耘之第二女。史称李皇后"尝生皇子，不育"，而皇太子与其兄元佐皆为李贤妃所生。李皇后当较为钟爱赵元佐，故赵元佐的长子初生，便养育于宫中，李皇后亲自抚视。看来宋太宗对中宫不喜皇太子有所觉察，故私下曾要求宰相吕端与皇太子多加交往。宋太宗虽为确保皇位传承顺利，安排周密，但以李皇后为首的反对势力还是差一点成功阻止宋真宗继位。

在反对太子赵恒继位的诸人中，宋太祖、宋太宗的心腹宦官王继恩起着重要作用。因在当年"斧声烛影"事件中帮助宋太宗抢得帝位，所以王继恩被宋太宗"以为忠，自是宠遇莫比"。而王继恩"喜结党，邀名誉，乘间或敢言事，荐外朝臣"，因此士大夫"轻薄好进"者往往投奔门下。大名人潘阆也经王继恩举荐，得到天子召对，赐进士第，授四门国子博士。潘阆号逍遥子，善作诗，为人狂放自傲，不屑于参加科举考试，卖药于京城，交游甚广。王禹偁曾有《寄潘阆处士》诗描写道：

> 烂醉狂歌出上都，秋风时节忆鲈鱼。
> 江城卖药长将鹤，古寺看碑不下驴。
> 一片野心云出岫，几茎吟发雪侵梳。
> 算应冷笑文场客，岁岁求人荐子虚。

当开封尹、寿王赵恒还未拜太子时，潘阆向王继恩献计劝说太宗"立储贰，为他日计"，并说："南衙（开封府，此指寿王赵恒）自谓当立（太子），立之，将不德（感激）我。即议所立，宜立诸王之不当立者。"王继恩深以为然，寻机向宋太宗提出建议，宋太宗颇为犹豫，最终因寇准等大臣支持，而立寿王赵恒为太子；潘阆也以"狂妄"之罪名被夺去官职。但王继恩诸人并未就此罢休。

997年（至道三年）正月，宋太宗因宰相吕端为政主清静无为，而当时"边境多事"，故欲任用干练之才，遂授任温仲舒、王化基为参知政事，并打算进而拜温仲舒为宰相，以取代吕端。二月，宋太宗因箭伤复发引起病情恶化，无法上殿，遂开始在便殿中处理政务，罢免吕端一事也就暂时作罢了。宰相吕端进宫探望宋太宗病情，发现皇太子赵恒不在天子身旁，担忧宫中有变，就在笏板上写了"大渐（病危）"两字，派亲信送给太子赵恒，让他赶紧入宫侍从宋太宗身边。但皇太子随即又被李皇后、王继恩等阻隔于宫外。三月二十八日，宋太宗病危，不再处理公务。次日，宋太宗驾崩于万岁殿，享年五十九岁。

宋太宗死后，王继恩即奉李皇后之命来到政事堂，召见吕端商议由谁继位之事。吕端发觉其阴谋，便推说宋太宗曾经赐下墨书密诏放在书阁中，骗王继恩入内检看，随即锁上阁门，然后入宫见李皇后。李皇后对吕端说道："宫车宴驾，立嗣以长，顺也，今将奈何？"其意是说应当由长子赵元佐来继位，如第三子赵恒继位即属"不顺"。吕端随即反驳："先帝立太子，政为今日，岂容更有异议！"李皇后无言应答，于是确定太子赵恒即位。

皇太子赵恒按惯例在先皇帝灵柩前举行即位仪式，由参知政事温仲舒宣读宋太宗"遗制"，然后百官向新天子行礼。但吕端却站立在殿阶之下，不行拜礼，反而要求侍从将新天子面前垂下的帘子卷起，再升殿审视，确认即位者真是赵恒，然后退下殿来，率领群臣下拜，三呼"万岁"。新天子才正式继位，是为宋真宗。北宋王朝自"斧声烛影"开始的皇位继承危机，至此告一段落。

宋真宗虽说还算顺利地继承了帝位，但由于反对自己继位之事涉及参知政事李昌龄、知制诰胡旦与知枢密院事赵镕、殿前都指挥使李继隆等朝中大臣多人，并牵连母后李皇后和皇兄赵元佐，如何妥善处置，颇费周章。在宰相吕端等大臣支持下，宋真宗隐忍不发，按部就班，依据惯例赏赐百官爵禄，擢任"随龙"亲信官员，以稳定政局。

四月一日，尊李皇后为皇太后，大赦天下。随后宰相吕端加右仆射；太子宾客李至为工部尚书、李沆为户部侍郎，并为参知政事；中外群臣秩加一等。

四月底，兵部郎中、知制诰、史馆修撰胡旦在起草王继恩加恩制书时，"颇恣胸臆，多所溢美，语复讪上"，即言词中颇有嘲讽新天子之意。不堪忍受的宋真宗遂首先责授胡旦为安远军节度行军司马，以示惩处。五月中，自感权位已稳固的宋真宗向王继恩等人动刀了，责授户部侍郎、参知政事李昌龄为武忠节度行军司马，宣政使、桂州观察使王继恩为右监门卫将军，均州安置，安远节度行军司马胡旦流放浔州（今广西桂平），其罪名是"（王）继恩潜怀凶憝，与（李）昌龄等交通请托，漏泄宫禁语言"等，显然不欲直言其实。

又司马光《涑水记闻》称宋太宗病危时，"李太后与宣政使王继恩忌太子英明，阴与参知政事李昌龄、殿前都指挥使李继勋、知制诰胡旦谋立潞王元佐"，待宋真宗继位，以李继勋"为使相，赴陈州本镇"。《宋史·吕端传》也载此事，但削去"李太后"三字。按大将李继勋死于太平兴国初年，不可能参与王继恩密谋，此"李继勋"实为"李继隆"之误。《宋史·李继隆传》云"真宗即位，（继隆）改领镇安军节度、检校太傅，逾月召还，加同中书门下平章事，解兵柄归本镇"。镇安军即陈州，节度使加同平章事即称"使相"。李继隆为明德李皇后之兄，深得宋太宗信任，于端拱初年授侍卫马军都指挥使、领保顺军节度使，至道二年统军与党项作战。至道中，李

宋真宗坐像（宋佚名绘，台北故宫博物院藏）

继隆自西北归京师，被宋太宗任为殿前都指挥使，统率京中禁军，从而卷入李皇后的密谋。但宋真宗由于李继隆乃"累朝旧臣，地居元舅"，故只是以"不敢烦于戎旅"之名罢其兵权，以节度使、同平章事归镇陈州。李焘《续资治通鉴长编》因为"王继恩等谋废立，《实录》、《国史》绝不见其事迹，盖若有所隐讳"，故据《涑水记闻》等私家著述增补之，但却删去李太后、李继隆之名，可见其"隐讳"不亚于"国史"。此外，王明清《挥麈余话》云知枢密院事赵镕也参与密谋，故于八月间被罢为寿州观察使。

六月，宋真宗追复皇叔涪王廷美为西京留守兼中书令、秦王，赠皇兄魏王德昭为太傅、岐王德芳为太保；又复封皇兄元佐为楚王。由此为赵廷美、赵元佐恢复了名誉，而间接否定了其父之作为。宋真宗还欲去楚王府探望皇兄，但赵元佐以身患疾病坚决加以拒绝，并表态："虽来，不敢见也。"宋真宗只得作罢，而终身未得相会。可证赵元佐并非真疯，而经历这许多风波之后，"相见争如不见"，从而避免相见时的尴尬。赵元佐此后安享富贵近三十年，死于1027年（天圣五年），享年六十二岁。

在宋真宗即位中立下大功的宰相吕端，备受天子信任，宋真宗每次召见大臣，都对吕端恭敬作揖，从不直呼其名。吕端因身材高大，又年迈行动不便，殿前石阶稍高，宋真宗特意令人改加木制的小台阶，便于吕端行走；并专门召请他至便殿商议军国大事。吕端于1000年（咸平三年）病卒，享年六十六岁。

虽然宋太宗完成"传子"大业，宋真宗及之后的北宋皇帝皆为宋太宗的子孙，但宋太祖暴死，其两个儿子随后也不明不白去世，宋太祖的后嗣渐渐流落民间，从而引起世人的不平，所以至迟在北宋中期，社会上已有"太祖之后，当再有天下"的传言，到南宋初，民间竟传说在北宋末年率领女真铁骑的金军元帅斡离不，其容貌非常像宋太祖，是宋太祖之转世，故攻陷北宋京城开封后，即掳掠钦、徽二帝北归，并将宋太宗的子孙几乎屠杀殆尽，以此复仇。此传说当然甚为荒诞，却可以由此看出民意倾向。在如此大背景下，南宋"中兴之主"宋高宗赵构因未有子嗣，而被迫接受臣下的意见，为慰安宋太祖在天之灵，保佑赵宋社稷，故选择宋太祖的后嗣、宋太祖七世孙赵昚为养子。赵昚此后继承皇位，是为宋孝宗。宋朝皇位由此自宋太宗一系回到了宋太祖一系。此乃属宋初"金匮之盟"的余波再现。

宋真宗即位后，于内政外事皆遇到危机，经数月努力，瓦解了反对自己继位的政治势力，初步稳固了权位，于是下诏广开言路，令群臣对如何处置外事献计献策。当时直接威胁宋朝的军事力量，北是契丹，西北为李继迁。与契丹不同，叛服无常的李继迁虽然令宋朝君臣头痛不已，却并未给宋朝造成致命威胁。因此，如何对待契丹，便成为宋廷上下的主要议题。而群臣所上疏论，当以知扬州王禹偁所论"五事"较深刻揭示了宋朝诸弊，颇具代表性：其一是"谨边防，通盟好，使辇运之民有所休息"；其二是"减冗兵，并冗吏"；其三是"艰难选举，使入官不滥"；其四是"沙汰僧尼"；其五是"亲大臣，远小人"。对如何"谨边防，通盟好"，王禹偁解释道：

> 方今北有契丹，西有（李）继迁，契丹虽不犯边，戍兵岂能削减？继迁既未归命，馈饷固难寝停，关辅之民，倒悬尤甚。臣愚以为陛下嗣位之始，当顺人心，宜敕疆吏致书敌（辽）臣，使达北庭，请寻旧好。下诏赦继迁之罪，复与夏台（夏州）。……彼必感恩，此亦不战而屈人之师也。如其不从，则备御诛擒，皆有方略，且使天下百姓知陛下屈己而为人也。（《续

资治通鉴长编》卷四十二)

其主旨仍是延续宋太宗晚年之主和论调，并得到众多官员的赞同。如刑部员外郎马亮上书论"四事"，也主张"契丹频岁内侵，河北萧然，请朝廷修好以休息边民"。这说明宋朝君臣已接受了"契丹则君臣久定，蕃、汉久分"的现实，所以只思如何维持现状，而无收复燕云诸州之雄心。不过宋真宗的示好，仍然未得到辽朝响应，萧太后正欲乘宋朝新君继位之初、政局未稳之机，恢复大举南征，以攫取更大的利益，从而再次在河北等地与宋军铁血鏖战。

第五章

澶渊订和约 (998−1005)

边城寒早。恣骄虏、远牧甘泉丰草。铁马嘶风，毡裘凌雪，坐使一方云扰。庙堂折冲无策，欲幸坤维江表。叱群议，赖寇公力挽，亲行天讨。　　缥缈。銮辂动，霓旌龙旆，遥指澶渊道。日照金戈，云随黄伞，径渡大河清晓。六军万姓呼舞，箭发敌酋难保。虏情慑，誓书来，从此年年修好。

——宋·李纲《喜迁鹊·真宗幸澶渊》

一　烽火烛天（*998-1003*）

自徐河之战以后，辽军多年未再大规模南侵。在此期间，宋太宗施行"守内虚外"政策以巩固其集权统治，而萧太后同样利用此机会强化其权位，逐渐将职权转移至韩德让以及自己儿子手中。南院枢密使兼北府宰相室昉与韩德让相友善，同心辅政，整治蠹政时弊，以休息百姓、减轻赋税为要务，使朝廷法度修明，朝野官民皆"无异议"。萧太后又因韩德让的推荐，任用参知政事邢抱朴按察诸道州县守令"能否而黜陟之，大协人望"。突吕不部人萧合卓"以谨恪"补南院侍郎，也因韩德让的举荐出任中丞，累迁北院枢密副使。精于医术的耶律敌鲁，也因韩德让的举荐而官至节度使。韩德让又向萧太后举荐曾得罪过自己的东路统军都监耶律乌不吕的才能可任统军使，并针对萧太后的疑问而解释道："臣忝相位，于臣犹不屈，况于其余？以此知可用。若能任使之，必能镇抚诸蕃。"萧太后从之，加金紫崇禄大夫、检校太尉。由此，得到萧太后充分倚重、宠信的韩德让，在自己周围集结了一批出将入相、勤力于政且政绩显著的蕃、汉臣僚，成为支持萧太后巩固统治的主要力量。994年（辽统和十二年），室昉致仕，荐韩德让"自代"，于是萧太后任命韩德让以南院枢密使兼北府宰相，拜监修国史，赐号兴化功臣；不久又加守太保，兼政事令。998年（辽统和十六年）十二月初，于越、南京留守耶律休哥病死。传说那天夜晚，当地出现树木上雨水成冰的异象。萧太后改封辽圣宗之弟恒王耶律隆庆为梁国王，接任南京留守；改封郑王耶律隆祐为吴国王。999年（辽统和十七年）九月，北院枢密使耶律斜轸病死，萧太后随即任命韩德让兼知北院枢密使事。至此，韩德让已集辽朝蕃汉、军政大权于一身。不久，韩德让又官拜大丞相，改封齐国王，总领北、南两院枢密使，为南北面诸行宫都部署，国家军政机事无一不统。

为提升韩氏家族的政治地位，萧太后之弟隗因又娶韩德让之妹为妻。986年（辽统和四年）九月，年方十六岁的辽圣宗娶皇后萧氏，生一子一女。1001年（辽统和十九年）三月，皇后萧氏被降为贵妃，罪名不明。但从辽圣宗随后娶韩德让之外甥女菩萨哥为皇后（即仁德皇后），而韩德让也被萧太后赐名曰"德昌"等情况来看，此萧皇后被降为贵妃，当是为韩德让的外甥女腾出皇后之位。此举开了一个很不好的先例，此后辽朝诸帝屡屡发生贬降皇后甚至杀害皇后之事。

萧太后还利用南边战事稍息之机，加强对周边边疆地区的控制。当时西北边的阻卜诸部族往往乘辽军与宋鏖战正急，无暇北顾之机起兵叛乱。994年（辽统和十二年）八月，萧太后因西北边地不宁，对其用兵宋朝形成了很大牵制，故诏令其大姐胡辇镇守西北。胡辇嫁齐王耶律罨撒葛，故称齐王妃，又因耶律罨撒葛死后被追封为皇太叔，所以胡辇又被尊称为"皇太妃"。皇太妃受命与西北路招讨使萧挞凛率领西北路乌古等部兵及永兴宫分军共三万人马，屯驻驴驹儿河一带，以抚定西北边。997年（辽统和十五年），又有一些阻卜部族叛乱，悍将萧挞凛在讨平叛杀辽廷所派地方官员的敌烈部人以后，顺便征服了那些叛乱的阻卜部人，由此西北"诸蕃岁贡方物充于国，自后往来若一家焉"，得到萧太后的称扬。萧挞凛鉴于西北诸部族屡降屡叛，其势力不断发展，而辽军主力被牵制于对宋战场，所以请求皇太妃上表萧太后同意，在西北沿边建置三座城堡，以绝边患。时隔不久，阻卜部酋长鹘碾果然又率部众起兵反辽。1000年

（统和十八年）中，迫于辽军压力，鹘碾之弟铁刺不率本部军民归附辽朝，孤立无援的鹘碾亦只得随之来降。萧太后为慑服那些叛服无常的阻卜等部族，诏令边将诛杀鹘碾以示众。1003年（统和二十一年）六月，西北边重镇可敦城修筑完成，名镇州（位于今蒙古土拉河与鄂尔浑河之间），选诸部族二万余骑充驻屯军，专门负责捍御室韦、羽厥诸部族，迫使叛辽的阻卜酋长铁刺里率诸部来降。次年，阻卜酋长铁刺里遣使臣来朝贡，并求婚于辽廷，萧太后正欲倾国南下与宋军决战，为笼络西北诸部族，以避免辽军的后顾之忧，故答应了铁刺里的求婚请求。可敦城修筑完工，有力保障了契丹西北边境的安全。

宋人文献中还记载了一件自契丹传来的有关齐王妃的趣事，云：齐王妃领兵屯驻驴驹儿河畔，有一次因检阅牧马，看见有一个名叫达兰阿巴的蕃奴姿貌甚美，故召入帐中侍奉自己。时长日久，此事传入萧太后的耳中，萧太后派人抓住达兰阿巴，按契丹旧俗，用沙囊击打达兰阿巴四百下，迫使其离开齐王妃。一年后，齐王妃特地上请萧太后，愿以达兰阿巴为夫，最终获得了萧太后的同意。

萧太后见时机成熟，于998年（宋咸平元年，辽统和十六年）五月祭祀木叶山，"告来岁南伐"。次年九月，萧太后驻跸燕京，调遣诸部兵马南征。

《辽史·兵卫志》中载有一份甚为完备而全面的辽朝举国南侵宋境之作战方案，包括征调兵马、器械配备、行军路线、作战方式等等。如此作战方案，大概在辽太祖、辽太宗时期即已存在，但从方案之完备、规模之浩大以及内中所涉及的官名、地名等判断，其定型当在萧太后屡次大举南征宋朝之时，并定为法规制度记录在案。现简要介绍如下：

辽朝凡逢大战，必定由皇帝率领蕃、汉文武臣僚，以青牛白马祭告天地与太阳神，但不祭月神，分遣近臣去辽太祖以下诸帝陵及木叶山神庙祭告，然后下诏诸道征调兵马。契丹南院大王、北院大王、奚王以及东京渤海兵马使、燕京统军兵马使接到征兵诏令以后，还需奏报辽廷复核。辽帝再派遣使者持铸成的金鱼符，待与南院大王等所藏的金鱼符相合，然后南院大王等再调发兵马出征。如此慎重从事，可见辽朝帝后为控制全国军队、防止统兵大将拥军兵变的煞费苦心。

　　主要以游牧为生的契丹民族，兵民合一，故其兵制，凡国民年十五岁以上、五十岁以下者皆隶兵籍。军士分正军、家丁等。每一名正军，配备战马三匹，打草谷、守营铺的家丁各一人。辽军人、马皆不供给粮草，每天派遣"打草谷"者四出抄掠物资以为供应。每位军士均需自备铁甲九件，马鞯鞴、马甲皮铁若干（根据其家力贫富而多少不等），弓四张，箭四百支，长短枪、骨朵（一种古兵器）、斧钺、小旗、锤锥、火刀石、马盂、秒（一种干粮）斗、秒袋、搭钩毡伞各一件，系马绳二百尺。因此，各地官员一接到调发兵马的诏令，就先核查辖地内户丁数量，排定人户财力等级，再根据户籍齐集兵众，自十将（辽朝官级最低的小军官）以上，皆依次点集军马、器具。待金鱼符送至，各地兵马使亲自点集所部兵马，送符使者不得参与其间。然后各地兵马使将所点集的本部军马数上报朝廷，朝廷根据其兵马多少，再命使者充任军主，与统军的各地兵马使互相监督。各地兵马使再请引五方旗鼓，以确定本部行军方向和具体作战任务。

　　辽帝大多在燕京以北的鸳鸯泊一带点集南征兵马，亲阅将校，选勋戚大臣充行营兵马都统、副都统、都监各一人，又选诸军兵马中尤为精锐者三万人作为护驾军，选骁勇三千人为先锋军，选剽悍骑士百余人为远探拦子军（辽军宿营，有远探拦子马出外侦探，夜听人马之声，以防敌军偷营），以上诸军各有将领统领。此外，又于诸军中根据其人数多寡而抽取十人或五人，合为一队，别立将领统率，以备传递调遣兵马之信息、发送军情文书等（调遣兵马及传送命令者持银牌为凭据）。

辽军南行，一般自居庸关（在今北京昌平西北）、曹王峪（在今北京怀柔北）、白马口（今北京密云白马关）、古北口（在今北京密云东北）、安达马口（今北京密云安达木河流入长城处）、松亭关（在今河北宽城西南）、榆关（今河北山海关）等路入关；将至平州（今河北卢龙）、燕京之境，辽廷又遣使者分道催发进军，不得久驻当地，以免践踏禾稼。契丹风俗，在行军途中忌讳见到僧尼、丧服之人。萧太后当政期间，辽帝亲征宋朝，萧太后皆随行，并往往作为军中实际之主帅。萧太后、辽圣宗亲征时，留亲王一人在燕京镇守，权知军国大事。

契丹大军一般分别自广信军（今河北保定徐水区遂城镇）、雄州（今河北雄县）、霸州（今属河北）三路进入宋界，三路辽军各设主将一人。辽朝帝后必定在中路，兵马都统、护驾等军皆扈从而行。大军一旦进入宋境，其步骑车帐便不再遵循田野中阡陌道路行进。其拦子马分散游行至百十里以外，轮番侦探巡逻。至夜，众军吹角为号联络，将士们环绕帝后所在的御帐安顿营舍，由近及远，将树枝稍加弯曲作为弓子铺，而不设置鹿角、深堑、木栅等守备器械。

辽军行军作战，其前后左右皆设有先锋军马，在先锋军前后二十余里分遣全副衣甲的远探拦子马各十数人，夜间每行十里或五里便稍加停留，下马探听四周是否有人马活动之声，有则擒之；如力不可敌，则飞报先锋将，齐力攻击；如遇敌方大军，即刻飞报主将。因此，敌军之虚实、动静，辽军主将皆能及时获知。

诸路辽军之行军作战，辽廷亦无具体规定。行军途中遇见民居、园囿、桑柘等树木，必定砍伐焚毁，以破坏敌方之经济、民生。如遇见县城、镇寨，一般即刻予以攻击；若是州军之类城防，必定先探听其虚实、计划攻击次序，然后再进兵。如若是防守坚固的大州城，不可攻击，便引兵绕行；并为提防敌军出城邀阻，乃围城射箭鼓噪，佯为攻城之态，迫使敌方闭城固守。于是前路无阻，引兵疾进，分兵抄截，使得宋朝诸州城之间隔绝不通，孤立无援。入夜，为防范所经过的大小州城宋守军出城突击，以及联络邻州调遣军马，辽军在每一州城城门左右百余步外设伏兵百骑，被甲执兵，立马以待；如宋兵出城数量较众，力不能敌，便迅疾驰还大营，调集众军与战。在辽军大营左右的官道、小径、山路、河津之处，夜中并遣兵巡守，严加防范。其打草谷家丁成群结队，各衣甲持兵，四出掳掠，必先砍伐园林，然后驱掠老幼之人搬土运木填埋城防壕沟深堑；当进攻城池之际，必定驱使被掳掠的老幼在前，敌军箭石檑木并下，只是伤及那些老幼。辽军还征发辽境内汉人乡兵万人，随军专伐园林，修整道路。辽朝天子所在的御寨及其他营垒，只用那些与民生关系密切的桑柘梨栗之类树木，待到撤兵时，便纵火焚毁，不使留下。

三路辽军一般深入至宋朝北京大名府会师，再商议攻取方向，如若形势不利，即撤兵北还。

契丹军马每次出行，战鼓三通，不问昼夜，大军齐发。辽军规定，士卒未遇到大敌，不乘战马；待敌兵接近，便换乘战马，使马有余力，利于战斗。如敌军既已列阵，即观察其阵势小大、山川形势、往回道路以及救援捷径、漕运所出之处，各作对策，然后开始攻击：于宋军战阵四面，列骑兵为队，每队五百人至七百人，每十队为一道，每十道独当宋军阵之一面，各设有主将指挥。第一队驰马大噪，冲突宋阵。如得利，则诸队齐进；若未得利，便引兵而退，第二队继续攻击；退下者休息战马、饮水食干粮。诸道皆如此作战，轮番进退，如宋军阵脚不动，亦不力战。就如此相持三二天，深夜举火惊扰宋军，以等待宋军困惫；再多设伏兵截断宋军粮道；又令打草谷家丁在马后拖着两把扫帚，在上风头来回疾驰扬尘，使敌军阵中尘埃飞扬。待宋军将士既已饥饿、疲乏，又因阵中扬尘而睁不开眼，辽军就有机可乘了。如若辽军阵南获胜，而阵北失利，主将在中军，无以知晓其详，则以契丹国内四方山川为号，传声相闻，使得相互救应。辽军一般出兵不过九月，班师北还不过十二月。

如果不是辽帝、皇太后亲征，而是遣重臣统兵马不下十五万众，亦分兵三路往还，至宋之北京大名府会师，九月进兵，十二月退军，其行事次第皆如帝后亲征之制度。如若止遣骑兵六万南下，则不特命都统，一般春季以正月、秋季以九月出兵，但不许过于深入宋境，不攻城池，不伐林木，只是在距离辽界三百里范围内焚毁粮食、房屋，不令宋人耕种养殖而已。

由上可见辽军南征的战略战术，皆充分发挥了骑军机动能力强的特点，或"成列不战，退则乘之"，或"多伏兵断粮道，冒夜举火"，或"馈饷自赍，散而复聚"，加上契丹人善战而又能抗严寒，故所战多胜。萧太后当政期间历次南下亲征，大体遵循这一作战方案行事，故其与已无进取之心、只是被动防御的宋军作战时，或围攻孤城，或运动歼敌，基本掌控着战场主动权。

对于契丹的虎视眈眈，宋人似乎刻意视而不见。999年（咸平二年）春，京西转运副使朱台符虽然认为"幽蓟之地，实为我疆，尚隔混同，所宜开拓"，但今与北朝"既阻欢盟，乃为备御，屯兵马，益将帅，刍粟之飞挽，金帛之委输，赡给赏赐，不可胜数，由是国之食货，匮于河朔矣"，故建议宋真宗"宜以此时，赦契丹之罪，择有文武才略、习知边境辩说之士，一介之使，以嗣位服除，礼当修好邻国，往告谕之。彼十年以来不复犯塞，以臣料之，力有不足，志欲归向，而未得其间。今若垂天覆之仁，假来王之便，（其）必欢悦慕义，遣使朝贡。因与之湔弃前恶，复寻旧盟，利以货财，许以关市，如太祖故事，结之以恩，彼必思之。两国既和，则无北顾之忧，可以专力西鄙，（李）继迁当自革心而束手，是一举而两获也"。朱台符并自请充当使者出使辽朝，而颇为舆论所称誉。如此昧于知己知彼的言论，却能得朝中官员的一片赞美声，可证其人颟顸而少识。当时有朝官认为应当开展与契丹的榷场贸易，使辽人由此攫取经济利益而放弃攻战，所以天子诏令在河北沿边设置新的榷场，通过与北人交易茶药等物品，收取其财利来补助军资；又有诏令允许边民越拒马河至辽境购置马匹。河北转运使索湘、知雄州何承矩对此举大加反对。何承矩指出："缘边战棹司，自陶河至泥姑海口，（河塘）屈曲九百里许，天设险固，真地利也。太宗置寨二十八、铺一百二十五，命廷臣十一人、戍卒三千余，部舟百艘，往来巡警，以屏奸诈，则缓急之备，大为要害。今听公私（跨界）贸市，则人马交度（界河），深非便宜。若然，则寨、铺为虚设矣。"宋真宗虽然惧战，一意与辽修好，但也知大敌当前、自撤长城之荒谬，故停废了允许商贩越界贸易的诏令。

不过，宋真宗对于前线传来的"敌谋寇边"情报也不甚相信。是年五月，枢密使兼侍中曹彬病重，宋真宗亲至曹府中探视，述及知雄州何承矩关于契丹图谋南侵的奏报，并询问对策，曹彬回答："太祖英武定天下，犹委（知雄州）孙全兴经营和好。陛下初登极时，承矩尝发书道意，臣料北鄙终复成和好。"本就一心只想屈意与辽媾和的宋真宗，闻听宿将曹彬也如此言说，大合心意，即刻表态道："此事朕当屈节为天下苍生，然须执纪纲，存大体，即久远之利也。"然从此后事态进程来看，其所谓"执纪纲，存大体"，不过是指屈己媾和的底线是不能让自己在大宋臣民前丢失"圣天子"的脸面而已。六月，曹彬卒，享年六十九岁。曹彬位兼将相，却"不以等威自异"，谦逊自处，过错属自己，而功勋归圣上，故其虽无彪炳战功，却被视为宋代"良将第一"，由此也可见宋人推崇之所在了。

七月，宋真宗召横海军节度使、知镇州王显入京，接任枢密使。此时有关契丹即将入侵的谍报纷至沓来，宋真宗虽竭力避免战事，却也不敢托大，即任命侍卫马步军都虞候、忠武节度使傅潜为镇、定、高阳关行营都部署，西上阁门使、富州刺史张昭允为行营都铃辖，洛苑使、入内副都知秦翰为排阵都监，莱州防御使田绍斌为先锋将，崇仪使石普、单州防御使杨琼为副先锋将，统军布防。八月，宋真宗又在开封城含辉门外举行规模颇大的阅兵仪式，激励士气，安定民心：

半夜三鼓时分，殿前、侍卫马步诸军二十万人分诸门出城，至天明时分列阵方成。宋真宗骑马按辔出东华门，宗室、近臣、文武百官并穿戴戎服侍从。宋真宗登上阅兵台，诸军列阵于台前，左右相向，步骑交属；诸班卫士翼侍于台后。殿前都指挥使王超于阅兵台举五方旗指挥诸军进退，又于左右两阵中各竖起瞭望台，有人站在台上观望王超旗语，再挥旗传达给台下将校。王超首先举黄旗，则诸军列队行军礼；举赤旗，则骑兵进；举青旗，则步兵进。每次旗举则鼓声大作，鼓声起而士卒大噪，皆三番而后退。然后举白旗，则诸军再行拜礼，三呼"万岁"。阅兵官奏"阵坚而整，士勇而厉"，准备再让天子检阅一次。宋真宗说："可止矣。"王超遂举黑旗，于是列阵于左者攻略右阵而还，自阅兵台前出西北隅；列阵于右者攻略左阵而还，自阅兵台前出西南隅而归。宋真宗登上东华门，观看诸军还营，回头称誉王超道："士众严整，戎行练习，卿之力也。"

　　就在宋朝君臣自我陶醉之时，萧太后统领辽大军再次南侵了。

　　辽军于九月十九日正式发兵，但其前锋此前已侵入宋境侦查作战，其偏师并侵扰河东雁门瓶形寨（今山西平型关）、宁化军（今山西宁武西南宁化故城）。故是月七日，枢密都承旨王继英已奏请"车驾"亲征河北以抵御契丹南下，宋真宗遂命王继英先行北上河北镇、定、高阳关等地视察，"宣慰将士"。十月，辽军进攻遂城，不克；辽将萧继远率偏师攻破狼山镇（今河北清苑西北）石寨。

　　对辽军此次大举南下，宋军还是有所准备的。当时宋镇、定、高阳关都部署傅潜遣先锋将田绍斌、石普等去保州（今河北保定）戍守。石普与知保州杨嗣相约出兵夹击来攻保州的辽兵，但遭到辽军伏击，部队颇有损失，只得仓皇渡廉良河而退，却又遭到辽军合围。当夜，田绍斌见石、杨二部未及时归来，疑遭败绩，遂率军来援，宋军合兵大战，辽军不支败退。傅潜随即遣人快骑急赴京城报捷，正在皇宫后花苑与群臣宴射的宋真宗大喜，从臣也纷纷"再拜"称贺。

　　但其时已攻破狼山诸寨的辽军仅留下偏师围攻遂城，其主力深入祁州（今河北安国）、赵州（今河北赵县）等地大肆掳掠。萧太后、辽圣宗率领辽中军主力进抵瀛州（今河北河间）一带，与宋军对垒。面对辽军全面出击，狼烟四起，宋军主将傅潜却畏懦地率领步骑重兵八万余人龟缩在定州（今属河北），虽然缘边州军纷纷告急，但他却只是闭营自守，不敢迎敌。有一支辽兵进至定州怀远驿，宋将南作坊使李继宣领兵三千人前往迎战，辽兵自知众寡不敌，便毁坏驿桥而退。李继宣修好桥梁急追五十余里，辽兵为阻追军，又焚毁常山、中度两座桥梁，但李继宣依然紧追不舍，迫使辽兵拔寨遁去。李继宣"锐于击敌"，数次向主将傅潜请求出战，但傅潜不同意他远出袭敌。傅潜麾下其他将领也屡次请求出战退敌，却被傅潜恶言骂退。

此前河北转运使裴庄多次上奏天子，认为傅潜"无将略，恐失机会"。但由于傅潜与枢密使王显皆为宋太宗"晋王府旧人"，故而结党营私，将裴庄的上奏压下不报送天子。当时契丹游骑已南至邢州（今河北邢台）、洺州（今河北永年东）一带，河北大震，百姓惊扰，纷纷扶老携幼躲入城郭避难。宋真宗也觉察到情况危急，屡次派人从小道来到定州，督促傅潜开营出兵，会合诸路宋军共同御敌。宋军都监秦翰和定州行营都部署范廷召等将领亦一再敦促他遵旨出战，但傅潜一概不听。范廷召大怒，谩骂傅潜道："公性怯，乃不如一妪耳。"傅潜心中有愧，只是装聋作哑，默不作答。都钤辖张昭允亦劝傅潜出战，不料傅潜竟回答说："贼势如此，使吾与之角，适挫吾锐气耳。"闻听此言者无不扼腕愤怒，傅潜也知此举大失人心，为应付范廷召的不断责问，就分骑兵八千、步兵两千给范廷召，令自高阳关出击迎战，并答应出军以为后援。范廷召深知傅潜答应的后援并不可靠，而自己所率区区步骑万人，要与辽军主力相抗，实寡不敌众，于是向高阳关都部署、侍卫马军都虞候康保裔求援。

史称康保裔谨厚好礼，喜交宾客儒士，善于骑射，曾手握箭矢三十枝，张弓连射，使后一枝箭之箭头射中前一箭之尾，相连接成一线而坠落，世人皆佩服其射技神妙。康保裔屡经战阵，平日甚爱惜部众，所得赏赐金帛，随即散分麾下，故所部将士战斗果敢，成为宋朝沿边一支精锐之师。至此，康保裔接到范廷召求援，即率兵赴难。待康保裔赶至瀛州西南的裴村时，范廷召的后军已与辽军交战。当时与范廷召对垒的是契丹先锋将、辽圣宗之弟耶律隆庆所率的辽军精锐。耶律隆庆问诸将"谁敢当者"，出身后族的战将萧柳应声而出，率众驰马突击。宋兵见状急发弓弩阻击，萧柳身中流箭，却裹伤再战，勇气百倍。于是众辽将呐喊而前，一场混战。又有皇族耶律铎珍因性格疏简，故不为崇尚战斗的契丹族人所称赏，此时率领一支羸弱之师随从亲王耶律隆庆出征，在激战中，铎珍取出一块鲜红的丝绸披在铠甲上作为标识，率部下奔驰突击，格杀甚众。宋军渐渐不支，陷入混乱。康保裔接到范廷召的告急信号，即挑选精锐投入战斗，稳住了宋军阵脚。因时已黄昏，不利行军作战，康保裔便与范廷召诸将约定于明晨会战。当夜，范廷召获得辽军增援军马自四方赶来的谍报，惊骇之余，只顾自己脱身，即领兵南遁，而未遣人通知康保裔。次日清晨，不知友军已连夜奔逃的康保裔部陷入辽军重围。康保裔左右亲校请求他换穿普通将士的盔甲，率精锐骑军突围，康保裔凛然回答："临难无苟免，此吾效死之日矣！"康保裔麾军大呼赴敌决战，前后突击数十回合，士卒用劲弩齐射，杀伤甚众，马蹄所践踏处，扬起浮尘深尺许。辽将耶律谐理率领精骑从小道抢先渡河，迂回至宋军阵后猛烈攻击，宋军被分割数块，各自为战。激战时久，康保裔部兵尽箭绝，而援军不至，遂全军覆没，康保裔及将领宋顺等被擒。同在重围之中的康保裔部先锋将、高阳关路钤辖张凝与其子张昭远，率左右士卒力战，于乱军中突围而出。作为后军随后策应的高阳关行营副都部署李重贵所部，在向康保裔部靠拢时，亦遭辽军阻击，腹背受敌，自下午激战至夜，终于乘夜色与张凝所部一起杀出血路，逃还高阳关。

鉴于河北战局危殆，宋真宗在宰相张齐贤等支持下，决定亲至河北前线指挥诸军御敌，命宣徽北院使周莹为随驾前军都部署、邠州观察使刘知信为副都部署，内侍都知杨永遵为排阵都监；以保平军节度使、驸马都尉石保吉为北面行营先锋都部署，磁州防御使康廷翰为副先锋都部署，洺州团练使上官正为钤辖；命宰相李沆为东京留守，宿将张永德为京城内外都巡检使，镇守京城重地。

十二月五日，宋真宗离开京城，开始了其第一次御驾亲征。九日，宋真宗抵达澶州（今河南濮阳）。知冀州张旻遣使报捷，称辽兵五千骑来袭击，激战于城南，杀敌千余人，夺战马百余匹。此战捷报显然夸大，但宋天子初次亲征，刚进入河北即有捷报传来，自然值得庆贺。十二日，宋真宗于澶州行宫宴请从臣，以殿前都指挥使王超、权殿前都虞候张进为先锋大阵往来都提点，马步军都军头呼延赞、马军都军头王潜为先锋，滨州防御使王荣、马步军副都军头王继忠为策先锋（策应先锋）。宋真宗又取出阵图指示王超等将领，"令识其部分"。生长于深宫、从未经行伍的宋真宗竟然学其父皇，在战前用阵图来谆谆教导将领们如何作战，也算一奇闻，而宋军欲因此取胜，难矣。十五日，宋真宗至大名府郊外，身穿铠甲坐镇中军，由枢密使王显、枢密副使宋湜分押后阵，宋军列阵连绵数十里。

撑足脸面的宋真宗分遣使者去河北遭遇战火的诸州郡，告诉天子已驾临大名府，以安人心，同时又遣将领石保吉、上官正率前军自大名府北上，欲与定州傅潜部分进合击河北敌军。但石保吉进军缓慢，大概是"持重缓行"吧，至辽军北撤时，方才抵达贝州（今河北南宫东南）。傅潜更是阳奉阴违，逗留不发。不过，宋真宗御驾亲征大大激励了宋军士气，战场上形势发展渐对辽兵不利。自瀛州大捷后，辽军一部乘虚长驱直入，自德州（今山东德州陵城区）、棣州（今山东滨州）渡过黄河，进入淄州（今山东淄博淄川区）、齐州（今山东济南）境内，大掠一番后北还。但河北宋军各部已开始反击，辽军进攻冀州、威房军等地多遭失败，而河东府州（今陕西府谷）宋军为牵制河北辽军，亦主动出击，进入契丹五合川，攻破辽黄太尉寨，焚烧其车帐，杀获甚众。1000年（宋咸平三年，辽统和十八年）初，萧太后见形势不利，下令诸军兵马分路北归，不得恋战，自己也于正月中回到燕京。

获知辽军北撤，宋真宗即令王荣、范廷召等部追击。不数日，范廷召奏报其追击至莫州以东三十里，大败辽军，斩首万余级，所获鞍马兵器不可胜计，"余众遁逃出境"。范廷召捷报中的水分也显而易见，所谓"余众遁逃出境"，正可说明宋军只是在后面驱赶辽军出境，所斩获者当是掉在大队之后的少量游兵散勇而已。所以时人有范廷召"虚报大破契丹于莫州，以掩盖其裴村逃遁之罪"的说法。而贝冀行营副都部署王荣的作为更是不堪：王荣奉诏率五千骑兵追击辽军。王荣本无将才，只会走马骑射，却又胆怯怕死，一连数天都托故不肯出发，等到确认辽军已北渡界河班师以后，才装模作样出军。当时剽掠淄州、齐州的辽军尚逗留在泥沽（今天津东南）附近，王荣不欲与辽兵碰面，就率领部下在界河南岸虚张声势，昼夜驱马疾驰，战马多有因不得进食、休息而倒毙路边者，待辽兵全都远去，然后掉转马头而归。宋真宗只是遣人将倒毙的战马掩埋了，却未对王荣作任何处置。

傅潜龟缩定州，闭营不战，不遣兵马增援诸州军御敌，反而压下诸将战功不上报朝廷的劣迹终于传到了宋真宗的耳中，宋真宗不禁大怒，即将傅潜削职流放，其两个儿子也被除名；随后枢密使王显亦因庇护傅潜而罢官。看来傅潜是实在做得太过分了，使初次亲征的皇上脸上无光，所以不免被拿来祭刀，杀一儆百。宋真宗对被辽军所擒的康保裔之处理，也可充分说明东方文化中保持"圣天子"脸面的重要性。在宋方史书中，大多记载康保裔阵亡，并以其为"烈士"而赏赐其子弟官爵。这当然有战场上消息混乱的因素，但随即又传来自战场溃逃而出的康保裔部下称康保裔等被契丹俘虏的报告。宋真宗亲至河北督战之初，即传来前线宋军惨败、失陷大将的消息，自然心中甚为不爽，而好容易树立的抵御强寇之"烈士"典型，却又说他实已降敌，其中难堪又当如何！为此，宋真宗派遣亲信侍从夏守赟前往调查。传说夏守赟变换身份进入军营内，经多方细致询问核实，回报天子道："（康）保裔送客（出营寨），猝与敌遇，援兵不至而死。"因宋朝军法，主将阵亡，其帐下亲校会因卫护不力之罪名被诛，所以"畏诛"的康保裔部下，便声言康保裔"降贼"以求免死。既然是康保裔猝然遇敌而不及调发援兵，则由此卸脱了诸将见敌而去、不发援兵的罪责。夏守赟如此说法，合理解释了康保裔帐下将士声言康保裔"降贼"的原因，即"畏诛"，由此大合圣上旨意。于是宋真宗特"废朝二日"，赠康保裔官侍中，下诏抚恤其家属，任命其子为官。《宋史》并因康保裔战死沙场而列其名于《忠义传》。不过，宋朝天子的遮羞举动并未能瞒过天下人。据史载数年后，供奉官谢德权于上宋真宗奏状中，言"前岁匈奴（契丹）犯境，傅潜闭垒自固，康保裔被擒，王师未有胜捷"；又同时人路振曾作祭文声称"咸平中，契丹犯高阳关，执大将康保裔，略河朔而去"。被俘北去的康保裔，入契丹后称康昭裔，可能是为避辽太祖耶律阿保机之讳而改名。据《辽史》记载，康昭裔此后被授官昭顺军节度使，从此效劳北朝。由于此后康昭裔未再与宋人打交道，所以宋朝"烈士"却又为辽朝"顺臣"的吊诡局面，也就被宋朝君臣勉勉强强地遮掩了过去。

既然萧太后、辽圣宗已率兵马北归，本无北取燕云之志的宋真宗也就势下阶，大张旌旗班师还京城。但还未等兴高采烈的宋真宗回到开封城，又传来四川兵变的消息。

四川自李顺之乱平定后，人心并未安宁，而益州钤辖符昭寿（宋太祖时宿将符彦卿之子）骄恣，不谙武事，平日裁决军务，只是让随从传言，又贪婪妄为，民愤甚大。符昭寿又纵容部曲掠取民间财货，其随从也仗势欺凌军校，故军中怨言纷起。同时，知益州牛冕为政宽弛，吏治不立。当时戍守成都的有禁军神卫军两指挥共千人，分别由都虞候王均、董福统领。董福统兵军纪严格，故所部粮饷供给都很到位；而王均喜好饮酒、赌博，军中经费由此匮乏。999年（咸平二年）十二月十五日，牛冕与符昭寿在城东郊阅兵，蜀人喜爱游玩观看，但神卫军两指挥士卒的衣装，一鲜好，一弊旧，完全不相等。王均部士卒都因丢失脸面而甚感羞怒，口出不逊。除夕日，牛冕备下酒肴犒赏其卫兵，但符昭寿却一无准备，军士益加忿忿不平，小校赵延顺等八人遂乘机密谋作乱。1000年（咸平三年）正月一日，有宦官奉圣旨去峨眉山进香以后回京，途经益州城，符昭寿命备马，准备出城相送。赵延顺等人故意将马厩中战马缰绳全都解开，让群马在庭下跳跃奔驰，然后装出赶捉马匹的样子，在喧呼混乱之际，赵延顺指挥众人闯入官署内，击杀符昭寿等人，占据甲仗库，取出兵器。此时牛冕正坐在州衙中接受官吏庆贺新春，闻知兵变，众官抱头逃窜，牛冕及转运使张适翻城出奔汉州（今四川广汉）。只有都巡检使刘绍荣挺刀格斗，因众寡不敌而被围困。那些叛卒想找个将校来领头，有人便提议奉刘绍荣为帅，但刘绍荣张弓大骂道："我燕人也，比自北归朝，肯与汝同逆耶？亟杀我，我宁死义耳！"赵延顺等人亦未敢加害。都监王泽闻知发生兵变，急召来王均说道："汝所部兵乱，盍（为何不）往招安？"此时赵延顺左手提符昭寿之首级，右手执剑，正彷徨未知所措，忽见王均至，即率众人欢呼，奉王均为军主。神卫军指挥使孙进不肯从乱，也被杀死。于是神卫军戍兵以及城中骁猛、威武军士卒联合，一起作乱，并缢死了刘绍荣，骁勇军第一指挥使王通也被害。王均称王建国，号称大蜀，改年号曰化顺，任命官员，开设科举，以神卫军小校张锴为谋主。这张锴原为北汉军士，北汉亡后归宋，被派来成都戍守。

三日，王均率众攻入汉州城，牛冕等官员逃奔东川。王均引军进攻绵州（今四川绵阳）城，未能攻克，便改趋剑门关，欲堵住宋军自关中入川蜀的通道。知剑州李士衡闻知益州兵变，深知叛兵必定要来进攻剑门，而剑州城小难守，即焚毁仓库，将金帛全都运至城东北的剑门关驻守。十三日，叛军至剑门关前，李士衡与剑门都监裴臻出兵逆击，斩首数千级。被叛军胁迫从行的百姓乘机奔溃，李士衡便揭榜招降，得千余人，都被补充麾下。王均叛军因缺食疲敝，从阴平道逃归成都。

当时身在河北的宋真宗颇担忧南方有人乘机聚众作乱，便以西京左藏库使、康州刺史杨允恭为荆湖、江浙都巡检使，内殿崇班杨守遵为副使，阁门祗候焦守节为都监，镇守南方。不料此次又是四川作乱，宋真宗不敢怠慢，于接到兵叛消息的当日，即以户部使、工部侍郎雷有终为泸州观察使、知益州，兼提举川、峡两路军马、招安、巡检、捉贼、转运公事，御厨使李惠、富州团练使石普、供备库副使李守伦并为川、峡两路捉贼招安使，率步骑八千往讨；又以洺州团练使上官正为东川都钤辖，西京作坊使李继昌为峡路都钤辖，崇仪副使高继勋、王阮并为益州都监，阁门祗候孙正辞为诸州都巡检使，巡护川中各州。

十八日，知蜀州、阁门祗候杨怀忠率领乡兵和诸州巡检兵进攻成都城。因王均率叛军主力在外，故杨怀忠部颇轻易地自北门攻入城中，遂烧子城北门，至三井桥，与叛将威棹小校崔照及招安巡检鲁麻胡等战于江渎庙前。杨怀忠兵势不敌，加上所率诸部多有"李顺旧党，颇贪剽劫"，遂遭致败绩。杨怀忠引众退保江原（今四川崇州东）。二十七日，王均遁归成都城。二月初，杨怀忠调集嘉州（今四川乐山）、眉州（今四川眉山）等地士兵、乡丁，准备再攻成都城。此时王均也遣赵延顺出攻蜀州（今四川崇州），被杨怀忠击败。杨怀忠乘势会合转运使陈纬，麾兵由成都子城南门直入，至军资库前。王均遣麾下精锐出击，分列数队，皆手持银枪，身穿绣衣，出通远门与杨怀忠部大战。至黄昏时分，杨怀忠退军筰桥（在今四川成都西南），背水列阵，并在楮木桥南下寨，以扞卫通邛州（今四川邛崃）、蜀州的大道，堵住叛军南下掳掠之路。不数日，叛军自清水坝、温江、金马三道来攻楮木寨，绕出宋军之后，焚江原神祠，截断邛、蜀二州增援之路。杨怀忠也分兵三路迎战，斩首数百级，乘胜逐敌至成都城南十五里处，便扎营寨于鸡鸣原，以等待宋军主力前来攻城。王均于是紧闭成都城四门固守。

宋将雷有终等率大军攻克汉州，南逼成都城，列寨于城北升仙桥，叛军出战，被击退。一天，王均大开城门出逃，宋将雷有终、上官正、石普等率兵径入城中，峡路都钤辖李继昌怀疑有诈，急加制止，但雷有终不听，李继昌只得独自率军列阵城外。入城的宋军纷纷抢掠民财，队伍不整，王均果然在城内设伏，见机便关闭城门，将床榻等杂物散布于路口，乱砍乱杀，宋军大乱，伤亡惨重，捉贼招安使李惠被杀。雷有终等翻城墙出逃，引兵退保汉州。王均随后在城中大开杀戒，强迫士民、僧道之强壮者为兵，登城拒守。三月，雷有终等又引军自汉州南进，列寨于弥牟镇（今四川新都北），叛军来攻，被击退，损失千余人。四月中，王均率兵自升仙桥分路来袭宋军，雷有终率军逆击，大败之，杀千余人，夺得王均所用的伞盖、金枪等物，王均慌忙退守城中。雷有终率军四面攻城，但屡遭失利，伤亡颇众。八月，宋真宗复遣洛苑使、入内副都知秦翰为川、峡两路捉贼招安使，率军增援。九月中，宋军经血战攻破城防，突入城内。当夜二鼓，王均领余众出万里桥门，突围而去。雷有终此次却过分小心了，怕叛军还有潜伏，就遣人在街郭纵火，以为防备。待天亮后，雷有终与秦翰登上门楼，将捕得王均所署的三司使绑在楼下，于楼旁燃起火堆，将城中搜捕的男子魁壮者一起押来，令那人辨认，只要那人说"某尝受伪署某职"，就不复推究，即命左右推入火中烧死，前后达数百人，颇为"冤酷"。只有宋将李继昌严戒部下扰民，获妇女儿童便置于空寺中，分兵守卫，事平后遣返其家。

王均逃出成都城后，一路南行，直趋富顺监（今属四川）。十月中，杨怀忠率虎翼军尾追而至，王均走投无路，自缢而死，余众六千人投降。幸好是年辽军未大举南侵，宋廷得以从容调兵镇压。次年，为安抚人心，宋真宗诏令胁从者"并释不问"，此后又令甚得蜀民之心的张咏出任知益州一职，有效地安定了四川局势，于北宋期间未再发生大规模动乱。

1001年（宋咸平四年，辽统和十九年）十月，萧太后、辽圣宗又一次统兵南下，以梁国王耶律隆庆为先锋将，而以楚国王耶律隆祐留守南京。此次辽军南征，据《辽史》记载，曾与宋军战于遂城，败之；军次满城，以"泥淖班师"。而《宋史》称宋将张斌破辽军于长城口（今河北徐水西北）。分析相关史料，可知此战双方互有胜负，但宋、辽史书皆言胜讳败，遂致所载各异。此战经过大体为：辽军与宋将北面前阵钤辖张斌遭遇于长城口，当时阴雨连日，辽军所用之弓皆以兽筋为弦，因气候潮湿而松弛不可用，故张斌奋击大破之，杀获甚众。张斌紧追辽军中军不舍，眼见就要擒获辽军主将，忽然辽军伏兵突起，而张斌所率前军兵马不多，主力远在后方未及跟进，只得退保威虏军（即遂城）。与此同时，宋将杨嗣、杨延朗、李继宣、秦翰等也在羊山与辽军大战，数进又退，结果也先后退保威虏军。辽军虽最终击退宋军的攻击，但损折兵将颇众，加上天雨不利，遂自满城退军。

十一月，宋知雄州何承矩率军自淤口关、益津关越过界河北上攻向辽燕京沿海地区，以牵制辽军主力南下，但随即被击退。

年底，针对契丹时时发兵南下侵扰宋边境，宋廷下令招募河北边民熟悉契丹道路且勇锐可为间谍者充"疆人"，置都头、指挥使等官职，无事时散处田野耕作，遇敌人入寇，便集合编队，供给兵器铠甲、口粮，加赐以"食钱"，派遣出境偷袭敌堡寨，能斩首级、夺得战马者，按照赏格奖赏，所掳获的财畜，皆赐予其人。

次年三月，萧太后又遣其弟北府宰相萧继远等统兵南征。四月，辽将文班太保达里底、南京统军使萧挞凛先后在梁门（今河北徐水）、泰州（今河北保定）击败宋军，得胜归朝。此番作战，宋方文献中未见记载，想来只是一次规模不大的边境侵扰之战，只因为带兵者是萧太后之弟，故《辽史》中特加记录。

1003年（宋咸平六年，辽统和二十一年）四月，契丹南府宰相耶律奴瓜、南京统军使萧挞凛统兵南侵，在定州望都（今属河北）大败宋兵，宋大将王继忠被擒。此战宋军仍是败得挺窝囊，但王继忠被俘一事却给宋、辽间的和战进程产生了重大影响。

王继忠为开封人，其父王珫官武骑指挥使，戍守瓦桥关，与契丹作战中阵亡。王继忠由此补官东西班殿侍，成为皇太子、开封尹的侍从，"以谨厚被亲信"。传说开封尹有一日心血来潮，从街市上招来一位卜占盲人，令给身边数名侍从占卜前程来作为娱乐。那盲人便听他们说话，揣摸他们骨相，而所说的占测之语，有的符合实情，也有的了不相关。只是说到王继忠时，那盲人惊骇道："此人之命甚奇，半生食汉禄，半生食胡禄。"众人哄然大笑，将那盲人遣出不题。这传说当是日后王继忠降辽之后，宋朝君臣所伪托的，以说明天子亲信在敌朝为官，实是其命该如此，由此来掩饰自己的尴尬。待皇太子即位，即宋真宗，王继忠作为"随龙人"补内殿崇班，累迁至殿前都虞候、领云州观察使，出为深州副都部署，此时官拜高阳关副都部署。

是年四月，辽军数万骑突入宋定州境内，宋镇、定、高阳关三路都部署王超召镇州都部署桑赞、高阳关都部署周莹商议各率本部兵马来定州会战，周莹遣副都部署王继忠率军前往。王超先遣步兵一千五百人为前锋，北上望都迎敌。次日，此支宋兵在望都县南六里处遇敌，发生激战。各部宋军纷纷北渡唐河增援，与辽军对阵，王超排阵在中，桑赞所部在右，王继忠列阵在左，与辽军酣战。这一仗从午后战至半夜，辽军稍退，至次日清晨，双方再合阵大战。宋军忽然惊恐地发现，契丹兵马一部，已在夜色掩护下绕至宋军王继忠部的阵后，截断粮道，欲各个击破。王继忠为避免被敌军前后夹击，赶紧分兵抵挡，亲自率领赴敌，与辽骑激斗于康村。不料王超、桑赞两将眼见王继忠一军已陷入重围，却为求自保，不但未引兵赴援，反而相继畏缩退师。孤军苦战的王继忠，身为大将，服饰不同于其他将士，所以被辽军紧追不放，兵围数十重。王继忠麾下将士殊死血战，大多负伤，人马困乏，只得且战且退，借助西山地形向东北突围，但退至白城（今河北清苑西），又为辽军精骑追上围攻，终于全军覆没，王继忠等将校被俘。

王超出兵时，知定州吴元扆认为此行胜少败多，便预先命定州钤辖白守素领州兵护守河桥。果然，辽军围歼王继忠一军之后，纵马追击临阵南逃的王超、桑赞之军，直抵河桥，见守桥宋军阵容甚盛，白守素据桥引弓，每发必中，不敢迫近，遂引兵退去，南逃的宋兵方得以全军还营。

辽军悍将萧挞凛和南府宰相耶律奴瓜擒获王继忠后，押送至辽朝帝后行营，耶律奴瓜以此战功加同政事门下平章事。萧太后知晓王继忠与宋天子的关系，也知其贤而具才干，且姿仪雄美，便设法招降了王继忠，授任户部使，并将辽朝开国功臣康默记的族女赐其为妻；而王继忠"亦自激昂，事必尽力"，故而其得萧太后的信任。

宋真宗获知宋军战败，即诏发河东广锐兵一万五千人东趋镇州、定州增援，并命高阳关都部署周莹率全军出击，但各路援兵赶到时，辽兵已退去远矣。宋真宗听说王继忠"阵亡"，十分震惊，一面优诏赠王继忠官大同军节度使，抚恤加等，任命其四子为官，一面又迅速遣使调查兵败原因。调查的结果却是镇州副部署李福、拱圣军都指挥使王升临阵先溃，从而引得王超、桑赞两军纷纷南逃，于是李福流放封州，王升决杖充军琼州，成了替罪羊，王超反而得到天子的"手札褒谕"。

宋真宗通过上述举措虽一时遮了羞，但契丹南侵的危害一年大于一年，只得"日访御戎之策"，结果人言各殊，宋真宗汇总诸方意见并亲加"裁定"，于六月初拿出一套阵图与作战方略，指示宰辅道：

> 今敌势未辑，尤须防遏。（诸处）屯兵虽多，必择精锐，先据要害以制之。凡镇、定、高阳三路兵悉会定州（今属河北），夹唐河为大阵。量寇远近，出军树栅。寇来，坚守勿逐；俟信宿（连宿两夜）寇疲，则鸣鼓挑战，勿离队伍，令先锋、策先锋诱逼大阵，则以骑卒居中，步卒环之，短兵接战，亦勿离队伍，贵持重，而敌骑无以驰突也。又分兵出三路，以六千骑屯威虏军（即遂城），魏能、白守素、张锐领之；五千骑屯保州（今河北保定），杨延朗、张延禧、李怀岊领之；五千骑屯北平寨（今河北满城西南），田敏、张凝、石延福领之，以当敌锋。始至，勿与斗，待其气衰，（则）背城诱战，使其奔命不暇。若敌南越保州，与（我）大军遇，则令威虏（军）之师与延朗会（合），使其腹背受敌，乘便掩杀。若敌不攻定州，纵轶南侵，则（威虏军、保州二军）复会北平（寨）田敏，合势入北界，邀其辎重，令雄（今河北雄县）、霸（今属河北）、破虏（军

在今河北霸州东信安镇）以来互为应援。又命孙全照、王德钧、裴自荣领兵八千屯宁边军（今河北蠡县），李重贵、赵守伦、张继旻领兵五千屯邢州（今河北邢台），扼东西路。故将遁，则令定州大军与三路骑兵会击之。又令石普统兵万人于莫州（今河北任丘），卢文寿、王守俊监之。俟敌北去，则西趋顺安军（今河北高阳东）袭击，断其西山之路。如河冰已合，贼由东路，则命刘用、刘汉凝、田思明领兵五千，会石普、孙全照犄角攻之。自余重兵，悉屯天雄（今河北大名），命石保吉统领之，以张军势。朕虽画此成谋，以授将帅，尚恐有所未便，卿等审观可否，更共商榷。（《续资治通鉴长编》卷五十四）

宋真宗又对自己选任有关将领做了解释："任人择才，颇亦难事。朕必就其所长而用之：魏能性刚，张锐和易，故使其能，威虏（军）地最要害，白守素久习边防，共司戎政，庶其宽猛相济也。孙全照好陵人，取其尝所保荐者与同事。三路都钤辖韩守英素无执守，当使阎承翰代之，承翰虽无武干，然亦勤于奉公也。其他选用，悉皆类此。"由上可见，宋真宗所制定的方略主要针对辽兵机动性强，并且汲取了此前宋军屡战败衄的教训，所以在河北平原上设置多道防线，加强战略纵深，以防敌军击破一点而直逼中原腹地，并要求宋将严守大阵、城寨，避免与辽军野战。所以这几乎又是一个光被动挨打的架势，虽然抱成一团可防止被敌军各个击破，以避免再次发生康保裔、王继忠之类全军覆没的惨败，然而缺乏机动性的宋军大阵，面对来去自如、声东击西、四处攻掠的对手，也就丧失了主动出击迎战的勇气，一旦辽兵避强击虚，围点打援，则宋真宗这一方略的弊端即显露无遗。不过，宋朝宰执大臣对此也无良策，只好不惨败便当赢，满口称誉皇上决策英明："战阵之事，古今所难。契

丹侵边，自非陛下制胜于内，诸将各禀庙算，分御边要，实恐未易
驱攘。今所裁制，尽合机宜，固非臣等愚虑所及。"看来圣明天子颇
满意宰辅们的表态，即说："已令将帅别上方略，候其奏至，或无可
采，即当依此施行。"果然诸将所上策略无甚可取，宋真宗随即据
"裁定防秋图"调配诸将，整合河北防务，为防止契丹知晓宋军在定
州设置大阵而预设对策，又特诏令大将王超遣偏将于徐河、曹河、
鲍河一线另外选择设置营寨之地，用木桩等物品加以醒目标识，以
疑惑辽人。七月中，宋真宗又表态"北戎入寇，将议亲征"。不过契
丹是年休息兵马，未发军南侵，宋天子的亲征也便缓行了。

简　释：

【喜迁鹊·真宗幸澶渊】云扰，如乱云一般纷扰，比喻社会动荡不宁。
折冲，原指抵御敌方战车，后引申为外交谈判。坤维，指西南方，此指四川
地区。江表，即江南。銮辂，天子车驾。霓旌龙旆，绘有云霓与龙形的旗
帜，天子仪仗之一。黄伞，天子出行时用具之一。

【胡辇称皇太妃】皇太妃，乃用于授予先皇帝妃嫔的封号。但《辽史》
中，屡有承天太后之姊胡辇被称作"皇太妃"的记载。陈汉章《辽史索隐》
认为此"皇太妃"当作"王太妃"。有学者认为胡辇作为承天太后之姊，地
位尊贵，契丹人误以为"皇太后"之姊当称"皇太妃"，故特此称之。按其
说不然，胡辇之所以称"皇太妃"，乃因其嫁齐王耶律罨撒葛，而耶律罨撒
葛死后被追封为皇太叔，故胡辇也被尊称为"皇太妃"。

二　六郎战迹（999-1004）

六郎即杨六郎，即雍熙北征时战死于陈家谷口的宋朝勇将杨业之子杨延朗，由于宋真宗尊崇道教神话传说人物赵玄朗为始祖，故人名、地名中带"朗"字者纷纷改换，杨延朗也就改名曰杨延昭。与戏曲小说中所说的杨延朗是杨业第六子不同，据史书所载，杨延朗当为杨业之长子。杨延朗幼时沉默寡言，但喜玩行军作战之类游戏，故杨业曾称誉"此儿类我"，待其年龄稍大，出征时必带杨延朗同行。雍熙北伐，杨业率军攻击应、朔诸州，杨延朗出任先锋，在朔州城下激战中，虽流矢穿臂，却战斗愈勇，终于攻下朔州。因伤重，杨延朗离军养伤，故未随杨业转战于陈家谷口。杨业死后，杨延朗由供奉官升迁为崇仪副使，知景州。后来因江淮岁凶，杨延朗改任江淮南都巡检使，又改崇仪使、知定远军（即景州，今河北东光）。999年（宋咸平二年，辽统和十七年）七月，宋真宗获悉辽兵将大举南下，便任命马步军都虞候傅潜为镇、定、高阳关行营都部署，调任杨延朗为保州缘边都巡检使，负责守备保州（今河北保定）、安肃军梁门（在今河北保定徐水区）、广信军遂城（今河北保定徐水区遂城镇）三地。宋真宗将杨延朗自河东调去河北，除河北前线承受契丹军事压力更大，更需能征惯战的战将这一原因外，当还有将杨延朗调离人亲地熟的乡邦之用意。当时契丹南侵河北宋境，主要有东、西两条通道：东道因宋人疏浚界河，沟通塘泊，不利于骑兵驰骋，故辽军大多自西道，即今河北易县、徐水、满城、望都一线南下。为控扼这条西道之咽喉，杨延朗亲自镇守最近敌境的遂城，而以勇将杨嗣守保州、魏能守梁门。

是年冬，辽军大举南侵，袭击城小无备的遂城。莅任不久的杨延朗一面调兵守城，一面赶紧派人飞书告急，请求增兵为援，但宋军主将傅潜胆怯避战，闭门不出，遂城遂为辽军重重围困。辽军因屡攻遂城不克，便不断增兵，四面登城，激战多日，最后甚至连萧太后也亲临城下，自播战鼓督战，矢飞如雨，攻势如潮。当时城中守军不满三千，众心危惧，但杨延朗从容召集城中壮丁登上城墙，被甲执锐，日夜固守。正在危急之际，适逢寒潮来临，气温骤降，杨延朗随机应变，急命军民汲水浇洒在城墙外表上，一夜之间冻成坚冰，使城墙外表变得既坚固又光滑，难以攀登。辽军无可奈何，只得悻悻而去，转攻别处城寨。杨延朗乘机追杀，截获辽军铠甲器仗甚多。

杨延朗出奇计守住遂城，由此威震边庭，被擢任莫州刺史。次年正月，杨延朗应召至大名府觐见天子，宋真宗向其咨询边防之策，并对诸王称誉道："此即杨延朗也。延朗父（杨）业为前朝名将，延朗治兵护塞，复有父风，深可嘉也。"厚加赏赐，遣还遂城驻守。当时，宋将魏能也坚守梁门不下，故时人称誉此两城为"铜梁门"、"铁遂城"。又宋保州刺史、缘边巡检杨嗣也勇于战斗，与杨延朗齐名，边人称之为"二杨"。

1001 年（宋咸平四年，辽统和十九年）春，杨嗣奉召入朝面见天子，宋真宗擢任杨嗣为团练使，杨嗣上奏道："臣久与（杨）延朗联职，一旦骤居其上，愿且守旧官。"宋真宗颇嘉赏杨嗣能谦让，故并命保州刺史杨嗣、莫州刺史杨延朗为本州团练使。宋真宗此后向宰相表示道："（杨）嗣及（杨）延朗并出疏外，以忠勇自效，朝中忌嫉者众，朕力为保庇，乃及于此。"

是年冬，辽军南侵，其前锋在长城口被宋北面前阵钤辖张斌小挫一阵，辽军大至，张斌退保威虏军（即遂城）。辽军绕过威虏军南下，前此宋保州团练使杨嗣、莫州团练使杨延朗、西上阁门使李继宣、入内副都知秦翰并为前阵前锋、前阵钤辖，各统本部军马分屯静戎军（即梁门）、威虏军一带，至此会师于威虏军西，杨延朗、杨嗣先率精锐埋伏于遂城西北的羊山西麓，李继宣与秦翰各整所部，分为左、右队，秦翰全军继进。李继宣留所部士卒在齐罗（地名）列阵，只带二骑继进侦查。杨延朗率少数骑兵自北面向契丹挑战，且战且退，将敌诱至羊山西。猛然间伏兵突起，留在齐罗的李继宣留部也被招来投入战斗，与秦翰军合势大战。辽军措手不及，赶忙与宋军争夺羊山制高点，被宋军击败，只得退向山北。李继宣挥兵急追，坐骑中箭，即换马再战，辽兵弃兵曳甲，大败而逃。此即所谓"羊山之伏"，此后当地百姓改羊山为杨山，或称"藏兵山"，以纪念此一胜利。随着辽军主力前来增援，宋军不支，先后退出战斗，退保威虏军。

1002年（宋咸平五年，辽统和二十年）春，辽军再次进攻保州，杨延朗、杨嗣率军增援，列阵未成，即遭辽军突袭，损失很大。宋真宗因两将素以忠勇闻名，故未加责贬。

此时河北沿边大浚河渠，以为防止契丹骑军冲突的边防设施，故契丹屡屡出兵阻挠，又自威虏军西入寇南下。宋真宗诏令知雄州何承矩出军以分其兵势，但何承矩担心辽人知晓北上部队是自雄州出发，而来"修怨"，就以本军缺乏骑兵为理由推辞，只派出军校杨万金率士卒数千人，自顺安军（今河北高阳东）东出混泥城（今河北安新），随即称众寡不敌而退还。次年，宋真宗又诏内侍阎文庆与静戎军帅王能、顺安军帅马济共督疏浚河塘之事，调遣莫州路部署石普屯驻顺安军之西，与威虏军将魏能、保州将杨延朗、北平寨将田敏相为犄角，以防遏辽军奔冲破坏。此后，杨延朗自保州、威虏军、静戎军缘边都巡检使改任宁边军部署。次年，宋真宗又诏增杨延朗部兵额满万人，指示"如戎骑入寇，则（杨延朗）屯静安军之东，令莫州部署石普屯马村西，以护屯田，且断黑卢口、万年桥敌骑奔冲之路"，并同意杨延朗部不隶属于定州都部署王超，而可"便宜行事"。由此在宋真宗的部署中，杨延朗部被作为一支奇兵使用，从而在抗击辽军大举南侵的战斗中发挥了重要作用。

杨延朗自河东调守河北边关以后，再也未回晋北任职，待澶渊宋、辽订立和盟后之次年，改任高阳关路副都部署，"在屯所九年"，于1014年（宋大中祥符七年）死于任上。在将近二十年时间内，杨延朗始终镇守于河北抗辽前线，在当地留下了许多传说和遗迹，其中相当多的内容是随着杨家将故事的广为传播而为后人所附会，如杨延朗甚至杨家将都从未涉足的今北京地区，也留下了许多有关杨六郎的故事和遗迹，在北京西郊有六郎庄，民间传说杨六郎在此练兵驻扎过，当地又有挂甲屯，因杨六郎曾在此晾晒其染血战袍而得名。在颐和园以北有座望儿山，当地盛传在辽、宋争战时，杨六郎带兵杀敌，其母亲佘太君常在此登高望儿，擂鼓助阵，后人便称此山为望儿山以为纪念。就是杨延朗曾驻兵、战斗过的地方，其有关传说、遗迹也不能一概视为史实。前人曾有诗云："拒马河边古战场，土花埋没绿沉枪。至今村盲鼓词里，威震三关说六郎。"此三关即指瓦桥关（今河北雄县）、益津关（今河北霸州）、淤口关（今河北霸州东）。此三关兵马隶属高阳关（今河北高阳东）都部署，所以也可以说，官拜高阳关副都部署的杨延朗镇守三关多年，不过得说明的是，杨延朗曾与辽兵激战，并取得不少胜仗之处，是在河北西道即今定州、保定一线，而杨延朗镇守高阳关已在澶渊议和以后，虽然边界上时不时会有些小摩擦，但并未发生过稍成规模的战斗。因此，在高阳关地区传诵于村鼓社戏或记载于乡邦文献之中的有关杨六郎英勇抗敌、浴血奋战的传说与遗迹，就不能太当真。以下即对近年来颇为人熟知的河北雄县一带古地道作一简要考证。

早在清末，今河北永清县居民便已发现地下古地道，但不详其挖掘年代及其用途。二十世纪八十年代末，当地勘查了部分古地道，发现其分布面积达三百多平方公里，且布局相当严密。古地道以永清县南关为起点，呈两条主线分别向东南信安镇（即古淤口关）和西南霸州镇（即古益津关）两方向延伸，洞体由巨型青砖铺砌而成，高矮不一，宽窄不一，延伸曲折，其出口隐蔽性甚强，可见不是简单的藏身洞，应属由官府建造的大型永久性地下军事工程，即边关御敌的配套工事。明代《嘉靖霸州志》记载："引马洞，为杨延朗所治，始自州城中，通雄县，每遇虏至，潜以出师，多获胜。"而《雄县志》亦载："八角井，在雄县圆通阁前。相传谓霸州亦有井与此穴相通。……往年浚此井，见井内向东有一路，木架撑之，壁间窦中置铁灯盏。"此外，明人蒋一葵《长安客话》也记云："霸州城，故唐益津关也，杨延朗修葺以控扼契丹也。沿城有七十余井，亦延朗所凿，谓之护城井。隆冬浇水灌城，虏不敢迫。"故有学者考证永清县古地道修建于北宋前期宋、辽对峙时期，具体而言，当在989年辽军徐河之败至1004年订立澶渊之盟之间。因雍熙北伐惨败，宋太宗开始施行"守内虚外"这一注重守势的对辽之策，由进攻转为防御战略，在冀中平原上利用河道、塘泊构建一道"水长城"，以抵御辽军铁骑南侵。而辽军自徐河之败后约有十年未再大举南下攻掠，使宋人得以从容在边界上秘密修建纵横交错的地道，其主持修建者很可能即是官任高阳关路副都部署的杨延朗，或至少参与部分修建。上述说法，考之史书记载，显然不能成立，因为：其一，如古地道在澶渊和盟之前宋、辽两方激战期间修建，则杨延朗还未曾任职高阳关，故不可能主持修建此地道。其二，如古地道确由杨延朗所主持修建，则时间当在宋、辽和约之后，但位于界河以北的永清县境此时已属契丹，杨延朗要在敌境内挖掘如此规模的地道而不被辽人察觉，当也无此可能。不过，永清县是否一直就归属契丹管辖，史书中倒也无明确记载。因此，位于霸州之北的永清县可能原先归属宋朝，成为宋军北部防线的最前沿，但在澶渊约盟之前交战最猛烈的时期，被辽军所夺占，而直通永清城南关的古地道即在被占之前的某个时期修成，至澶渊和盟订立后，因其地已入辽境，宋人自然不会轻易说出此秘密，当然也就不可能记之史书。待到易代以后，有关杨六郎威镇三关、大战辽兵的传说故事已广为人知，于是永清古地道的建造者也就自然而然地附会在杨六郎身上了。

说到杨六郎威镇三关，世人自然联想起杨延朗以外的杨家将其他成员。据《宋史》等文献记载，杨业生有七子，除一同战死于陈家谷口的杨延玉外，其他六子依次为延朗、延浦、延训、延瓌、延贵和延彬，而杨延玉为杨业第几子，史载不详。杨业"死于王事"之后，宋廷擢任杨延朗自供奉官迁崇仪副使，延浦、延训自殿直迁供奉官，延瓌、延贵、延彬并录为殿直。但在戏曲小说中，杨业有七子二女，依次为渊平、延广、延庆、延朗、延德、延昭、延嗣和八姐、九妹。其实杨延朗即是杨延昭，但民间艺人却误分一人作二人，作为四郎、六郎之名了。

《四郎探母》、《杨家府演义》等传统戏曲小说称，有一次契丹天子设计，邀请宋朝皇帝去辽军大营内和谈，宋人为保护皇上安全，由杨家将中的大儿子渊平假扮成宋朝皇帝，其他六兄弟护驾前往。在辽帝的招待宴会上，杨家兄弟遭到辽军伏击，大郎、二郎、三郎殉国，四郎被俘，五郎逃到五台山出家做了和尚，六郎、七郎突围而归。在混战中，辽帝亦被杀死。这故事大概是从宋太宗高梁河之败中附会而来。此后杨业出军陷入辽军重围，杨七郎杀出重围去请救兵，但被宋军主帅潘仁美（潘美）假公济私害死。因救兵不至，宋军全军覆没，杨业悲愤之下头撞李陵碑而亡。而被俘的杨四郎将自己之姓拆开，改名"木易"，骗过辽人，留在了辽国。此后萧太后看中他长相英俊，武艺高强，便将女儿铁镜公主嫁给他，杨四郎就成了辽国驸马。这自然亦出自虚构，史载萧太后有三女，皆嫁给了契丹后族。不过，这故事也有一定历史依据，即当时不少宋人因各种原因流落在契丹境内，也多有娶契丹世族女子为妻生子者。

杨六郎之母佘太君，据考证当作"折太君"，因在晋北方言中，"折"、"佘"两字谐音。史载折太君为宋初节度使折德扆之女。折氏乃河东府州（今陕西府谷）世族，入宋以后世为府州知州，自五代至北宋末年，折氏先后八代为将守边，战功卓越，人呼"折家兵"，几与杨家将齐名。折太君的生平事迹，史书记载不多，仅方志资料中记录一些相关遗迹和传说，称折太君善于骑射，曾助杨业建立战功，并训练婢仆习武，勇敢超过普通士兵。杨业战死后，折太君曾上书天子述说杨业折戈沙场的原因，迫使宋太宗下诏褒恤，而惩处潘美等将领。又传说折太君死于1010年（宋大中祥符三年），享年七十七岁，葬于山西保德城南四十里折窝村。因此，开封天波府中佘太君百岁挂帅出征番邦，自然是艺术创造的产物了。

杨延朗有三子，其幼子杨文广为北宋中期名将。但在杨家将故事中，杨延昭之子为杨宗保，杨宗保娶妻穆桂英，生子名杨文广。杨宗保之名字、史迹皆于史无征，系出虚构。清朝《乾隆保德州志》载：杨延昭之子文广，娶慕容氏，善战。今保德州南慕塔村，即其故地也。故有人指出"慕容"二字急读，与"穆"音相近，而有关杨宗保的故事又与杨文广的事迹相合，所以戏曲小说中的杨宗保即是历史上的杨文广，而文武双全、挂帅破辽的穆桂英，其原型实为杨文广之妻慕容氏。

在杨家将故事中，杨六郎身边有"哼哈"两将，一名孟良，另一名焦赞，两人都性格豪爽，为人憨直侠义，随从主将杨延昭出生入死，立下许多汗马功劳。但宋朝史书中并无此两员猛将的记载。在杨家将故事流传之地，每每有孟良、焦赞活动的遗迹，如明代《定州志》云嘉山绝顶有孟良寨，相传宋将孟良屯兵处。顾炎武《天下郡国利病书》云："孟良寨，在广昌县城东三十里，宋孟良在此，故名。"又《乾隆代州志》称"崞县阳武堡，有杨六郎寨，宋都巡检使杨延昭守阳武峪，骁勇善战，辽人惮之。时部将孟良、焦赞同守焉"。因杨延朗为都巡检使之地在河北，而非在河东（今山西），故可证此一说法当出自附会。对于孟良，前些年在河北赞皇发现宋代孟良墓志一方，称孟良曾授予朝散郎、守殿中丞之职，以骑都尉致仕，朝廷赐绯银鱼袋，于熙宁八年（1075年）去世，享年八十一岁。有人因此认定此孟良即是杨六郎之部将。此说不确，因朝散郎、殿中丞皆属文官之职，且其年龄也不相符，所以此赞皇县之文官孟良，只是恰好与传说中之猛将同名而已。而焦赞，有人据《元史·焦德裕传》记载焦德裕的远祖焦赞"从宋丞相富弼镇瓦桥关，遂为雄州人"，遂认为此人即杨家将故事中的焦赞。然考之史传，此说也属似是而非，因为北宋中期名宰相富弼并未镇守过瓦桥关，而且在早期杨家将故事中，如元杂剧《谢金吾诈拆清风府》、《焦光赞捉拿萧天佑》中，焦赞别写作"焦光赞"。可见猛将焦赞，也只是一个传说。这是因为宋朝积弱不振，北宋亡于金，南宋亡于元，故遗民们追往抚今，愈发追思那些血战卫国的战将，于是"一门忠烈"的杨家将故事便在民间广泛流传，并在其中加入了许多颇具神奇色彩的人物和故事，如南宋遗民所撰的《烬余录》中，便将其他宋朝将领的战功附会于杨家将身上，还杜撰出杨家将救宋太宗的情节等。而明朝后期同样面临着外敌入侵、朝廷积弱的形势，促使杨家将故事更加广为流布。

简　释：

【杨六郎】北宋曾巩《隆平集·杨延昭传》称杨延朗"威震异域，守边二十余年，虏情畏服，止呼曰'杨六郎'"。李焘《续资治通鉴长编》、王称《东都事略·杨延昭传》以及《宋史·杨延昭传》等所云略同。然杨延朗并非杨令公杨业第六子，为何又被称作"六郎"？对其中原因，后人解说颇多：其一，清人康基田《晋乘搜略》认为六郎乃杨延朗"小字"，即乳名。其二，聂崇岐《麟州杨氏遗闻六记》认为称"六郎"，是就其叔伯昆弟的排行而言，并非单指杨业第六子。其三，骆承业《杨家将与杨家将戏》则以为"六郎"当为"大郎"之误字。其四，郝树侯《杨业传》考证古代往往以天上星宿比拟世间人杰，因"契丹称宋为南朝、南国"，故赞扬杨延昭为"南斗"，而"南斗六星"在宋初已成习惯语，久而久之，便直呼为"六郎"了。又常征《杨家将史事考》引《太平御览》卷六《大象列星图》曰"南斗六星……主兵机；北斗六星中第六星主燕"，认为"南斗六星固主兵机，为大将之象，而作为大将之象的北斗第六星更主燕"，燕地正是契丹所在，而"杨延昭镇守河北正为对付契丹，契丹人畏之惮之，因而喻以镇慑本国（即主燕）的大星"，称之为"北斗六星杨延朗"，时间既久，辗转相传，"朗"字演变为"郎"，"北斗六星"简化为"六星"，于是杨延朗和杨六星便复合而成杨六郎。以上诸说多为臆测，而少史证，至于辗转合北斗六星、南斗六星为杨六郎之称，更属牵强。为此，今也有人认为"六郎"乃是契丹语某事物之汉语译音，其本义已不能明了。此说当也属似是而非。从宋代史书记载上看，宋人深知契丹人畏称杨延朗为杨六郎之事，但对"六郎"之意并未特加解释，则当时人对杨延朗被称作杨六郎的含义颇为明了，如宋谢维新《古今合璧事类备要》续集卷十中所云："善战虏呼为六郎。"即"六郎"之确切含义当从"善战"上考虑。唐初名臣魏徵所撰《隋书·来护儿传》云隋朝勇将来护儿因战功封为荣国公，其第六子来整官武贲郎将、右光禄大夫，"尤骁勇，善抚士众，讨击群盗，所向皆捷，诸贼甚惮之，为作歌曰：'长白山头百战场，十十五五把长枪。不畏官军十万众，只畏荣公第六郎。'"以战功卓异的来护儿、来整父子来比拟杨业、杨延朗父子正相切合，又《隋书》，对辽人来说也不陌生，在宋境内更几乎可称家喻户晓，于是杨六郎之称呼便广泛流传了。

【天波府】汴京开封城内天波府，是杨家将故事中的重要场所。元代杂剧《谢金吾诈拆清风府》云杨家在汴京天波街有御赐宅第，名清风府，府内有无佞楼。明代无名氏《杨家将世代忠勇通俗演义》中云："太宗下令于天波门外，金水河边，建立无佞府一所，与令公居住，又赐五百万与令公盖一座清风无佞天波滴水楼，以旌表之。"此乃天波府一名之由来。然如此说法，只是出于艺人的想象。按宋朝制度，杨业之官爵，应无由天子赐宅邸于京城的资格。且据史书记载，杨业当时是将一家老小安置于郑州（今属河南）。但也由上可见，至迟在元代已有相关传说，入明以后，有关天波府的故事即已定型。故明人李濂《汴京遗迹志》云："玉阳观，有二，一在大梁门内，即杨六郎宅址也。"又云："杨六郎宅水泊，在里城内西北。"此当即开封城西北龙亭前潘杨湖之杨家湖。于是故事传说中的地名有了对应的现实地址。

三　化剑为犁（1004-1005）

宋军望都惨败，大将王继忠失陷，对宋真宗的刺激甚大。在望都之败的次月，宋真宗便以"谍者以互市为名，公行侦伺"为借口，关闭了雄州（今河北雄县）榷场贸易，发兵修缮沿边寨堡，疏浚城壕，并对河北守将进行了调整：以莫州团练使杨延朗为保州、威虏军、静戎军沿边都巡检使，以代替在望都一战中贻误战机的李继宣；权知天雄军府、西上阁门使孙全照改任宁边军部署，永兴副部署、冀州团练使石普改任莫州部署，内侍右班副都知阎承翰为定州路钤辖；因威虏军最当契丹南侵要冲，威虏军钤辖高素"病目"，而雄州钤辖米锐出身行伍，谙练军事，在雄州以"干职"闻名，故诏命两人对换职守；又以知镇州程德玄政事旷废，而镇州"劲兵所聚"，故调知延州马知节知镇州以代之。宋真宗还因"北戎入寇，将议亲征"。对此，朝中官员异议者不少，甚至久经战场的老将也纷纷上奏反对。镇安节度使李继隆于便殿"面陈边事"曰："伏睹车驾将巡幸河朔，陛下向来制置边备，分任将帅，悉合机要。至于戎人入寇，人民小有骚动，盖亦常事。即如太宗朝，城堡往往陷殁，然终不能为害。愿专责将帅，不须銮辂亲举。"宋真宗表示："先帝天资圣武，混一天下，朕安敢上拟！今外敌岁为民患，既不能以德服，又不能以威制，使边民横被杀伤，骨肉离异，为人父母者，其得安乎！此朕所以必行也。"稍后，河阳三城节度使王显亦上疏道："陛下将事亲征，臣窃惑其事，谓非谨重之道。且意陛下昨以王师小衄于望都，故决议讨伐。然盛寒在序，未闻（北戎）犯塞，鸣銮轻举，直抵穷边，敌若不逢，（我）师先老。又意或者献说请复幽燕，此非长策也。且（李）继迁未灭，西鄙不宁，傥北敌与之结援，竞来侵轶，则重为中国之患矣。凡建议大事，上下协力，举必成功。今公卿大夫以及庶人，尚多异同之说，安可行之耶？臣谓止可命将帅以讨之，训士卒以御之，坚壁垒以挫之，按坚甲以待之。必欲（收复）燕、蓟旧地，则宜修文德，养勇锐，伺时利，然后奉行天罚，何往不克也！"

其实宋真宗宣称打算亲征，只为激励士气、安抚民心而已，本不敢直至河北前线，更无收复燕云的雄心。这从宋真宗训诫勇将李继和之语就可明白看出。洛苑使李继和（大将李继隆之弟）出任并、代钤辖，临行前辞别天子，表示"欲领兵巡察边垒"，宋真宗察觉李继和"锐于立功"，即有主动出击契丹之意，便告诫说："河东岩险之地，兵甲甚众，敌若入寇，但邀其归路，则可致捷胜，不必率兵而往也。"可证宋真宗并无改变宋太宗制定的"守内虚外"之策，果然亲征一事仅属动议而已，并未成行。

1004年（宋景德元年，辽统和二十二年）正月，河北北面三路都部署王超等请募集沿边丁壮及发精兵入北境击贼，但宋真宗认为"无故发兵，不足以挫敌，徒生事于边陲，可亟止之。若戎人南牧，只于境上驱攘而已，无得轻议深入"。不久，威虏军、莫州先后上言"契丹奚王及南宰相、皇太妃、令公各率兵四万余骑，自鉴城川抵涿州（今属河北），声言修平塞军（今河北涿州西南）及故城（今河北定兴西南）、容城（今河北定兴东南）"。宋真宗敏锐感觉到"敌骑利野战，缮完城堡，或非其意"，即诏令"边臣谨斥堠，敌若有事于三城，则（我师）并力城（守）望都，以大兵夹唐河（列阵），令威虏、静戎、顺安军、北平寨、保州严兵应援，仍广开方田，以拒戎骑（奔冲）"。但宋天子仍不愿生事，特意指示如若敌骑并未欲南侵，则我师"以修新寨为名，储木瓦于定州"。

随着辽军开始进行试探性攻扰，双方在边境上小冲突渐多。三月，知威房军魏能言破契丹于长城口（今河北徐水西北），追击北过阳山，斩获甚众。宋真宗下诏褒奖。四月，宋真宗诏令威房军魏能率所部兵马驻顺安军（今河北高阳东），高阳关都部署周莹等"会兵境上"，北边诸路巡检魏愿等赴高阳关东路、李致忠等赴乾宁军（今河北青县），荆嗣等会合刘汉凝、田思明等率兵至莫州（今河北任丘）、顺安军屯驻，以备戎寇。

是年七月，宋宰相李沆病死。宋真宗因宰相位置不宜空阙，便以翰林侍读学士、兵部侍郎毕士安为吏部侍郎、参知政事，毕士安入朝谢恩，宋真宗告诉毕士安即将拜他为宰相，并咨询谁可与他共事，毕士安答："（寇）准天资忠义，能断大事，臣所不如。"宋真宗认为："闻准刚使气，奈何？"毕士安便道："准忘身徇国，秉道嫉邪，故不为流俗之人所喜。今天下之民虽蒙休德，涵养安佚，北戎跳梁未服，若准者正宜用也。"八月，同日拜参知政事毕士安、三司使寇准为左、右宰相；以宣徽南院使、知枢密院事王继英为枢密使，同知枢密院事冯拯、陈尧叟并为签书枢密院事。从此后宋、辽双方形势发展来看，寇准拜相对坚定宋真宗抗敌决心影响甚大，而在寇准拜相同时，北边军情也渐趋紧张起来。

此时，契丹游骑屡次深入深州（今河北饶阳）、祁州（今河北安国）之间劫掠破坏，但作战稍有不利即引军归去，并不恋战。战报传来，宰相寇准分析道："是狃我也，愿朝廷练帅领，简骁锐，分据要害地以备之。"所谓"狃我"，就是指敌军故意反复示弱，让我盲目乐观而放松警惕。宋廷于是命令屯驻镇州等地的河东广锐军骑兵以及其他屯兵并赴定州；调集河北、河东民间强壮者，借当地兵库中所藏兵器操练，如敌骑入寇，即悉躲入坚城固守，敌寇北撤后

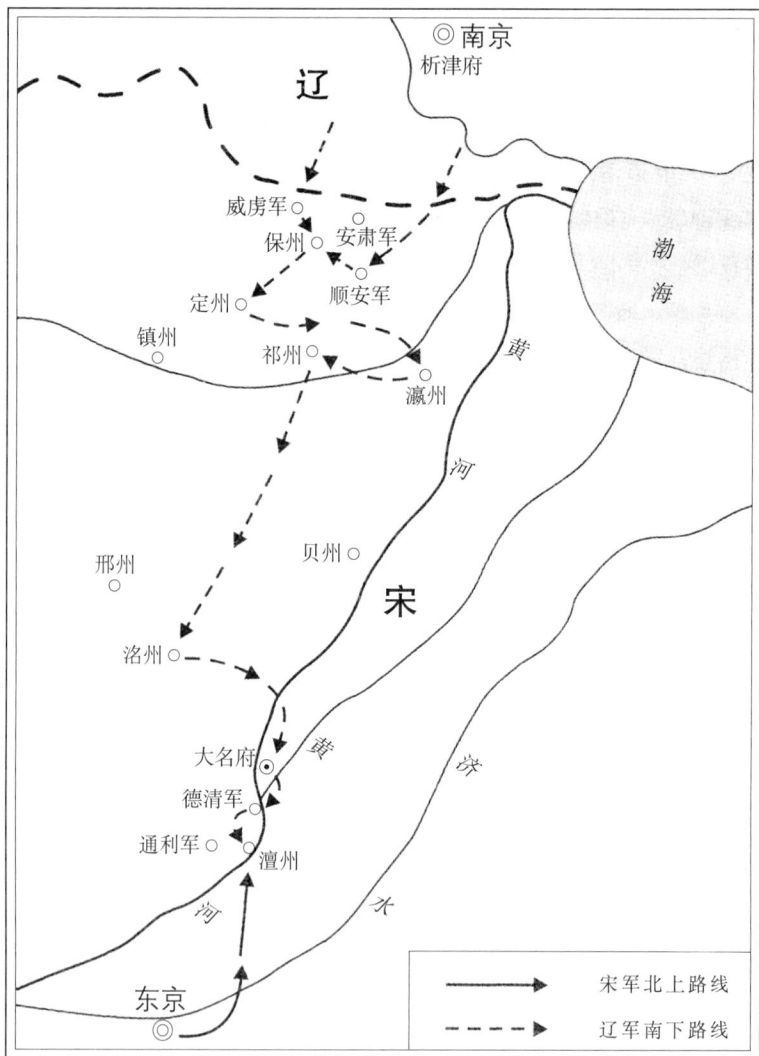

公元1004年宋辽军事形势图

再放归务农；调集河北南部诸州军士屯守澶州（今河南濮阳），以视形势发展而北上御敌；诏令前线州军长官，不得随便远出城寨迎送朝廷使臣，以防敌骑前来偷袭；并诏令河北、河东诸路部署各谨慎边备，并调发广捷军五指挥北赴忻州（今属山西），令火山军（今山西河曲东北）守臣分守要害之地，以防契丹骑兵自此突入河东腹地。又以济州防御使王能为邢洺路部署、冀州防御使石普为冀州路部署、郑州防御使魏能为宁边军路部署、宁州防御使张凝为定州路部署，出戍各州；镇州路副部署、深州团练使杨嗣因年老改任赵州驻泊部署、同押大阵，而命保州团练使郑诚代之。宋真宗又令北面都部署王超等将领引大军沿唐河驻兵，建立营寨。

由于宋军大阵以步骑相伴排列，不敢擅离本处，故机动应变性不强。辽军针对宋军这一弊端，往往集中兵力攻击宋军阵一面，局部形成以多打少之势，故多能取胜。为此，宋真宗特下手诏："自今与敌斗，阵既成列，除东西拐子马（左右翼骑兵）及无地分马（机动骑兵）外，更募使臣、军校拳勇者，量地形远近，押轻骑以备应援。"大将王显也上疏献策，以为"大军方在镇、定，敌未必敢引众南侵，若车驾亲征，望且驻跸澶渊，诏镇、定出军，会河南大军合势攻杀。或契丹主与其母虚张形势，以抗我师，潜遣锐兵南下迫河（大河），与驾前诸军对敌，即望令镇、定之师直趋彼帐，攻其营寨，则缘河游兵自退，所谓不战而屈人兵也。或分遣骑兵千、步兵三千于濮州北度河，横掠澶州，继以大军追北掩敌，此亦出其不意也"。

此前，宋天子亲信、定州行营钤辖张旻回京述职，对宋真宗建议道："（今）天道（天象）方利客，先起者胜。（朝廷）宜大举北伐。"并条上"兴师出境之日"。宋真宗听后一时心动，对辅臣说："累得边将奏，契丹已谋南侵。国家重兵多在河北，敌不可狃（此意轻视），朕当亲征决胜，卿等共谋何时可以进发？"但宰相毕士安等认为不妥："陛下已命将出师，委任责成可也。必若戎辂亲行，宜且驻跸澶渊（即澶州）。但澶渊城郭非广，久聚大众，深恐不易。况冬候犹远，顺动（指御驾亲征）之事，更望徐图。"寇准随即表态："大兵在外，须劳圣驾暂幸澶渊，进发之期，不可迟缓。"枢密使王继英等官员首鼠两端，道："禁卫重兵多在河北，所宜顺动以壮兵威，仍督诸道进军，临事得以裁制。然不可更越澶州，庶合机宜，不亏慎重。所议进发（之时），尤宜缓图。若遽至澶州，必不可久驻。"于是宋真宗也就不忙成行，命大臣各抒己见，充分商议，并对宰相毕士安、寇准说："军旅之事虽属枢密院，然中书总文武大政，号令所从出，乡者李沆或有所见，往往别具机宜。卿等当详阅边奏，共参利害，勿以事干枢密院而有所隐也。"这是汲取宋太宗雍熙北伐时只与枢密院官员商议，而宰相不得与闻，终遭致惨败的教训，而做出的一些改进。此后宰相与闻朝廷军政事务，成为宋朝一代制度。

虽然宋天子亲征一事议而未决，但河北防务仍在紧张部署着。为表示对边防将领的信用，宋真宗此前曾派遣中使携带御剑赴北面诸路军中，"以严军令"，至此全都召回，将御剑交付部署司，"有犯者施行讫，具事奏闻"。宋真宗还命代州副部署雷有终于平定军（今山西阳泉）立寨，如契丹南侵，即令代州副部署元澄率所部于境上防备牵制之，雷有终领兵自土门路东赴镇州与河北大军会合，共抗敌兵。不过宋人布置还未定，辽军已大举侵入了宋境。

契丹这边，北方女真部族已臣服朝贡，西北边地可敦城已建成，阻卜诸部先后归附，西夏王李继迁死，萧太后又遣使封其子李德昭为西平王，稳定了西南边疆，从而给宋西北边造成很大压力。同时，萧太后又遣使高丽告谕南伐宋朝之事。上一年高丽国王曾遣使入宋朝贡，并言"后晋割让幽蓟以属契丹，遂可直趋玄菟（汉代玄菟郡，在今辽东），屡来攻伐，求取无厌。乞王师屯境上为之牵制"。契丹原住地位于幽、蓟之北，当年辽太祖耶律阿保机攻灭渤海国以后，已与高丽接壤，故其去辽东实不需借道后晋石敬瑭割让的幽、蓟之地，所以高丽人实是因为宋太宗曾为收复燕云失地两次北征，为博得宋天子同仇敌忾而作如此说法，但宋真宗并不愿主动与辽开战，对高丽国王只是"诏书优答"而已。因此，萧太后将大举南侵之事预先告谕高丽，显然含有警告之意。

是年九月，萧太后以收复当年被周世宗所攻占的瓦桥、益津、淤口三关失地为名，偕同辽圣宗亲率二十万大军倾国南征，并留下第三子楚国王耶律隆祐为南京留守以镇守后方。

闰九月八日，萧太后正式出征，自燕京南下。十二日，辽大军至固安（今属河北）。次日，萧太后以青牛白马祭祀天地。十五日，辽军前锋已与宋军战于唐兴口（宋称赵堡口，今河北雄县南赵北口），宋兵溃退。十六日，辽先锋将萧挞凛（宋方文献中写作萧挞览）乘势奔袭宋威虏军（即遂城），再次击溃宋军，但攻城失利，一员偏将阵亡。同时，其他两支辽军进攻宋顺安军（今河北高阳东）和北平寨（今河北顺平东北），分别被宋将石普、田敏等击退。萧挞凛又领兵进逼保州（今河北保定）城，也未成功。十九日，萧太后挥军而进，进驻望都（今属河北），河朔大震。二十日，按既定防御计划，宋北面行营都部署王超等率大军出屯唐河，树立营寨，构建防线。二十二日，辽军先锋萧挞凛会合萧太后、辽圣宗所统辽军主力，直逼定州，受阻于唐河沿岸的宋军大阵。宋军主将王超借口依照天子诏书行事，按兵不动，辽军军势甚盛，轮番冲击宋军营寨，但在宋军严防死守下未能得手，而且分兵游击的轻骑兵还遭到宋军伏击，颇有损失。为此，一向采取避实就虚策略的萧太后便率众东行，驻军阳城淀（今河北望都东），然后分军南掠，攻城拔寨。

　　前方告急文书接连送至开封城内，宋真宗急召群臣商议对策。宰相寇准已定下天子亲征河北之策，故上献对敌方略以及河北诸军的具体攻防计划，略云：

　　　　一，近边奏契丹游骑已至深、祁，窃缘（河北）三路大军见在定州，魏能、张凝、杨延朗、田敏等又在威虏军等处，东路深、赵（今河北赵县）、贝（今河北清河）、冀（今属河北）、沧（今属河北）、德（今山东德州陵城区）等州别无大军驻泊，必虑契丹近东南下寨，轻骑打劫，不惟老小惊骇，便恐贼盗团聚，直至大名府以来，人户惊移。若不早张军势，窃恐转启戎心。臣乞先那起天雄军（即大名府）兵马万人，令周莹、杜彦钧、孙全照将领往贝州驻泊，或恐天雄军少，且起五千人，只令孙全照部辖。若虏骑在近，即近城觅便袭击，兼令间道将文字与石普、阎承翰照会掩杀，及召募强壮入虏界，烧荡乡村，仍照管南北道，多差人探候契丹（动静），次第闻奏，及报大名（府）。一则安人心，二则张军势以疑敌谋，三则边将闻王师北来，军威益壮，四则与邢（今河北邢台）、洺（今河北永年东）不远，成犄角之势。

　　　　一，随驾诸军，扈卫宸居，不可与犬戎交锋原野，以争胜负。天雄至贝（州），军士不过三万人。万一契丹过贝下寨，游骑益南，即须那起定州军马三万以上，令桑赞等结阵南来镇州，及令河东雷有终将兵出土门路与赞会合，相度事势紧慢，那至邢、洺，方可圣驾顺动，且幸大名。假万乘之天声，合数路之兵势，更令王超等于定州近城排布照应，魏能、张凝、杨延朗、田敏等作会合之势，及依前来累降指挥牵拽。

　　　　一，恐契丹置寨于镇、定之间，则定州军马抽那不起，邢、

洺之北，游骑侵掠，大名东北县分，（百姓）老小大段惊移，须
分定州三路精兵，令在彼将帅会合，及令魏能、张凝、杨延朗、
田敏等渐那向东，傍城寨牵拽。如此，则契丹必有后顾之忧，
未敢轻议悬军深入。若车驾不起，转恐夷狄残害生灵，如蒙允
许（亲行），亦须过大河，且幸澶渊，就近易为制置、会合，兼
控扼津梁。（《后山谈丛》卷一）

寇准最后指出："犬戎颇乏粮糗，虽恃腥膻之众，必怀首尾之
忧，岂敢不顾大军，但图深入？"寇准最后之言，显然是为了打消天
子畏惧心理，坚定其亲征决心，而有关河北前线的军事部署也颇为
完备可行，故宋真宗答应择日亲征。但参知政事王钦若却认为敌寇
深入，难以阻挡，密奏天子建议南逃金陵（今江苏南京），而签书枢
密院事陈尧叟建议西避益州（今四川成都），宋真宗一听，心中又起
犹豫，再来征求寇准意见。其时王钦若、陈尧叟就在一旁，寇准心
知王钦若为江南人，故请南逃，陈尧叟为蜀人，故请西避，便佯为
不知，说："谁为陛下画此策者？罪可斩也。今敌势凭陵，陛下当率
励众心，进前御敌，以卫社稷，奈何欲委弃宗庙，远之楚、蜀耶？
且以今日之势，銮舆回轸，则万众云集，楚、蜀可得至耶？"又激励
天子道："今天子神武，而将帅协和，若车驾亲征，彼自当遁去；不
然，则出奇以挠其谋，坚守（城寨）以老其众，劳逸之势，我得胜
算矣。"宋真宗于是放弃了南逃、西避的念头。王钦若为人多智，寇
准担心其在皇帝身边"妄有关说，疑阻大事"，所以打算设法将他调
出京城，远离中枢。二十四日，宋真宗问宰相："今虏骑未退，而天
雄军截在其后，万一陷没，则河朔皆虏境也。孰人可为朕守魏？"寇
准极力推荐王钦若，并请急召王钦若。王钦若一到，未及有言，寇
准即说："主上亲征，非臣子辞难之日，参政为国柄臣，当体此意。"

即令左右取来御酒敬之，称"上马杯"。王钦若惊惧之余，不敢推辞。于是王钦若出判天雄军府兼都部署、提举河北转运司，不数日即赴任。

同日，宋真宗接到莫州部署石普转送来的辽臣王继忠之密信，称"北朝愿修旧好"。原来王继忠被俘以后归降了契丹，甚得萧太后的信用，得以不时向萧太后讲论辽、宋和好的好处，萧太后听了颇为心动。其实萧太后也颇有厌兵之意，一是连年兴兵，国力和民力负担沉重；二是由于干戈不息，辽朝和中原汉地的榷场贸易被迫长期停止，此对契丹之影响远较中原汉人为大，其屡次大举深入，实有通过战争从宋朝攫取更多经济好处的用意。所以在进入宋境不甚顺利之际，下令分军深入作战，同时又采纳王继忠的建议，让王继忠以宋天子"旧僚"的身份，给宋真宗写信表达议和意愿，并派小校李兴等人持信箭，将这封密信送入宋莫州部署石普的营中，恳请石普速速呈交宋廷。宋真宗看毕密信，方才知晓原以为早已阵亡的王继忠不但尚在人间，而且已为辽朝高官，甚得萧太后信任，但他对辽朝议和建议实是半信半疑，故对辅臣说道：

> 朕念往昔全盛之世，亦以和戎为利。朕初即位，（宰相）吕端等建议，欲因太宗上仙，命使（契丹）告讣；次则何承矩请因转战之后，达意边臣（修和）。朕以为诚未交通，不可强致。又念自古獯鬻（北狄）为中原强敌，非怀之以至德，威之以大兵，则犷悍之性，岂能柔服！此奏虽至，要未可信也。（《续资治通鉴长编》卷五十七）

宋真宗之言亦颇夹杂着自饰之语，当年宋廷实有与辽议和之举，但未得辽廷响应。宰相毕士安等也看出宋真宗的内心只是担忧"敌强悍如此，恐和议不可保"，所以为皇上分析说："近岁契丹归款（归附）者皆言国中畏陛下神武，本朝雄富，常惧（王师）一旦举兵复幽州，故深入为寇。今既兵锋屡挫，又耻于（无功）自退，故因（王）继忠以请，谅亦非妄。"毕士安并表示"王继忠此密奏所言之事，臣请任之"。但宋真宗于此别有见解，说："卿等所言，但知其一，未知其二。彼以（战斗）无成请盟，固其宜也。然得请之后，必有邀求。若屈己安民，特遣使命，遗之货财，斯可也。所虑者，关南之地曾属彼方，以是为辞，则必须绝议。朕当治兵誓众，躬行讨击耳。"即必须给予辽人以沉重打击，才能打消其索取关南之地的念头。而以经济利益赎买土地的想法，宋真宗已在心头盘算多时。此前宋真宗曾就后晋将燕云十六州割让给契丹一事，私下对辅臣表示："晋祖（石敬瑭）何不厚利谢敌，遽以（燕云）土地民众委之，遗患至今。盖彼朝乏人故也。"于是众大臣皆不敢多言。此时，宋真宗见毕士安肯承担议和之事，甚喜，遂下手诏令石普转交王继忠，云"诏到日，卿可密达兹意（于戎主），共议事宜，果有审实之言，即可附边臣闻奏"，但未同意王继忠所要求的由宋廷先遣使臣入辽议和的建议。宋真宗赐王继忠手诏云：

> 自临大位，爱养黎元，岂欲穷兵，惟思息战。每敕边事，严谕守臣。至于北界人民，不令小有侵扰，众所具悉，尔亦备知。向以知雄州何承矩已布此恳，自后杳无所闻。汝可密言，如许通和，即当别使往请。（《辽史》卷八十一）

诏令文字颇有乞和之意，难怪宋真宗的此封手诏，宋方文献中从无记载，而仅载于《辽史·王继忠传》中。不过，《王继忠传》将宋真宗赐给王继忠的"手诏"称作"求和札子"，实是因为当事双方以及记事史官所处立场各异使然。

辽军南侵，原以掠夺财物和进行政治讹诈为目的，故萧太后本有能战即战、不能战便和、以和佐战之意，所以在让王继忠写信与宋廷议和之际，又率军自阳城淀顺着胡卢河东行，绕过宋重兵把守的高阳关（今河北高阳东）坚城，直抵瀛州（今河北河间）城下。十月六日，辽军开始攻城，却未能得手。于是辽军建造攻城器械，然后四面一同击鼓围攻，入夜，又驱使奚人身背木板阻挡箭雨，手举火炬，乘梯而上。宋知州李延渥率城中军民坚守，又调集贝冀巡检史普所部士卒登城作战，发礌石滚木，使攻城的辽军士卒纷纷坠梯伤亡。就这样恶战了十多天，萧太后与辽圣宗都亲临城下督战，甚至亲自播鼓指挥众军急击，箭矢丛集城头如雨，伤亡惨重，却始终不能攻克。此次战斗极其惨烈，次年宋人疏浚城壕，从中捞出遗箭四十万枚，瀛州城头"悬板才数寸，集箭二百"，可证"辽人攻城不遗余力如此"。十四日，契丹前锋萧挞凛和萧观音奴的部队攻下了祁州（今河北安国）城，于是萧太后决定放弃瀛州，引兵南下，令萧挞凛等部前来会合。

当辽军攻瀛州城不下之时，萧太后又让王继忠写信给宋真宗，称"契丹已领兵攻围瀛州，盖关南乃其旧疆，恐难固守，乞早遣使议和好"。攻城未能成功，却又想通过口舌来攫取。二十六日，宋真宗接到王继忠来信，对"素有防备"的瀛州城防务倒不甚担忧，但眼见契丹兵马不断深入，便改变不先遣使臣议和的初衷，对辅臣道："彼欲我先遣使，固亦无损。"命枢密院选择可以出使契丹的官员。枢密院推荐刚好前来奏报战事的殿直曹利用应选。宋真宗对人微官卑的曹利用颇不放心，说："此国家重事也，毋轻易用人。"但至次日，枢密使王继英仍是举荐曹利用，称曹利用自陈"傥得奉君命，死无所避"。既然如此，宋真宗便道："契丹先露恳诚，求结和好，使于兵间，固亦无他。然小臣闻命请行，斯可嘉也。"乃授曹利用为阁门祇候，假崇仪副使的官衔，携带宋廷给辽圣宗的国书、宋真宗给王继忠的手诏，与持信箭的神勇军士李斌同赴契丹行营议和。

此前宋真宗已宣布将亲征河北，以天雄军都部署周莹为驾前东面贝冀路都部署、颍州防御使杜彦钧为副都部署、供备库使綦政敏为钤辖，马军都指挥使葛霸为驾前西面邢洺路都部署、步军都虞候王隐为副都部署、西上阁门使孙全照为钤辖。二十七日，宋真宗又宣布以皇弟雍王赵元份为东京留守，赵元份恳辞，天子不允；随后又以卫州防御使李重贵为大内都部署。

十一月五日，宋廷接北面行营都部署上奏："契丹自瀛州遁去，其众犹二十万。侦得其谋，欲乘虚南抵贝（州）、冀（州）、天雄军。"宋真宗于是诏督诸路军兵及澶州戍卒会师于天雄军（大名府）。自契丹南侵以来，河北州城大多掌握于宋军手中，未被攻陷，迫使辽军主力只能采用绕过宋军顽强防守的城寨、一路长驱深入的策略，快速向北宋河北重镇天雄军逼近。宋真宗鉴于德清军（今河南清丰）地处大名府与澶州之间，其城池"素不修完，屯兵寡少"，故令守将"如戎寇南侵，不须固守，可率城中军民并赴澶州"；又因通利军（今河南浚县）"素无城壁兵甲"，而调兵守备。

十三日，天雄军都部署周莹调洺州骑兵一千五百人赴大名府，途中与辽马军都指挥使耶律课里所部相遇，一场激战，颇有死伤。次日，辽军前锋直插至大名城北附近，一些宋天雄军官员猝不及防，被辽东京留守萧排押部下士兵所掳。

随着契丹游骑开始在北门外出没，大名府全城戒严，人心"惶遽"。奉圣旨出使契丹的曹利用正好来到天雄军，钤辖孙全照怀疑契丹人无修好之诚意，便劝说判天雄军府王钦若留下曹利用，而只让曹利用的随从北去。十七日，辽南院大王耶律善补奏报萧太后，说宋帝遣使馈送王继忠"弓箭，密请求和"，萧太后诏令王继忠与宋使会面，商议和谈之事。但辽军南下并未暂停，萧太后率主力迅疾逼近天雄军城。城中王钦若见城外"旌旗满野，无以为计，但屯塞四门，终日危坐"，急招诸将商议城防事宜，欲通过抽签方式决定诸将所守之城门。孙全照表态道："全照将家子，请不探符，诸将自择便利处所，不肯当者，全照请当之。"结果无人愿意守护首当敌锋之北门，王钦若便命孙全照守北门。王钦若欲自己守护城南门，孙全照反对道："不可。参政（参知政事）主帅，乃号令所出，谋画所决。（大名城）南北相距二十里，（诸军）请覆待报，必失机会，不如居中央府署，保固腹心，处分四面则大善。"王钦若从之。孙全照麾下有一支弩兵，手执朱漆弩，射击人马皆洞彻重甲，随其所指而发射，深得其妙用，为契丹将士所畏惧。见辽军不断涌来，据守城头的孙全照下令大开北门，放下吊桥以等候敌兵进攻，辽兵一见，反而不敢逼近北门，转攻东门。因屡攻不下，辽军主动撤离东门，占据了故城（为大名府大名县下镇名，位于府城东）。入夜，辽军又使出契丹传统战法，自故城悄悄地绕行至大名城南，留下一支精兵于狄相庙设伏，主力遂南攻德清军。王钦若闻知辽军绕城而过，急遣城中精兵追击，却中了辽军埋伏，不能进退。孙全照急忙见王钦若请求道："若亡此兵，是亡天雄也。北门不足护，全照请（出兵）救之。"率麾下将士出南门力战，杀伤契丹伏兵甚众，此支天雄精兵才得以归城，但已损失过半。二十日，城小无援的德清军被契丹前锋萧挞凛攻陷，宋守将尚食使张旦等被杀。

　　在此前之十八日，宋真宗又授任山南东道节度使、同平章事李继隆为驾前东面排阵使，马军都指挥使葛霸为副使，西上阁门使孙全照为都钤辖，南作坊使张旻为钤辖；武宁节度使、同平章事石保吉（宋初大将石守信子）为驾前西面排阵使，步军都虞候王隐为副使，入内副都知秦翰为钤辖。张旻奉天子之命先往澶州扼守黄河桥，并侦查敌军情况；而秦翰受命之后，即督军民环澶州城疏浚护城河，竖立木栅，以防敌骑靠近。至二十日，磨蹭了许多时日的宋真宗亲征，终于正式启程了。

宋真宗此次亲征，《宋史·寇准传》是如此记载的：是年冬，契丹果然大举入侵，告急文书"一夕凡五至"，然寇准皆不发视，饮笑自如。次日，同僚上奏皇上，宋真宗大骇，召来寇准诘问，寇准便说："陛下欲了此，不过五日尔。"因请天子亲行澶州，同僚大惧，欲退下，寇准予以制止，"令候驾起"，宋真宗面有难色，欲还内宫。寇准说："陛下入则臣不得见，大事去矣，请毋还（宫）而行。"宋真宗这才正式与群臣商议亲征之事，时在契丹围攻瀛州之前。其所记之事显然时间有倒错，且宋真宗亲征一事前后经历了约两个月，并非匆忙决策。宋人陈师道《后山谈丛》记载寇准劝天子"请无还内而行"，宋真宗"遂行，六军、百司追而及之"，其讹误更是严重。宋人为表彰寇准处理澶州一役之果决，竟然如此凭空虚构"圣明"天子的怯战之事以为反衬，也真够胆大。

宋真宗亲征离京的当天，司天监上奏说"日抱珥（抱珥指太阳两旁半环形的光环），黄气充塞，（敌寇）宜不战而却，有和解之象"。不知已踏上征途的宋天子听到如此及时送来的吉祥天象，畏怯之心可曾得到些微宽解？

十一月二十日夜，宋真宗离开京城的第一个晚上，又接到了王继忠的密信。王继忠第二封密信送出后，多日未得回音，便又致信旧日同僚、宋将葛霸等人，请向宋天子"速达"所奏和好之议，并称"北朝顿兵未进，不敢劫掠，以待来使"。此时，契丹兵马正不断深入南下，王继忠却声称"顿兵未进"，看来是为了"今主"而不惜欺骗"旧主"。宋真宗倒也不计较，回赐手诏称已派遣曹利用为议和使者。次日，宋真宗抵达长垣县（今河南长垣南）。

二十二日，宋真宗至韦城县（今河南滑县东南），即传来契丹已越过天雄军、攻陷德清军，进逼澶州城北的坏消息。此时天寒地冻，黄河冰封，坚可行马，宋真宗赶紧下令滑州（今河南滑县）、齐州（今山东济南）、濮州（今山东鄄城北）知州沿河巡视，招集乡丁开凿河冰，以防"戎马"南渡。

按既定作战计划，当契丹兵马攻向天雄军、澶州一带时，驻屯定州前线的王超等将帅所统领的河北宋军主力便南移至澶州一线重新布阵迎敌，以为天子亲征提供保护。但历时一月有余，王超之兵仍未到位，而契丹兵马却已先至澶州城下。见军情日急，又有人劝天子南下金陵，以暂避敌军锋芒。宋真宗再次动摇，急召寇准问计。寇准刚至门口，就听得房内有宫人说话："群臣辈欲将官家何之乎？何不速还京师！"寇准入对，宋真宗即问："南巡何如？"寇准慨然言道："群臣怯懦无知，不异于乡老、妇人之言。今寇已迫近，四方（怀）危心，陛下惟可进尺，不可退寸。河北诸军日夜望銮舆至，士气当百倍。若回辇数步，则万众瓦解，敌乘其势，金陵亦不可得而至矣。"宋真宗还是举棋不定。寇准辞出，在门口遇见殿前都指挥使高琼，便向他说道："太尉受国厚恩，今日有以报乎？"高琼回答："琼武人，诚愿效死。"寇准又入屋内见皇上，高琼跟随而入，立于庭下。寇准说："陛下不以臣言为然，盍试问（高）琼等？"便又申说前议，词气慷慨。高琼高声奏说："寇准言是。"又奏道："随驾军士父母、妻儿尽在京师，必不肯弃而南行，中道即亡去耳。愿陛下亟去澶州，臣等效死，敌不难破。"寇准又说："机会不可失，宜趣驾。"当时带御器械王应昌在一旁侍卫，宋真宗便回头看了看他，王应昌说："陛下奉将天讨，所向必克，若逗留不进，恐敌势益张。或且驻跸河南，发诏督王超等进军，寇当自退矣。"宋真宗之意遂决。

其实宋真宗只看到契丹来势凶猛，不可一世，却不知契丹君臣此时也陷入了进退两难的境地。辽军采取避实就虚的策略，绕过许多宋军坚守的州县，长驱深入，虽已进逼黄河边的澶州，但前有宋军严阵以待的澶州坚城、大河之阻挡，身后宋河北诸州军民也正伺机而动，加上诸路宋军正向澶州一带靠近，所以辽军大有腹背受敌之忧，而且辽军主力一路行军作战，在瀛州一战中损失颇重，至此已成强弩之末的态势。与此同时，沿边诸州宋军开始按照原定部署，积极配合主战场，主动向辽境内出击。河东岢岚（今属山西）军使贾宗率兵在草城川（今山西岢岚北）击败契丹骑兵数万入寇，次日再次击败之，追击进入辽境内；知府州折惟昌率领所部兵马自火山军（今山西河曲南）进入契丹朔州（今属山西）境内，前锋将士击破契丹大狼水寨，杀戮甚众，生擒四百余人，获马牛羊、铠甲数以万计，并迫使进攻岢岚军的辽军闻风遁去。河北保州、莫州、威虏军、北平寨的宋军以偏师深入至易州（今河北易县）城南，掳获人畜、铠仗凡数万计。宋猛将杨延朗甚至上言道："契丹顿澶渊，去北境千里，人马俱乏，虽众易败，凡有剽掠，率在马上。愿饬诸军，扼其要路，（其）众可歼焉。即幽（今北京）、易数州，可袭而取。"但宋真宗只思如何阻止契丹大军南渡黄河威胁京城开封，收复燕京之事显然不在其考虑之内，所以对杨延朗的建议未予回复。杨延朗率麾下精兵进入辽境，袭破古城，斩俘甚众。

萧太后也知其处境渐显不妙，故一面仍然命令辽军骑兵继续四出攻掠，以显示强悍之势，迫使以步兵为主、机动性较弱的诸州宋军龟守城寨，不敢轻易出击，一面又敕令王继忠努力维系与宋廷交通的渠道。王继忠又一次托宋将石普转送给宋天子密信，石普正驻军贝州，便遣澶州人小校张皓将密信送往天子行营。张皓南下途中被辽兵擒获，萧太后、辽圣宗闻知后，将张皓带至自己车帐之前，问劳颇久，然后令张皓携带宋真宗所赐王继忠的手诏副本直接去天雄军，以催促曹利用来辽营商谈议和之事。但王钦若等人仍深怀疑心，不放曹利用出城，张皓只得独自归辽营回复。萧太后便命王继忠再起草一封密信，称曹利用被留于天雄军不行，请宋天子"速自澶州别遣使臣至北朝议和好事，免致缓误"，让张皓送至宋真宗行营。

二十四日黄昏，宋真宗至卫南县（今河南濮阳西南），接到张皓送至的王继忠密信。宋真宗便下一诏书赐与王钦若，又令参知政事王旦给王钦若写了一封信，让张皓持赴天雄军，督促曹利用与张皓一同前往辽军大营议和，并再下一答诏赐予王继忠，让他转告萧太后，派人去天雄军迎接曹利用。宋真宗对宰辅解释道："彼虽有善意，国家以安民息战为念，固已许之矣。然彼尚率众兵深入吾土，又河冰且合，戎马可渡，亦宜过为之防。朕已决成算，亲励全师。若盟约之际，（彼）别有邀求，当决一战，剪灭此寇。上天景灵，谅必助顺。可再督诸将帅，整饬戎容，以便宜从事。"虽然宋真宗心底甚愿议和一举成功，但仍是怀疑契丹对议和的诚意，可见其对萧太后因陷于困境而主动提出议和的动机不甚明了，即随着时间推移，战场形势进展实已渐向对宋军有利一面转化了。

同日，辽军向澶州北城三面进逼，进行试探性的攻击。宋代黄河河道穿澶州城而过，将澶州城分为南、北两城。宋军大将李继隆等在北城外列阵三面卫护城池，分布劲弩强弓以控扼要害之处，阻止契丹兵直接攻城。辽军先锋悍将萧挞凛骁勇有谋，所部骑军又为契丹精锐，作战勇悍，其军旗也与众不同，每战皆充当前锋陷阵。当时萧挞凛亲率帐下精骑从澶州北城西北方向直冲宋军大阵，连夺宋军羊观、盐堆、凫雁等阵地。萧挞凛驻马在阵前督战，同时又按

视地形。史载宋军守在此一方向的为军校周文质，昨晚遇到张皓自
契丹营中还来，张皓言辽兵谋划于次晨来袭，周文质即刻驰告主将
李继隆等，励众戒备。至此，周文质挥兵列阵御敌，而隐伏在城头
的威虎军军头张瓌，用射程甚远的床子弩向萧挞凛射击，萧挞凛被
弩箭击中额头而坠下马来，被帐下士卒抢救回营寨。主将萧挞凛意
外重伤，辽军的进攻也就难以为继，稍稍退去。当晚，萧挞凛伤重
而死。萧挞凛通天文，屡著战功，是辽将中坚决主张侵宋者，且与
萧太后有姻亲关系，为契丹重臣。此时宋、辽两军主力决战尚未正
式展开，主将已遭伏弩暗算而身亡，极大打击了辽军士气。

二十五日，辽军攻陷通利军（今河南浚县）。但此举主要是向
宋人施加压力，因为损失大将的辽军已自澶州城下退却，脱离火线，
只是时遣轻骑前来城下侦察宋军动向而已。是日，驻跸卫南县的宋
真宗拿出两张阵图，一为行军时布阵之图，一为驻军时之阵图，交
给殿前都指挥使高琼等扈从将领，并赐诸军将士甲胄及缗钱有差。
看来宋朝君臣仍在为两军主力决战做准备，而未知萧太后因萧挞凛
伤重而亡，已无意恋战了。

二十六日，宋真宗进抵澶州南城，大将李继隆等遣人来告捷，
又言"澶州北城门巷湫隘，望（皇上）且于南城驻跸，以觇军势"。
本就心底畏怯的宋真宗便打算以南城驿舍为行宫，就此停止前进。
寇准固请宋真宗行幸北城："陛下不过河，则人心危惧，敌气未慑，
非所以扬威决胜也。且王超领劲兵屯中山（今河北定州）以扼其亢
（咽喉），李继隆、石保吉分大阵以扼其左、右肘，四方征镇赴援者
日至，何疑而不往？"高琼亦坚请道："陛下若不幸北城，百姓如丧考
妣。"在一旁的签书枢密院事冯拯以为此乃军国重事，高琼一介武夫，
何足知此，便大声呵责，高琼怒道："君以文章致位两府（指中书、
枢密院长官），今敌骑充斥如此，犹责琼无礼，君何不赋一诗退敌骑

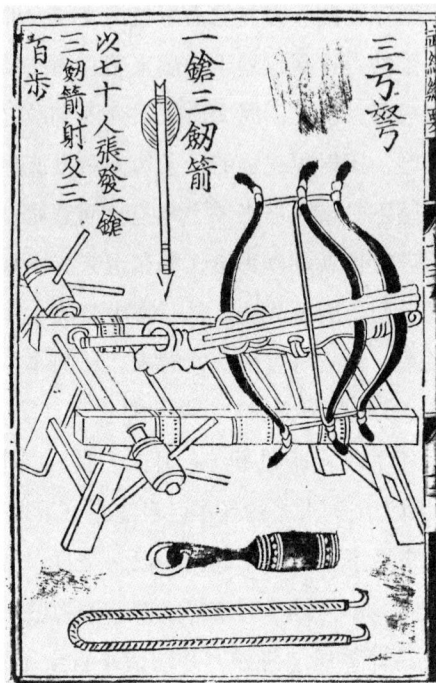

《武经总要》（前集卷十三）中所绘三弓弩

耶?"随即指挥卫士拥辇车而进。至黄河浮桥前，众军士停车不前，高琼用马策推搡那些辇夫后背，喝道："何不亟行？今已至此，尚何疑焉!"宋真宗也只得下令辇车过浮桥。宋真宗登上北城门楼，升起象征天子的黄龙旗，诸军望见，皆踊跃欢呼"万岁"，声闻十里，气势百倍。宋真宗然后下城视察驻军营壁，召见李继隆已下诸将，抚慰良久，赐诸军酒食、缗钱，再回至南城内歇息。至二十八日，宋真宗始移驻澶州北城行营。

对宋真宗在澶州城的活动，《宋史·寇准传》称宋真宗登上北城城楼后，以军事全都委任寇准，寇准"承制专决，号令明肃，士卒喜悦"。有辽军数千骑乘胜进逼城下，宋真宗诏令士卒迎击，斩获大

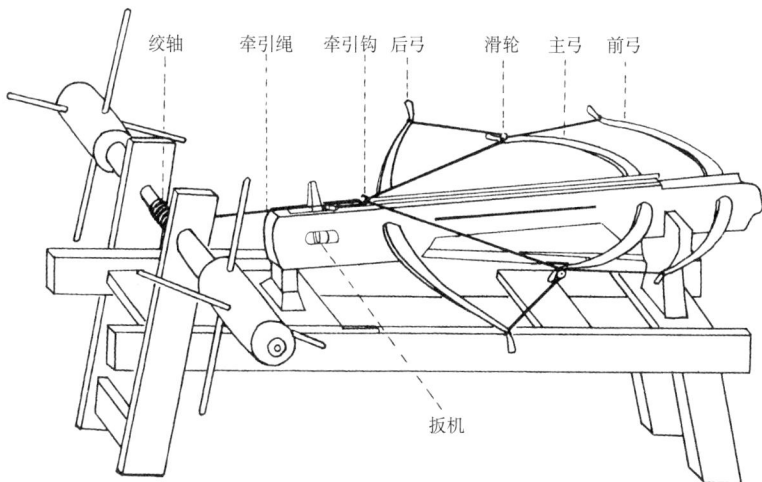

宋代三弓床弩复原示意图（引自孙机《床弩考略》[《文物》1985年第5期]及杨泓、于炳文《中国物质文化史·兵器》）

半，辽军乃退去。宋真宗转还行宫，留寇准居守城上，然后悄悄遣人观察寇准在做何事，那人回报说寇准正与学士杨亿"饮博，歌谑欢呼"，宋真宗得知后放心道："（寇）准如此，吾复何忧！"两军相持十余日，契丹大将萧挞凛前来督战时被威虎军头张瓌用床子弩射杀，辽帝"乃密奉书请盟"。

从宋、辽两军作战进程上看，就可知《寇准传》所言多为虚饰之词：辽兵于是月二十二日抵达澶州城下，萧挞凛于二十四日被床子弩射杀，宋真宗直至二十六日方登上澶州北城。萧挞凛死后，辽军主动自城下后撤，未再有攻城举动，战场形势也渐趋缓和。对于萧挞凛之死的影响，《辽史》评论道："最后以萧挞凛为统军，直抵澶渊。将与宋战，挞凛中弩，我兵失倚，和议始定。或者天厌其乱，使南北之民休息者耶！"《辽史》的说法自有其夸大之词，但宋、辽澶渊和约得以较顺利地订立，萧挞凛的意外阵亡，确是一个重要因素。

此前战局形势虽然渐显不利，但萧太后仍欲以战促和，迫使宋廷让步，至此也主要设想如何在和谈中攫取尽可能多的利益。宋真宗本无灭此朝食的胆气，只要敌手同意不战，则什么都可以谈。因此，澶渊一役便进入了一个讨价还价的新阶段。

　　被判天雄军王钦若强留在大名城的使臣曹利用，终于十一月二十七日抵达位于天雄军与澶州之间的契丹大营。史载曹利用谒见萧太后时，萧太后和韩德让并排同坐在驼车（即张有毡幕之奚车）上，辽圣宗与其他大臣分行别坐，礼容甚为简易。萧太后在车辕上搁置一块木板，上面放置食器，而让曹利用坐于车下饮食。众人边食边议两国和好之事，但彼此间的议和条件距离颇大，萧太后便遣左飞龙使韩杞持国书与曹利用俱至澶州城中，面见宋真宗决议。宋真宗命知澶州何承矩、翰林学士赵安仁出城迎接曹利用、韩杞一行。

　　十二月一日，辽使韩杞入见宋帝。这一天恰好发生了日食，基于传统的"天人合一"之说，日食是上苍对天子不当言行的警示，故宋真宗认为这是天意反对与夷狄议和的征兆，心中大为惊惧。不过，司天监官员又及时上报此日食乃是两国和解的征兆，宋真宗听后方稍为心定，接见了辽使。辽使韩杞先呈上辽圣宗的国书，然后升殿跪奏道："太后令臣上问皇帝起居。"这是因为萧太后实专契丹国政，故韩杞特意向宋真宗转达萧太后的问候。打开契丹国书，果然如此前宋朝君臣所担忧的，契丹要求宋朝归还关南故地作为议和条件，于是宋真宗询问辅臣道："吾固虑此，今果然，唯将奈何？"辅臣请在答书中声明："关南久属朝廷，不可拟议，或岁给金帛，助其军费，以固欢盟，惟陛下裁度。"宋真宗便表示："朕守祖宗基业，不敢失坠。所言归地事极无名，必若邀求，朕当决战耳！实念河北居人重有劳扰，倘岁以金帛济其不足，朝廷之体，固亦无伤。答书中不必具言，但令曹利用与韩杞口述兹事可也。"这提议"岁给金帛，助其军资"者，即以金帛财物代替土地来换取契丹撤军的辅臣，不知可有寇准在内？史称当时曹利用、韩杞来觐见宋帝商议和盟之事，寇准表示反对，并且画策上献宋天子，云："如此则可保百年无事；不然，数十年后，戎且生心矣。"寇准所画之策内容究竟如何，史书未载，今已不可得闻。但有史料称寇准当时"欲邀使称臣，且献幽州地"，即将契丹向宋朝称臣以及将燕京归还宋朝作为议和条件。世人有称寇准是要歼灭来寇，为大宋开百世太平，可惜宋真宗未接受其意见，贻害无穷。但分析相关史料记载以及此后事态之发展，寇准所欲为者，其实只是不想让契丹太过轻易得到在战场上未能取得的利益，所以寇准以"献幽蓟之地"作为议和先决条件，更像是针对契丹"归还关南故地"而作出的一个用来讨价还价的筹码。但急于和谈成功的宋真宗不想再别生事端，已"厌兵，欲羁縻不绝而已"，认为"数十年后，自当有扞御之者。吾不忍生灵重困，姑听其和可也"。此时暗中又有大臣在天子面前诋毁寇准，称其"挟主以邀功，借寇以自重"，寇准不敢再坚持己见。宋真宗于是让曹利用与韩杞同去辽营，将宋廷的议和条件转交萧太后。临行前，宋真宗特意召见曹利用，关照道："契丹南来，不求地则邀赂（钱物）尔。关南地归中国（此指中原政权）已久，不可许；汉以玉帛赐（匈奴）单于，有故事（可依）。"曹利用表示屯军于澶州城下的契丹大军已陷入困境，认为和战的主动权已在我方，并表态道："彼若妄有所求，臣不敢生还。"宋真宗闻言甚为称赏，但还是表示可许给辽人货财以成和约。曹利用因而当面请示宋真宗岁赂金帛的数目，但求早日息兵宁事的宋真宗许诺道："必不得已，虽百万亦可。"但曹利用告辞天子出行宫，即被宰相寇准召见，警告道："虽有敕旨，汝往，所许不得过三十万。过三十万，勿来见准，准将斩汝！"曹利用闻言色变，应诺而行。

是日，德州（今山东德州陵城区）、博州（今山东聊城）皆上奏称辽军已自城下拔寨北去。知澶州何承矩也上奏言：自敌寨逃归的乡众皆言萧挞凛已中箭而死，又言敌寇闻车驾进入澶州城，皆相顾失色，悉遁去。宋真宗闻言即对侍臣说："挞览乃于越（指耶律休哥）之侪也。于越旧乐野战，颇难制。挞览智勇不在其下，而多务城守，此所以不及（于越）也。今岁入寇，皆其首谋。或闻犯边以来，累战不利，因号令部下，凡获得男子十五（岁）以上者皆杀之。彼既失其谋主，朕亲御六师，而王超等三路大兵亦合势南来，彼奔北固其宜也。"虽说得自信满满，但惧敌之心略无少减。

四日，曹利用随同韩杞再至契丹大营，与辽朝君臣谈判。企望获取更多利益的辽朝君臣再次提起关南之地的归属，萧太后对曹利用说道："晋德我，畀（馈送）我关南地，周世宗取之，今宜还我。"曹利用回答："晋人以地界契丹，周人取之，我朝不知也。若岁求金帛以佐军，尚不知（我朝）帝意可否；割地之请，利用不敢以闻（朝廷）。"辽接伴使、政事舍人高正便威胁说："今兹引众而来，本谋关南之地，若不遂所图，则本国之人负愧多矣。"曹利用再次拒绝，并反击道："（本使）禀命专对，有死而已。若北朝不恤后悔，恣其邀求，地固不可得，兵亦未易息也！"契丹君臣见状，便问及岁得金帛之数，曹利用表示宋朝可岁给绢二十万匹、银十万两。萧太后大体认可了此条件，便让王继忠来见曹利用，说道："南北通和，实为美事。国主年少，愿兄事南朝（主）。"又言及担心宋朝此后在边境上有开挖河道、疏浚壕堑、修缮城池之类举动，给契丹以威胁，并让曹利用将一封密奏转交给宋天子，请宋真宗派遣官爵更尊贵的官员至契丹兵营中交换两国和好誓书。可见在如此细节方面，萧太后亦不欲输于宋人。不过，辽廷对于曹利用所许约和条件仍不甘心，又遣右监门卫大将军姚柬之持国书，与曹利用一起至澶州"复议"和约条件。

五日，曹利用、姚柬之进入澶州城，宋翰林学士赵安仁奉命接伴。姚柬之亦算是辽朝才学之士，故与宋人谈论之际，颇夸耀契丹"兵强战胜"之功，赵安仁亦深知宋军之弱点，故正色答道："闻君多识前言。老氏云：'佳兵者，不祥之器，圣人不得已而用之。胜而不美（称美），而美之者，是乐杀人。乐杀人者，不得志于天下。'"姚柬之一听，不敢再论此话题，便转而称赞归降辽朝的原宋将王继忠的才干出众，欲以此羞辱宋人一番。不料赵安仁对此徐徐而言："继忠早事藩邸，闻其稍谨，不知其他也。"姚柬之又输了一阵。与契丹兵马在战场上摧阵拔寨、屡获战功相比，辽朝文学之士的文化素养与宋人的差距还是相当大的，姚柬之不知藏拙，只能自取其辱。

曹利用入见宋真宗，宋真宗正在内庭用膳，遂让内侍出来询问贿赂契丹金帛的数字，曹利用推脱不言："此机密事，当面奏。"宋真宗闻言再派人问其大约数字，曹利用始终不肯明言，只伸出三根手指放在面颊上。那内侍入内报告说："三指加颊，岂非三百万乎？"宋真宗当即失声呼道："太多！"但稍顿了一顿，又说道："姑了事，亦可耳。"因行宫居室并不深秘，所以等在外室的曹利用清楚地听到了上述对话。待宋真宗召见时，面对天子急切询问，曹利用再三称死罪，说："臣许之银绢过多。"宋真宗问："几何？"曹利用回答："三十万。"宋真宗闻言喜不自胜，故随后擢任曹利用为东上阁门使、忠州刺史，赐第京师。

六日，姚柬之入见宋真宗，再次提及曹利用所说的议和条件与当初王继忠所提议者不相符合，欲加修正。宋真宗已知契丹议和的底线，故不许可，姚柬之亦只得作罢。当时宋廷给辽廷的国书，按习俗书致契丹天子辽圣宗，至此宋真宗亦明白辽朝是辽帝之"母专其政，人不畏其主也"，所以特意分作两封书信，分别给萧太后和辽圣宗。七日，姚东之来辞行，宋真宗即命西京作藏库使李继昌借官左卫大将军，携带约和誓书，随姚东之去辽营交换誓书。九日，李继昌来到契丹大营，萧太后亦遣西上阁门使丁振奉持誓书回使宋朝。十日，萧太后"诏诸军解严"，即宣布与宋结束战争，开始北撤。因辽、宋双方是在澶州境内订立了和盟，而澶州别称澶渊，故史书上习称此和盟为"澶渊之盟"。但不知为何，辽使丁振至十六日才抵达澶州。在等待辽廷回复期间，实际上已逆转了局势的宋朝君臣却表现得颇为忐忑不安，猜疑不定。

十二月初，宋真宗于遣曹利用前往辽营议和的同时，在枢密使陈尧叟建议下，还下令沿河州军加强防务，督凿河冰，撤毁大河上桥梁、船只，以防被戎骑利用南渡；甚至连远离战场的河中府（今山西永济蒲州镇）、陕州（今河南三门峡）也接到了撤桥毁船的命令。四日，为安抚京城百姓，宋真宗遣给事中吕祐之"赍敕牓谕两京以将班师"。待契丹使臣姚东之携来萧太后同意宋朝约和条件，宋真宗方才下诏令河南、河东诸州"放强壮归农"，令河东、陕西赶赴澶州增援的军马回转原驻地，命官员安集河北流民。

九日，宋真宗又作《回銮诗》，命近臣唱和；视察兵营，大赏诸军。同时，宋真宗又拒绝了部分宋军将领欲围歼辽军主力的提议，只是下令诸路宋军提高戒备，跟踪回撤的辽军北上，以阻止契丹游骑侵扰乡间，若"戎寇敢肆行劫掠，则所在合兵剪灭"，但又禁止宋军主动袭击正常北归的辽军；又遣澶州小校华斌去辽营，将天子手诏送达王继忠，让他转告萧太后，要求"悉放所掠老幼"。十二日，宋真宗又命给事中吕祐之赴京城开封阅视迎驾仪仗。

十四日，此前因病留守京城的宰相毕士安奉命来到澶州觐见天子。有人对毕士安抱怨"岁赂契丹三十万为过厚"，但毕士安却表示："不如此，则契丹所顾不重，和事恐不能久长也。"宋真宗特地设宴于行宫，为毕士安接风。同日，京师开封又传来消息，说京城有劫盗被关在右军巡狱中，那些劫盗乘隙袭击狱卒，逃出牢狱。狱官不能禁止，即刻上报东京留守、雍王赵元份，全城搜捕，又将这些劫盗逮住，关入开封府狱。主事官吏担忧他们再次越狱逃亡，便将其脚打折。雍王赵元份知道此事后，遂惊悸得了急病。宋真宗便授命参知政事王旦权东京留守事，即日先还京城镇守。史称王旦临行前，对天子说："愿宣召寇准，臣有所陈。"寇准至，王旦道："十日之间未有捷报时，当如何？"宋真宗默然良久，回答："立皇太子。"此事记载于《宋史·王旦传》，但令人疑惑的是，宋真宗并未建立皇太子，宋仁宗也尚未出生。颇疑此处所谓"皇太子"实为"皇太弟"之误。宋太宗生有九子，宋真宗乃第三子。长子元佐，因为其叔秦王廷美说情而违忤父皇意旨，遂被废；次子元僖（原名元佑），因误饮毒酒而亡；四子元份，即于此时惊悸得病而卒；五子元杰，卒于成平六年（1003年）；六子元偓，时封宁王，史称其"姿表伟异，厚重寡言，晓音律"；七子元偁，时封安定郡王，史称其"体素赢多病"；八子元俨，即民间称之为"八大王"者，时封广陵郡王，史称其"少奇颖，太宗特爱之"，"广颡丰颐，严毅不可犯，天下崇惮之，名闻外夷"；九子元亿，早卒。故如若此处宋真宗所说的确是"立皇太弟"，则其所指的当为元偓与元俨之中一人，而以元俨的可能性为大。此推测就此表过不提。当时王旦奉天子旨即刻回转京城，直接进入禁中，严令左右不得将消息外传。可见此时与契丹议和之事虽已基本定型，但宋朝君臣对"夷狄"的和好诚意仍怀有很深的不信任感，担忧契丹约和中藏有阴谋，故王旦回京之前要与宋真宗做如此约定，以防意外变故。

随着辽军撤离澶州城下远去，宋真宗也于十五日离开澶州南下。是日，大寒。追蹑辽军北撤行踪的宋将张凝等报告萧太后御寨已过定远军（今河北东光）。十六日，契丹使臣丁振携契丹誓书来。为宋真宗送信给王继忠的宋澶州小校华斌随同丁振一起归来，先向宋天子转告王继忠具奏"北朝已严禁樵采，仍乞诏张凝等无使伤杀北朝人骑"，宋真宗闻言，自得地向辅臣表示："昨倘徇（依照）群议，发大军会石普、杨延朗所部屯布缘河（界河）诸州，邀其（契丹）归路，以精锐追蹑，腹背夹攻，则彼必颠沛矣。朕念矢石之下，杀伤且多，虽有成功，未能尽敌（全歼），自兹北塞常须益兵，河朔人民无日休息。况求结欢盟，已议俞允，若彼自渝盟约，复举干戈，（我）因而誓众，中外同愤，使其覆亡，谅亦未晚。今张凝等出兵袭逐，但欲绝其侵扰耳。"左右皆称"万岁"。宋真宗这段话，《东都事略》所记稍有不同，略云："初欲令石普、杨延朗邀其归路，而以精兵踵其后，腹背击之，可无噍类矣。"所谓"无噍类"，意指全歼南侵之契丹兵马。北宋中期刘敞作《莱公传》也云：当时契丹"举国来寇，入中国（此指宋境）千余里，其归不十日不能出汉地，郡邑坚壁清野，以待寇虏人马饥乏，百万之众可毋战而死。虏窘如此，诚少抑缓之，契丹不敢不称臣，幽州可必得也"。后人每每因此呵责宋真宗在宋朝战场形势占优的情况下，通过屈辱妥协来换取澶渊之盟：契丹大军虽已进逼黄河北岸，对宋都开封形成威胁，但此时辽军已在宋境内作战三个来月了，取得胜仗不少，却也多次遭受重大损失，如折损了大将萧挞凛，加上各路宋军纷纷向澶州方向赶来，所以战场形势对辽军颇为不利。然而是否如《东都事略》、《莱公传》等史书所称，如宋真宗接受战将石普、杨延朗等提议，腹背夹击，就能全歼澶州城下的辽军主力？此说法恐怕只是一厢情愿。因为战场势态发展虽不甚利于辽军，澶州以北诸城寨也大多控制于宋军手中，如宋军四面攻击，必然会使辽军损失惨重，但宋军所驻守的各城寨之间却存在着颇为广阔的空间，可用于穿插、迂回，所以若双方野战，缺少骑军而机动能力较弱的宋军，虽人数占优，却绝无必胜把握，而且尾随之宋军反有可能被各个击破，为辽军所歼。因此，宋真宗所言若命河北诸路宋军腹背夹攻辽军，"杀伤且多"，但只是令彼"颠沛"而已，如此则兵连祸结，无有了期。可见宋真宗"虽有成功，未能尽敌"之语，应是一个颇为知己知彼的明智判断。由此可见，宋廷最终订立这一对辽朝一方较为有利的澶渊之盟，其目的还是在于通过给予巨大的经济利益来诱使辽廷早日停战约和，并坚守不渝。

十八日，宋真宗归至陈桥驿，辽使丁振前来觐见宋帝，呈上辽朝"誓书"。宋真宗赐宴款待，然后令曹利用伴送丁振至边境上。是日，尾随辽军的宋将张凝等报告契丹兵马主力已出北境。十九日，宋真宗回至京城开封。二十二日，宋廷将契丹"誓书"颁布于河北、河东诸州，宣告宋、辽之间长达数十年之久的战争就此结束。

澶渊之盟是辽、宋关系中的一件大事，对双方的影响皆十分深远。这甚具历史意义的誓书，可说是中国历史上第一份中原之主与北方"夷狄"之主以对等地位签署的盟誓。其誓书文本被记载于北宋《两朝誓书册》中。据南宋初年庄绰《鸡肋编》卷中云："两朝誓书，景德二年二月一日，奉圣旨，令上石于天章阁"，而传存于今日。其中宋真宗"誓书"云：

> 维景德元年，岁次甲辰，十二月庚辰朔，七日丙戌，大宋皇帝谨致誓书于大契丹皇帝阙下：共遵诚信，虔守欢盟，以风土之宜，助军旅之费，每岁以绢二十万匹，银一十万两，更不差使臣专往北朝，只令三司差人般（搬）送至雄州交割。沿边州军，各守疆界，两地人户，不得交侵。或有盗贼逋逃，彼此

无令停匿。至于陇亩稼穑，南北勿纵绎骚。所有两朝城池，并可依旧存守，沟濠完葺，一切如常，即不得创筑城隍，开拔河道。誓书之外，各无所求。必务协同，庶存悠久。自此保安黎献，慎守封陲。质于天地神祇，告于宗庙社稷，子孙共守，传之无穷。有渝此盟，不克享国。昭昭天鉴，当共殛之。远具披陈，专俟报复，不宣，谨白。

辽朝"誓书"是以辽圣宗之名宣布的：

维统和二十二年，岁次甲辰，十二月庚辰朔，十二日辛卯，大契丹皇帝谨致誓书于大宋皇帝阙下：共议戢兵，复论通好，兼承惠顾，特下誓书，云："以风土之宜，助军旅之费，每岁以绢二十万匹，银一十万两，更不差使臣专往北朝，只令三司差人般送至雄州交割。沿边军州，各守疆界，两地人户，不得交侵。或有盗贼逋逃，彼此无令停匿。至于陇亩稼穑，南北勿纵绎骚。所有两朝城池，并可依旧存守，沟濠完葺，一切如常，即不得创筑城隍，开拔河道。誓书之外，各无所求。必务协同，庶存悠久。自此保安黎献，慎守封陲。质于天地神祇，告于宗庙社稷，子孙共守，传之无穷。有渝此盟，不克享国。昭昭天鉴，当共殛之。"孤虽不才，敢遵此约。谨当告于天地，誓之子孙。苟渝此盟，明神是殛。专具谘述，不宣，谨白。

归纳上文，可知澶渊之盟主要内容为：一、宋朝每年向辽朝输绢二十万匹、银十万两；二、两朝罢兵，沿边州军各守旧疆界，两地人户不得交侵，不得收容对方盗贼逃犯；三、双方城池依旧，不得创筑城堡，改移河道。此外，辽、宋互称兄弟之国，辽圣宗耶律隆绪称宋真宗赵恒为兄，宋真宗称萧太后为叔母；双方使者定期互访；在边境开设榷场，互市贸易，等等。

为表示对澶渊和盟的诚意，宋真宗对河北、河东沿边一些蔑视契丹的地名作了改换：改威虏军为广信军（今河北保定徐水区遂城镇）、静戎军为安肃军（今河北保定徐水区）、破虏军为信安军（今河北霸州东信安镇）、平戎军为保定军（今河北文安西北）、宁边军为永定军（今河北蠡县）、定远军为永静军（今河北东光）、定羌军为保德军（今山西保德）、平虏城为肃宁军（今属河北）。1005年（宋景德二年，辽统和二十三年）正月一日，宋真宗以与契丹修好为名，大赦天下。宋朝开始裁军，放河北丁壮归农，省河北戍兵什五、缘边戍兵三之一。因宋、辽和好，双方互有庆吊之使，乃设置国信司专主此事，以宦官执掌。二月，萧太后也将易州、飞狐招安使改为安抚使，以回应宋朝改易地名之举。七月，宋人将和盟约定的岁币运至雄州交给契丹；十月中，岁币运抵辽南京燕京，"自是岁以为常"。年末，宋、辽双方互遣贺正旦使，成为惯例。

对于澶渊之盟，终辽圣宗一朝都相当珍视，较严格地遵守，宋朝大臣王旦也曾评价"契丹守盟甚坚"。宋真宗对此也作出了回应：如"诏谕缘边诸军各遵守契丹誓约，不得辄与境外往还，规求财路"；又如河东岢岚军请修旧方田，火山军请筑月堤，宋真宗皆"以违契丹誓约，不许"。可为其证。

澶渊之盟的签订，标志着宋、辽之间长达数十年之久的战争宣告结束，化剑为犁，南北双方开始进入相对较为稳定的和平时期：首先，双方边境地区的和平稳定，发展生产，使百姓得以休养生息。其次，盟约中对双方互市的约定，使宋、辽得以通过榷场进行经济交流和商业贸易，从而促进了南北经济、文化的交流和发展，加快了民族融合的进程。当然，其对契丹的影响要较宋朝更为深远。

简　释：

【床子弩】宋代弓弩之一，需数人转动弩床上轮轴拉开弓弦，合数张弓之力将箭射出，射程可达到千步。宋军作战布阵，一般以刀枪居前，弓弩列后。临敌时，当敌接近至三五百步左右时，令一神臂弓手起立射之，若箭可入敌阵，则众神臂弓手俱发；敌接近至二百步时，令一平射弓手起立射之，若箭可入敌阵，则众平射弓手俱发；当敌至拒马前，则枪兵与之肉搏。而床子弩往往用来射杀敌阵后督战之将领、统帅，澶州一役，宋军用床子弩射杀契丹大将萧挞凛，即是其例。

尾　声

家世为边户，年年常备胡。

儿僮习鞍马，妇女能弯弧。

胡尘朝夕起，虏骑蔑如无。

邂逅辄相射，杀伤两常俱。

自从澶州盟，南北结欢娱。

虽云免战斗，两地供赋租。

将吏戒生事，庙堂为远图。

身居界河上，不敢界河渔。

——宋·欧阳修《边户》

化干戈为玉帛的澶渊之盟之订立，意味着自五代末周世宗以来近五十年间欲收复燕云失地的努力就此成为过去。宋朝终于未能收复燕云地区，关上中原之北大门，从而始终处于北方骑军的威胁之下。此后宋徽宗与女真结盟灭辽，其主要目的就是为了夺取燕云诸州，结果却适得其反，北宋也随即被金兵所灭。为此，历代都有人批判宋太祖为实施"先南后北"统一方略，而迟迟不发兵收复燕云地区的做法。因为当宋朝按"先南后北"统一方略先后消灭南方诸割据政权，再欲用武力收复燕云地区之时，北朝残虐的昏君辽穆宗已被杀，继位的辽景宗政治较为清明，内部统治渐得稳定，并经过十来年的休养生息，经济实力有所增强，从而扭转了衰微的国势，也就是说，宋太祖未能延续周世宗快收三关之势头，反而先去经营南方，终于失去了收复燕云失地的最佳时机。持其说者当以清初著名学者王夫之为代表，至今仍颇有影响。故于此稍作分析。

据现见史料，最初对宋太祖这一方略提出批评的就是宋真宗本人。此前宋太宗两次大举进攻辽国，但都在幽州城下铩羽而归，宋太宗本人甚至在战斗中腿中箭伤，最终伤发而死，而宋真宗也被迫尴尬地与"夷狄"订立了颇有利于对手的澶渊之盟，而向子民正式宣布放弃收复燕云失地的计划，心中滋味定是难以言说。如宋真宗曾私下对侍臣说道：周世宗"智算雄武，当时亲征，下瀛、莫，非遇疾班师，则克服幽蓟矣"。既然天子有如此评判，则臣下说话也就不妨大胆些，如时代稍后的陶岳于《五代史补》中也说当时契丹皇帝辽穆宗昏庸，闻听周世宗将北攻燕云，"君臣恐惧"，在幽州的契丹官员纷纷连夜遁去。欧阳修《新五代史》中也有周世宗"乘其胜威，击其昏殆", 惜其"遇疾, 功志不就"之语。不过, 他们还不敢明言指斥开国圣主宋太祖, 只能借周世宗之事来浇胸中块垒, 以暗示"先南后北"统一方略的失误。后来, 女真人以其所占据的燕云地区为基地发兵南下, 一举攻破东京开封, 灭亡了北宋王朝, 于是有人明言宋太祖实施的统一方略之非, 其中可以南宋初大诗人陆游的说法为典型: "然世宗之谋, 则诚奇谋也。盖先取淮南, 去腹心之患, 不乘胜取吴(南唐)、蜀(后蜀)、楚(荆湖)、粤(南汉), 而举胜兵以取幽州, 使幽州遂平, 四方何足定哉! 甫得三关而以疾归, 则天也。其后中国(此指宋朝)先取蜀、南粤、江南、吴越、太原(北汉), 最后取幽州, 则兵已弊于四方, 而幽州之功卒不成。故虽得诸国, 而中国之势终弱, 然后知世宗之本谋为善也。"此后到明朝末年, 满洲八旗兵再次自山海关进占燕京地区, 然后席卷天下, 故当时学者如王夫之诸人痛定思痛, 对宋太祖、赵普君臣商议决定的"先南后北"统一方略大加攻讦。但他们这些过于苛求于古人的呵责, 依然只是借古讽今, 以此来浇胸中块垒而已。他们只看到周世宗收复三关之地势如破竹, 辽穆宗荒淫无道, 契丹国力有所下降, 但昧于对宋初国力不足的透彻了解。至清代查慎行又为诗《夹马营》指斥此事云:

> 隔河便是辽家地, 乡社枌榆委边鄙。
> 当时已少廓清功, 莫怪孱孙主和议。
> 君不见蛇分鹿死辟西京, 丰沛归来燕代平。
> 至今芒砀连云气, 不似萧萧夹马营。

诗中"河"指宋、辽界河, "枌榆"为汉高祖故乡里社之名, 此指宋太祖故籍幽州; "孱孙"指宋真宗; "蛇"指汉高祖斩蛇起义, "鹿"代

指秦朝；"芒砀"即汉高祖斩蛇起义师之地名，"夹马营"即宋太祖出
生地。查慎行以汉高祖刘邦作对比，严厉批评宋太祖赵匡胤不思进
取，无意开拓疆土，以致燕云诸州终于无法收复。此类说法虽传布
颇广，人们津津乐道，但究其实仍属不谙史实的书生之见、意气之
议，实不值多论。

因为就经济而言，中原地区自中唐以来长时期处于战争状况之
下，社会生产遭到严重破坏，经济凋敝，虽然后周政权为恢复中原
经济做出了很大努力，但周世宗在位五六年间，五次发兵亲征，其
他小规模的战事不绝，国家财政的压力甚重，并未给篡周的宋朝留
下多少财富，以支撑宋太祖与北方大国契丹打一场旷日持久的生死
决战。而南方诸割据政权的国力相对较弱，其中稍好些的南唐、后
蜀等国因吏治腐败，加上皆曾遭到后周军队沉重打击，军力大损，
此时只图自保，便于宋朝分而治之。同时，江南、四川、吴越等地
因多年未遭兵燹，远较中原富庶，故宋朝如能首先集中优势兵力占
领经济富庶的南方诸国，即可大大增强国力，再发兵征服北汉，然
后从河北、河东兵分东、西两路北攻辽国，则收复燕云地区的把握
大为增加。史实也正如此，诸割据政权皆归于宋朝以后，宋太宗曾
发动两次北伐收复失地之大战，虽皆未成功，但其失败原因在于军
事，而非经济。

周世宗一举收复三关要地，与后周军队整军之后战斗力有所提
高关系甚大，但辽国在当地未布置重兵驻守，结果守军不战自败，
望风而降，恐怕更是一个不可忽视的原因。如若因此认为中原军队
也能这般顺利攻夺城高壕深、易守难攻且有重兵把守的燕京城，就
显属知己不知彼。因此，当周世宗欲乘胜进攻燕京时，扈从诸将纷
纷提出异议，认为"敌军皆聚集燕京之北，未宜深入"。这并非如周
世宗所恼怒的是诸将"怯战"心理作怪，而实是那些老于战阵的宿

将未见有可胜之机。当时赵匡胤就在周世宗左右，对此应十分清楚，甚至可能就是提出异议者之一。至宋初，经赵匡胤大加整顿，宋军实力确实有所提高，但与周世宗时期相比，应该未有本质的跃升，这是可以肯定的。在与地窄兵弱的北汉军多年交战中，宋军虽胜多负少，但数番举兵灭北汉之战，却皆因契丹援军赶至而失败。虽然辽穆宗时期契丹军力已有所下降，但却强于北汉军队甚多。所以在兵力等方面，宋军与辽国相比并无优势可言，更无必胜把握。因此，宋太祖决定在统一南方诸国后，再引军北上收复燕云地区，应该说是一个知己知彼的明智决策。

回顾周世宗、宋太祖、宋太宗中原诸帝收复燕云诸州的努力及其失败之进程，其间高梁河一役可说是宋、辽攻守异势的转捩点。高梁河之败，虽然宋军损失惨重，但并不如人们所认为的是全军覆没，其实宋军主力犹存，并随即在满城大败南侵的辽兵。但宋太宗重伤逃归，由此带来了严重的心理障碍，造成皇室内争，因此当雍熙三路北伐之时，宋天子想赢怕输，患得患失，相对应的东路主力乍进又退，进退失据，终于一败涂地，收复燕云失地的雄心就此湮灭。而辽军自高梁河一战以后即改取攻势，累年南下攻伐，却又无法取得决定性的胜利，陷入了拉锯战，使得作为战场的宋河北地区破坏严重，"丁壮毙于传输，膏血涂于原野"。但辽朝同样背负着沉重而庞大的战争开支，而且辽国经济实力远逊于宋，长期战争消耗当对辽朝影响更见严重。双方都打得筋疲力尽，且又势均力敌，无力消灭对手，则和谈修好便成为必然，而且辽国还得到了不菲的经济补偿。因此，宋、辽澶渊之盟的签订，可说是对辽方稍为有利的双赢结果。

澶渊之盟订立后，辽臣颇事庆贺，上萧太后尊号曰睿德神略应运启化承天皇太后，上辽圣宗尊号曰至德广孝昭圣天辅皇帝，于七金山下"奚王牙帐"地置中京（今内蒙古宁城天义镇）。萧太后的声誉、权位可以说已臻于极致，她也没忘了提高大丞相韩德让的地位。此前韩德让已被赐名曰韩德昌，至签订澶渊之盟的当月，萧太后再赐韩德昌国姓耶律，改封晋王。次年，萧太后下诏耶律德昌"出宫籍，隶横帐季父房后"。数年后，又赐名"隆运"。所谓"横帐"，即辽朝宗室宫帐。当初辽太祖耶律阿保机的祖父匀德实生有四子：长子麻鲁早卒，次子岩木的后裔为孟父房，三子释鲁的后裔为仲父房，四子撒剌（即辽太祖之父）的后裔为季父房，合称三父房。此三房族属宫帐即称横帐。而所谓"宫籍"，乃指契丹帝、后私奴身份，即"宫分人"。辽朝制度，皇族耶律氏世与后族萧氏通婚。因此"出宫籍，隶横帐"，实指改变耶律德昌（韩德让）的身份而成为契丹宗室贵族，使其作为季父房一员，可与承天皇太后相匹。萧太后还赐给耶律德昌"几杖"，允许他有"入朝不拜，上殿不趋"的特权，甚至特许耶律德昌设置护卫（即斡鲁朵）百人。辽制，只有天子或摄政太后方享有设置斡鲁朵的特权。可见此时韩德让的权势已比拟于皇帝、太后，而辽圣宗也是"见则尽敬，至父事之"。耶律德昌努力维护辽、宋盟约，宋人叶隆礼在《契丹国志·耶律隆运传》中评价道："自为相以来，结欢宋朝，岁时修睦，无少间隙，帖服中外，靡有邪谋。"

虽然按澶渊之盟约定，宋朝需每年向辽提供岁币银十万两、绢二十万匹，但就当时宋朝年度财政收入而言，其数量并不算是太大的负担。宋真宗时宰相王旦曾言："国家（指宋朝）纳契丹和好已来，河朔生灵方获安堵，虽每岁赠遗（北朝岁币），较于用兵之费，不及百分之一。"而且此每年三十万之岁币，大多还可从宋、辽边境榷场贸易中收回，即"取之于虏，而复用之于虏"。更为重要的是，随着与辽战事结束，宋真宗立即着手裁减军队，遣散老弱残兵，精减编制，让河北地区征集的"强壮"归农，也给宋朝社会稳定、经济发展带来了积极影响。因此，澶渊之盟以后，宋真宗亦颇为兴奋，待宰相寇准极厚。而大臣王钦若因澶渊一役与寇准结怨，有一日朝会结束，寇准先退下，王钦若乘机进言道："陛下敬畏寇准，为其有社稷功耶？"宋真宗答："然。"王钦若故作不解："臣不意陛下出此言。澶渊之役，陛下不以为耻，而谓寇准有社稷功，何也？"宋真宗愕然问道："何故？"王钦若便说："城下之盟，虽春秋时小国犹耻之。今以万乘之贵，而为澶渊之举，是盟于城下也，其何耻如之！"宋真宗闻言甚不悦。王钦若又说："陛下闻博（赌博）乎？博者输钱欲尽，乃罄所有出之，谓之'孤注'。陛下，寇准之孤注也，斯亦危矣。"宋真宗自此开始疏远寇准，后来寇准又因处事专权而罢相。由于未能镇服"夷狄"，恢复汉唐旧疆，建立不世殊勋，且前代"四夷"奉汉唐天子为"天可汗"，乃君臣关系，而澶渊之盟约定宋、辽乃兄弟之国，所以宋真宗一思量及此，便深以为耻，如何能再欢乐起来？王钦若深知天子厌战，故意建议道："陛下以兵取幽蓟，乃可洗涤此耻也。"宋真宗说："河朔生灵，始得休息，吾不忍复驱之死地。卿盍思其次。"王钦若便道："陛下苟不用兵，则当为大功业，庶可以镇服四方，夸示戎狄也。"宋真宗问："何谓大功业？"王钦若答："封禅是矣。然封禅当得天瑞希世绝伦之事，乃可为。"不过随即又补充道："天瑞安可必得？前代盖有以人力为之，若人主深信而崇奉焉，以明示天下，则与天瑞无异也。陛下谓《河图》、《洛书》果有此乎？圣人以神道设教耳。"所谓神道设教，是指利用鬼神迷信作为教育民众之手段，其语出自《易经》："观天之神道，而四时不忒，圣人以神道设教，而天下服矣。"封禅为中国古代君王举行的一种祭告天地的祀典，必须是太平盛世或上天降祥瑞方可举行。王钦若之语是要天子伪造"天瑞"。宋真宗于是伙同宰相王旦大造祥瑞，粉饰太平，夸示外邦，举国若狂："澶渊既盟，封禅事作，祥瑞沓臻，天书屡降，导迎奠安，一国君臣如病狂然。"由于宋真宗造神活动做得太过火，从而留下了千古笑柄。但宋朝君臣因澶渊之盟而造成的羞辱感，并未因宋真宗"天降祥瑞"而消泯，成为宋人心中削铲不去的隐痛。此后，宋神宗西讨西夏欲以此断契丹右臂，宋徽宗越海结盟女真人以灭辽，其主要目的就在于洗刷先帝之耻，恢复汉唐旧疆，结果旧恨未去，又添新仇。

简　释：

【斡鲁朵】契丹民族游牧为生，其营帐"逐水草而居"，辽朝皇帝仍保持这一习俗，故辽朝虽设置京城如上京、南京等，平日所居仍为四时迁居的营帐，称行营，又称行宫、宫帐、宫卫等，契丹语即称之为"斡鲁朵"，也写作斡耳朵、斡里朵等。《辽史·营卫志》说天子"居有宫卫，谓之斡鲁朵"，《辽史·兵卫志》曰天子"入则居守，出则扈从"，是为斡鲁朵的最基本职责。即其下设置有直属骑军，平时守卫，战时扈从，皇帝死后守护帝陵。整个辽朝共有斡鲁朵十三座（十二宫一府）：九位皇帝各设一宫，两位摄政皇太后述律太后、承天太后（即萧太后）各设一宫，皇太弟耶律隆庆（辽圣宗弟）设一宫，汉人韩德让"拟诸宫例"所设一府文忠王府（韩德让谥曰文忠）。即：辽太祖曰弘义宫（算斡鲁朵），应天太后曰长宁宫（蒲速盌斡鲁朵），辽太宗曰永兴宫（国阿辇斡鲁朵），辽世宗曰积床宫（耶鲁盌斡鲁朵），辽穆宗曰延昌宫（夺里本斡鲁朵），辽景宗曰彰愍宫（监母斡鲁朵），承天太后曰崇德宫（孤稳斡鲁朵），辽圣宗曰兴圣宫（女古斡鲁朵），辽兴宗曰延庆宫（窝笃盌斡鲁朵），辽道宗曰太和宫（阿思斡鲁朵），辽天祚帝曰永昌宫（阿鲁盌斡鲁朵），耶律隆庆（辽圣宗弟）曰郭睦宫（赤实得本斡鲁朵），耶律隆运（韩德让）曰文忠王府。

【**封禅**】中国古代帝王举行的一种祭告天地的大型祀典。封为祭天，在东岳泰山举行；禅为祭地，在泰山附近的云云山、亭亭山等地举行。古代举行封禅的皇帝，有秦始皇、汉武帝、汉光武帝、唐高宗、唐玄宗、宋真宗等。司马迁《史记·封禅书》云帝王封禅所必需之条件为：太平盛世，或天降祥瑞。举行封禅的目的：其一，祭告上天已改朝换代，一般是新天子"受命然后得封禅"。其二，以粉饰太平，即"封禅以告太平也"，有德政之皇帝才有资格封禅。其三，封禅可以"夸示夷狄"。宋真宗无力收复幽蓟失地，故欲通过封禅"镇服四海，夸示夷狄"。

大事年表

(阴历岁末月日，其公元纪年当在下一年，为行文方便，未予特别注出)

947年丁未（后汉天福十二年　辽大同元年、天禄元年）

正月初一，后晋亡。契丹主耶律德光入汴京城，改国号为大辽，三月于北返途中病死。

二月，后晋河东节度使刘知远于太原称帝，国号汉，史称后汉，仍用天福年号。六月，后汉高祖刘知远率军进入汴京城。

五月，辽世宗耶律阮于镇州即位，率军北归。述律太后、李胡遭幽禁。

948年戊甲（后汉乾祐元年　辽天禄二年）

正月，后汉高祖刘知远死，后汉隐帝刘承祐即位。

950年庚戌（后汉乾祐三年　辽天禄四年）

十一月，后汉隐帝杀杨邠、史弘肇、王章等大臣。邺都留守郭威以"清君侧"为名反攻开封，后汉隐帝死于乱军。

十二月，郭威率三军北上，于澶州发动兵变，黄旗加身，被拥立为帝。

951年辛亥（后周广顺元年　辽应历元年）

正月，郭威正式登基，建立后周。后汉河东节度使刘崇于太原自立为帝，史称北汉。

四月，北汉向辽称臣。

九月，辽泰宁王察割发动政变，弑辽世宗。寿安王述律杀察割，即皇帝位，是为辽穆宗。

十月，南唐军逼长沙城，楚王马希崇出降。次年十月，南唐军退出湖南。

953年癸丑（后周广顺三年　辽应历三年）

三月，镇宁节度使郭荣（郭威养子）任开封尹，拜晋王。

954年甲寅（后周显德元年　辽应历四年）

正月，后周太祖死，周世宗柴荣即位。

三月，周世宗率军与北汉、契丹联军大战于高平，先败后胜。赵匡胤擢任殿前都虞候。

955年乙卯（后周显德二年　辽应历五年）

四月，后周王朴上《平边策》，提出"先南后北"统一策略。

十一月，周世宗初征南唐淮南地区。

957年丁巳（后周显德四年　辽应历七年）

正月，周世宗再征淮南。寿州南唐守军降。

十一月，周世宗第三次亲征淮南。

958年戊午（后周显德五年　辽应历八年）

三月，南唐割江北十四州，向后周称臣求和。

959年己未（后周显德六年　辽应历九年）

四月，周世宗亲征契丹，攻陷益津、瓦桥、淤口三关。五月，周世宗因病班师回京。

六月，赵匡胤升任殿前都点检。

是月，周世宗病逝，周隐帝柴宗训继位，时年七岁。

960年庚申（宋建隆元年　辽应历十年）

正月，后周殿前都点检赵匡胤统兵北拒契丹，至陈桥驿发生兵变，废后周自立，建立宋朝，是为宋太祖。

五月，宋军平定潞州李筠叛乱。

十一月，宋军平定扬州李重进叛乱。

961年辛酉（宋建隆二年　辽应历十一年）

六月，南唐李后主李煜继位。

七月，宋太祖"杯酒释兵权"，罢宿将石守信等兵权。

962年壬戌（宋建隆三年　辽应历十二年）

是年，令韩令坤等将领分守北方各镇，以御契丹。

963年癸亥（宋乾德元年　辽应历十三年）

二月，宋平定南平，荆南节度使高继冲降。

三月，宋平定湖南，武平节度使周保权降。

964年甲子（宋乾德二年　辽应历十四年）

正月，赵普拜宰相。

965年乙丑（宋乾德三年　辽应历十五年）

正月，宋平蜀地，后蜀主孟昶降。

969年己巳（宋开宝二年　辽保宁元年）

二月，宋太祖亲征北汉太原城，不克而还。

是月，辽穆宗遭弑，辽景宗即位。

五月，辽帝册萧燕燕为皇后。

971年辛未（宋开宝四年　辽保宁三年）

二月，宋平广南，南汉主刘钶降。

973年癸酉（宋开宝六年　辽保宁五年）

正月，辽将耶律休哥统兵征伐党项。

八月，宋宰相赵普罢。

974年甲戌（宋开宝七年　辽保宁六年）

三月，宋主动遣使与辽约和。

975年乙亥（宋开宝八年　辽保宁七年）

正月，宋遣使至辽贺正旦。自是双方互派使臣。

六月，辽册封北汉主为"大汉英武皇帝"。

十一月，宋平南唐，南唐后主李煜降。

976年丙子（宋开宝九年　辽保宁八年）

二月，吴越王钱俶来开封朝见宋帝。

八月，宋将党进等进攻北汉。

十月，宋太祖猝死，宋太宗赵光义即位。

977年丁丑（宋太平兴国二年　辽保宁九年）

三月，宋朝于镇、易、雄、霸诸州设立榷场，辽、宋互市。

是年，北汉遭宋围攻，遣使来辽求粮，辽景宗"诏赐粟二十万斛助之"。

978年戊寅（宋太平兴国三年　辽保宁十年）

四月，陈洪进献漳、泉二州于宋。

五月，吴越王钱俶献两浙十四州于宋。

979年己卯（宋太平兴国四年　辽保宁十一年、乾亨元年）

三月，宋军大败援汉辽军于白马岭。

五月，宋灭北汉，北汉主刘继元降。

七月，宋军与辽军激战于高梁河，宋军大败，宋太宗重伤而遁。

十月，辽燕王韩匡嗣统兵南征，被宋军大败于满城。

980年庚辰（宋太平兴国五年　辽乾亨二年）

三月，辽军进攻宋河东雁门，被宋将杨业击败，辽驸马都尉萧咄李阵亡。

十月，辽景宗亲征，败宋军于瓦桥关。

年末，辽拜耶律休哥为于越。

981年辛巳（宋太平兴国六年　辽乾亨三年）

年初，宋侯仁宝南伐交州，败死。

十二月，辽韩德让拜南院枢密使，兼行营都部署。

982年壬午（宋太平兴国七年　辽乾亨四年）

三月至五月，宋秦王廷美、宰相卢多逊遭责贬。

四月，辽景宗征宋，败于满城。

五月，定难军留后李继捧献银、夏、绥、宥四州于宋。

九月，辽景宗死，辽圣宗继位，母承天后萧氏专权，大臣韩德让和耶律斜轸辅政。

十月，宋向辽遣使约和，为辽所拒。

983年癸未（宋太平兴国八年　辽统和元年）

正月，辽耶律休哥为南京留守。

984年甲申（宋雍熙元年　辽统和二年）

二月，辽军东征女真，奏捷。

985年乙酉（宋雍熙二年　辽统和三年）

七月，萧太后命辽军出征高丽，因秋雨不绝，道路泥泞而罢。

986年丙戌（宋雍熙三年　辽统和四年）

正月，辽将耶律斜轸、萧恒德等上献东征女真所获战利品。

二月，西夏李继迁叛宋归辽，辽封为定难军节度使。

三月，宋军三路北征燕云地区，辽军分道抵御。五月，辽将耶律休哥大破宋军东路主力于岐沟关。七月，辽军击败宋西路军，宋名将杨业被擒，不食而死。

十二月，辽军大败宋军于君子馆，宋将杨重进被擒。

是月，辽封宗室、王子帐节度使耶律襄之女为义成公主，嫁西夏李继迁。

989年己丑（宋端拱二年　辽统和七年）

七月，宋将尹继伦击败辽将耶律休哥于徐河。

990年庚寅（宋淳化元年　辽统和八年）

十二月，辽册封李继迁为夏国王。

992年壬辰（宋淳化三年　辽统和十年）

十二月，辽东京留守萧恒德率军征讨高丽，迫使高丽王上表称臣。

993年癸巳（宋淳化四年　辽统和十一年）

是年，宋封交州黎桓为交阯郡王。

994年甲午（宋淳化五年　辽统和十二年）

六月，高丽遣使入宋，请发兵夹击契丹，为宋所拒。

八月、九月，宋两次遣使入辽求和，辽皆不许。

995年乙未（宋至道元年　辽统和十三年）

十一月，辽册封王治为高丽国王。

996年丙申（宋至道二年　辽统和十四年）

三月，高丽国王王治请婚于辽，萧太后封东京留守、驸马萧恒德之女为越国公主嫁之。

997年丁酉（宋至道三年　辽统和十五年）

三月，辽封李继迁为西平王。

是月，宋太宗死，宋真宗即位。

九月，辽军讨平阻卜诸部。

是年，宋授李继迁定难军节度使，辖银、夏等五州。

998年戊戌（宋咸平元年　辽统和十六年）

十一月，辽遣使册王诵为高丽国王。

十二月，辽于越、南京留守耶律休哥病死。

999年己亥（宋咸平二年　辽统和十七年）

十月，辽萧太后再次亲征宋境，于瀛州大败宋军，宋将康昭裔等被擒。

1001年辛丑（宋咸平四年　辽统和十九年）

十月，萧太后、辽圣宗再次南征，与宋军战于遂城，先胜后败。

1002年壬寅（宋咸平五年　辽统和二十年）

三月，西夏李继迁攻陷宋灵州城，以为西平府。

1003年癸卯（宋咸平六年　辽统和二十一年）

四月，辽军于望都大破宋兵，宋将王继忠等被擒。

1004年甲辰（宋景德元年　辽统和二十二年）

正月，西夏李继迁因箭伤死于灵州，其子德明继立。

闰九月，萧太后偕同辽圣宗率军二十万大举征宋。十一月，辽军进围宋澶州城，大将萧挞凛中伏弩，伤重而死。

十二月，辽、宋订立澶渊之盟，宋每年向输辽银绢三十万两匹，辽、宋互称兄弟之国。

1005年乙巳（宋景德二年　辽统和二十三年）

五月，宋朝遣使来贺萧太后生辰，自是互遣生辰使为常。

十月，宋岁币始至，此后为常。

是年，辽、宋互遣正旦使，此后为常。

主要参考书目

（宋）陈师道《后山谈丛》，中华书局2007年《后山谈丛》、《萍洲可谈》合刊本

（宋）陈世崇《随隐漫录》，中华书局2010年《爱日斋丛抄》、《浩然斋雅谈》、《随隐漫录》合刊本

（宋）江少虞《宋朝事实类苑》，上海古籍出版社1981年版

（宋）李焘《续资治通鉴长编》，中华书局2004年版

（宋）李攸《宋朝事实》，中华书局1955年版

（宋）陆游《南唐书》，杭州出版社2004年《五代史书汇编》本

（宋）罗从彦《遵尧录》，福建人民出版社2024年《豫章罗先生文集》本

（宋）吕中《宋大事记讲义》，上海古籍出版社影印《文渊阁四库全书》本

（宋）欧阳修《新五代史》，中华书局1974年版

（宋）庞元英《文昌杂录》，中华书局1958年版

（宋）彭百川《太平治迹统类》，江苏广陵古籍刻印社1990年版

（宋）司马光《涑水记闻》，中华书局1989年版

（宋）司马光编著、（元）胡三省音注《资治通鉴》，中华书局1956年版

（宋）宋敏求《春明退朝录》，中华书局1980年版

（宋）苏辙《龙川略志　龙川别志》，中华书局1982年版

（宋）陶岳《五代史补》，大象出版社2019年《全宋笔记》本

（宋）王称《东都事略》，北京图书馆出版社2006年《宋代传记资料丛刊》本

（宋）王禹偁《五代史阙文》，杭州出版社2004年《五代史书汇编》本

（宋）王铚《默记》，中华书局1981年版

（宋）魏泰《东轩笔录》，中华书局1983年版

（宋）文莹《湘山野录　续录　玉壶清话》，中华书局1984年版

（宋）徐梦莘《三朝北盟会编》，上海古籍出版社2008年版

（宋）薛居正等《旧五代史》，中华书局1976年版

（宋）杨亿口述、黄鉴笔录、宋庠整理《杨文公谈苑》，上海古籍出版社1993年《杨文公谈苑》、《倦游杂录》合刊本

（宋）叶隆礼《契丹国志》，中华书局2014年版

（宋）叶梦得《石林燕语》，中华书局1984年版

（宋）夷门君玉《国老谈苑》，中华书局2012年《丁晋公谈录（外三种）》本

（宋）曾巩撰、王瑞来校证《隆平集校证》，中华书局2012年版

（宋）张君房《云笈七签》，中华书局2003年版

（宋）赵彦卫《云麓漫钞》，中华书局1996年版

（元）脱脱等《辽史》，中华书局1974年版

（元）脱脱等《宋史》，中华书局1985年版

（明）李贽《藏书》，中华书局1959年版

（清）王夫之《宋论》，中华书局1964年版

（清）吴任臣《十国春秋》，中华书局2010年版

（清）赵翼《陔余丛考》（新校本），中华书局2019年版

后 记

古贤人有言："国之大事，在祀与戎。"国家祭祀大典此且不论，宋型文化或宋韵文化虽为后世所艳称，但纵观两宋三百余年历史，却几乎与战火相始终，先后分别与骑马民族契丹、党项、女真、蒙古人大战连年，难分难解。

赵宋王朝在立国之初，专注于先南后北的一统大业，而辽（契丹）正处于"睡王"辽穆宗带来的统治混乱以及随后恢复内治时期，南北大体保持约和共处局面。但不久宋军攻破太原，灭亡北汉，于是维持和平的脆弱之平衡被倾覆，南北两军殊死搏杀数十年，互有胜负，势均力敌，为此，宋、辽双方签署澶渊和盟，化剑为犁。却又好景不常在，西北党项人乘宋、辽恶战之机坐大，迅速崛起，至宋仁宗时，已惯于文恬武嬉的宋人在党项骑兵的猛然冲击下，竟然惨败亏输，不得已通过输送钱帛来与西夏订下和约，但党项军兵仍然不时越境侵扰边民。宋人由此痛定思痛，先后推行"庆历新政"、"熙丰变法"两场变法运动，以期富国强兵，进而恢复汉唐旧疆。被宋人誉称"大有为"之君的宋神宗，乘势发动大军攻击夏境要地，不料惨遭灵武城、永乐城之败，赍志郁郁而终。此后，宋哲宗上承父皇神宗之志，改用"浅攻扰耕"之策侵蚀夏地，攻取西夏"右臂"青唐地区，终于取得对西夏作战的主动权。不过，宋神宗"熙丰变法"也引起了朝廷的剧烈党争，经"元祐更化"、哲宗"绍述"至"元祐党籍碑"，宋徽宗君臣将政治反对者一网打尽以后，打着"丰亨豫大"旗号，恣意妄为，侈靡享乐。而好大喜功的宋徽宗，又禁不住乘辽国势衰微北征收复燕云地区以博取祖宗未曾达到的"一统天下"伟业巨勋的诱惑，主动联络北国新兴的女真人组成联军攻灭辽朝。结果，一敌方灭，一敌又生，女真铁骑借灭辽之势，一战攻破汴京，北宋灭亡。侥幸漏网的宋徽宗之子高宗辗转江南，建立起偏安东南的南宋小朝廷。虽然宋廷为自保，尝多次北伐作战，但败多胜少。其间也尝与金朝订立颇为屈辱的"绍兴和议"、"隆兴和议"、"嘉定和议"等，但战争实为宋、金关系的主旋律。至十三世纪初，北方蒙古崛起，金人无力抗拒，遂欲通过南侵宋境来攫取补偿，宋、金之间战火就此重开。蒙古为尽快攻灭金国，借机几次三番主动联络南宋，宋、蒙组成联军，一战灭金。宋军随即发动"端平入汴"之役，欲收复中原三京，构建沿黄河防线的战略，却因战前组织仓促混乱，以惨败告终，宋、蒙（元）战火遂沿着西、中、东三大战区全面展开。经过数十年的攻防激战，宋军节节败退，而宋帝昏庸，权臣擅政，党争不息，其统治终于土崩瓦解，元军进入宋都临安。两年后，宋廷残部覆没于崖山，宋朝灭亡。

　　因此，世人论说宋朝，大多讥之为"积贫积弱"，而终致亡国。"积贫"一说，时贤论驳已众，此不赘言。至于说到"积弱"，因宋人对外作战败绩累累，往往通过割地、输纳岁币以求得平安，结果先被金兵倾覆，后遭元骑灭国。由此看来，这"积弱"的恶评大概是挣脱不了的。但这只是历史的一个面相。有宋一代，与汉唐王朝相比较，因向西、向北通往草原的道路被阻隔，获取战马甚为艰难，故其军队组成乃以步兵为主，遂在与西、北诸民族骑军对阵作战中，大都只能取守势，因而往往丧失了战役主动权。宋军对外作战屡遭败绩，此为一大原因。但即使如此，宋朝在与之相对峙的辽、西夏、金三国先后覆亡之后，又与曾东征西讨、横扫千里、"灭国四十"的强悍蒙古铁骑，在大江上下血战四十余年方才被灭亡，其中原因如只是归咎于"积弱"，显有失之过浅之嫌。

西哲曾有论说，战争是政治的延续。因此，《两宋烽烟录》在叙述宋朝与辽、夏、金、蒙（元）的和战历史之际，注意论析其内政之得失以及与和战的瓜葛，视角不仅限于宋朝一方，所取用的史料也多有辽、夏、金、元等文献，并注意参考域外资料如古代波斯、中亚人对蒙古历史的记载等，但相对而言，宋人史料更为丰富系统，故在本书撰写时所取为多。不过在宋人著述中，因多种原因，有关辽、夏、金、蒙（元）史实，尤其是辽、夏部分，却是甚为零散且时见舛误，故采用时往往需先加考正辨析，以求其真。

此系列初撰于上世纪九十年代中期，首卷即《天裂——十二世纪宋金和战实录》，于2012年全书四卷撰成。至今又经十有余年，今承中华书局厚意得以重版，遂总名之曰《两宋烽烟录》，以卷为序，不再使用"天衡"、"天倾"、"天裂"与"天平"旧名。本次重版，对原书结构稍有调整，部分内容有所补充、完善，文字舛误予以订正，并重加审核引录文献。又本书所述年岁，大抵以公元纪年，括注年号，但阴历岁末月日，其公元纪年实当在下一年，为行文方便，对此类岁末跨年情况一般不再别予注释，特加说明。

本书中有关插图、地图的搜集，责编李世文先生给予了很大帮助。此外，因体例等关系，本书对于所引用的文献史料以及所参考的前哲时贤之研究成果，未能一一注出，在此一并致以诚挚的谢意。

顾宏义于甲辰孟夏